# 日據時期臺灣留日學生對戰後臺灣發展的影響

李躍乾 著

 崧燁文化

# 目錄

導論
- 第一節 研究的緣起和目的
  - 一、研究背景
  - 二、研究目標
- 第二節 研究對象和方法
  - 一、研究對象及其特點
  - 二、研究理論和方法
  - 三、文獻與研究回顧
- 第三節 研究創新和侷限
  - 一、研究創新
  - 二、研究侷限

第一章 臺灣光復前後的留日學生
- 第一節 光復前後留日學生活動概況
  - 一、留日學生參與臺灣光復工作
  - 二、留日學生組織歡迎國民政府活動和參加三次大典
  - 三、留日學生自發維護社會秩序和救援島外臺胞
  - 四、留日學生掀起創辦社會團體的熱潮
  - 五、留日學生與戰後初期的臺灣輿論
  - 六、留日學生領導的政治派系
- 第二節 留日學生在臺灣光復前後活躍的原因
  - 一、民族解放是絕大多數留日學生的宿願
  - 二、在各種組織和活動中成為領導者的原因

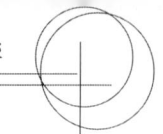

第二章 留日學生與二二八事件
　　第一節 事變前留日學生領導的活動
　　　　一、留日學生對光復後臺灣政局的意見
　　　　二、留日學生的反抗活動
　　第二節 事變中留日學生領導的活動
　　　　一、參加各地「處委會」留日學生的活動
　　　　二、事變中在各地自發活動的留日學生
　　第三節 事變後的留日學生
　　　　一、善後工作中的留日學生
　　　　二、被殺、被捕、逃亡、消極的留日學生

第三章 留日學生與戰後台獨運動
　　第一節 留日學生台獨活動概況
　　　　一、以辜振甫為主的戰後首例台獨案
　　　　二、廖文毅小集團的台獨活動
　　　　三、史明的台獨活動
　　　　四、王育德的台獨活動
　　　　五、高俊明、黃彰輝等人在台灣外的台獨活動
　　　　六、彭明敏的台獨活動
　　　　七、楊基銓、辛文炳、張德水、何既明的台獨活動
　　　　八、李登輝的台獨活動
　　第二節 留日學生的所謂台獨理論及其危害
　　　　一、廖文毅的所謂台獨理論
　　　　二、史明的所謂台獨理論
　　　　三、李登輝的所謂「生命共同體」和「兩國論」
　　　　四、彭明敏的台獨觀點及其影響
　　第三節 留日學生領導或參加台獨的原因

　　一、日本軍國主義和武士道精神的影響

　　二、對政治現實不滿

　　三、現實利益受到損害

第四章 兩蔣統治時期留日學生參加的重要選舉

　　第一節 光復初留日學生與縣市以上民意機構選舉

　　　　一、留日學生當選狀況

　　　　二、留日學生當選原因分析

　　第二節 留日學生當選省議員和縣市長概況

　　第三節 留日學生選舉戰略策略分析

　　　　一、留日學生的選舉戰略

　　　　二、留日學生的選舉策略

　　　　三、國民黨外留日學生的選舉戰略和策略

第五章 留日學生與政黨輪替

　　第一節 留日學生與 1960 年代、70 年代組黨運動

　　　　一、組黨運動中著名的留日學生

　　　　二、留日學生宣傳組建新黨的原因、目的和意義

　　　　三、留日學生在新黨組織活動中的作用

　　第二節 李登輝對政黨輪替的重大影響

　　　　一、國民黨「本土化」政策下的李登輝

　　　　二、李登輝對民進黨的扶助

結論

附錄 部分台灣留日學生小傳

參考文獻

後記

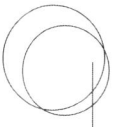

# 導論

## 第一節　研究的緣起和目的

### 一、研究背景

　　2004年，我練筆寫作李登輝傳記時，發現一個令人困惑的問題，可以說既是政治之謎也是歷史之謎。早在1993年前後，李登輝就大談「生為台灣人的悲哀」，並聲稱國民黨政權是所謂「外來政權」，台獨分子的真面目基本暴露。1996年3月，儘管遭到了大陸的猛烈批判，李登輝仍然能以比較高的票當選首屆所謂「民選總統」。2000年5月，李登輝領導12年的國民黨丟掉了政權，雖然國民黨內有大批人極力反對他，但對他12年執政情況表示滿意的民眾仍接近六成。[1]這說明李登輝在台灣的統治基礎不僅有國民黨，還有另外的一些階級、階層或集團。在所謂國民黨政權「本土化」或者說省籍矛盾問題上，李登輝是這些階級、階層或集團的代表人物，具有指標性的意義。

　　隨著閱讀範圍的拓寬和研究的深入，我發現李登輝的成功與他早年留學日本的經歷密不可分。在台灣的近現代史上，台灣的留日學生是個極其重要的社會階層，或者叫社會階級，影響十分巨大。日據時期50年間，大約有20萬台灣青少年留學日本，當時叫「到內地求學」。其中有6萬人左右受到大專以上教育。他們是台灣社會的精英或者說是領導階層，對台灣的政治、經濟、科技、文化等各方面都有根本性的影響。在政治上，二十世紀落後國家和民族的反殖民主義運動，力量常常來自海外留學知識分子。台灣留日學生在日據時期也是反日本殖民

統治運動中的領導力量。在這場運動中,林獻堂、蔡惠如等地主階級知識分子是領袖,留日學生則是新生的中堅力量。

　　一些留日學生還回祖國大陸參加了抗戰和光復台灣的鬥爭。抗戰時期,在大陸的台灣人抗日團體,基本上都是由留日學生領導的。台灣光復後,留日學生積極參加新台灣的建設,在各個領域尤其在政治領域作出了自己的貢獻。留日學生中的極少數人,由於受到日本軍國主義影響太深,走上了分裂祖國的台獨道路,對戰後直至今天的台灣政治都有很壞的影響。

　　1980年代,伴隨現實生活中留學西方的高潮,大陸學者開始重視研究1896年之後中國人留學日本的問題。留學,是世界文化史的重要組成部分,是世界文化從過去走向今天的重要途徑,也是世界文化從現在走向未來的重要媒介。留學,是中日關係史的重要組成部分,是中日關係從過去走向今天的重要管道,也是中日關係從現在走向未來的橋樑。留學,曾給中國的社會變遷以重大影響,曾給中國的社會進步以重大推動。100年裡中國人留學日本的運動,已經成了中國近代史、中國現代史和中國當代史中的重要篇章。[2] 儘管如此,但大陸學者卻沒有去注意研究日據時期台灣留日學生的問題,不知道是因為當時台灣被日本霸占,還是因為缺乏研究資料。

　　蔣介石父子統治台灣時期,台灣歷史文化研究受到一定的限制,研究範圍限於右翼留日學生的政治活動,即屬於國民黨和台灣民族運動中右派的留日學生的抗日活動。1990年代前後,隨著中國大陸「一國兩制」方針的提出和台灣經濟的繁榮,台灣研究在台灣外逐漸成了顯學,加上台灣輿論的開放,有關日據時期留日學生的資料大量出現,大批涉及留日學生的口述歷史、回憶錄、文集、傳記、地方志和研究論著出版,這為留日學生這個社會階層的整體研究提供了堅實的基礎。但是,台灣主流學者卻受到了台獨意識形態的和研究方法的影響,研究不夠客觀和宏觀。他們仍然對日據時期留日學生進行單個的研究,而從不當作一個社會階層進行整體的研究。

## 二、研究目標

　　全面梳理日據時期留日學生這個特殊的社會階層的歷史資料，為以後全面深入的研究奠定基礎；運用社會階層和政治文化理論，研究日據時期留日學生這個社會階層在戰後台灣政壇上的活動狀況、活動規律和影響力，揭示日本政治文化對戰後台灣政治的影響狀況，從而發現台灣現代政治歷史的規律。

## 第二節　研究對象和方法

### 一、研究對象及其特點

　　本書所研究的是日據時期（1895—1945）留日學生與戰後台灣政治的關係。日據時期的留日學生包括小學生、中學生、職業學校學生、大專院校學生、軍校生、函授生等等，只要是在日本各級各類學校學習一年以上或者接受日本大學函授教育者，都屬本文研究對象。按照社會學上的社會階層理論，凡是有相似的社會資源的團體都可以稱為社會階層，不論其共享的社會資源是哪一種。留日學生共同享受的社會資源是日本的學校教育，因而可以作一個獨立的社會階層來加以研究。在教育問題上，台灣和大陸完全一樣，十分重視。早在明朝台灣就引進了科舉制度，有功名的讀書人享受很高的社會地位。[3]所以留日學生也是如此，是社會領導階層或精英階層，也可以稱為享受很高社會榮譽的「地位團體」。

　　台灣青少年大量去日本留學的主要原因是日本殖民者的教育歧視政策和台灣經濟的發展。「1918年前，因公學校擴充緩慢，兒童入學率低（15.7%），中等以上教育機關更不完備，有志青年不得不去日本讀書。」[4]因經濟的發展，台灣人民產生了對教育和技術方面的要求，才有1919年新《教育法》的修訂。[5]事實

上新的《教育法》，仍不能滿足台灣人民的需求，台灣學校還是只偏重日文的訓練，而疏於知識的傳授，再加上學校的收容力有限，於是台灣青少年紛紛渡海求學。

台灣人到日本留學還有一個基本的原因是日本的近代教育模式比舊中國的教育模式先進。例如，日本創辦東京帝國大學在1877年，而中國創建京師大學堂（即後來的北京大學）是1902年，相差25年；日本公布歐美式近代化的新學制為1872年，而中國廢科舉興學堂為1905年，相差33年。1896年以後，中國大陸也興起了一股留學日本的熱潮。[6]這對台灣人選擇學習的地方有著決定性的影響。

最早到日本留學的是1895年12月去日本明治大學普通科就讀的周福全，次年春又有富豪兼著名紳士李春生的幾個孫子去日本讀中小學。在他們之後，留學日本的人數逐年增加，規模越來越大。

「光緒三十三年，留日學生僅63人，民國六年增至264人，民國七年已達493人，且逐年增加。」[7] 1922年已高達2400人左右。台灣女性留學日本始自1906年，到1930年代才逐漸增多。[8]留學日本的台灣人大體上可分為三種類型：「第一種是富家子弟，他們的父兄不滿於日人在台灣的教育制度，自年少的時候就送去東京入小學校，如霧峰、板橋的林家及高雄陳家的子弟莫不如此。第二種是在台灣的最高學府畢業，為著深造而赴日本留學的。……最後一種是不能考入醫專和國語學校的『窄門』，無法升學才跑到東京去的，這類居日本留學生的最大多數。」[9]

「幾乎所有學者一致認為，教育是影響個人政治文化取向最具關鍵性的因素。」留日學生這個社會階層有受過良好教育者的一般特點，即「不僅消息較通達和表達能力較流暢，他們對時間亦有不同的感覺，對個人和社會效能有強烈的意識。他們較積極地參與社區事務，對新觀念、新經驗和新人物，持開放的態度，他們較重視科學、較容易接受變遷。總之，他們的人格特徵變為更現代化。」[10]他們收入高、影響力更大。他們有著與大眾不同的政治態度。除此之外，由於有著被日本殖民統治的共同經歷，留日學生這個社會階層還有其本身的

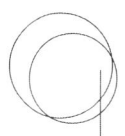

一些共同特徵：

（一）留日學生這個社會階層具有雄厚的經濟資本。由於留學日本花費巨大，故留日學生一般要有富裕的家庭。他們大多出身於地主、商人或官紳家庭，能負擔留學費用。當然，也有極少數出身貧困家庭的人去日本留學，但得到了大地主大資本家或者教會的資助。例如，林獻堂資助甘得中、葉榮鐘等幾十個有志青年留日；基督教教會則資助林茂生、高俊明等教會家庭的子女留日。留學之後，無論留在日本還是回台灣，留日學生能夠謀到收入較高的職業，如醫生、官吏、教師、記者、工程師、公司職員等等，有的則運用新式技術和經營理唸經營工商業或農場。總之，他們有能力保持本階層在經濟上的優勢地位。

（二）留日學生這個社會階層具有優越的可再生的文化資本，這是留日學生能夠成為台灣社會領導階層的最重要的資本。留日學生在日本接受了先進的科技、文化知識，在經濟、文化、科技、政治等各領域都造成帶頭作用。因而他們本身也有很強的優越感。如前文所述，因為日本近代教育模式遠遠比舊中國先進，所以留日學生特別是留學東京帝國大學、京都帝國大學、早稻田大學、慶應大學、東京商科大學等名牌大學畢業的比較自負。「日本的高等學校及帝國大學模仿德國的制度，所以我們都有自負心理。光復初年，有人要把我的論文送到美國某大學去申請學位，我嚴詞拒絕了，因為我覺得自日本高等學校、帝國大學畢業的程度比美國高，對美國的學位授予很輕視。」[11]

（三）留日學生在日本和台灣都有比較豐厚的社會關係資本。留日學生在日本留學、工作、生活多年，極少數人甚至做官多年，他們在日本有許多同學、同事、老師、上司、朋友、姻親等，這些都是可資利用的社會關係資本。留日學生一般出身望族，在台灣也有豐厚的社會關係資本。這對台灣政治和近百年的日台關係都有相當大的影響。

（四）留日學生這個社會階層比較深地受到了近現代日本政治文化的影響，而對中國近現代政治文化則知之甚少。日本政治文化因而透過他們影響了台灣的近現代政治。

廣義的文化包括物質和精神兩個層面上的東西。政治文化也可分為制度體制

和思想觀念兩個大的方面。制度體制包括政府制度、政黨制度、選舉制度、官僚選拔制度、輿論監督制度等等；思想觀念包括政治信仰、政治指導方針、政治思潮、治國綱領、建設計劃、官場習氣、官僚作風等等。戰前日本政治文化的主要內容是：在政治制度上，1889年頒布資產階級性質的《大日本帝國憲法》，規定日本是個君主立憲國家，在政治體制上是天皇制、政黨內閣、文官官僚體系三者並存的，天皇是國家和民族的象徵，政黨控制國會，作為精英的文官官僚則控制著行政。人民有一定程度的集會結社、遊行示威、著述出版自由，1870年就開始有爭取民選議會、民定憲法的自由民權運動。在政治觀念上，信奉國家神道[12]、大和魂、實用主義、金權政治、軍國主義等等，有「和魂洋才」、「脫亞入歐」等影響深遠的立國建國方針，大量引進社會主義、自由民權、無政府主義、民本主義、法西斯主義等西方近代政治思潮，積極學習歐美先進國家的政治制度和治國路線。官僚則比較守法奉公、負責盡職、廉潔自律、講究行政效率，等等。

戰後日本政治文化的主要內容則是，在美國占領軍的控制指導下，頒布《日本國憲法》，在天皇制下建立民主的政黨政治制度，政黨內部則繼續保留戰前的「派閥」林立的傳統，所謂「派閥」就是家族式的政治派系。人民有集會結社、遊行示威、著述出版等自由。在政治觀念上則信奉實用主義、民族主義、民主主義、金權政治等，也保留著一些神權政治的殘餘。

近現代日本政治文化的一些具體內容和特點，以及它們對台灣留日學生和日據時期台灣政治的巨大影響，概括介紹如下：

1.1885年，日本思想家福澤諭吉提出了著名的「脫亞入歐」觀點。在此方針指導下，日本的政、學兩界熱衷於研究和引進近代西方的各種政治思潮、政治制度。因此，留日學生也在日本透過日本語言文字接受了近代西方政治思潮，瞭解了立憲政體等近代西方政治制度。

日本自19世紀後半期以來，主要關心歐美各國，但對亞洲鄰國沒有持續性的高度關注。這與明治以來，它希望「脫亞入歐」，吸收歐美技術、制度與學問，而儘量與「野蠻不文明」的亞洲諸國保持距離等基本思想有關。對亞洲各國

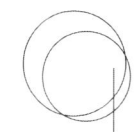

的關心,主要出發點是因為各國政治上的不安定,或有第三國在政治、軍事、經濟方面介入,使日本殖民地、勢力範圍或安全保障受到威脅。但直到1995年,日本的政、學界都不認為亞洲各國在經濟和政治發展上有學習和研究的價值。[13] 例如,東京大學法學部有個百年歷史的學會就叫「國家學會」(日本把政治學叫「國家學」),致力於研究西洋政治制度和思想,並將它介紹到日本。西洋國家的外交、戰爭、政治體制和經驗,成為日本政治學的主題。

在日本引進或介紹的西方近代政治思潮中,對留日學生影響深遠的有自由民權、馬列主義、民族自決、民主主義(日本叫民本主義)、無政府主義等。

19世紀末開始,在日本宣傳社會主義的有堺利彥、山川均、荒佃勝三、幸德秋水、片山潛、河上肇等著名人物。例如,山川均主張採取緩和路線,著有《殖民地政策下的台灣》。1910年代開始,河上肇就在東京帝大宣傳馬克思主義。他於1907年創辦《日本經濟雜誌》,後來還創辦《社會問題研究》雜誌,宣傳馬克思主義。他著有《資本主義經濟學史的發展》、《第二貧乏物語》、《資本論入門》。1920年代社會主義思想風靡日本,1926年社會主義人民黨和日本農工黨相繼成立,日本共產黨也重建。這吸引了許多台灣留日學生。[14] 1927—1945年間在日本留學的林衡道回憶說,其父反對他上有馬克思經濟學傳統的京都帝國大學,他才選上仙台東北帝國大學。但東北帝大也盛行馬克思主義經濟學和「國家論」。早稻田大學也素有「社會主義大本營」之稱。[15]

第一次世界大戰結束後的1918年1月,美國總統威爾遜在巴黎和會上提出十四條和平原則,倡導民族自決權。民族自身有決定自己命運的權力。[16] 這對身受日本殖民壓迫和歧視的台灣留日學生影響最大。

1910年代的日本民本主義運動。東京帝大政治學教授吉野作造甚是服膺西方的民主制度,在1916年1月的《中央雜誌》上發表《論憲政本質並論其成功之道》,盛倡民本主義。DEMOCRACY一詞應譯作「民主主義」,吉野因顧慮日本的國體是君主立憲制,和主權在民的民主主義不能兩立,所以把它翻譯成「民本主義」。日本知識分子非常歡迎。1920年吉野作造和東京商大教授福田德三合組「黎明會」,鼓吹民本主義。民本主義乃成為日本思想界的主流,很快地就風

7

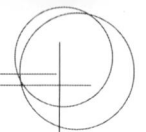

行全日本。[17]

在上述西方進步思潮影響下,在大陸辛亥革命、五四運動的鼓舞下,在1919年愛爾蘭獨立運動和朝鮮「萬歲事件」的刺激下,留日學生的漢民族意識覺醒,乃積極進行非暴力的抗日活動。他們組織「應聲會」、「啟發會」、「新民會」、「東京台灣青年會」、「文運革新會」、「東寧學會」等民族民主運動團體。他們積極參加台灣議會設置請願運動,參與組建「台灣文化協會」,參與組建「台灣民眾黨」和「台灣地方自治聯盟」。

1919年秋在東京成立的「應聲會」,是林呈祿、蔡培火、彭英華和中國大陸留日學生馬伯援、吳有容等組織的,但很快消散。比它稍後成立的「啟發會」,成員有蔡式穀、林呈祿、蔡培火、鄭松筠、羅萬、蔡玉麟、謝溪秋、謝星樓、彭英華、林仲澍、黃呈聰、黃周、吳三連、王金海、黃登洲、呂磐石、呂靈石、陳　樹、劉明朝、莊垂勝、林攀龍等,但該會有思想無主義,也無經費,不久也歸於無形。

「新民會」於1920年1月11日在東京成立,以林獻堂為會長,吸收了全體啟發會成員,另有會員蔡先於、陳全永、李烏棕、林濟川、林石樹、林朝廷、郭國基、顏春風、吳清水、陳添印、黃成旺、陳福全、王敏川、林仲輝、施至善、吳蘅秋、蘇維樑、吳鏡庭、蔡珍曜、蔡伯汾、林伯殳、柯文質、蔡敦曜、陳炘、王江漢、謝春木等。該會宗旨是站在民族自決主義立場上,用合法手段謀求台灣的民權,對台灣人民進行啟蒙活動。它發起台灣議會設置請願運動和創辦了《台灣青年》。後來又有許多留日學生加入「新民會」,重要的如楊肇嘉、呂阿墉、葉榮鐘、高天成、朱昭陽、黃及時、張梗、陳茂源、陳金能、張大端、陳朝景等。上百名普通會員都是留日學生。為了替《台灣青年》拉稿和尋求政治上的支持,留日學生乃積極和日本政、學、新聞界的人士接觸,並向其中的有識之士揭發台灣總督府的苛政。因此,組織議會設置請願運動和創辦《台灣青年》等重大政治活動,鍛鍊出一大批政治活動家[18]。

《台灣青年》後改名《台灣》,為這兩個刊物撰稿和編輯的留日學生有林呈祿、彭英華、羅萬、黃朝琴、徐慶祥、吳三連、王敏川、蔡式穀、石煥長、劉明

朝、黃呈聰、林仲澍、李瑞雲、陳炘、林濟川、蔡玉麟、蔡敦曜、劉青雲、蔡先於、郭馬西、陳　樹、顏春芳、蔡珍曜、呂靈石、林仲輝、塗火、林攀龍、林伯殳、楊維命、蔡伯汾、鄭松筠、謝星樓、周桃源、郭國基、柯文質、張聘三、林萬金、王金海、王江漢、蔡培火等。[19]這些人對日本的政治、經濟、文化等都有比較深的研究。

「東京台灣青年會」，創立於台灣留日學生寄宿的宿舍「高砂寮」。它最早的活動記錄在1920年9月19日，留日學生五百人參加。主要政治活動有：舉行大會聲援遭受總督府壓迫的《台灣青年》雜誌，要求給台灣人以日本憲法保障的言論自由；在東京支援台灣議會設置請願運動；組織文化演講團，利用暑假返台到各地巡迴演講。其中的代表人物有陳炘、吳三連、羅萬、彭英華、呂靈石、謝春木、林仲輝、郭國基、黃周、連震東、溫成龍、莊垂勝、張聘三、游彌堅、蘇維樑、賴遠輝、林九龍、吳春霖等。[20]1927年4月，「東京台灣青年會」社會科學研究部在「高砂寮」成立，許乃昌、商滿生、高天成、黃宗葵、林朝宗、楊雲萍、周慶豐、曾霖澤、林春木等三十多名留日學生參加，他們和日本共產黨聯繫，研究馬克思主義。該部先後改名為社會科學研究會和台灣學術研究會，重要成員後來還有陳來旺、林乙垣、林有財、林兌、蕭來福、黃宗堯、陳銓生、林裳、蘇新、何火炎、李清標、何瑞麟、陳逸松、吳新榮、黃百祿、莊守、郭華洲、鄭昌言等。他們在台灣共產黨東京特別支部指導下活動，主張透過發動工農群眾的階級鬥爭使台灣得到解放。1931年12月，林兌、葉秋木、賴通堯、呂江漢、張麗旭等人組織社會問題研究會，研究台灣的共產主義運動等各種問題。[21]

1930年前後，不少台灣留日學生加入日本共產黨指導的日本無產階級文化聯盟。他們是王白淵、林兌、張麗旭、吳坤煌、林衡權、張文環、翁廷森、張水蒼、吳遜龍、謝榮華等，主要進行文化宣傳活動。[22]

「文運革新會」，1925年11月在東京成立，會員40多人。該會強烈反對民族壓迫和強權蔑視公理。「為圖台灣民眾之覺醒……乃集憤慨時弊的同志組織本會。」該會呼籲「破壞！破壞！奴隸養成所的一切學校，為餵肥壓迫民族而建設的製糖會社、鐵道、工廠等，一切的阻礙物應予破壞。現在是著手破壞的好時

機，破壞，破壞！破壞啊！由破壞才能夠實現自由平等的新社會。」該會反對和平的議會設置請願運動。由於態度激烈，該會很快就遭到總督府鎮壓。[23]

「東寧學會」，又稱「留東同鄉會」，1926年10月在東京神田中國青年會館成立，中國大陸和台灣的留日學生參加。台灣留日學生有丘琮（丘念台）、鄭昌英、陳尚文、翁瑞炎、翁瑞國、鄭松筠、蕭秀利等，主要是客家人。表面上以聯誼、砥礪學問為目的，實際上致力於光復台灣的民族運動。[24]

「台灣文化協會」，1921年10月17日在台北成立，領袖是蔣渭水和林獻堂，以「助長台灣文化之發達為目的」，吸收大批留日學生參加。重要成員47人中有留日學生蔡培火、王敏川、楊肇嘉、林茂生等20人。文化協會主要活動是創刊《會報》、設置讀報社、創辦「美台團」電影放映團，舉辦各種講習會、演講會和夏季學校，對台灣民眾進行漢民族意識和近代民主主義教育。[25]該會本是一個反抗日本殖民統治的統一戰線組織，內部有社會主義派和民族主義派的對立。1927年1月3日，在台中市召開的臨時大會上，信奉社會主義的王敏川、林碧梧、張信義、莊孟侯、侯朝宗、王萬得等左派青年奪取文化協會領導權，林獻堂、蔡培火等民族主義派退出。「新文協」主張進行階級鬥爭，「以普及大眾之文化為主旨，實行本會之綱領決議宣言為目的，應予實行之綱領如左：一、向上農村文化。二、增進商工智識。三、涵養自治精神。四、獎勵青年求學。五、提倡女權思想運動。……」1932年12月，王敏川等「新文協」中央委員及重要會員十多人被日警逮捕，「新文協」最後被消滅。[26]

1921年1月開始的台灣議會設置請願運動，其理論和法律依據都是「大日本帝國乃立憲法治國，今台灣為帝國統治之一部分，故在台灣統治上倘有需要設立特別制度，其範圍亦須根據立憲政治之原則，此乃當然之理。」根據立憲政治原理，立法、行政、司法三權應當分立。所以，林獻堂等請願者向日本帝國議會要求設立民選台灣議會，分取「六三法」授予台灣總督府的特別立法權。在第一次請願書上簽署的178人，除領銜人林獻堂外，大部分為東京台灣留學生。到1934年為止，請願活動共有15次，骨幹力量一直是留日學生。其中著名者有蔡培火、林呈祿、林柏壽、黃呈聰、王敏川、鄭松筠、吳三連、蔡式穀、呂靈石、呂

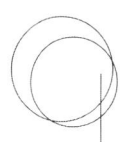

磐石、楊肇嘉、邱德金、羅萬、葉榮鐘、莊垂勝、丁瑞圖、陳金能、韓石泉、王鐘麟、甘得中、陳炘、陳朔方、陳啟川、黃朝清、楊基先、蔡先於、石煥長、石錫勳、張深、何景寮、郭發等。這場歷時15年的聲勢浩大的政治運動，由於日本殖民者的壓迫而以失敗告終。在請願運動期間，為了取得鬥爭的勝利，留日學生深入學習和研究日本的政治和法律，特別關注日本眾議院議員及地方議會議員選舉，積極和日本朝野政治人物、新聞媒體接觸，勇敢地舉起「自由」、「平等」的旗幟進行示威遊行。[27] 這場民族民主自覺運動，是台灣人民首次運用近代政治鬥爭方式爭取自由，不僅啟發了台灣人民反抗總督府專制統治的政治意識，而且強化了留日學生對日本政治文化的瞭解。

1927年7月10日正式成立的「台灣民眾黨」，是台灣歷史上第一個合法政黨。領袖人物是蔣渭水、林獻堂，但主體是留日學生蔡式穀、謝春木、蔡培火、王鐘麟、陳炘、羅萬、林呈祿、葉榮鐘、簡來成、楊連樹、黃周、黃旺成、彭英華、吳淮水、林攀龍、林履信、劉明哲、何景寮、陳其昌、邱德金、莊垂勝、李友三、王甘棠、楊金虎、蔡炳煌、陳金波等人。其綱領「本黨以確立民本政治，建設合理的經濟組織及改除社會制度之缺陷為綱領」。所謂民本政治，就是要求立憲政治、反對總督府專制，使立法、司法、行政三權分立，台灣人享有參政權。1929年7月，日本民政黨內閣成立，「台灣民眾黨」乃向它提出台灣政治改革建議書，列舉改革要點：台灣實施完全地方自治制度；尊重言論、出版、集會之自由、准許台灣人發行日刊新聞；實施義務教育制度；改革司法制度；設置行政裁判所；嚴禁鴉片吸食等等。這些都是日本已有的制度。該黨反對日本侵華政策。1928年7月26日召開的中央常委會上，政治部主任王鐘麟提出《對華政策反對聲明》，電告日本各政黨、報社，反對田中內閣破壞中國統一。[28] 1931年2月，該黨被日警取締，蔡少庭、陳天順等16個幹部被捕。

「台灣地方自治聯盟」，1930年8月17日在台中市正式成立，林獻堂被推選為議長，重要幹部也以留日學生為主：楊肇嘉、蔡培火、林履信、蔡式穀、劉明哲、李瑞雲、李延旭、葉清耀、黃朝清、陳炘、林柏壽、羅萬、韓石泉、何景寮、葉榮鐘、高天成、陳朔方、陳茂堤、楊金虎等。該盟以「確立完全地方自治制」為唯一目標。該盟在全島24個地方舉行政治演講會，演講人也以留日學生

為主,聽眾總共近2萬人。在殖民政府高壓下,1936年8月,該盟召開第四次全島大會宣布解散。[29]

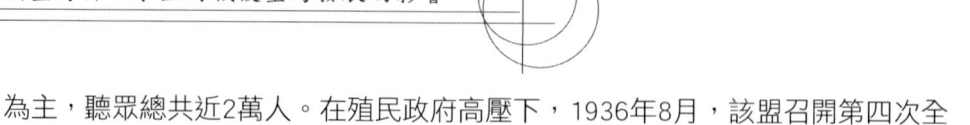

2.從明治維新到1945年戰敗投降,日本政治文化中始終有一股逆流,這就是歧視、醜化和侵略亞洲鄰國特別是中國的法西斯主義和軍國主義。一小部分台灣留日學生也深受日本法西斯主義、軍國主義和武士道精神的影響。

所謂日本軍國主義,就是在意識形態上把天皇尊為萬世一系的神,要絕對效忠。把強兵和對外侵略當成基本國策,軍隊控制政府和政黨。其主體就是軍隊和戰爭,其實質就是侵略和擴張。為了為侵略戰爭尋找藉口,它鼓吹所謂「大和民族優越論」、「日本至上主義」,宣傳亞洲鄰國為「外夷野蠻」、「劣等民族」等等,例如,它說朝鮮「野蠻」,中國人是「清國奴」、「支那人」、「豬仔」等。所謂武士道精神,就是1882年1月明治天皇頒發的《軍人敕語》對軍人的要求:「忠節、禮儀、武勇、俠義、質素」。1931年9月18日日軍發動侵華戰爭以後,法西斯主義和軍國主義在日本的政治文化中逐漸成為主流。「1936、7年前後,日本法學界鬧了個很大的問題,軍方已經介入政治,他們對東京帝大的美濃部達吉教授的憲法課開始打擊,因為美濃部教授認為天皇是國家的機關之一。東北帝大憲法學教授佐藤醜次郎,主張天皇主體說,謂天皇是國家的主體,而受到重用。」[30]因此,這一時期在日本留學的台灣青少年,更多地接受了日本法西斯主義、軍國主義和武士道精神的影響。這一部分留日學生和他們的前輩有所不同,後來參加台獨活動的比較多。

3.自明治維新後,日本就有國會眾議院和地方各級議會議員的選舉。這種選舉文化也影響了台灣留日學生。1887年,日本就起草了國會下院議員選舉法。地方自治制也與國會同時興建。1888年公布市制和町村制。1890年公布府縣制和郡制。郡、縣、町、村、市等各級議會的議員都實行公民直接選舉。日本的地方自治選舉中賄選成風,對地方上有名望的人和地主資產階級十分有利。[31]

如前所述,「台灣文化協會」、「台灣民眾黨」和「台灣地方自治聯盟」等組織一直向日本殖民政府爭取台灣的完全地方自治權力,這些組織中的留日學生必然要學習研究日本的政治選舉。

1935年，日本總督府還開始在台灣舉辦所謂的自治選舉。「台灣地方自治聯盟」積極組織人員參加。當選民選州會議員的留日學生：台北州有黃炎生、顏欽賢。新竹州有朱盛淇。台中州有甘得中、林猶龍、林朝槐、劉清井。台南州有呂憲發、林江海、廖裕紛。1935年當選民選市會議員的留日學生：台北市有蔡式穀、陳逸松、劉天祿；基隆市有陳漢起、蔡星谷、邱德金；新竹市有鄭大明、蘇惟樑；台中市有張風謨、張深、盧茂川、林如梅、王基良；彰化市有吳恭、杜錫奎、林文章；台南市有葉廷珪、沈榮、劉子祥、歐清石、顏春芳；高雄市有楊金虎、陳天道；屏東市則有簡金鐘；等等。[32]

總之，無論在理論上還是在實踐上，留日學生在日據時期都深受日本政治選舉文化的影響。

4.明治維新後，日本逐步發展出一套透過嚴格考試選拔任用文官的制度，用來建立專業化、法制化、講效率的官僚體系。這對留日學生影響很大，他們大多認為這是建立近代化國家的標準之一。按照1887年文官考試、試用、見習規則，帝國大學、法科大學、文科大學的畢業生，可以不經考試而被任命為試補（奏任官候補）。經文部大臣批准成立的私立學校的畢業生，須經文官高等考試合格方可出任試補。1893年廢止上述規則，制定了文官任用令和文官考試規則。1894年開始日本文官高等試驗行政科考試，但法學部學生在入學時就規定畢業後可以不經考試而直接出任文官。但從1895年開始，人人須經過考試。這些專業技術官僚占據行政體系中樞。

日據時期，台灣留日學生學法學人數僅次於學醫者。據台灣總督府文教局所編《台灣總督府學事年報》的統計，1906年到1942年度專科以上留日學生，法科約占五分之一。法科畢業生都希望進入司法界或政界，積極參加日本的高等文官考試。整個日據時期，留日學生通過高等文官考試者100人。司法科高考合格的有葉清耀、鄭松筠、蔡式穀、陳增福、賴雨若、呂阿墉、陳茂源、王清佐、蔡先於、白福順、黃演渥、沈榮、李瑞漢、林連宗、吳鴻麒、陳慶華、歐清石等著名者，其中呂阿墉、陳茂源、黃炎生、杜新春、吳文忠等分別在東京各地法院擔任司法官，其餘的任律師。行政科高考合格的有劉明朝、劉茂雲、朱昭陽、周耀

星、黃添祿、林德欽、劉萬、林旭屏、黃介騫、林益謙、張水蒼、楊基銓、莊維藩、廖坤福等著名者，分別出任日本和台灣的官吏。[33]這些日本殖民時代的精英人物中的大多數人，在戰後卻因不精通中國語言文字、不瞭解中國法律法令而鬱鬱不得志。

5.戰後日本政治學的主流仍然是研究歐美的議會政治、政治史、政治思想史。學者以歐美民主政治架構來評論日本政治。所以，從1960到1970年代初，政治學的研究主流是以歐美為中心的政治或思想史。[34]在政壇上則出現自民黨一黨獨大，社會黨、公明黨、民社黨、共產黨、新自由俱樂部、社民聯等多黨競爭的政黨政治格局。自民黨內部又分成幾個「派閥」，自民黨的國會議員分屬於不同的「派閥」，「派閥」是分配官職的單位。另外，日本政壇出現了仇視中國的新右翼勢力。戰後日本政治文化主要透過李登輝一類掌權的留日學生對台灣的政治產生了作用。例如，1988年李登輝當上國民黨主席後，就按照自民黨的模式改造國民黨，允許國民黨內的次級團體「集思會」、「一心會」等發展，導致了國民黨的分裂。

另外，在19世紀末到日軍發動侵華戰爭之前，日本還是有一定的言論、著作、刊行、集會、結社的自由。民間報刊甚至可以和官方報紙對抗。

綜上所述，在日據時期，台灣留日學生領導政治運動的目標是在民族自決的基礎上實行和日本一樣的政治制度。所以說，這個社會階層深受日本政治文化影響，而對中國近現代政治情況則不太瞭解。在戰後的政治活動中，他們常會比較中日政治文化的優劣，往往傾向於贊同日本的政治文化，這就必然會與大陸籍的國民黨官員產生矛盾。

把中日政治文化進行比較的人很多。高雄市議員陳浴沂，慶應大學畢業，在議會裡，習慣按日本方式的依法辦理，不喜歡國民黨政府和官僚的辦事方法。他曾提過三個提案，一是成立工會，建議准許組織工會；二是建議民眾受教育機會要平等，三為成立夜校。[35]省議員黃運金把臨時省議會和日據時期的所謂「民意機構」進行比較，認為臨時省議會在某種程度上還不如日據時期的「民意機構」。他批評說，在臨時省議會受到嚴厲批評的省府官員反而升官愈快；而在日

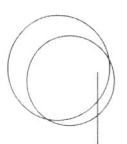

據時期,日本台灣總督府的行政機關如果受到「民意機關」的批評,「則其主管或主辦人員不受免職亦必受調動之處分。」[36]李登輝受日本政治文化影響最深。李光耀說,李登輝是用日本的思考模式和日本人的歷史觀來思考問題。[37]

關於台灣留日學生的人數問題。由於資料所限,留日學生具體人數不可考。根據《台灣總督府學事年報》的統計,到1945年日本投降時,台灣留日學生將近一萬人,但這個統計數字偏低。1939年黃朝琴的報告中,列出台灣留日大專畢業的超過五萬人;戰後,根據楊杏庭的統計,約六萬餘人。[38]至於其中的女性留日學生,估計超過1000人。「1922年,台籍女留學生僅有20人,1941年達832人。」[39]

總之,留日學生這個數量龐大的社會階層是台灣社會的精英,影響著現代台灣社會發展的基本趨勢。近現代台灣社會,留學歐美的台灣青少年不到百人,僅相當於通過司法行政考試的留日學生的人數,總體規模遠遠小於留日學生。留日學生所學專業中,醫學最多,其次是法科、商學、經濟等。這些現代化的專業人才,構成了台灣社會有力的中產階層,成為社會領導階層的主體。[40]

## 二、研究理論和方法

本書綜合運用社會學的社會階層理論、政治學上的政治文化,以及派系政治理論,對日據時期留日學生這個社會階層在戰後台灣政壇上的活動及影響進行了深入研究。

社會學的社會階層理論(Socialstrata):凡有相似的社會資源的團體都可以稱為社會階層,不論其共享的社會資源是哪一種。地位團體(Sta-tusgroups),代表有共同典型生活風格的一群人;生活風格涉及特定的團體副文化與社會榮譽,這些榮譽可能是正面的,也可能是負面的,也就構成了社會地位的基礎。此種生活風格往往又構成了認同、交往與通婚的基礎。[41]

法國當代社會學家布迪厄還提出了文化階級理論：在建構階級與階層過程中，文化同樣造成決定性作用。即教育程度、生活方式、階級慣習、消費模式、興趣愛好等文化因素被視為社會分層的獨立性變量。儘管和身分一樣，財富曾經是，現在仍然是決定社會階級的主要因素，但進入20世紀尤其是20世紀中後葉以來，決定階級的因素卻變得極為多元化，任何單一因素都已無法作為劃分階級的唯一依據了。為了建構階級，他導入了「資本總量」概念。資本總量是「經濟資本、文化資本以及社會關係資本這些實際可資利用的手段和權力的綜合體。」在這三種資本形態中，布迪厄重點關注的是經濟資本和文化資本。他認為儘管社會關係資本也做出了一定的貢獻，但相對來說僅對結構造成輔助的作用，不是決定行動者社會地位的決定因素。經濟資本和文化資本在資本總量中所占比例即資本結構，是反映同一階級內部各不同集團和階層之差異、決定其社會位置的分類指標。[42]

　　政治學上的政治文化理論：政治學家西德尼‧維巴（SidneyVerba）把政治文化定義為「由得自經驗的信念、表意符號和價值觀組成的體系，這個體系規定了政治行為所由發生的主觀環境」。所謂政治文化，就是一個民族關於政治系統的信念、象徵、價值，就是人們如何看待政府的合適角色以及政府應如何組織的信念、符號和價值觀，就是一個民族關於政治生活的心理學。政治文化分為主流文化和亞文化、精英與大眾文化。精英與大眾有著非常不同的政治態度，他們更願意參加投票、組織團體、參與公職競選。向個人灌輸政治系統流行價值的重大機構場所有：家庭、學校、夥伴群體、大眾傳媒、政府等等，其中學校是最重要的。[43]

　　政治學上的「派系」概念，指的是以二元聯盟（dyadicalliance）為基本構成單元，為追求公部門或準公部門資源的取得及分配，所建立起來的一套多重人際網絡。派系的目的是交換恩惠和及時提供所需，其內容由結盟雙方來認定。派系是一種非正式團體。派系的行動與目標具有集體性。派系間的鬥爭法則有無毀滅性、陰狠性、防禦性、平衡性、無意識形態性、唯利是圖性等。[44]

　　日據時期的留日學生有著共同的社會資源——日本學校教育，或者說有著相

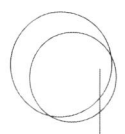

同的文化資本,有著崇高的社會地位,都深受日本政治文化影響,因而是一個典型的社會階層。無論在戰前還是戰後,他們在政治上都非常積極,並在政治鬥爭中取得了很大的成功。這跟他們的資本總量雄厚有關。

## 三、文獻與研究回顧

由於留日學生人數眾多,影響很大,他們的活動遍及政治、經濟、文化各個領域,並且在這些領域起著領導作用。日據時期到現在的台灣歷史資料和研究專著中,幾乎都有關於他們的材料或論述,加上留日學生自己的回憶錄或口述歷史,真是十分豐富。

現有的關於日據時期留日學生的研究,基本上可以分為兩大類:第一,對留日學生這個社會階層進行個案研究,第二,把留日學生這個社會階層的全部或其中的某一部分進行整體研究。本文屬於第二類。

第一,1980年代以來,對留日學生這個社會群體進行個案研究的台灣或國外學者比較多,研究成果也比較豐富,其中比較出名的台灣學者主要有:張炎憲[45]、莊永明[46]、黃富三[47]、許雪姬[48]、蘇進強[49]、應大偉[50]、吉田莊人[51]、施懿琳[52]、李筱峰[53]、施明雄[54]、黃有興[55]、黃天橫[56]、褚塡正[57]、劉少玲[58]等等。台灣這些學者主要的研究對像是一些比較出名的留日學生,例如林茂生、陳炘、黃朝琴、連震東、蔡培火、陳友欽、宋斐如、黃國書、林頂立、吳新榮、張文環、林桂端、陳金波、魏火曜、廖文毅、劉明、朱昭陽、朱江淮等。這些出名的留日學生從日據時期到戰後的政治活動,涉及日據時期的非暴力抗日民族運動、台灣光復、「二二八事件」、台獨活動、台灣地方自治選舉等重大政治事件,範圍很廣。台灣或國外學者關於這些留日學生的研究成果,為作者的研究提供了豐富的材料和堅實的基礎。但是,上述台灣或國外學者的研究都是以留日學生單個人的政治活動為主線,主要採用個人傳記的形式來研究留日學生個人一生的政治活動或者在某個政治事件中的活動,因而只見樹木不見森林,無法看出留日學生整個

群體在台灣政治中發揮的巨大作用，更無法瞭解日本政治文化透過這個社會群體對台灣社會的影響。

第二，把留日學生這個社會階層或其中的一部分當成一個整體進行研究，研究他們留學日本的背景原因、家庭出身、學習狀況、專業情況、男女比例等，以及他們與台灣經濟、科技、教育、美術、音樂、文化、政治等等之間的關係，評估他們對現代台灣社會的積極貢獻或消極影響。台灣或國外學者這些研究也為作者的研究提供了豐富的材料和借鑑。但是，上述研究中以研究日據時期留日學生的政治活動居多，而對留日學生在戰後台灣政治中的活動研究較少，更很少去研究日本政治文化是如何透過留日學生這個社會階層影響台灣政治的。台灣或國外學者把留日學生這個社會階層或其中的一部分當成整體進行研究的雖然相對較少，但都是些份量比較重的專著，為後來的研究提供了有關留日學生的重要史料、基本數據等等。這些學者主要有陳三郎[59]、吳文星[60]、陳明通[61]、ClaudeGeoffroy[62]、鐘才[63]、黃英哲[64]、何義麟[65]、許芳庭[66]、許維德[67]、王宏仁[68]10等。

其中，陳三郎的碩士論文利用《總督府學事年報》、《台灣學事一覽》、《台灣教育會雜誌》等資料，將台灣留日學生的年別、性別、校別、出身地域別做了統計，明確了留日學生的性質、人數和他們對文化的貢獻。但他對參加社會主義社團的留日學生及其社會政治運動沒有研究，也缺乏對留學生的類型、興趣取向、政治活動及事業遭遇的個案分析。

研究留日學生概況的還有吳文星的《日治時期台灣的教育與社會流動》一文。該文研究了日據時期台灣留日學生的人數、台灣青少年留日的背景原因、專業比例、總體規模。該文認為，日據後期，留學返台的社會精英漸取代只接受台灣殖民教育的社會精英，而成為社會領導階層主體。他的《日據時期台灣社會領導階層之研究》專著，蒐集了大批留日學生背景、留學狀況等資料，把留日學生劃成日據時期社會領導階層之一，研究了他們與抗日、殖民教育、殖民政治、社會文化變遷、同化政策等重大社會政治活動之間的關係。很顯然，吳文星研究的是留日學生在日據時期的活動，對他們在戰後的政治活動卻隻字未提。

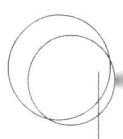

陳明通研究了戰後初期留日學生的政治派系以及它們和大陸國民黨內各派系的互動關係問題，揭示了戰後初期台灣政壇派系鬥爭內幕。這只看到了留日學生與大陸籍政客的現實利害衝突，沒有揭示他們之間在政治理論政治觀點上的矛盾，顯然不夠深入。

Claude Geoffroy的專著、鐘才的論文及許維德的論文都是研究留日學生台獨活動的。黃英哲、何義麟研究的是戰後初期留日學生創辦報紙雜誌的文化活動。

王宏仁主要研究了戰後初期留日學生的經濟地位和政治態度，認為失業導致了許多留日學生對長官公署不滿。這個結論過於單一了。

綜上所述，現有的留日學生研究只研究了他們單個的或一部分人的政治活動，還不能說明日本政治文化影響台灣政治的根本問題。把留日學生作為一個社會階層，全面地研究他們在戰後台灣政治上的重大活動、作用和影響，進而揭示日本政治文化在戰後台灣政治中的重大影響，仍然是個全新的課題。本書填補了這個空白。

## 第三節　研究創新和侷限

### 一、研究創新

研究對象創新。現有的關於留日學生對戰後台灣政治影響的研究，多從微觀角度出發，側重於對留日學生個體或小部分的活動進行研究。本書首次運用社會階層和政治文化理論將留日學生當成一個整體進行宏觀地研究。

本書結論的突破。首次把留日學生這個社會階層作為一個整體進行研究；首次全面地考查了他們對戰後台灣政治的重大作用。由於有著雄厚的經濟資本和優越的文化資本，留日學生這個社會階層始終非常積極地參加政治活動。在台灣光復、「二二八事件」、政治選舉、台獨活動、政黨輪替、台日關係等戰後台灣所

有重大的政治事件和政治運動中,他們都處在台灣地方勢力的領導地位上。由於他們在留學日本時深受日本政治文化影響,因而,日本政治文化透過他們實現了對戰後台灣政治的影響。

具體章節的觀點創新:第一章首次研究了留日學生對台灣接收計劃和實際接收工作的貢獻,揭示了留日學生民族意識高漲與他們留日背景之間的聯繫。第二章首次提出「二二八事件」是留日學生領導的和大陸籍國民黨官僚爭奪台灣政壇權力的政治運動。第三章首次揭示戰後台獨頭目和骨幹背後的日本軍國主義因素。第四章首次宏觀研究1950年到1980年間留日學生參加的重要選舉,得出了自己的結論:留日學生對選舉的態度深受日本的選舉文化影響;留日學生當選比率高的原因是因為這個社會階層資本總量最大。第五章首次宏觀研究了留日學生這個社會階層對台灣政黨輪替的影響,揭示了其中受日本政黨政治文化影響的因素。

從本書的研究中,我們還可以得出這樣一個比較重要的歷史教訓:教育、科學、文化的強大才是真正的強大。在祖國統一大業中,我們要首先使自己的教育、科學、文化先進和強大起來,並使台灣青少年自願地積極地到祖國大陸接受我們先進的教育,這才是根本大計。

## 二、研究侷限

資料方面的侷限。有關日據時期留日學生的資料可以說汗牛充棟,由於主客觀條件的限制,不能完全蒐集,只能蒐集到廈門大學圖書館和廈門大學台灣研究院圖書室收藏的一些重要資料。缺乏日本各大專學校的同學錄、國民黨調查局檔案等重要的第一手資料,缺乏到台灣等地的田野調查,更缺乏有關留日學生在海外活動情況的日文、英文資料。

作者研究方法和能力的限制。由於台灣歷史文化研究是個比較陌生的領域,本書涉及的資料太廣泛,有些研究對象十分敏感,作者花費了近三年的時間和精

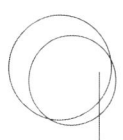

力閱讀基本書目和蒐集史料,故對書中的研究理論和方法思考十分不夠,有的地方研究得還很不深入和細緻,有的結論還值得推敲。在導師林仁川先生多次嚴格認真地和具體地指導下,透過深入學習社會學、政治學理論、日本政治史,作者才基本上克服了這個缺點,但仍對留日學生在戰後的政治活動和政治態度缺乏一個定量分析研究,缺乏精密性。尤其是還不能夠深挖日本哲學對留日學生世界觀和方法論的影響,未能完全達到導師林仁川先生的希望和要求;主要原因是論文研究的對象太多、容量太大,研究經費和資料受限,而寫作時間只有三年,等等。在未來的工作和研究過程中,作者會遵照導師的指示,繼續把這個有意義的研究課題加以深化完善。

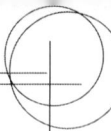

# 第一章　台灣光復前後的留日學生

台灣光復是中華民族的偉大節日。留日學生謝南光、宋斐如認為台灣光復不僅是民族革命，也具有社會革命的意義。也就是說台灣光復不僅是中華民族驅逐日本殖民者的偉大勝利，也給台灣社會各階級帶來巨大的影響。由於擁有雄厚的經濟資本、文化資本和社會關係資本，在台灣人所有的社會階層裡，留日學生對抗日和光復台灣的工作貢獻最大。在大陸的留日學生領導台灣人在大陸的抗日革命團體，宣傳台灣人民要求回歸祖國的主張和決心，參與接收台灣計劃的制訂。在台灣台灣的留日學生則維持治安組織起來迎接光復。

## 第一節　光復前後留日學生活動概況

在台灣所有社會階層裡，留日學生這個社會階層的資本總量最大，因此活動能量也最大，在台灣光復前後所有重大政治活動中起著領導作用。在大陸領導台灣抗日團體的留日學生，如謝南光、李友邦、宋斐如、丘念台、黃朝琴、游彌堅、連震東、蔡培火等人，都是1920年代在日本留學者，在日本接受了民本主義、社會主義和民族自決等日本政治文化中進步思潮的影響，因而具有很強的民族意識。這些人參與了國民政府接收台灣計劃的制訂，參與了實際的接收工作。在台灣領導歡迎國民政府活動的留日學生，如陳炘、林呈祿、羅萬、陳逸松、黃朝清、王金海、林攀龍、杜聰明、葉榮鐘等等，也基本上都是1920年代在日本留學者，他們也接受了社會主義、民本主義、民族自決等思潮的影響，並在日據時期參加反對日本殖民統治的民族運動。上述兩股政治勢力在台灣光復後勝利會

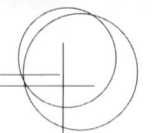

合。其各項活動概述如下：

## 一、留日學生參與台灣光復工作

在台灣光復工作中，留日學生主要做了三大工作：宣傳台灣光復的偉大意義；參與國民政府制訂的台灣接收計劃工作；參加實際的接收工作。

（一）留日學生宣傳台灣光復的偉大意義

1943年的開羅會議之後，國民政府開始準備接收台灣。在大陸參加抗日鬥爭的留日學生積極地參與了這個工作，這主要表現在兩個方面：加強宣傳工作，向中國內外宣傳台灣是中國不可分割的一部分，台灣要回到中國懷抱；參與制訂國民政府接收台灣的計劃，提供了許多寶貴意見。這些工作表明了台灣人民的基本立場和態度，對台灣回歸意義重大。

留日學生主要依靠台灣革命同盟會、台灣義勇隊和國民黨台灣黨部三大組織完成上述任務的。台灣革命同盟會1941年2月10日在重慶成立，[69]其總會領導核心採主席委員制。其主要領導謝南光、李友邦、宋斐如三常委都是留日學生。12個執行委員中郭天乙、謝掙強、林嘯鯤、牛光祖、林海濤，5個候補執委中的莊澤民、張大江、呂伯鏞，以及監委廖建策，都是留日學生。[70]總之，27位執委、監委、候補執監委中，在資料可考的24人中，半數出身日本大專院校，9人畢業於中國中上學校，3人來自台灣的學校。[71]該會主要是由留日學生領導的。

台灣義勇隊也是由李友邦領導的，1939年春正式成立，總部設在金華，從事「對敵政治、醫務診療、生產報國、宣慰軍民」的任務。

留日學生還擔任國民黨中央直屬台灣省黨部的領導工作。1943年4月1日，省黨部成立，翁俊明任主任委員，林忠任書記長，執行委員丘念台、郭天乙、謝東閔、陳邦基、陳棟、楊萬定、廖啟祥。丘念台負責國民黨中央設立的粵南工作團，該團工作最有成效。郭天乙則負責閩南工作團。台灣省黨部內設有「台灣建

設設計研究委員會」，劉啟光等擔任研究委員。[72] 1945年8月後，省黨部改組為台灣省執行委員會，李翼中為主任委員，委員11人，其中有丘念台、郭天乙、蔡繼琨、劉兼善、蔡培火等留日學生。[73]

台灣革命同盟會的宣傳工作做得最好，而其負責人幾乎都是留日學生。原因是他們擁有優越的文化資本。他們的宣傳形式主要有四種：召開會議、發表談話和文章，用電台廣播，創辦報紙雜誌，編發叢書。宣傳的內容主要為台灣光復的意義、台灣的歷史和現狀、台灣的地位。

1.透過會議宣傳台灣光復的意義。會議又分記者招待會和紀念會等。在重慶召開的記者招待會上，李友邦、林嘯鯤、宋蕉農等人多次向記者報告台灣的情況和形勢，呼籲全國人民關注台灣光復問題。1942年4月5日，台灣革命同盟會在重慶舉辦「光復台灣宣傳大會」，國民黨軍委會政治部、中央祕書處、立法院、司法院等黨政機構都派代表出席，上千人參加，盛況空前。這一天被定為「台灣日」，是光復台灣宣傳浪潮的起點。當晚中央電台播出特別節目，林嘯鯤等作了專題演講。重慶和福建各大報紙同時刊出「台灣光復運動專刊」。留日學生在這些報刊上發表的重要文章，計有：《重慶益世報》上的宋斐如《台灣農民的慘痛》、《重慶時事新報》上的李友邦《收復台灣與遠東和平》和林海濤《六十年來台灣抗日血債錄（1874—1939）》、福建《中央日報》上的謝南光《收復台灣與保衛祖國》等，都以光復舊物還我河山為主旨。[74]

當討論戰後台灣的出路時，美國的《時代》、《生活》、《幸福》等雜誌，於1942年8月發表名為《太平洋關係》的長文，把台灣列為太平洋防禦帶的一環，把戰後台灣列為國際共管的區域。11月份，該文被重慶《中央日報》翻譯轉載。為了批判國際反華勢力的這一謬論，台灣革命同盟會在1943年4月17日這一天舉辦「四一七國恥紀念日大會」，發表宣言：堅決反對所謂台灣「國際共管」，主張台灣回歸祖國。該宣言鄭重指出：台灣土地自古就是中國領土，台灣人民百分之九十五以上為中國人，戰後台灣一定要回歸祖國。該宣言呼籲全世界有識之士應一致主張台灣歸還中國。只有這樣，才能真正地實現世界和平。[75]同年11月28日台灣革命同盟會第三屆代表大會宣言重複這一主張。

2.透過報紙雜誌、叢書等介紹台灣情況，宣傳留日學生戰後建設台灣的計劃和主張。報刊有台灣革命同盟會的《新台灣》、《台灣民聲報》，以及台灣義勇隊的《台灣先鋒》、《台灣青年》等。[76]叢書方面，台灣革命同盟會編印過《台灣問題言論集》、台灣新叢書。台灣省黨部自1943年6月到1945年5月編印的10輯《台灣問題參考資料》。這其中以《新台灣》、《台灣民聲報》最重要，本文重點介紹其內容。

《新台灣》為台灣革命同盟會機關報，1943年4月15日創立，謝南光任主筆，林嘯鯤任主編。其發刊詞提出：為著建設新台灣，首先要幹掉日本帝國主義的統治。[77]

1945年4月16日，《台灣民聲報》半月刊在重慶發行，主編連震東，截至10月7日總共發行10期，[78]主要撰稿人為連震東、謝掙強、林忠、劉啟光、謝南光等留日學生。該報文章的重要內容之一是留日學生關於收復台灣的建議。這時，國民政府已於3月核定《台灣接管計劃綱要》，且相繼擬定教育、警政、金融等分項接管計劃草案，又著手研擬《台灣省行政長官公署組織大綱》，並於9月4日正式公布。但是，留日學生對上述計劃和組織大綱仍有不滿之處，他們便借助《台灣民聲報》繼續發表自己的主張。該報創刊號說，「我們籲請中國的領導們正視台灣民眾所追求的理想和目標。自從開羅會議以來，台灣問題已引起相當多的討論以及矚目，然大部分的討論均過分重視關於豐饒的自然資源之研究及調查，而忽略了台灣人民的特性和想法。」這節文章大聲呼籲要把台灣人民看作同胞，而非看作敵人。

對於有些人主張戰後台灣實行軍政、訓政，謝掙強在該報第一期上發表《憲政實施與台灣》予以批駁，他認為這是昧於台灣現實的說法。他希望準備前去接收台灣的要員們能更進一步研究，並瞭解台灣的情況及台灣人民的性格，避免讓台灣同胞大失所望。謝南光在該報6月份發表的文章則提出：台灣接收後應執行三種政策目標：（1）在政治上，應立即透過省憲……；（2）在經濟上，實行民生主義，節制資本，平均地權……；（3）在社會上，規定男女平等及民族地位平等，並停止偏見。[79]

對於台灣行政長官公署組織大綱賦予行政長官過大的職權，連震東在該報上發表《台灣人的政治理想和對做官的觀念》一文提出了嚴厲批評：給人一種有如日本當年「六三法」給予總督過大權限的錯覺。

3.利用廣播電台對台灣和日本進行宣傳工作。這項工作也主要由留日學生負責。謝掙強擔任國民黨中央廣播電台的閩南語廣播員；李友邦指導閩浙地區的「對敵廣播班」；謝南光指導永安地區的廣播宣傳。這些廣播的內容都是分析抗戰形勢，說明日寇必敗的原因，宣傳戰後建設三民主義新台灣的計劃。

留日學生領導的宣傳活動，促使國民政府和中國人民注意台灣、研究台灣，進而收復台灣，也號召了居留大陸的台灣志士加入抗張復台的行列，意義重大。

（二）留日學生參與制訂台灣光復計劃

1944年4月17日，「台灣調查委員會」在中央設計局內成立，陳儀、沈仲九、王藝生、錢宗起、夏濤聲、週一鶚、葛敬恩等人組成。留日學生林忠、李友邦、丘念台、謝南光、黃朝琴、游彌堅、謝掙強、連震東、劉啟光、宋斐如等人先後被邀請參加工作。9月25日，蔣介石批准該會委員名額11人，其中有黃朝琴、游彌堅、丘念台、謝南光、李友邦5人。該委員會起草了《台灣接管計劃綱要》，翻譯台灣法令，研究具體問題。[80]留日學生的貢獻主要是蒐集台灣情報和提出他們自己的接收建議。由於留日學生比較瞭解日本的法律、法令和台灣的實際情況，因而他們的建議對於接收工作十分重要。

1.蒐集台灣情報和翻譯台灣的法律、法規。台灣革命同盟會一成立，就派人瞭解台灣台灣的形勢，蒐集太平洋戰爭爆發後台灣台灣的政治、經濟、軍事情報。這是最重要的。除此之外，留日學生還幫助國民政府蒐集有關日本和台灣的文字材料。[81]1944年9月30日，黃朝琴致函陳儀，專門談蒐集台灣資料的問題。他認為應到中央大學、復旦大學、中央圖書館、中央銀行經濟研究所、外交部等單位蒐集台灣資料，還要請台灣黨部、台灣義勇隊訪問台灣人獲得資料。[82]

2.從1941年2月10日台灣革命同盟會組建到1945年9月4日《台灣省行政長官公署組織大綱》正式頒布，在這四年半的時間裡，李友邦、丘念台、謝南光、黃

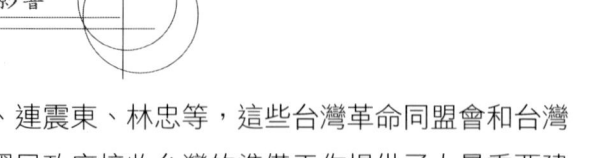

朝琴、游彌堅、劉啟光、謝掙強、連震東、林忠等，這些台灣革命同盟會和台灣調查委員會裡面的留日學生，對國民政府接收台灣的準備工作提供了大量重要建議，其主要內容可概括如下：

（1）要接收台灣，國民政府首先要瞭解台灣的基本情況，瞭解台灣的特殊性。這是他們在1944年7月13日和21日中央設計局台灣調查委員會座談會上提出的，對台灣接收計劃的制訂影響甚大。

台灣的基本情況及其特殊性：首先是台灣人。台灣人口有六百五十萬，其中78%是閩南人，客家人占15%，日本人37萬，高山族約15萬。台灣人民民族思想特別濃厚。「台灣人受教育的已占95%以上，而且民族意識很強。」[83]台灣人唯一缺乏的是國民黨的黨化教育思想教育。其次是台灣的經濟、政治情況。台灣離開祖國50年，政治、經濟、建設以及風土習慣和大陸國內相差很遠。台灣在政治組織、經濟制度、文化教育程度等都超過大陸各省的水平。行政方面，台灣的人事制度上了軌道，司法制度在民刑事方面尚屬公平。經濟方面，台灣已達高等工業化的地步；台灣土地、戶口情況清楚。生活方面，台灣人的生活有許多地方是良風美俗。[84]

所以，台灣光復以後，國民政府要注意保留和利用上述好的方面，只革除不合國情的各項弊端。

（2）關於台灣的建制及治理方式，恢復建省並迅速建立省府、軍警，以及國民黨三青團的領導機構，確定戰後接管台灣的大政方針，準備收復台灣的各項工作。

黃朝琴主張「台灣是從前的一省，所以收復必須改省，……希台灣收復以後五六年內，以維持現狀為目的……原有的總督府，只須名稱的取消，改為省政府，原來的總督府的機構不予更動，內地各省政府的機關太多，於台灣人不習慣。」謝南光認為黃朝琴提出了台灣同志的共同要求，他還提出，國民黨治理台灣要「因地制宜」，把國民黨黨綱、總理遺教等和全國各地的具體情況結合起來，制定具體辦法。[85]

1943年6月29日，台灣革命同盟會向國民政府建議：建立台灣省政府籌備處及軍管區，準備收復及收復後的復員工作；建立統一領導台灣革命工作的機構，使黨政軍各種工作同時並進。同年9月2日，台灣革命同盟會致蔣介石《台灣黨政意見六項函》提出：「一加強台灣黨務工作配合抗戰。二勝利匪遙應速以籌備台灣省政府，以統治台灣之施政方針。三台灣已開始徵兵數定在42萬，必須暫定名義以資號召。四籌備台灣青年團區團部。」[86]

（3）留日學生建議國民政府多多訓練接管台灣的台灣人才。他們建議，國民政府應指定訓練機關訓練政工和軍事幹部，以擔任台灣建省、建軍工作。1943年9月21日，台灣革命同盟會上函蔣介石，請在福建省省訓團設立「台灣行政幹部訓練班」，為台灣訓練警察、建設幹部、政工幹部。這個訓練班首期一年300人，進行三民主義教育，瞭解台灣的政治、經濟、文化等情況。[87]

（4）留日學生建議早給台灣人民以國民待遇，並還要有些特殊的照顧。在政治上，台灣人有參加中央民意機構等權利，在經濟上應受到保護，在文化教育上特殊對待，在幹部政策上，國民政府應多重用台灣的人才。「加強台灣黨務工作配合抗戰。」「台胞應有參政員之資格。」「釋放台胞與發還台人之產業。」「台灣受過小學教育的三百餘萬，中等教育的有三十萬人，大學及專門教育的五萬人，不能說無人才可用，只在用之得法。台灣人受日本教育，對於國文素養尚差，故在考試方面，將來應以10年為期，實行特別考選制度，由考試院劃定為特別考選區，準予以日文應試，因為由中學改授國文至大學畢業，需時10年，10年以後，即可撤銷。」[88]「光復後暫準用日文應高等考試，儘量給台胞工作機會。」[89]

（5）留日學生建議國民政府應多向台灣人民宣傳戰後對台政策，努力爭取台灣民心，這實際上是個重要而艱難的工作。謝南光認為，自抗戰開始到1944年7月，國民政府並未正式宣布台灣收復後的政策。因此，台灣人也就不明了國民政府的政策，對國民政府的隔膜依然存在。謝掙強認為，收復台灣方式不外兩種：日本無條件投降交還；海戰以後，盟軍攻占。無論哪種方式收復台灣，國民政府都要做兩項準備，其中之一就是要派人至台灣深入宣傳主義，爭取台灣民

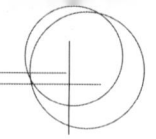

心，以防將來世界採取民主方式投票決定歸屬。

上述留日學生關於接管台灣的建議，直接影響了國民黨接收台灣的計劃和政策。比如，黃朝琴擴大台灣首長權力的意見影響了行政長官公署制度的設立。林衡道曾經說：「台灣調查委員會和台幹班的台籍人士，如謝南光、李萬居、黃朝琴、連震東、謝東閔、劉啟光等人，……他們對台灣的認識還停留在『工業日本，農業台灣』的時代，不知台灣已經工業化，……而這種錯誤認知更嚴重誤導了中央政府的政策，使得中央政府在接收台灣時，一切政策都行不通，唯一行得通的是陳儀堅持的統制經濟。」[90]

這個評價並不公平，謝南光等對台灣的認識基本上是正確的，也非常重視台灣人的利益，只是他們的有些意見並未引起國民黨高層足夠的重視。例如任用台灣人才問題等。

（三）留日學生參與實際的光復工作

戰後初期，參與台灣接收工作的留日學生人數很多。從日本台灣總督府到最基層的村莊的接收工作，都有留日學生參加。留日學生在接收工作中的作用主要表現在擔任接收官員和接收科技、文化單位兩大方面。下面選擇有代表性的留日學生加以論述：

1.擔任接收官員的留日學生主要有黃朝琴、林忠、王民寧、陳漢平、蘇紹文、連震東、游彌堅、林忠、丘念台、黃國書、劉啟光、林頂立、陳友欽等人。[91]他們的主要工作是擔任翻譯、遣俘安民、接收機關、恢復秩序等。

台灣接收工作比較迅速順利，跟接收官員因懂日語而容易與日俘、日僑溝通有很大關係。大陸籍的一些重要接收官員如陳儀、柯遠芬、彭孟緝等人是留日的，但數量遠遠不夠，需要發揮台灣留日學生的作用。台灣省行政長官公署與警備總司令部於1945年9月28日在重慶成立前進指揮所，先行赴台。全所官兵71人10月5日乘飛機到達台灣松山機場。10月8日，前進指揮所副主任范誦堯和日軍參謀長諫山春樹首次會談，林忠擔任翻譯。[92]

在遣送日俘工作中，黃國書是台灣省警備司令部高參室主任兼鐵道管理委

員。他奉命整頓混亂的鐵路，僅用兩週時間就使鐵路恢復通車，保障了遣俘工作的順利進行。[93]蘇紹文任警備總部處長兼桃園新竹防衛司令，負責接收台北縣日軍的投降。[94]王民寧對遣俘、安民不遺餘力。陳漢平任高雄港口運輸司令，負責遣返日俘。[95]林頂立為保密局台灣站站長兼省警備司令部別動隊司令。

在行政接收工作中，擔任州廳（縣處）級以上官員的都是從大陸回來的，只有黃朝琴、游彌堅、林忠、連震東四人；擔任州廳（縣級）以下行政官員的留日學生，則為原日本殖民政府的官員，數量比較多。

黃朝琴是外交部駐台特派員，負責行政長官公署外事活動和接收台北市政府。游彌堅，1945年9月被財政部任命為台灣區財政金融特派員，主持財政金融機構的接收事宜。[96]林忠，由於在大陸時就負責對日本及台灣廣播，故被任命為接收台灣全省電台專員兼台灣廣播電台台長。他編寫了《國語廣播教本》，在電台播放。[97]連震東是台北州接管主任委員，負責接收台北州。[98]

州廳級接管主委雖然只有連震東和黃朝琴兩個留日學生，但各州廳機關科室人員和下面的郡守、區長、街長卻有許多。以台北市台北州和高雄州為例說明。11月1日，黃朝琴就任台北市長後，「市府人事以就地取材為原則，除一、二機要人員外，儘量選用省籍優秀幹部，所有基層人員，務使各安其位。」主任祕書吳春潮、祕書楊基銓、交際科長陳翔冰、文書科長陳步青、民政局長黃啟瑞、參事兼財政局長劉萬、工務局長劉亞才等[99]都是留日學生。

台北州，潘光楷接收七星郡並代理郡守。李梅樹被推舉為代理三峽街長。陳金波接收宜蘭市並任市長。在高雄州，接管委員會主委謝東閔也大批起用留日學生。他任命吳海水任鳳山郡守、林石城任屏東郡守、戴炎輝任潮州郡守、孔德興任屏東市長。[100]他們協助謝東閔接收高雄州，順利完成遣送日俘、日僑工作。「陳浴沂，慶應大學畢業，舅舅陳萬被任命為高雄州主任祕書。謝東閔也想任命陳裕沂為課長。」[101]

2.留日學生接收科技文化單位。去台灣接收的軍政人員多，文化、科技人才少。文化資本雄厚的留日學生，乃積極協助公署各主管處接管醫學、農林、化學、交通、電力、教育等科技、文化單位，保護科學儀器設備，恢復生產、生活

第一章 臺灣光復前後的留日學生

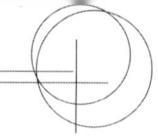

和教育秩序。

留日學醫者占留日學生總數的五分之二，所以，在醫學方面的接收工作中，留日學生的力量也最強。見下表：

除了上述之外，還有慶應醫學部畢業的陳拱北、1940年獲得慶應大學醫學博士的王金茂、張善等人參與醫學方面的接收工作。

參與省公署農林處接收工作的留日學生：徐慶鐘、林國謙、徐水泉、黃溪旺等人。湯雨霖，北海道大學畢業，任農林處養蠶所所長。公署糧食局三個事務所被留日學生接收並任所長：郭國鈞，東京農業大學畢業，台北事務所所長。林鴻鳴，愛知縣立安城農林學校畢業，任台南事務所所長。林嘉雄，東京日本學校畢業，任台東事務所所長。

表1-1　光復前後留日學生參與接收和擔任領導的醫療單位

| 姓名 | 籍貫 | 留學學校 | 接收前後擔任院長的醫院 |
|---|---|---|---|
| 杜聰明 | 淡水 | 京都帝大 | 台大醫學院院長 |
| 魏炳炎 | 台北 | 東京帝國大學 | 嘉義醫院院長 |
| 郭章垣 | 嘉義 | 慶應大學醫學科 | 宜蘭醫院院長 |
| 李祐吉 | 南投 | 熊本醫科大學 | 台中醫院院長 |
| 顏秋山 | 台中 | 昭和醫學專門學校 | 台東醫院院長 |
| 吳金鑾 | 苗栗 | 九州帝國大學醫學 | 省立錫口（台北）療養院院長 |
| 蔡錫琴 | 台中 | 慶應大學醫學部 | 新竹醫院院長 |
| 陳萬居 | 彰化 | 同上大學醫學解剖學科 | 澎湖醫院院長 |

資料來源：劉寧顏總編纂：《重修台灣省通志》卷八，職官志，第二冊，台灣省文獻委員會，1993年。

化工、物理等方面單位的接收也基本都是留日學生。化學方面：陳尚文、陳發清、劉盛烈、林贊生、林挺生、楊慶豐、楊祖馨、廖學義；地質方面：林朝、顏滄濤、顏滄波；機械方面：胡均發、王超英、黃龍泉；建築：劉阿才；物理：梁子健；交通：吳水柳；電氣，楊進順、周克彬、蔡瑞唐、周春傳、蕭炯昌、傅慶騰、陳定國、朱江淮。[102]

在教育文化單位接收中，劉明哲、陳澄波被陳儀聘為台灣省學產管理委員會

委員。該會負責接收和保管與教育有關的財團學校財產。[103]蔡繼琨接收並擔任長官公署教育處交響樂團團長。杜聰明、林茂生為台灣大學接收委員。林茂生、陳紹馨、黃得時負責接收台灣大學文政學部和預科。林茂生兼任「台灣大學先修班」（專修班）主任，「當時，台北高等學校、台北帝大預科、台北醫專等學校的低年級學生，以及從日本的高等學校歸台的台灣人學生，須先進入台灣大學專修班，研讀兩年，始得正式進入台灣大學。」[104]洪炎秋、林朝棨、張深切三人接收台中師範學校。洪炎秋任校長，張深切任教務主任。[105]

在中學接收方面，吳劍青參與接收基隆中學。[106]林茂生接收淡水中學，並任校長。[107]高雄商業職業學校和高雄中學，謝東閔找林東淦和陳啟清分任兩校校長。接收高雄中學的是陳啟清，並任第一任校長。[108]此時高雄中學只有兩個台籍教師，一個是邱金昌，畢業於京都兩洋中學，另一個畢業於日本物理學校。[109]東京美術學校畢業的廖繼春接收台南一中，並代理校長。[110]戴明福，廣島師範學校畢業，1945年12月26日奉台東縣接管委員會之命接收台東中學，1946年2月後任校長。[111]

台灣基督長老教會的學校也被留日學生接收。1945年10月4日，台灣基督長老教會北部大會選派林茂生、杜聰明、廖溫義、陳開明、李超然、鄭蒼國、鄭進丁、李延旭、徐春卿、陳溪圳等為淡水中學、淡水高等女學校、宮前女學校等三校理事，去辦理接收並經營。後來，台灣基督長老教會南部大會選劉振芳、盧萬德、蔡愛仁、陳朝景等為長榮中學校及長榮女中的董事。[112]

文化方面，陳逸松在台北市組織「台灣演劇公司」接辦日本人的大世界、國際、台灣、新世界等多家戲院、電影院，董事長是李萬居，董事有廖文毅、陳逸松等人，羅萬負責與日人交涉賠償費用，但半年之後，被省黨部收歸黨營。

## 二、留日學生組織歡迎國民政府活動和參加三次大典

台灣回歸祖國的形勢明朗後，台灣人民都歡迎台灣光復。為了表明自己的民

族感情和政治態度,台灣社會的上層則更加主動地參加歡迎國民政府的活動。留日學生歡迎台灣光復的活動分為兩種:有組織的和分散的自發的。前者以陳炘等人的「歡迎國民政府籌備委員會」為代表,後者則全島各地都有。除了歡迎活動之外,留日學生還代表台灣人民參加光復初的三次大典。

(一)歡迎國民政府籌備委員會及其活動

該會由陳炘在台北首先發起,在台中籌辦。1945年9月10日,首次籌備委員會會議在台灣信託公司台中支店召開。常任委員有陳炘、黃朝清、張煥珪、王金海、葉榮鐘、楊景山、莊垂勝、張星建、張聘三等。另外的重要人員還有林烈堂、林階堂、林慶、林湯盤、楊貴、林培英、陳遜章、巫永昌、巫永福、林資彬、林攀龍、林澄坡、林少聰、林根生、郭頂順、陳茂堤、白福順、林垂拱、張煥三、張冬芳、黃登洲、黃三木、黃再添、黃棟、吳天賞、張風謨、何永、何赤誠、張深、楊基先、李石樵等等。這些人大多數是日據時期「台灣民眾黨」和「地方自治聯盟」的成員。林獻堂被推出作象徵性的領導。葉榮鐘被推為總幹事。

該會的活動主要有推行蔣介石提倡的「新生活運動」、組織青年服務隊維持治安、組織歡迎國民政府三大類,而以歡迎活動為主。

該會組織的歡迎活動最成功最熱烈。籌備會在各地的委員製造、分發國旗,教民眾練習國歌,先是「卿雲歌」,後改之。「台中火車站建設個歡迎牌樓。」在台北市的林獻堂、林茂生、廖文毅、謝有用等籌備歡迎之事。[113]高雄市的王清佐等人分發小國旗和教唱國歌,準備迎接國軍。在雲林,謝有用在西螺、虎尾、土庫、北港等地演講,主要是「我們都是漢民族,現在要回到祖國的懷抱」。[114]嘉義市歡迎國民政府籌備委員會的主任委員是黃逢時,副主任委員是陳澄波。他們組織了嘉義的歡迎活動。[115]彰化市歡迎委員會主席石錫勳,負責組織本地的歡迎活動。在鹿港,丁瑞彬發起組織籌備會歡迎光復。[116]明治中學畢業的保正施性瑟帶領民眾上街歡迎光復。[117]高雄市的楊金虎組織各處的年輕人手持國旗到新濱碼頭迎接國軍。[118]等。

除上述有組織的歡迎活動外,各地留日學生分散的歡迎活動也很多,不能完

全統計記述，此處僅舉數例。台北市的施江南購買許多彩氣球分發給歡迎歡迎陳儀的民眾。[119]曾維成自撰歡迎國軍歌曲，組織群眾到高雄市廣場歡迎連謀市長。[120]嘉義北港的許壬子捐建了一座歡迎門，歡迎祖國人員。[121]

留日學生在各地分散的活動，當然沒有歡迎國民政府籌備委員會的活動有力，但也表達了自己回歸祖國時激動歡快的心情。

歡迎國民政府籌備委員會維護著台灣的政治秩序，實際上代表著台灣人民對台灣光復的基本態度，政治意義是十分明顯的。「在台灣政治的真空時期歡迎國民政府籌備會這個民間團體，確也發生一點政治的作用，它雖然沒有一絲權力，但因為它是過去民族解放運動的領導人物的集團。他們過去的活動，猶鮮明地印在民眾心目中，他們出來主持這個工作，自是順理成章，無人敢予異議。」[122]

（二）留日學生代表台灣人民參加三次大典

光復初期，台灣人民在政治生活中有三件大事：中華民國政府1945年9月9日在南京舉行的中國戰區受降典禮；10月10日的中華民國國慶節；10月25日中國戰區台灣省受降典禮。能夠參加這三大政治活動的都是台灣的代表人物，其中以留日學生為主。

參加南京受降典禮的台灣代表是由國民政府指定的。「1945年9月6日，蔣介石命何應欽轉告，林獻堂、林呈祿、羅萬、陳炘、蔡培火、蘇維樑等六人代表台灣同胞赴大陸，消息傳來全台振奮。」這6人中僅有林獻堂不是留日學生。

參加「雙十節」籌備工作和出席大會的台灣代表比較多，但也以留日學生為主。「台灣慶祝國慶籌備會」於1945年10月7日成立，主席團成員是林獻堂、黃朝琴、林茂生、杜聰明、林呈祿、葛敬恩、林文奎。10月25日，坐在受降典禮主席台上的有林茂生、陳炘、林獻堂、杜聰明、羅萬、陳逸松、林呈祿等。這其中林獻堂、林茂生、林呈祿、杜聰明等人為主席團成員，林茂生為主席團主席。當日下午在台北市公會堂舉行六千多人的「台灣光復慶祝大會」，林獻堂、林茂生、林呈祿、杜聰明為主席團成員。林茂生為主席團主席。[123]

從上述三大政治活動中，我們可以看出台灣民眾的領袖人物：林獻堂、黃朝

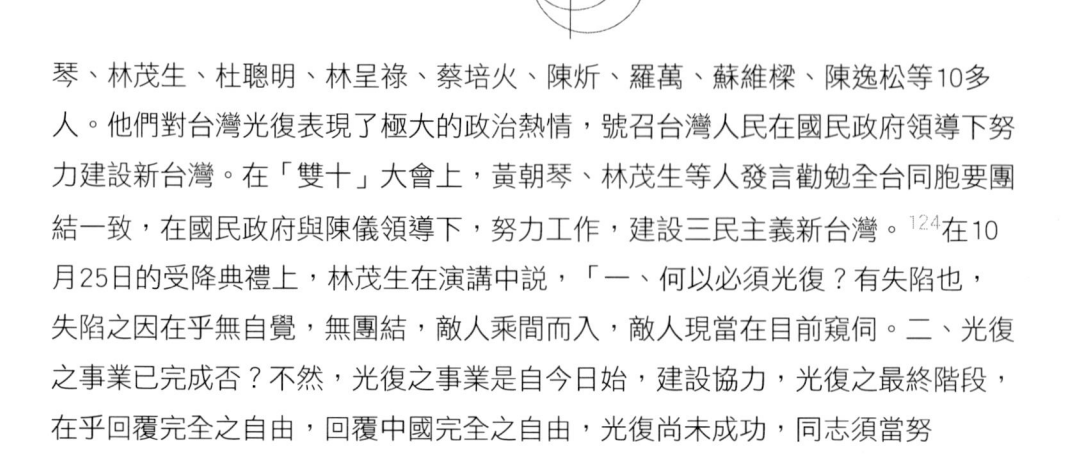

琴、林茂生、杜聰明、林呈祿、蔡培火、陳炘、羅萬、蘇維樑、陳逸松等10多人。他們對台灣光復表現了極大的政治熱情，號召台灣人民在國民政府領導下努力建設新台灣。在「雙十」大會上，黃朝琴、林茂生等人發言勸勉全台同胞要團結一致，在國民政府與陳儀領導下，努力工作，建設三民主義新台灣。[124]在10月25日的受降典禮上，林茂生在演講中說，「一、何以必須光復？有失陷也，失陷之因在乎無自覺，無團結，敵人乘間而入，敵人現當在目前窺伺。二、光復之事業已完成否？不然，光復之事業是自今日始，建設協力，光復之最終階段，在乎回覆完全之自由，回覆中國完全之自由，光復尚未成功，同志須當努力。」[125]

## 三、留日學生自發維護社會秩序和救援島外台胞

維護社會秩序和進行社會救濟，需要非常雄厚的政治經濟實力和社會聲望，要完成這樣一個艱巨的任務非留日學生這個社會階層莫屬。他們利用在日據時期開展民族運動的人員、組織和政治威望，以及自己的財力，出色地完成了任務。

（一）留日學生自發維護社會秩序

1945年8月15日到10月5日之間，即日本投降到國民黨派軍隊進駐台灣這段時間，台灣的政治處於真空狀態。資本總量雄厚的留日學生實際上成了台灣社會的領導者，在台灣各地主動組織歡迎國民政府籌備委員會等團體。這些團體維護了社會秩序。

1.接收前台灣的社會秩序。1945年8月15日到10月5日前進指揮所抵台的50多天中，台灣出現政治真空。台灣社會的安定存在著兩大隱患，一個是在台灣約有40萬日軍武力未損，其動向堪憂。二是台灣人報復日本人、盜竊財物等破壞社會治安的行為。

日本投降後，台灣人民對警察的干涉管理已經置諸不理，農村甚至有傷害警

察的事情發生。¹²⁶還有一些人想主辦過去日本人的廠礦、瓜分財產、毆打日人。偷竊工礦企業器材、原料的行為也比較普遍。¹²⁷

「隨著政權轉移,擔任台灣省主席、副主席的人選傳言接連不斷,再加上國民政府的接收工作遲遲未能順利進行,民眾情緒不安,各地漸有暴動發生。」¹²⁸「然而舊政解紐,新政未孚,當此青黃不接之秋,事在左右為難之際,地方不無矇昧兄弟,伺隙為非,乘勢逞兇,擾亂社會秩序,侵害個人自由,甚至毀壞公共建築物品,譬如盜伐防風林、保安林,竊取橋樑資材等,層見疊出,日有所聞,此不可長之惡風而堪慨嘆之事實也。」彰化當時治安不好,地痞流氓組織奉仕團,橫行鄉里。¹²⁹

2.留日學生維護治安的團體、活動及效果

留日學生維護社會治安的重大活動有兩項:和前台灣總督安藤利吉洽談治安問題;在各地組織各種社會團體維持治安。8月20日,林猶龍、藍國城和林獻堂、許丙往訪前總督安藤利吉、參謀長諫山春樹等,查探安藤能否控制軍人行動,是否需要台人協助等,安藤答以繼續負責維持治安,並希望林獻堂等人協助。¹³⁰

留日學生組建的治安團體很多,比較著名的有歡迎國民政府籌備委員會、「三青團」、台灣治安維持青年團、義勇糾察隊等幾種。台灣治安維持青年團,1945年8月15日,林獻堂、陳逸松、黃朝生、藍敏等在台北市建立,主要工作是維持治安。在該團成立過程中,陳招治和陳翠玉兩女士出力很大。所有的口號、標語都是由陳招治擬定的。¹³¹義勇糾察隊,1945年10月29日成立,劉明擔任隊長。

歡迎國民政府籌備委員會在台灣各地都有分支機構,活動範圍大。1945年9月,它剛成立不久,就發布了治安通告,派人到城鄉張貼。該通告呼籲各地人民保全公共建築物,不要盜竊毀壞防風林、保安林、橋樑木材等公共建築物品。該通告甚至把治安問題上升到民族大義的高度,希望台灣民眾不要無顏面對即將到來的祖國同胞。「況新政府蒞臨在即,倘聞情究辦,不但關係者難辭其責,即吾省民亦將無顏以見祖國同胞矣。」「願我兄弟顧念先人勛勞,明白光復大義,而

今而後，知過必改，棄惡習從良風，庶幾新台灣建設之成效可期，而大國民之襟度無虧也。」[132]該會還在全島推行蔣介石提倡的「新生活運動」，呼籲各地方的青年知識分子組織青年服務隊，維護地方治安。[133]

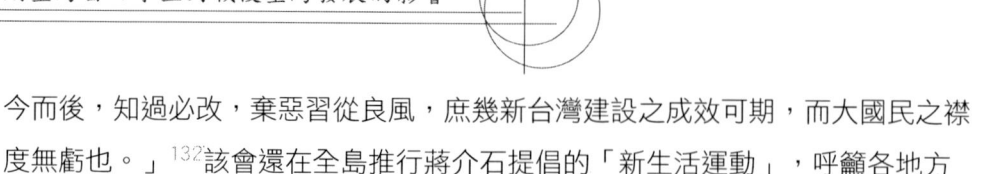

義勇糾察隊成立時有隊員500人，台北市的自治團體。它維持治安、衛生、取締商人阻礙交通、維持車站秩序、搜查隱藏的日人兵器及火藥等。該糾察隊活動範圍在台北縣市。[134]另外全省各地紛紛出現類似的治安自衛隊。中部地區有中部「治安協力會」，由台中州內的200名志願者組成，以鼓吹自衛精神、協助維持地方治安為目的。

「三青團」在台灣各地的分團都負責維持治安。「於是大家就自動地在各街莊組織了三民主義青年團，自動擔當各地的治安工作。」[135]例如，「三青團」高雄分團，在書記長王清佐的帶領下，宣傳三民主義，維持治安。[136]再如，「三青團」彰化分團強迫解散了當地地痞流氓組織的奉仕團，安寧地方。[137]

除了以上所述的比較大和知名的治安團體外，全台各地還有留日學生組織的各類治安小團體。如高雄市，楊金虎組織的促進會。高雄煉油廠的留日學生組織保護廠子的自衛隊，簡奢兌任隊長，楊凱雄、周石為副隊長。簡奢兌是早稻田中學畢業，楊凱雄、周石也是留日學生。[138]在台南，吳新榮組織的「裡門青年同志會」和莊松林組織的「台南新青年會」等也維護治安。[139]

在全台各地留日學生和其他勢力的一起努力下，台灣的大局很平穩。一是日軍沒有發生問題，二是台灣人民自覺遵守了秩序。「那時大家很高興光復了，要回歸祖國，所以每個人都很守秩序，治安良好，少有小偷。」林衡哲稱這兩個月是「台灣治安史上的黃金時代」，「台灣文化上的黃金時代」。[140]

（二）留日學生救援島外台胞

1.島外台胞的困難處境。戰後，被日軍徵調而滯留在島外的台灣人約有30萬人，其中在日本的10多萬，南洋各地有5萬至6萬人，大陸各地有7.5萬人，顛沛流離，亟待救濟，其家人也非常擔憂。1946年6月，滯留日本的台灣青年和日警發生槍戰，死傷十幾個人，此即「澀谷事件」。該事件說明在日本的台灣人處境

很困難。再如，上海市黨政接收委員會頒發的命令對台灣人不利，「朝鮮、台灣人民原在日本統治之下，在中國未有明文承認其為中華民國國民以前，自應暫以敵僑待遇，其財產應視同敵產。」其後，它又公布朝鮮台灣人民產業處理辦法，要求朝鮮台灣人拿出沒有幫助過日寇的證明，才能發還其產業。所以，許多台胞財產被封，返鄉無望，生活困難。一直到1946年3月21日行政院會議透過處理朝鮮、台灣公私財產五項原則，台灣人才享受國民待遇，私產可以發還。

2.台灣留日學生的救援活動。在台灣，主要是陳炘、林茂生、葉榮鐘、廖文毅等人積極進行救援活動。他們一面組織社會團體凝聚力量，一面向行政長官公署陳情。10月15日，林獻堂接到東京台灣同鄉會長高天成來電，謂被日軍徵用的台灣青年，多數在日本解隊，生活無著，急需救濟。林獻堂隨即召集台中市內人士成立「台灣省海外僑胞救援會」，發起募捐。16日，該會向葛敬恩祕書長吁請設法救援。23日，羅萬、陳炘、黃朝清跟隨林獻堂等去見葛敬恩，再次請長官公署火速救援島外台胞。

10月28日，省外台胞送還促進會在台北市成立，林獻堂任會長，陳炘和林茂生任副會長，廖文毅擔任總務部主任。該會派代表赴日本聯絡解決，並呼籲全島各地以街、莊為單位組織分會。各地分會的有兩項主要任務，一是調查本地滯留島外者的姓名、住址等情況，並迅速郵寄到總會；二是募集救濟金和救濟物資。[141] 30日，林獻堂寫信給外交部特派員黃朝琴，請他「請政府致電駐日聯軍總部，促其分撥專輪或利用日本開向南洋運載日僑船便，將滯日台胞運回……」。

11月6日，《民報》刊登《促進海外難歸台胞/上呈救援策於長官》的建議。16日，林茂生在台灣廣播電台演講《在日台胞救濟辦法》。林茂生、張鴻圖、廖文毅三人去日本設一個救濟台胞的總聯絡處，聯絡各地台胞，編制人名表冊；要和聯合國善後救濟總署和聯軍總司令部聯繫，請他們幫助；設法解決在日台胞的暫時生活問題；安排歸台計劃。[142]

12月22日，林猶龍、林忠、葉榮鐘跟隨林獻堂去見陳儀，但因陳儀開會見面未果。次日，陳儀告訴他們，長官公署已經電告各地政府囑其勿虐待台胞，待

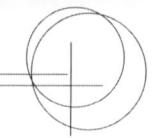

遣送日軍完畢，即接各地台胞回台。[143]

除了上述大團體中留日學生的活動之外，還有些小團體和個人也積極工作。施江南與李瑞漢、吳金鍊、阮朝日等人在台北組織「台灣海外青年復員促進委員會」，將海外台籍兵接回基隆，再送到醫院救治，並教他們學國語。[144]時任台灣通運公司基隆分公司經理丁瑞，兼碼頭貨物裝卸主任，積極協助遣送日僑歸國和海外台胞返台事宜。[145]

3.日本、中國大陸等地留日學生的救援活動。日本、中國大陸等地負責組織台胞返鄉的主要是各地的同鄉會會長，而這些會長基本上都是留日學生，如高天成、丘念台、楊肇嘉、吳三連、高玉樹等人。

1945年9月16日，高天成、甘文芳等人在東京成立台灣同鄉會，保護並遣送台灣同胞返鄉，隨後又成立東京華僑聯合會。[146]11月，高玉樹在東京被推為華僑總會會長，辦理僑民自治、護僑和遣送僑胞工作。[147]

在中國東北地區，台灣同鄉會負責人基本是原偽滿洲國的官員，也都是留日學生，如郭松根、徐水德、吳金川等。[148]負責東北地區台胞回鄉工作的有郭松根、吳三連、張芳燮等人。郭松根，偽滿洲國醫師，旅東北台灣人同鄉會負責人。[149]吳三連是天津台灣同鄉會會長。廣東、海南的台胞返鄉工作則是丘念台負責。上海則由台灣重建協會上海分會領導人楊肇嘉負責。[150]平津台灣同鄉會長洪炎秋也負責平津地區台胞遣返工作。[151]在青島，日本聖峰中學畢業的池朝金組織台灣人旅青同鄉會，協助同鄉返台。

島外台灣人的返鄉，有利於台灣社會的穩定和經濟的恢復發展。在這場浩大的返鄉活動中，留日學生造成了積極的推動作用。

## 四、留日學生掀起創辦社會團體的熱潮

如導論中所述，早在日據時期，留日學生就有創辦社會團體的傳統。這也是

日本政治文化影響的結果。明治維新後期到「大正民主時期」，即19世紀末到1931年以前，日本社會有一定的集會結社和出版的自由。在留日學生看來，在祖國政府的統治之下，創辦社會團體應該更自由，因而他們的熱情很高。

留日學生創辦的或者以留日學生為主的團體，按照性質可以分為三大類：政治團體、文化團體、職業團體。它們都是留日學生關心台灣建設的活動陣地。因職業團體和本文主題關係較少，這裡不作論述。

（一）留日學生創辦的政治團體

戰後留日學生建立的大小政治團體很多，這裡只論述主要的幾個。台灣政治經濟研究會，1945年9月成立。台灣建設協進會1945年10月26日在台北市成立，翌年2月11日改稱台灣政治研究會。台灣民眾聯盟，1945年10月30在台北市創設，1946年1月6日改稱台灣民眾協會，4月7日再改為台灣省政治建設協會。「三青團」台灣區團的籌建始於國軍上校張士德。1945年9月1日，他和廈門黃市長率士兵等一百人抵台，隨後就開始在各地建立「三青團」。[152]台灣重建協會各地支會，1946年上半年在各地籌辦。

1.這些團體成立的背景及宗旨都是關心台灣的政治建設。台灣政治經濟研究會的目的就是研究台灣的政治經濟。台灣建設協進會是杜聰明、黃純青、林熊祥發起，他們「乃有感於戰後台灣一切有關金融、食糧、治安等問題亟待解決與研究者甚多，特發起該組織，廣集民意，協助政府，重建台灣。」宗旨是「本三民主義之精神，協助政府推行政令」。[153]台灣省政治建設協會的宗旨先是「擁護蔣主席、實現三民主義、研究政治經濟社會諸問題、推進新生活運動、協力建設模範新台灣等。」後改為「設立黨員養成所或研究機關，而受黨的領導下，協助政府建設台灣的團體」。[154]

「三青團」本身就是個政治組織，留日學生急於在台灣組織區團的目的「為了防止國軍來台前日人有破壞行動，要把青年組織起來，監視日軍行動保護國家財產安全。」[155]

2.這些政治團體的領導權都掌握在留日學生手裡。台灣政治經濟研究會會長

是陳逸松,主要成員有陳炘、蘇新、王井泉、顏永賢、王白淵等人。台灣建設協進會會長林獻堂,副會長林熊徵。16名幹事為陳炘、林茂生、林熊祥、羅萬俥、林呈祿、杜聰明、劉明朝、黃純青、陳逢源、陳逸松、陳啟川、廖文毅、黃朝清、顏春和、蘇維樑、鄭鴻源。[156]正副會長和16名幹事中,只有林獻堂、鄭鴻源、黃純青、陳逢源不是留日學生。

台灣省政治建設協會主要成員有廖進平、黃朝生、張邦杰、宋斐如、呂伯雄、陳旺成、張信義、劉啟光、鄭明祿、簡吉、蔣渭川、王萬得、潘欽信等。總會骨幹過半數是留日學生,各地分會也是留日學生主導,如台中分會理事長是巫永昌,林連宗等人為理事。[157]

「三青團」台灣區團長是李友邦,各地分團大權也都掌握在留日學生手裡。台北分團籌委會主任是陳逸松,主要成員有林日高、潘欽信、蕭來福、王添燈、黃啟瑞、蘇新、王萬得、謝娥等人。新竹分團主任郭紹宗,成員陳旺成等人。嘉義分團成員有陳復志、劉傳來、陳澄波、潘木枝、盧炳欽、王甘棠、許世賢、張振通等人。[158]基隆市分團主任李清波,楊金波、蔡炳煌、鐘浩東等參加,楊金波任文化部長,蔡炳煌任衛生部長。[159]

台中分團主任張信義,書記王文輝,總務股長葉榮鐘,股員呂赫若、鐘逸人。[160]林碧梧、石錫勳、莊守、林連宗、巫永福、林朝業、楊逵等都是台中分團的骨幹。林朝業是員林區隊長,林連宗任第一區隊長。[161]

台南市分團主要人物是莊垂勝、韓石泉、吳新榮等人。台南市政府成立之前,莊孟侯、吳新榮等人已開始籌備「三青團」台南分團,莊孟侯後來任籌備處主任。分團書記由蘇寶藏擔任,分團總務股長是黃百祿。[162]

1947年1月成立的高雄分團第一屆幹事會,幹事中包括王清佐、黃聯登、蘇泰山、盧新發、彭清靠、陳啟川等,而以王清佐為幹事長。[163]

屏東分團組織員是葉秋木。[164]花蓮分團主任是鄭品聰,主要成員有黃福壽、許錫謙等。[165]

台灣重建協會總會領導人是柯台山,本在大陸抗日,1946年初回台灣。在

柯台山的活動下，各縣市的留日學生紛紛成立支會籌備會。3月23日召開的台中支會籌備委會，推舉委員張煥珪、張驫生、黃朝清、蔡先於、林連宗等30多人。5月3日成立的嘉義支會，負責人是劉傳來。7月18日成立的台南支會，韓石泉、劉明哲、莊孟侯、黃百祿等12人為籌備委員。[166]

3.這些政治團體的主要活動和影響。

第一，積極發展組織，籌辦各地分支機構，創辦報紙雜誌，批評監督政府，宣傳自己的政治主張。台灣建設協進會在短期內成立新竹、台中、台南、高雄各地分會。「三青團」的組織發展最快。這時，國民黨尚未派人員至台，台灣的進步分子與熱血青年均參加「三青團」。日據時期的「農民組合」、「工友會」、「台灣文化協會」等組織的成員紛紛加入「三青團」。

台灣政治經濟研究會於1945年10月25日創辦《政經報》，由蘇新、王白淵等人任編輯。11月25日該雜誌就猛烈批評公署的人事政策。「『人事壞了，人事壞了！』失望新政府仍然舉用奸黨，留用日籍官吏。」這些奸黨包括日據時期的官吏、警察、御用紳士、官選協議會員、日本官吏。該雜誌還提出了自己的選用人才的主張。[167]

「三青團」台灣區團籌備處於1945年11月12日創辦了《台灣青年》半月刊。「三青團」花蓮分團於1946年6月創辦《青年週報》，8月改名為《青年報》，由許錫謙主編。

台灣重建協會於1947年3月1日在台北創辦《重建日報》，由蘇泰楷編輯。

第二，參加各地的接收工作，這主要表現在各地「三青團」分團身上。

陳逸松主持的「三青團」台北事務所事實上等於一個地方政府，過問台北市的各種事務。[168]嘉義分團接收日產的工作最積極。「陳復志以三青團名義，向日產處理委員會副主任兼處理組組長唐智申請撥用青年戲院、青年書店、青年印刷廠、青年餐廳，唐照撥，但拒絕他申請的青年茶室、青年酒家。」[169]各地的「三青團」組織無數的服務團，擅自接管房屋，甚至強行接管台灣銀行金庫。陳儀派葛敬恩和台灣省黨部主委李翼中商議解散「三青團」。李翼中怕影響不好，

乃電中央團部,速派幹員來台主持。1945年12月8日,「三青團」中央直屬台灣區團籌備處主任、少將李友邦率台灣義勇隊返台。[170]

第三,召開各種會議研究和議論台灣的經濟政治問題。台灣政治經濟研究會多次召開座談會,研究台灣政治經濟問題。[171]1946年6月1日,重建協會邀請各界人士在台北中山堂二樓舉行一場「台灣經濟建設座談會」,與會人士陳逢源、陳逸松、劉明、徐慶鐘、蕭苑室、朱江淮、顏朝邦等均發表意見。他們一致認為台灣經濟蕭條的癥結在於:戰前台灣經濟政策是帝國主義的資本主義的,戰後台灣經濟政策是封建主義的。[172]

第四,組織遊行示威活動。1946年5月4日,該會組織遊行,至長官公署向陳儀抗議。[173]

上述政治團體的活動影響很大,必然會引起長官公署的不滿。例如,「台灣建設協進會」1947年「二二八事變」後夭折。[174]「三青團」也於1947年9月被解散。其主任李友邦改任國民黨台灣省黨部副主任委員,1951年11月18日被國民黨當局以「匪諜」罪逮捕。

(二)留日學生創辦的科學、文化團體

台灣光復後,留日學生參加台灣科學文化建設的熱情高漲,紛紛創辦科學文化團體,團結知識分子的力量,更好地為科學文化的發展服務。

留日學生創辦的科學、文化團體很多,這裡只論述四個重要的。台灣省科學振興會,1945年10月26日在台北市成立,有數百人參加。台灣文化協進會,1945年10月29日在「台灣信託會社」召開發起人大會。[175]1946年6月16日在台北中山堂正式成立。台灣人文科學會,1945年10月14日在台北成立。台灣新生教育會,1945年10月12日在台北成立。台灣省科學振興會和台灣文化協進會規模和影響最大。

1.三個文化科學文化團體的宗旨都是為了發展台灣的科學文化,用三民主義改造台灣文化;團結科學文化工作者,為建設新台灣服務。

台灣省科學振興會改組前後的宗旨分別為「圖科學技術者團結,研究學術,

並協力建設新生台灣。」「研究科學普及一般科學知識，協助國家振興科學」。台灣文化協進會是「發揚三民主義，改造精神文化」，「以聯合熱心文化教育之同志及團體協助政府宣揚三民主義、傳播民主思想、改造台灣文化、推行國語國文為宗旨」。[176]日據時期，台灣人文科學研究深受日本殖民政府壓迫。[177]光復初，人文科學工作者乃積極創辦台灣人文科學會。該會「以圖台灣人文科學的發展，以學術之理論與實踐貢獻新台灣之建設為宗旨。」工作重點是：「研究編輯台灣史；調查台灣語問題；謀與祖國之學術團體聯絡。」

台灣新生教育會是為了團結教育工作者，貫徹三民主義教育。工作大綱是：普及三民主義；熟悉國語；研究國文、國史之教授；草擬《過渡期台灣教育臨時辦法大綱》，建議省政府採納實施。[178]

2.這些科學文化團體得到了官方的支持，但其領導人和骨幹成員都是留日學生。台灣省科學振興會成立時，前進指揮所官員蘇紹文、福建省政府顧問黃澄淵、林獻堂、黃純青等參加。杜聰明為會長，王超英、施江南為副會長，顏朝邦為總幹事，其他委員幾十名。該會的基礎是1930年10月就成立的台灣理工學會。會長是杜聰明，朱江淮等為理事，會員為各大專院校畢業生，大都為留學日本返台的理工科及醫科的人士。

台灣文化協進會理事長游彌堅，常務理事吳克剛、陳兼善、林呈祿、黃啟瑞。理事16名——林獻堂、林茂生、羅萬、范壽康、劉克明、林紫貴、邵沖霄、楊雲萍、陳逸松、陳紹馨、徐春卿、林忠、連震東、許乃昌、王白淵、蘇新。總幹事許乃昌、總務主任沈相成、教育主任王白淵、宣傳主任蘇新、研究主任陳紹馨、編輯主任楊雲萍。

台灣人文科學會委員長林茂生，骨幹成員楊雲萍、石朝桂、黃得時、吳守禮、陳紹馨等為會員。

台灣新生教育會成立時，前進指揮所官員林忠，以及林茂生、劉克明等人應邀參加。會上選舉杜聰明為會長，副會長為潘貫、葉士蒲。

3.這些文化團體的工作及其特點。

第一，建立分支機構，吸收會員。台灣省科學振興會建立台中、台南、屏東、花蓮四個分會，公開接受科技工作者前來登記。凡大學、專門學校、中等學校畢業生或熟練工，都可登記。除了當時在台科技人員外，很多留日學生歸台，突然增加許多新會員。最先加入的是徐慶鐘為會長的「農業同志會」600餘人，其次是在日本組成的「在日理工學會」433人，隨後加入者為「台灣技術人會」。結果，登記的台灣省科學振興會會員很多，理工部1567人，醫藥部408人，農林部2835人。[179]台灣人文科學會等團體也積極募集會員。

第二，舉辦演講會。1945年11月18日，台灣文化協進會籌備會在台北劇場舉辦首場演講會，林茂生、陳逢源、廖文毅任主講。[180]林茂生講題《台灣文化之革命》。台灣文化協進會會員黃朝琴、游彌堅、劉啟光、連震東等人在全島巡迴演講，主題是日本殖民統治的奴化教育問題，希望台灣人民不要受奴化教育汙染。[181]

第三，創辦機關刊物，宣傳和貫徹本團體的主張。台灣文化協進會有兩種雜誌：一是《內外要聞》，翻譯國內外重要新聞，對像是不懂中文的青年學生，1946年11月11日創刊。另一種是1946年9月15日創刊的《台灣文化》，內容有文學、社會科學和區域研究。該刊於1946年11月1日出版「紀念魯迅逝世十週年」專刊。[182]

第四，創辦教育機構，教育台灣人民。台灣省科學振興會創辦延平學院。該會的劉明、林獻堂、楊肇嘉、蔡培火、杜聰明、吳三連、丘念台、游彌堅、黃朝琴、朱江淮、林子畏、王民寧、周延壽、朱朝陽、宋進英、顏滄海、賴森林、陳友諒等，組織「實行委員會」。它與台灣商工學校、開南商業學校、開南工業學校協商。最後，三方決定由周延壽出面向長官公署教育處申請，由他接收三校並任校長。

1946年9月，延平學院開始招生。它是半工半讀的夜校，設經濟、法律兩科。借用商工學校教室上課。教師有留日學生李登輝、邱永漢、洪遜欣、謝國城、吳金川、高湯盤、曹欽源等。校董是林獻堂、朱昭陽、蔡培火、楊肇嘉、杜聰明、丘念台、吳三連等，董事長林獻堂。校長朱昭陽，東京帝國大學畢業，高

等文官考試及格，日本專賣局總局主計課長，高等官二級，日據時台灣人出任行政官的最高峰。[183]副校長宋進英。[184]

台灣科學文化團體幾乎包容了全部台灣知識分子的精華。例如台灣文化協會的發起人就有林茂生、陳炘、游彌堅、吳克剛、范壽康、徐春卿、李萬居、李純青、劉克明、林熊徵、林熊祥、羅萬、林呈祿、廖文毅、陳逢源、張聘三、陳逸松、蘇維樑、劉明朝、李攢生、吳成、孫萬枝等。他們的工作熱情十分高漲，工作特點是去日本殖民地化，加強中國化和強調科學化。

## 五、留日學生與戰後初期的台灣輿論

光復之初，留日學生創辦報紙雜誌的積極性和創辦社會團體的一樣高，其思想根源仍然在於日本的政治文化。如導論中所述，19世紀末到1931年日軍發動侵華戰爭之前，日本有一定的言論、著作、刊行等等自由。民間報刊甚至可以和官方報刊對抗。對祖國大陸政治現實不甚瞭解的留日學生當然會認為，在祖國政府的統治下，言論出版自然應該更加自由。

（一）留日學生掌握的報紙

台灣光復後，日據時期的出版特許和檢查制度取消，代之以登記制度。民間因新獲言論自由，激發對政治和社會文化的參與熱情，民營報紙紛紛設立。創辦民營報紙的主要力量是經濟資本和文化資本都強大的留日學生。

表1-2　1947年3月以前的台灣的報紙

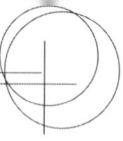

| 報刊名稱 | 發行機關或人 | 地點 | 社長 | 主持人 | 創刊日 |
|---|---|---|---|---|---|
| 民報 | 吳春霖 | 台北 | 林茂生 | 陳旺成 | 1945.10.10 |
| 興台新報 | 興台新報社 | 台南 | 沈瑞慶 | | 1945.10.22 |
| 台灣新生報 | 公署宣傳委員會 | 台北 | 李萬居 | 阮朝日、吳金鍊 | 1945.10.25 |
| 光復新報 | 光復新報社 | 屏東 | 曾國雄 | 黃金殿 | 1945.11 |
| 藝華 | 黃宗葵 | 台北 | | | 1945.11 |
| 鯤身報三日刊 | 該報社 | 台南 | 高懷清 | | 1945.12.1 |
| 人民導報 | 鄭明祿 | 台北 | 宋斐如 | 王添燈 | 1946.1.1 |
| 民聲報 | 該報社 | 台中 | 許庚南 | 徐滄洲 | 1946.1.1 |
| 東台日報 | 該報社 | 花蓮 | 陳篤光 | 吳萬恭 | 1946.2.1 |
| 工商經濟新報 | 該報社 | 台南 | 汪文取 | | 1946.2.15 |
| 中華日報 | 國民黨中宣部 | 台南 | 盧冠群 | | 1946.2.21 |
| 台灣經濟日報 | 該報社 | 台北 | 謝漢儒 | | 1946.3.1 |
| 大明報（晚報） | 該報社 | 台北 | 林子畏 | 鄧進益 | 1946.5 |
| 中華民報 | 卓輝 | 台中 | | | 1945.11 |
| 國是日報（晚報） | 省黨部宣傳處 | 台北 | 林子貴 | | 1946.5.1 |
| 工商日報 | 該報社 | 台北 | 林夢林 | 張葵 | 1946.5.1 |
| 和平日報（台灣版） | 國防部宣傳處 | 台中 | 李上根 | 黃少谷 | 1946.5.5 |
| 台灣日報 | 該報社 | 台中 | 張兆煥 | | 1946.6 |
| 大同日報 | 該報社 | 台中 | 任先志 | | 1946.6 |
| 國聲報 | 該報社 | 台北 | 王天賞 | | 1946.6 |
| 自強報 | 駐台中的70軍 | 高雄 | 周庄伯 | 顧培根 | 1946.8.6 |
| 自由日報（晚報） | 該報社 | 基隆 | 陳茂林 | 黃悟塵 | 1946.12.1 |
| 國聲日報 | | 台中 | 湯秉衡 | | 1946.9 |

續表

| 報刊名稱 | 發行機關或人 | 地點 | 社長 | 主持人 | 創刊日 |
|---|---|---|---|---|---|
| 自由報 | | 台北 | | | 1946.9 |
| 新竹新報 | | 新竹 | | | 1946年底 |
| 民立報 | | 台南 | | | 1946年底 |
| 雄聲報 | | 高雄 | | | 1946年底 |
| 台聲報 | | 花蓮 | | | 1946年底 |
| 澎湖民報 | | 澎湖 | | | 1946年底 |
| 中外日報 | 該報社 | 台北 | 林宗賢 | 鄭文蔚 | 1947.2.1 |
| 重建日報 | 重建協會 | 台北 | 柯台山 | 蘇泰楷 | 1947.3.1 |
| 國民新報 | | 台中 | | | |

資料來源：洪桂己：《台灣報業史的研究》，台北市文獻委員會，1968年，第108-109頁。

上表中所列的報紙，影響最大的是官報《台灣新報》和民間的《民報》，而這兩大報紙的編輯大權都掌握在留日學生手裡。

日本投降後，《台灣新報》有兩個月的過渡期，大部分日籍職員去職，留下台籍職員撐著，10月10日慶祝專刊發行了漢文版，10月24日陳儀上任，才派李萬居接收報社，改名《台灣新生報》，分中、日文兩版，王白淵任編譯部主任，總編輯是吳金，總經理則是阮朝日。主要人物林呈祿退為顧問。[185]吳金，原《興南新聞》政治部次長兼論說委員，《台灣新報》編輯。光復後任《台灣新生報》日文版總編輯，該版人員為原《台灣新報》留用人員，中文版人員則新進的多，薪水高一倍，新舊人員相互有隔閡。日文版揭露多是批判時政及揭露社會上的不公平現象。[186]

《民報》則完全掌握在留日學生的手中。社長林茂生，總編輯許乃昌，總主筆陳旺成。其他主要人員也是前《興南新聞》社中的留日學生。

林茂生辦報動機，「我致力於利用《民報》，作為教育大陸人的一個方法，但徒勞無功。他們不但拒絕接受我們正確角度的建設意見，而且還以負面的、仇視的態度，回應這些有事實根據的公平的評論，好像他們被蛇咬到一般。」[187]在他的編輯方針指引下，該報成為台灣人民利益的代言人，使《台灣新生報》的發行量由17萬份下降到5.6萬份甚或三分之一而已。[188]它的銷路為各民營報紙之冠。[189]

另一個有影響的報紙《人民導報》也掌握在留日學生手中。它的出資者是和蔣時欽、王白淵、呂赫若都很熟悉的藍敏。[190]1945年12月中旬蘇新、宋斐如、白克、馬銳籌、夏邦俊、鄭明祿、謝爽秋等人創辦《人民導報》，宋斐如為社長，蘇新為總編輯。[191]《人民導報》另一主要撰稿人是陳文彬，東京法政大學哲學系畢業。[192]

除了上述幾大報紙外，其他報紙中也大量僱用留日學生。如《和平日報》社主任廖朝鏘，中央大學畢業；[193]嘉義分社社長鐘逸人，留學東京外語學校；東

石分局長張榮宗,日本大學畢業。[194]高雄市的《台灣新報》南部分社,是陳天階和謝有用負責接收的,隨後陳天階任主任,謝有用任記者。陳天階,中央大學畢業,曾做過市長黃仲圖的祕書。高雄市獨立經營的有首任市長連謀辦的《國聲報》,不久連謀離職去南洋,乃由王天賞接任社長。[195]

留日學生掌握輿論大權的另一個途徑就是參與和領導新聞行業公會。台灣省記者公會1946年4月20日成立,理事:葉明勳、宋斐如、林茂生、陳旺成、蘇新、許乃昌、盧冠群、林紫貴、李萬居、孫萬枝、王白淵、黃得時、白克、王煥鼎、謝爽秋、王正、馬銳籌等;監事:吳春霖、黎烈文、林忠、楊雅堂、林炳康等人。[196]10這22個理、監事中就有留日學生宋斐如等12人,占半數以上。

各縣市記者公會權力也掌握在留日學生手中。基隆市新聞記者公會由李瑞標發起組織,並由他自認理事長。李瑞標,1917年生,近畿大學畢業。1947年1月6日成立的高雄市記者公會,理事陳明春(民報分社主任)、邱金山(新生報)、廖朝鏘(和平)、王天賞(國聲報)、黃光軍(光復新報)、陳查(國聲報)、張添財(興台日報)。監事周生必、顏阿參、李言。理事長王天賞、常務理事廖朝鏘、張添財,常務監事李言。[197]

(二)留日學生創辦或編輯的雜誌

戰後台灣知識分子「建設三民主義的新台灣」熱情最高,紛紛創辦刊物表達自己的政見,其中的主力仍然是留日學生。

表1-3　留日學生創辦或編輯的雜誌

第一章 臺灣光復前後的留日學生

| 雜誌名稱 | 發行人（地） | 編輯 | 創刊日期 | 備註 |
| --- | --- | --- | --- | --- |
| 《一陽週報》 | 楊逵 | 楊逵 | 1945.8 | 運動刊物 |
| 《人民公報》 | 台灣人民協會 | 謝雪紅 | 1945.8 | 運動刊物 |
| 《台灣民主評論》 | 台北 |  | 1945.10.1 |  |
| 《前鋒》月刊 | 台灣留學國內學友會，理事長廖文毅 | 廖文毅、林金波等 | 1945.10.25 |  |
| 《政經報》半月刊 | 政治經濟研究會 | 陳逸松、蘇新、王白淵、顏永賢、胡錦榮 | 1945.10.25 |  |
| 《民生》旬刊 | 謝增德、謝金俊 |  | 1945.10.25 |  |
| 《時潮》 |  | 吳漫沙 | 1945.10.25 |  |
| 《新青年》半月刊 | 郭啓賢 | 方慶清 | 1945.10 |  |
| 《大同》 | 鐘龍雲，台北 | 劉文碩 | 1945.11.12 |  |
| 《新風》月刊 | 王清煜、吳漫沙 | 王清煜 | 1945.11.15 | 共出 2 期 |
| 《台灣青年》半月刊 | 三青團台灣區團籌備處，李友邦 |  | 1945.11.12 | 共出 10 期 |
| 《新新》月刊 | 吳享霖、新竹 | 黃金穗 | 1945.11.20 | 共出 8 期 |
| 《現代週刊》 | 長官公署宣傳委員會 | 吳克剛 | 1945.12.10 |  |
| 《台灣月刊》 | 上海台灣革新協會 | 王鐘麟 | 1946.1 |  |
| 《台灣雜誌》月刊 | 台北文化運動委員會 | 林知命 | 1946.1 |  |
| 《中華》月刊 | 陳國柱 | 龍瑛宗 | 1946.1.20 | 共出 2 期 |

續表

| 雜誌名稱 | 發行人（地） | 編輯 | 創刊日期 | 備註 |
| --- | --- | --- | --- | --- |
| 《台灣畫報》 | 國民黨台灣省黨部 | 藍蔭鼎、林紫貴 | 1946.1.30 |  |
| 《新台灣週刊》 | 省黨部 | 林紫貴 | 1946.2 |  |
| 《青年週報》 | 花蓮三青團 | 許錫謙 | 1946.6 |  |
| 《台灣之聲》 | 台灣廣播電台 | 林忠 | 1946.6.1 |  |
| 《台灣評論》 | 台灣評論雜誌社 | 李純青 | 1946.7 |  |
| 《自由報》周刊 | 王添燈 | 蔡慶榮 | 1946.8 |  |
| 《台灣文化》 | 台灣文化協進會 | 游彌堅 | 1946.9 |  |
| 《大公經濟特報》 | 大公企業 | 陳炘 | 1946.10.22 |  |
| 《內外要聞》 | 台灣文化協進會 |  | 1946.11.11 |  |
| 《台灣海員》 | 吳國信 | 林衡道 | 1946.12 |  |
| 《文化交流》 | 楊逵 |  | 1947.1 |  |
| 《台灣雜誌》 | 連震東 |  | 1947.1.1 |  |

資料來源：莊惠惇：《戰後初期台灣的雜誌文化》，《台灣風物》第49卷第1期。何義麟：《戰後初期台灣出版事業發展之傳承與移植1945—1950》，《台灣史料研究》第10期，1997年。

51

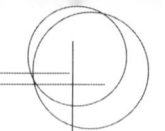

這些留日學生創辦或編輯的雜誌，其內容的基本特點和報紙一樣，即「創造新文化」、「去日本化」、「中國化」。[198]所謂中國化，如《大同》雜誌邀請林茂生、黃得時、陳澄波等人撰稿。雜誌內容大多以漢詩對聯為主。

## 六、留日學生領導的政治派系

如上所述，在接收過程中，在創辦社團和報紙雜誌的熱潮中，從大陸來的政治勢力和台灣本土政治勢力迅速結合重組。台灣政壇形成了許多全省性的政治派系：國民黨中央的派系、陳儀的班底派系及台灣本土派系。其中台灣本土派系基本上都是由留日學生領導的。本文只論述和留日學生有關的台灣本土派系。

台灣本土派系分成三大派：半山派、台中派和阿海派，下面又分成更小的派系。半山派有8個小派系：游彌堅系、黃朝琴系、劉啟光系、李萬居系、連震東系、王民寧系、李友邦系、客家系。可以看出，8個派系有7個掌握在留日學生手裡，另外一個是李萬居領導。而李萬居系的主要力量也是留日學生，例如，台灣光復會是李系的勢力之一，1946年成立，李萬居任會長，留日學生陳棋升、林界、陳浴沂任副會長。可見，戰後台灣政壇本省籍的政治勢力基本上都在留日學生的領導之下。[199]

表1-4　光復初留日學生所領導的政治派系

| 系屬名稱 | 主要結合本省勢力對象 | 擁有勢力範圍 |
|---|---|---|
| 游彌堅系 | 黃啟瑞、周延壽、黃介騫、蔡培火、林挺生、蘇維梁、許乃昌、黃華、劉明、蘇新、呂赫若、孫萬枝、鄭水源、駱水源、藍陸鼎等 | 台北議會及部分人民團體 |
| 劉啟光系 | 林湯盤、劉傳來、陳逢源、尤明哲、黃宗焜、郭秋煌、黃堯、何義、劉朝四、陳皆興、黃及時、莊泗川、何傳、張聰明等 | 省議會及華南銀行 |
| 黃朝琴系 | 賴森林、劉闊才、黃運金、王開運、王雲龍、陳文石、梁許春菊、黃逢平、陳啟清、林水土、李仙子、陳有輝、許金德等 | 省議會及第一銀行 |
| 李萬居系 | 郭雨新、蔡水勝、許振緒、吳開關、陳玉亭、陳益勝等 | 台北市議會及《公論報》 |
| 王民寧系 | 林宗賢、林子畏、陳炳俊等 | 台北縣政府 |
| 連震東系 | 張暮年、林永生、林坤鐘、辛振甫、辛偉甫、陳啟川、陳啟峰等 | 省議會及《中華日報》 |
| 李友邦系 | 王添燈、林連宗、王清佐、黃聯登、陳建文、李瑞成、曾溪水、江國深等 | 「三青團」台灣區團 |
| 客家系 | 黃國書、邱念台、劉策善、吳鴻森、徐言、翁鈐 | 新竹縣 |

資料來源：轉引自陳明通：《派系政治與陳儀治台論》，賴澤涵主編：《台灣光復初期歷史》，第251頁。

台中派，以林獻堂為首，主要成員陳炘、楊肇嘉、吳三連、羅萬、何景寮、林呈祿、陳慶華、林猶龍，次要成員劉明朝、楊基先、林雲龍、黃朝清、葉榮鐘、張聘三、莊垂勝、黃千里等，政治經濟勢力主要集中在台中、彰化銀行、台灣信託。這一派除領袖林獻堂外，骨幹都是留日學生。1950年7月台灣實行地方自治，地方派系隨之變化，林獻堂不滿土地政策去日本，楊肇嘉、羅萬老邁，台中派沒落。[200]

阿海派，由於半山、台中兩派先後形成後，另外的政治精英被統稱為阿海派，阿海派又有兩個大派系蔣渭川系和許丙系。蔣渭川系主要人物是彭德、顏良昌、張邦杰、吳國信、林日高、謝娥、林衡道，次要成員為林水木、周百鍊等。

許丙系，主要人物是許丙，次要成員陳清汾、黃添樑，再次為王超英、黃金時、黃成金、杜聰明、黃聯發、陳清池、楊基振等人。該派在「二二八事件」後演變成林頂立派，在省參議會和臨時省議會得到蔡鴻文的支持。[201]

上述政治派系在「二二八事變」後也可粗劃分三派：半山派——黃朝琴、連

震東、黃國書、游彌堅、劉啟光、王民寧、李萬居等。台中派——林獻堂、楊肇嘉、羅萬等為代表的地方士紳。阿海派——台籍人士蔣渭川、許丙代表的勢力。1951年前後到1953年四大公司民營後，地方派系整合為半山派系、楊肇嘉派系、林頂立派系、蔣渭川派系。半山派系包括原先游彌堅、黃朝琴、劉啟光、李萬居、連震東、王民寧、李友邦、客家等8個小派系的勢力，以彰化、第一、華南三大銀行、四大公司為陣地；楊肇嘉派系就是原來的台中派系；林頂立派系吸收了原許丙派系的成員，還包括中小企業主。黃朝琴和林頂立兩派以省議會為對抗場所，黃派有李萬居、郭雨新等三分之一議員，林派議員人數三分之二，但知識水平較低。[202]

陳儀政府和留日學生領導的派系之間的互動關係：陳儀的基本策略是利用「半山派」，排斥「台中派」，打擊「阿海派」。這些派系左右著光復初期的台灣政壇，對以後台灣政治也有很大影響。

## 第二節　留日學生在台灣光復前後活躍的原因

廣大留日學生，一聽說日本投降，台灣即將回歸祖國，心情都十分激動。黃朝琴聽到日軍投降消息時，正在蘭州，比別人更加興奮。「依據《波茨坦宣言》，台灣將重歸祖國版圖，故我當時的心情，實較在場的任何人更為興奮，而思鄉之情，亦不禁油然而生。」[203]在上海的楊肇嘉，8月11日凌晨接到電話說日本要接受《波茨坦宣言》，「高興得不能再入睡！《波茨坦宣言》，其中最主要的一項是說將台灣收歸祖國。這一項對台灣人民太重要了！台灣人被日本統治50年，所朝思夕想的就是這一點。」所以留日學生在短時間內爆發了極大的政治熱情。他們組織歡迎祖國軍政人員的團體和活動，維持治安，參加各項慶祝勝利和光復的典禮。他們還掀起了一股創辦社會團體和報紙雜誌的熱潮，關心台灣的經濟、文化、政治建設。在他們的影響下，台灣社會出現了短暫的「百家爭鳴，百花齊放」的局面。留日學生熱烈歡迎光復並能造成領導作用的原因，分析

如下：

## 一、民族解放是絕大多數留日學生的宿願

　　許多留日學生在日據時期就進行非武力抗日民族運動，他們奮鬥的短期目標是民族自決和日本式的立憲政治，長期目標就是漢民族的復興。在台灣光復的偉大節日裡，他們當然十分高興。「各地方的舊同志，遠自台南、高雄，三三五五接踵而來。無論新知舊雨，見面時莫不笑逐顏開，他們都是懷著滿腔希望和一股熱烈如火的興奮心情，討論今後應如何來建設我們的新台灣。」[204]如在導論中所述，日據時期參加民族運動的留日學生，都是在日本接收了馬列主義、民族自決和民本主義思想影響的。他們的留學時間和政治經歷列表分析如下：

表1-5　到大陸參加抗戰光復的留日學生的代表人物

| 姓名 | 出生年 | 留學時間 | 留學學校 | 簡歷 |
| --- | --- | --- | --- | --- |
| 謝南光 | 1902— |  | 東京高師 | 台灣文化協會會員、台灣民眾黨 |
| 李友邦 | 1905— | 1927年前後 | 早稻田大學 | 在中國抗日 |
| 宋斐如 |  | 1935—1937 | 東京帝國大學 | 在中國抗日，《人民導報》社長 |
| 郭天乙 |  |  | 中央大學 | 在中國抗日 |
| 謝掙強 |  |  | 慶應大學 | 在中國抗日 |

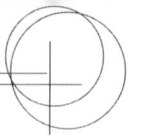

續表

| 姓名 | 出生年 | 留學時間 | 留學學校 | 簡歷 |
|---|---|---|---|---|
| 林嘯鯤 | | | 早稻田大學 | 在中國抗日 |
| 牛光祖 | | | 東京音樂學校 | 在中國抗日 |
| 林海濤 | | | 東京帝大 | 在中國抗日 |
| 莊澤民 | | | 東京帝大 | |
| 呂伯鏞 | | 1920年代 | 日本醫專 | |
| 王民寧 | 1903— | 1929年畢業 | 陸軍士官學校 | |
| 連震東 | 1903— | 1929年畢業 | 慶應大學 | |
| 林忠 | 1914— | | 京都帝大醫學 | |
| 丘念台 | 1894— | 1919—1929 | 中學、東京帝大 | 組織東寧會，在中國參加抗日 |
| 蔡繼琨 | | | 東京藝術大學 | |
| 蔡培火 | 1889— | 1915—1920 | 東京高等師範學校 | 台灣文化協會專務理事，民族運動右翼代表人物之一 |
| 黃朝琴 | 1897— | 1916—1923 | 中學、早稻田大學政治經濟學 | 參加民族運動，在中國參加抗日 |
| 游彌堅 | 1897— | 1927年畢業 | 日本大學政經科 | 東京台灣青年會幹部，台灣文化協會 |
| 林頂立 | 1908— | 1931年畢業 | 明治大學 | 軍統台灣站站長 |
| 黃國書 | 1906— | | 炮兵專校 | 在中國參加抗日 |
| 蘇紹文 | 1902— | 1929年畢業 | 陸軍士官學校 | |
| 陳友欽 | | | | |
| 陳漢平 | 1905— | 1923— | 慶應大學 | 黃埔軍校教官 |
| 陳復志 | 1911— | | 東京大成中學 | 到中國參加抗戰 |
| 洪炎秋 | 1902— | 1918—1920 | 中學 | 在中國教書 |

資料來源：王詩琅譯註：《台灣社會運動史——文化運動》，台北，稻鄉出版社，1995年。吳三連等著：《台灣民族運動史》，台北，自立晚報社，1990年。台灣省文獻委員會編：《抗戰與台灣光復史料輯要》。

表1-6　光復初在台灣政壇上活躍的留日學生

| 姓名 | 出卒年 | 留學時間 | 留學學校 | 簡歷 |
|---|---|---|---|---|
| 陳炘 | 1893— | 1921年畢業 | 慶應大學理財科 | 台灣文化協會，民眾黨 |
| 林茂生 | 1883— | 1903—1916 | 東京帝大 | 台灣文化協會理事，總督府評議員 |
| 林猶龍 | 1902—1955 | 1911—1926 | 小學、中學、東京商科大學 | 台灣文化協會 |

續表

| 姓名 | 出卒年 | 留學時間 | 留學學校 | 簡歷 |
|---|---|---|---|---|
| 杜聰明 | 1893— | 1915—1922 | 京都帝大 | 關心中國革命，參加國民黨 |
| 林呈祿 | 1896— | 1914— | 明治大學法科 | 台灣文化協會公理事、民族運動先覺、皇民奉公會文化部長 |
| 羅萬俥 | 1898— | 1916—1920 | 明治大學 | 台灣文化協會 |
| 蘇維樑 | 1895— | | 中央大學法學 | 台灣自治聯盟 |
| 陳逸松 | 1907— | 1920— | 東京帝大法學 | 在日本接受了社會主義 |
| 楊肇嘉 | 1892—1976 | 1908—1926 | 早大政經 | 台灣文化協會理事、地方自治聯盟首要人物 |
| 吳三連 | 1899— | 1925年畢業 | 東京商科大學 | 台灣文化協會骨幹 |
| 蔡先於 | 1893—1950 | 1918—1921 | 明治大學法科 | 新民會成員、台灣文化協會理事 |
| 蔡式穀 | 1881— | | 明治大學法科 | 律師、台灣文化協會理事 |
| 黃朝清 | 1895— | 1919年畢業 | 東京慈惠醫專 | 台灣地方自治聯盟理事 |
| 葉榮鐘 | | 1927— | 中央大學 | 台灣文化協會、地方自治聯盟 |
| 王金海 | | 1921年畢業 | 早大 | 台灣文化協會 |
| 莊垂勝 | | 1924年畢業 | 明大政治經濟學 | 台灣文化協會 |
| 林連宗 | 1905— | | 中央大學法科 | |
| 林朝棨 | 1910— | | 東北帝大博士 | |
| 楊逵 | 1905— | 1924—1927 | 日本大學 | 研究無產階級文學 |
| 楊阿壽 | 1895— | | 日本大學齒科 | |
| 謝有用 | 1920— | | 高中、專修大學 | 接收台灣新報南部分社 |
| 王清佐 | 1902— | | 中央大學法學 | 高考司法科合格 |
| 黃逢時 | | | 日本帝大博士 | |
| 陳澄波 | 1895— | 1924—1929 | 東京美術學校 | |
| 石錫勳 | 1900— | 1923— | 東京醫專 | 台灣文化協會創會理事 |
| 丁瑞彬 | 1898— | 1924年畢業 | 明治大學 | |
| 施江南 | 1902— | 1924—1930 | 京都帝大醫學部內科博士 | 在台北創辦四方醫院，1940年當選台北議員，皇民奉公會中央本部參事 |
| 林石城 | 1912— | | 中央大學法學 | 文化協會成員 |
| 戴炎輝 | 1909— | | 東京大學法學博士 | 高考司法科合格，律師，皇民奉公會高雄州支部總務班主事 |

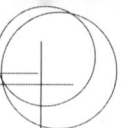

續表

| 姓名 | 出生年 | 留學時間 | 留學學校 | 簡歷 |
|---|---|---|---|---|
| 楊金虎 | 1898— | 1900年畢業 | 日本醫大 | |
| 曾維成 | | | 東京聖書學院 | 台灣文化協會成員 |
| 高天成 | 1903— | 1915—1938 | 中學、東京帝大醫學博士 | 東京台灣青年會幹部 |
| 李瑞漢 | 1906— | 1926年前後 | 中央大學法科 | 律師 |
| 吳金鍊 | 1913— | 1934年畢業 | 東京文化學院 | 《興南新聞》政治部長，《台灣新生報》日文編輯 |
| 阮朝日 | 1900— | 1923—1926 | 高輪中學 | |
| 郭松根 | 1903— | | 京都帝大 | 東北同鄉會長 |
| 張信義 | 1906— | | 日本大學肄業 | 台灣文化協會會員、左派 |
| 劉明哲 | 1892— | 1916年畢業 | 早大 | 1922年受紳章，地方自治聯盟常務理事 |
| 劉明朝 | 1895— | | 東京帝大政治科 | 1933年高考合格，總督府官員 |
| 劉明 | 1901— | 1919—1928 | 東京高等工業學校 | |
| 吳新榮 | 1907— | 1925—1932 | 中學、東京醫專 | 台灣學術研究會，左翼 |
| 陳啟川 | 1899— | | 慶應大學 | |
| 陳金波 | 1895— | | 東京帝大醫學 | |
| 葉秋木 | 1907— | 1930年前後 | 中央大學法學肄業 | 社會問題研究會，因抗日被遣送回台 |
| 韓石泉 | 1897— | 1935—1940 | 熊本醫大 | 台灣文化協會理事、民眾黨中央委員 |
| 莊垂勝 | 1897— | | 明治大學政經科 | 啟發會、新民會 |
| 黃百祿 | 1902— | | 中央大學法學 | 台灣學術研究會，左翼 |
| 朱江淮 | 1904— | 1920— | 中學、京都帝大 | |
| 張深切 | 1904— | 1917—1923 | 青山學院中學部 | 左派作家，研究無產階級文學 |
| 巫永福 | 1913— | | 明治大學 | |
| 王白淵 | 1902— | 1925—1931 | 東京美術學校 | 左派作家 |
| 蘇新 | 1907— | 1924— | 東京外語大學 | 1927年組織馬克思主義小組，有陳來旺、林添進、何火炎等人 |
| 蕭來福 | 1907— | | 中學 | 台灣學術研究會、文協左派 |
| 楊雲萍 | 1906— | 1927前後 | 日本大學 | 社會科學研究部 |

續表

| 姓名 | 出卒年 | 留學時間 | 留學學校 | 簡歷 |
|---|---|---|---|---|
| 楊景山 | 1906— | 1932年畢業 | 早大政經科 | |
| 陳紹馨 | 1906—1966 | 1927—1932 | 東京帝大法文學部 | |
| 許乃昌 | 1907— | 1926年前後 | 日本大學 | 社會科學研究部，最早向國內介紹馬克思主義 |
| 周百煉 | 1908— | | 長崎醫科大學 | 光復初發起台灣醫師公會 |
| 呂赫若 | 1914—1917 | | 東京音樂學校 | 留學時深受社會主義影響 |
| 陳招治 | | | 上野音樂學校 | 台北三高女教師 |

資料來原：葉榮鐘：《台灣人物群像》。應大偉：《台灣人檔案（之一）》。李筱峰：《二二八消失的台灣精英》。蘇新：《未歸的台共鬥魂》。王詩琅譯註：《台灣社會運動史——文化運動》，台北，稻鄉出版社，1995年。吳三連等著：《台灣民族運動史》，台北，自立晚報社，1990年。

表1-5和表1-6中的留日學生，集中了日據時期的「新民會」、「台灣青年會」、「台灣文化協會」、「台灣民眾黨」、「台灣地方自治聯盟」、「台灣農民組合」等團體的重要成員，都是台灣的政治活躍分子。他們基本上都是在1910以前出生的。這一代人有三個特點：第一，在成長過程中就耳聞目睹日本殖民統治的殘暴和血腥。1895年，日本侵略者開始對台灣人民進行殖民征服，大規模武裝鎮壓直到1915年左右才基本停止。但是，1930年仍然爆發了著名的「霧社事件」，日軍血腥屠殺上千高山族同胞。

第二，這一代人一般都在1931年以前到日本留學，這一時期特別是1926年以前的所謂「大正民主時期」，日本的進步思潮風行。他們在日本受到了馬列主義、民族自決及民本主義等思潮的影響，參加或目睹了台灣議會設置請願活動等民族運動，民族意識覺醒。他們中間的有識之士，把台灣取得徹底解放的希望寄託在祖國的強大上。因此，他們到大陸參加建設或者抗戰。

第三，這些台灣政治上的代表人物，雖然在民族主義立場上和大陸官僚一致，但在政治上卻存在著不可避免的矛盾。由於兩岸阻隔50年，留日學生又長期接受日本政治文化的影響，對中國近現代政治情況卻瞭解不多，因而在接收過程中就與大陸籍的官僚產生了一定的矛盾。這對戰後台灣政治的發展有很大影響。

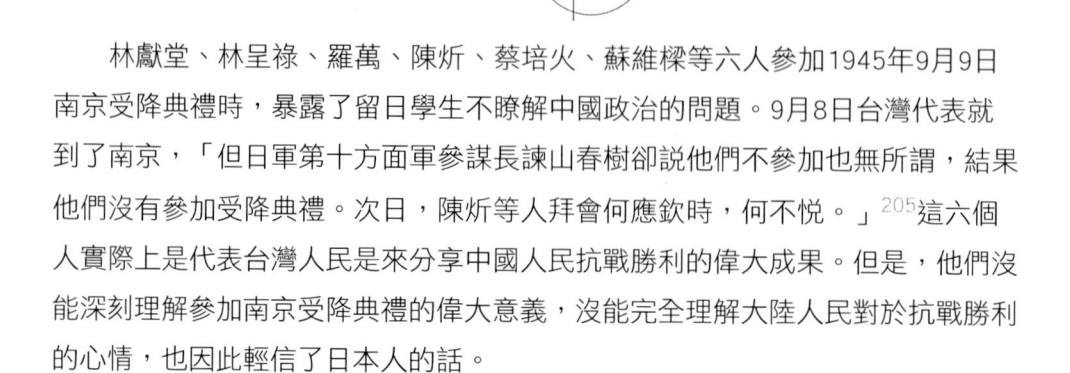

林獻堂、林呈祿、羅萬、陳炘、蔡培火、蘇維樑等六人參加1945年9月9日南京受降典禮時，暴露了留日學生不瞭解中國政治的問題。9月8日台灣代表就到了南京，「但日軍第十方面軍參謀長諫山春樹卻說他們不參加也無所謂，結果他們沒有參加受降典禮。次日，陳炘等人拜會何應欽時，何不悅。」[205]這六個人實際上是代表台灣人民是來分享中國人民抗戰勝利的偉大成果。但是，他們沒能深刻理解參加南京受降典禮的偉大意義，沒能完全理解大陸人民對於抗戰勝利的心情，也因此輕信了日本人的話。

　　再如，留日學生認為大陸籍接收官員政治思想落後。參與台南州接收的莊維藩批評台南州接管委員會主委韓聯和沒有近代法治思想。莊維藩是東京帝大政治科畢業，高等文官考試行政科合格，1942年任新營郡守，日據時期台灣人做到奏任官的僅有29人，他是其中之一。

　　在「台籍漢奸」問題上，留日學生也有不同觀點。1946年1月，台灣全省進行漢奸總檢舉，2月21日，林熊徵、陳炘、辜振甫等10多個著名紳士以漢奸嫌疑被捕入獄。10月21日，國民政府公布《戰爭罪犯審判條例》，將一些台灣人當成戰犯，其中被起訴者173名，26人被判死刑。[206]留日學生反對把台灣人當漢奸的原因有二。其一，在法律上，台灣人和日本人合作，責任不在台灣人。丘念台、吳三連都是這樣認識的。吳三連認為「既然台灣人變成日本國民並非台人的責任，則漢奸的指控，應有商榷餘地。」他陳情國民黨中央救援被指為漢奸和奸商的台人。[207]其二，台灣行政長官公署沒有區別對待日據時期的抗日志士和「御用紳士」。林熊徵、林熊祥兄弟，板橋人，台灣最大地主，都是日本東京皇家學習院學生。[208]他們和許丙、辜振甫等人在日據時期和台灣總督府合作，是台灣人所說的「御用紳士」。陳炘等人則是抗日志士。[209]

　　在丘念台、吳三連等人的陳情下，國民政府於1946年11月才正式通令各省戰爭期間被日人徵用的台胞不能以漢奸治罪。[210]被抓捕的陳炘等一些重要人物也陸續釋放。

## 二、在各種組織和活動中成為領導者的原因

在光復初期的重大政治活動中，無論是參加接收計劃制訂和三次大典，還是組織社團創辦報紙雜誌，代表人物都是留日學生。根本原因是留日學生這個社會階層有著雄厚的經濟資本、文化資本和社會關係資本。下面以黃朝琴、林茂生、杜聰明、陳炘等九個代表性人物為例，來分析留日學生這個社會階層成為台灣社會領導者的原因。

黃朝琴，台南鹽水鎮人，參加台灣文化協會並任《台灣民報》編輯，認識當時中國駐日公使館代辦莊景珂，而時常到公使館擔任招待外賓等臨時事務或翻譯工作，開啟替國民政府做事之門，1923年赴美國伊利諾斯大學留學，1925年加入國民黨，1926年獲政治學碩士，1927年秋由美國抵達上海，1928年1月任外交部僑務局科員，之後，歷任特派員、祕書、科長、駐舊金山和加爾各答總領事等職務。1944年4月，他入中央訓練團黨政高級班二期受訓，試擬《台灣收復後之工作計劃》，頗受國民黨當局重視。1945年8月，他接收台北市政府，並擔任市長。由於蔣介石接受了陳儀建議，「中、中、交、農」四大銀行沒有去台灣，仍以台灣銀行管理金融。[211] 1946年10月，台灣行政長官公署接收與改組台灣商業銀行，由他代表南部資本家擔任台灣工商銀行籌備處主任委員，負責把接收的「台灣商工銀行」改組為官民合營的「台灣工商銀行」，並擔任首屆董事長。[212]

林茂生，屏東東港基督長老教世家出身，1903年赴日就讀於京都同志社中學，次年考入京都第三高等學校，後考入東京帝國大學，主修東方哲學，1916年畢業，成為台灣第一位文學士。返台後他任教於長榮中學。1921年台灣文化協會舉辦講習會，他任西洋歷史講師。1927年，他入哥倫比亞大學，1929年獲得哲學博士學位，為台灣第一個獲得博士學位的人。回台後，他任教台南高等工業學校，日據時代作過「皇民奉公會」的動員部長。戰後，他出任台灣大學先修班主任、文學院院長。他創辦了影響極大的《民報》，成為輿論界的領袖人物。

杜聰明，台北淡水人，1915年赴京都帝大研究內科學，1922年12月16日獲博士學位，台灣首位博士。台灣醫學界代表人物。1920受聘總督府醫學校講師，1937年被任命為台北帝國大學教授。他是日據時期台灣人中級別最高的官員。「直到1945年9月，總督府各級官吏中，敕任官161人，台灣人僅有台北帝大教授杜聰明一人。」1945年，他參加日本投降簽字儀式，被聘出任台大醫學院院長、熱帶研究所所長、台灣省戒煙所所長等職。1947年，他任「二二八事件處理委員會」委員，台灣省府委員。1954年，他創立私立高雄醫學院並任院長，提倡「藥學至上，研究第一」。

　　林呈祿，台灣文化協會領導人之一，從1920年到1945年，始終擔任《台灣青年》、《台灣》、《台灣民報》、《台灣新民報》、《興南新聞》編輯、主筆，台灣民族運動的理論家，台灣議會期成同盟會負責人，1924年在「治警事件」中被判刑3個月。1941年到1945年，他出任台灣總督府評議會員。

　　蔡培火，雲林北港人，留學東京時結識日本開明派政治人物，台灣文化協會專務理事，《台灣青年》、《台灣民報》編輯，致力於推動文化啟蒙運動，以提倡羅馬字台灣白話文而著名，與蔣渭水並列「南蔡北蔣」兩大宣傳運動家。1924年在「治警事件」中被判刑4個月。1930年參與組建台灣地方自治聯盟，抗戰後期到大陸參加國民黨，任台灣省黨部執委。1948年當選「立委」，1950年3月任「政務委員」，連任15年。[213]

　　陳炘，「在日本留學時，陳炘就是同學會會長。」[214]他集合台灣民族資本創立大東信託株式會社。1944年，大東信託株式會社被殖民當局強行與其他信託業合併成立「台灣信託株式會社」，陳炘仍任專務取締役（總經理）。1945年11月，行政長官公署派員監理，但業務仍由陳炘主持進行。1946年8月，台灣信託公司第四屆股東大會召開，由董事長陳炘主持。[215]12月，陳炘到大陸考察信託業情況，為改革台灣信託做準備。[216]1946年12月1日，台灣信託公司籌備處成立，陳任主任委員。次年3月1日正式成立，陳炘出任董事長。

　　陳炘出面組織的歡迎國民政府籌備委員會，之所以能夠迅速成為全島性的組織，並有效地組織了全島性的歡迎活動，是因為它利用了台灣信託、「台灣地方

自治聯盟」和「皇民奉公會」等政治、經濟組織的力量。陳炘是「台灣地方自治聯盟」和「皇民奉公會」的重要領導之一，又主持台灣信託。台灣信託公司在基隆、新竹、台中、台南、高雄、屏東等全島重要城市都有支店，因此歡迎國民政府籌備委員會的活動透過台灣信託的分支機構，迅速在全島各重要城市展開。「……民眾慶祝大會的動員，已取得日本方面的諒解，透過各皇民奉公班動員。」[217]

在南京參加受降典禮時，何應欽要求陳炘籌設公司，以協助台灣的復興重建工作。[218] 日本宣布投降後，台灣大小企業家關心江浙財團來台灣取代日本資本家的壟斷地位。擔心「也是與日本治下的時候一樣，會受著種種的束縛。」[219]

1945年底開始籌備，總資本額五千萬元，董事長陳炘，參加投資列為董、監事者，包括林獻堂、巫永昌、施江南、陳逢源、林呈祿、李茂炎、吳見草、李朝北、黃朝清、謝國城、謝敏初、楊凱旋、巫永福、黃再壽、侯全成、鄭鴻源、楊宗城、蘇維樑等。經營範圍：打撈業；漁業；水產業；造船；工業；貿易。[220]

羅萬，1898年生，1920年明治大學法學部肄業，《台灣新民報》專務兼營業局長，參與議會設置請願運動、台灣地方自治聯盟領導工作。1947年台灣人壽保險公司改組成立，羅萬出任董事長。1948年，他以第二高票當選「立委」，兼任國民黨台灣省黨部執行委員。1952年，他兼任台灣銀行常務董事。1955年8月，他就任彰化商業銀行董事長。[221]

蘇維樑，1895年生，新竹人，中央大學法科畢業，中藥商，台灣文化協會、台灣地方自治聯盟領導人之一。1935年，他當選民選新竹市會議員。

陳逸松，宜蘭羅東人，1907年生，1920年到金川中學和東京帝大法學部留學。他是東京帝大左翼團體「新人會」的成員，也是「社會科學研究會」委員，嚮往社會主義。1933年，他回台在大稻埕開設法律事務所。1935年，他當選台北市會議員。1941年，他贊助張文環創辦《台灣文學》。1945年，他在台北市籌組三民主義青年團，組織「台灣政治經濟研究會」，發行《政經報》。1946年，他當選國民參政員，在台北組織「台灣政治同盟」。[222]

類似上述九人的留日學生還有很多,他們既有很強的資本總量,又積極參加政治團體政治活動,積累了豐富的政治經驗,理應是台灣社會的領導階層。

綜上所述,1945年抗戰勝利後,留日學生民族情緒和政治熱情都十分高漲。在國民政府接收台灣的過程中,在大陸參加抗日的台灣留日學生代表人物李友邦、黃朝琴、宋斐如、游彌堅、丘念台、連震東等人參與了接收計劃的制訂,提出了許多重要意見。但是,在制訂計劃時,他們只是配角,他們許多重要意見並沒有被國民政府和台灣行政長官陳儀所接受,例如,多用台灣人才,在教育上行政上從日語到漢語的過渡期要長一些,等等。

在台灣的留日學生也積極歡迎台灣光復,協助國民政府的接收工作。他們做了三個方面的工作:協助接收;維護治安;參加光復典禮等政治活動。在接收過程中,留日學生成立了自己的社會團體、創辦了自己的報紙雜誌、實際上控制了輿論、教育和衛生系統的大權。所以,可以說,台灣行政長官公署和軍隊接收了台灣的軍政機構、房產物資等硬體;而留日學生則在實際上接收了文化和教育等軟體的大權,接收了台灣的民心。留日學生控制了輿論大權,運用他們熟悉的立憲政治、社會主義、民本政治等理論猛烈批評台灣行政長官公署的各項政策,對「二二八事件」的發生有很大影響。這對戰後台灣政治產生了重大影響。

在留日學生領導的「半山派」、「台中派」和「阿海派」等政治派系中,「台中派」不受陳儀信任。例如,在丘念台組織「台灣光復致敬團」時,陳儀不許林獻堂任團長,不許陳炘做團員[223]。這導致「台中派」對台灣行政長官公署不滿。

總之,在短暫的接收過程結束後,台灣行政長官公署和留日學生之間的矛盾逐漸暴露和激化,雙方主要是爭奪台灣政壇的政治權力。資本總量雄厚的留日學生不滿足於自己現有的政治地位,必然起來鬥爭。

# 第二章　留日學生與二二八事件

　　二二八事件是台灣現代史上的大事件，影響深遠。台灣研究該事件的專家賴澤涵認為，「二二八事件」就其歷史觀點來分析，可以分為狹義和廣義兩種看法：（1）狹義的「二二八」：從1947年2月27日亂事開始到1947年3月12—14日，已經無真正的亂事，表面看起來平靜了。（2）廣義的「二二八」：從1947年2月27日直到1990年代，「二二八事件」根本從沒有解決。[224]

　　1980年代以來，有關二二八事件的報導、追述、評論、研究論著等大量發表印行，數量達到一百多種。這些文章書籍基本上都把事件的原因背景歸納為政治的、經濟的、社會的和文化的。關於事件的性質，迄今為止有五種說法。第一種是中國共產黨的觀點：台灣人民是反帝愛國的，二二八事件是中國革命的一部分。第二種是國民黨的觀點：50年的日本教育誤導了台灣民眾，使他們起來暴動，另外中共幹部和野心分子也造成了推動作用。第三種是美國國務院「中國白皮書」的詮釋：經濟惡化和國民黨的吏治腐敗，造成了二二八起事，而國民黨軍隊則以極高的人命代價平定了這個暴動。第四種是1991年台灣省文獻委員會的觀點：它是幾個世紀以來，伴隨改朝換代所發生的大規模城市暴動。[225]第五種是台獨勢力的觀點：這是反對國民黨壓迫的暴動，彭明敏甚至說，國民黨屠殺兩萬以上的本土精英目的不止是要恢復秩序，還要根本消滅國民黨統治的反對者。陳水扁說，二二八事件是台灣民眾反抗所謂「外來政權」的運動。[226]

　　透過發掘歷史資料，深入研究留日學生這一社會階層在這一重大歷史事件中的作用，作者得出了與上述五種觀點不同的結論：二二八事件是留日學生領導的一場和國民黨爭奪政治權力的運動。接收任務完成後，台灣政治上的主要矛盾是行政長官公署的獨裁統治和台灣人民爭取民主自治的矛盾，而這集中體現在留日

學生和大陸籍國民黨官僚爭奪台灣省政治權力的鬥爭上。陳儀為代表的大陸籍官僚，以「彼等不識國語國文不明白國家法令」為由不讓台灣知識精英進入台省權力高層，自己壟斷權力。[227] 這樣的判斷和任人標準必然引起台灣知識分子的強烈反對。留日學生反對最為激烈，因為日本殖民統治的結果集中體現在這個社會階層身上，一方面，他們在日本學到了近代化的科學文化和民主政治知識，野心勃勃，在日據時期就積極參加政治鬥爭；另一方面又深受日本殖民文化影響，對中國語言文化和政治現實知之甚少，前途受到影響。所以，遇到反抗政治現實的事變，他們必然會站在鬥爭的最前線。留日學生這個階層的領導作用和重要性貫穿在整個事變的過程中。事變前，這個階層主要透過輿論批評時政引導台灣社會。事變中，無論有組織的活動，還是自發的反抗活動，這個階層都是領導者。事變後，這個階層同時是被鎮壓和被安撫的主要對象。下面分述他們在三個階段的領導作用。

## 第一節　事變前留日學生領導的活動

如第一章所述，在台灣光復後，經濟資本雄厚、文化資本優越的留日學生對自己的政治地位不滿，對國民黨對台灣的統治有許多不滿。於是，他們批評行政長官公署的體制、經濟文化和人事政策、腐敗等。留日學生表達自己主張和批評時政的方式主要有：輿論批評，請願抗議，學校教育，在參議會裡進行鬥爭，以及向國民黨中央反映情況等。

### 一、留日學生對光復後台灣政局的意見

如前所述，抗戰勝利後，留日學生對台灣回歸祖國是萬分高興，認為台灣從此可以和大陸一起建設一個新中國了。但是，到1945年底和1946年上半年台灣

接收工作基本完成後，留日學生的情緒和意見發生很大的變化，對時局悲觀消極起來。他們的不滿可以分為兩個大方面。

（一）政治上，反對台灣行政長官公署制度

留日學生認為台灣光復後的基本形勢是：台灣的現代化之民受國民黨落後的政治統治，台灣被隔離50多年，在文化上制度上和大陸已經有很大的差別矛盾。「蓋現代化之民而施國內落後之政，久離隔之族而接50年未習之風，自多衲鑿搖惑。」[228]「台灣受日帝統治51年，制度、習俗與祖國頗多差異，接收工作及接收後之行政，完全忽略如上情形。」[229]

因此，光復已經數月，政府與人民的互信仍然沒有建立，在精神上也存在著一個台灣海峽。[230]台灣人民原有感謝光復的心情，反而轉變成對國民政府不滿了。黃朝琴等人非常憂慮，認為「此種情形，如不及時化解，勢將導致嚴重的後果。」[231]

留日學生反對高度集權的台灣行政長官公署制度，反對公署的特權和腐敗，要求實行和內地一樣的省政府制度。此點第一章已有論述，連震東就批評過長官公署制度。「特殊化之行政長官制度等於日本台灣總督之變相，使人民誤認中國政府仍視台灣為殖民地。」「軍紀之敗壞，時常掠取人民財物及毆打貧民。」[232]

「不料祖國政府所施於台灣者依然為種種之束縛與層層之剝削，對於台灣接管，完全抄襲舊日日本治台方法，頒布所謂台灣省行政長官公署組織大綱，以行政、財政、立法、軍事之大權，集中於長官一人之身，形成新殖民地總督之變相。而陳儀長官到任以來，首先留用日籍警察官吏，繼續統治台灣人民，引起普遍失望。」繼而憑藉特殊地位濫用權力：干涉司法，台灣法院非得長官同意，不得檢舉貪汙；統制印刷紙張，藉以摧殘台胞言論與文化；包庇部屬利用台銀專賣局貿易公司等機關，營私舞弊，造成貪汙窮奢極欲之風氣。[233]

很顯然，留日學生批評台灣行政長官公署所使用的政治標準，就是他們所熟悉的日本立憲政治、民本主義。

公署的人事制度和政策，最受留日學生詬病。不僅沒有做官的留日學生不滿，就是從大陸回去的留日學生也不滿。例如黃朝琴，對自己被降級任命為台北市長就不滿。[234]他們認為外省人占據要津，本省人居不重要之地位。如各處處長無本省人，副處長僅一人，各縣、市長本省人僅一二人，專賣局、貿易局及重要業務機關等組織無本省人。

表2-1　行政長官公署內主管級以上職員省籍分配（1946年）

| 職位 | 本省數量（人） | 及比例（％） | 外省數量（人） | 及比例（％） | 合計（人） |
|---|---|---|---|---|---|
| 處長 | 0 | 0 | 8 | 100 | 8 |
| 副處長 | 1 | 33.3 | 2 | 66.7 | 3 |
| 科長 | 0 | 0 | 31 | 100 | 31 |
| 股長 | 9 | 8.4 | 98 | 91.6 | 107 |
| 專員 | 11 | 12.1 | 80 | 87.9 | 91 |
| 合計 | 22 | 7.4 | 274 | 92.6 | 296 |

資料來源：《派系政治與陳儀治台論》，《台灣光復初期歷史》271頁；《民報》，1946年11月8日，第3版。

從表上可以看出，台灣人在行政長官公署擔任主管級以上職務者竟不到10％。與此形成鮮明對比的是台灣人才濟濟。光復前夕台灣有2508人在台灣受過高等教育，五到六萬名留日大專院校畢業生，近百位留學歐美的學生。[235]由於這些人不懂中國語言文字，不會處理中國式公文，故而得不到陳儀政府的重用。「台灣沒有政治人才」這使台胞最受刺激。[236]

（二）經濟上，由資本主義經濟倒退到封建經濟

留日學生運用他們在日本所學的馬克思主義的「社會五階段論」方法，把光復後台灣經濟的性質定性為封建主義的，因而是全盤否定了公署的經濟制度和政策。如第一章所述，1946年6月，陳逸松、劉明、徐慶鐘、蕭苑室、朱江淮、顏朝邦等人認為：戰前台灣經濟政策是帝國主義的資本主義的，戰後台灣經濟政策是封建主義的。[237]

留日學生把經濟停滯人民生活困苦的原因歸結為行政長官公署的經濟體制和政策。他們認為公署紊亂金融，拒絕國家銀行在台開業，濫發台幣，妄定匯率，

包辦匯兌，造成嚴重的通貨膨脹與金融恐慌；厲行日用必需品如煙酒等的專賣，增加台胞正常稅收之外的不合理負擔；專用黨羽，包辦貿易局及22個貿易公司，統治台灣全部進出口貿易，剝奪人民生計；頒布特殊法令，限制人民經商旅行的自由，濫拘人民數千，監禁於火燒島紅頭嶼各處。「致接管16個月以來，生產停頓，商業破產，物價暴騰，以台灣產米之區，米價之高，竟居全國第一。」[238]「台灣遍地糧荒，物情騷然；日寇留下的公私工廠大多未復工，失業嚴重。」[239]「接管時因人事調配不當，生產機構停滯，……失業人數劇增，……人民生活極為艱苦。」[240]

政治經濟之外，在文化上，長期受到日本「脫亞入歐」文化教育的留日學生也輕視中國文化，「以為祖國文化，大多無可取之處」。[241]

留日學生作為台灣社會的主流階層領導階層，其意識必然也是社會的主流意識。在這種嚴重不滿的社會主流意識引導下，社會各階層特別是青年學生必然會起來反抗。

## 二、留日學生的反抗活動

面對台灣政局的種種黑暗，留日學生展開了積極地反抗活動。他們的反抗活動可分為輿論批評、請願抗議、參議會鬥爭、學校教育、各種聚會會議上的批評、向國民黨中央反映等六大種類，分別論述如下。

（一）留日學生的輿論批評

如第一章所述，光復初期，留日學生創辦和編輯了大量報紙雜誌。這些報紙雜誌以文化重建為課題，介紹中國語文，促成民眾對祖國文化的瞭解。它們對去除台灣社會的日本殖民化貢獻很大。但是，它們對台灣時政的嚴厲批評也對「二二八事件」的發生有著重大影響。陳儀承認二二八事件的遠因是「實由台人受日本奴化太深，思想中毒，平時御用紳士未受懲治，報紙惡性詆毀未予嚴格取

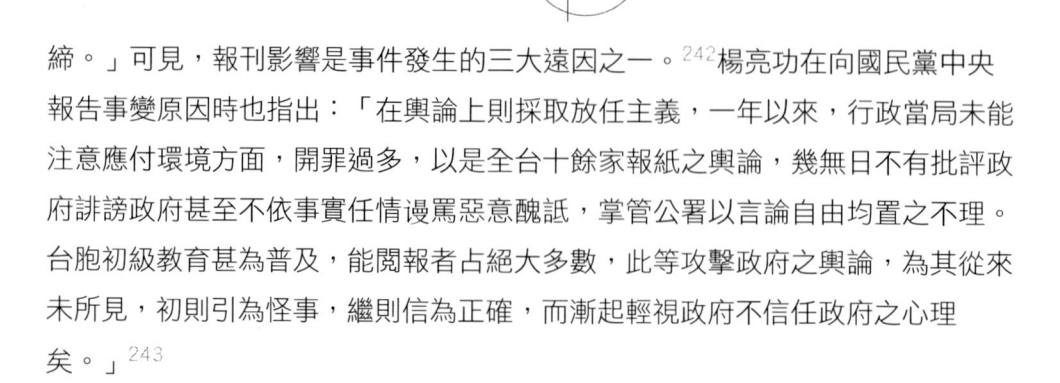

締。」可見，報刊影響是事件發生的三大遠因之一。[242]楊亮功在向國民黨中央報告事變原因時也指出：「在輿論上則採取放任主義，一年以來，行政當局未能注意應付環境方面，開罪過多，以是全台十餘家報紙之輿論，幾無日不有批評政府誹謗政府甚至不依事實任情謾罵惡意醜詆，掌管公署以言論自由均置之不理。台胞初級教育甚為普及，能閱報者占絕大多數，此等攻擊政府之輿論，為其從來未所見，初則引為怪事，繼則信為正確，而漸起輕視政府不信任政府之心理矣。」[243]

批評時政最烈影響最大的是林茂生的《民報》。《民報》要求在台灣貫徹三民主義，以繼承孫中山的《民報》的革命精神自許。總編輯許乃昌的政治主張是台灣完全實施地方自治。[244]它對陳儀主持下的台灣現實，痛下針砭。它存活了一年五個月，但其300多篇社論，代表著留日學生的改革呼聲，其主要內容可概括為三部分：

首先，它報導和批評台灣的政治弊端：1.貪污情形；2.大陸人壟斷權位；3.裙帶關係；4.外行領導內行；5.法治不彰。

其次，報導批評經濟民生：1.官僚資本主義。在經濟上和政治上的壟斷一樣，全面統治。日本留下的237家公私企業、600多個單位，都歸長官公署所屬各處局所設的27家公司來經營。對此，《民報》呼籲「掃除官僚資本化」；2.經濟蕭條、民生凋敝；3.經濟榨取；4.受大陸經濟之累，如它分析台灣米荒米價高的原因是受全國性的「鈔幣洪水的影響」。

再次，報導和嚴厲批評社會：1.治安惡化；2.退化中的社會；3.族群隔閡與文化衝突。[245]

《人民導報》編輯蘇新是個社會主義者，瞭解了國共合作的一些情況，也看到了《新華日報》、《民主》等進步報刊。他的編輯方針就是採用反對國民黨的稿件。社長宋斐如因此受到警備司令部及省黨部的幾次警告。5月初，陳儀逼迫宋斐如辭掉社長職務。後聘請王添燈當社長。但蘇新繼續刊登反對言論，如從6月23日到27日連載上海《週報》刊登的大陸民主黨派反對國民黨發動內戰的文章《十五天能和平嗎？》。

《人民導報》因刊登高雄地主勾結警察迫害農民事件而被起訴，社長王添燈被判刑1年。該報工作人員不服，在報紙上掀起論戰，《民報》及其他報紙都紛紛聲援。國民黨省黨部準備封閉和逮捕該報編輯人員，丘念台夜裡叫他的祕書林憲找蘇新，讓他設法疏通。蘇新和主筆陳文彬去找省黨部主委李翼中、宣傳處長林紫貴，以及宣傳委員會主委夏濤聲。最後，蘇新被撤職，編輯部改組，兩個編輯吳某、郭玉榮和兩個記者吳克泰、呂赫若退出。[246]

其他報紙也像《民報》一樣關心批評時政。省參議員王添燈和林日高揭露資源委員會將15萬噸白糖無償地運去上海，致使台糖公司缺乏再生產資金。為了報導這起事件在省參議會的鬥爭情況，《民報》、《人民導報》、《大明報》、《自由報》採取統一戰線，統一用稿，加倍發行，引起很大轟動。

1947年2月初，高雄市的《國聲報》嚴厲批評高雄中學代校長李鐘淵，隨後學生也罷課，導致李鐘淵去職，由大阪帝大工學部畢業的廖行貴接任校長。[247]

留日學生創辦的雜誌也積極批評時事政治。這樣的雜誌有《台灣雜誌》、《台灣評論》、《前鋒》、《政經報》、《新新》、《台灣月刊》等，它們的時事評論文章在雜誌中所占的比例分別是38.5%、32.6%、30.5%、29.4%、26.6%、26.3%。另外還有宣導性的文章，比例也很高。[248]

這些雜誌議論的時政主要內容是批評公署各項政策、要求實行憲政。1945年12月25日，《中華民國憲法》公布，兩天後，《前鋒》雜誌就主辦座談會，邀請林茂生等著名人物參加。在這個座談會上，林茂生說，「往後在這條軌道上，我們的國家是否能順利運行，是全靠我們人民的對憲法的認識以及實行憲法的努力而定的，我很希望大家抱著這個觀念來努力，來選舉適當的人才，為地方為國家貢獻。」[249]1947年1月1日出版的《前鋒》社論《新人，新生，與新年》評論政治說：「政治的推行更用不著述——由米的統制，煤炭的『半專賣』，苛捐雜稅的徵收等等。『左營事件』繼之以『新營事件』，又再繼之以『員林事件』，清查團檢舉的貿易局與及專賣局事件，一切的一切都不堪回想。錦繡河山到處瘡痍，戰後的復興遲而難期。」[250]《政經報》前兩期完全擁護國民黨，轉載《三民主義解說》等。第三期開始發表一些文章批評時政。這些文章批評陳儀

利用日人官吏、啟用過去漢奸「奸黨」、物價政策金融政策，反對江浙財閥的進出台灣等。[251]《政經報》的靈魂人物是蘇新。[252]《自由報》週刊基調以台灣地方自治為主。刊登國共《雙十談判紀要》，以及孫中山和蔣介石的語錄。1947年元旦號，該週刊發表蘇新《台灣一年來社會情況的變化》。因批評時政，接受過一次警告和一次停刊命令，曾改名《台北自由報》、《青年自由報》。[253]

《新新》因缺錢而只出了八期。1946年10月17日第七期有王白淵用日文寫的政治短文《獻給青年諸君》說：「日本這國家在今天是四等國，國民卻屬一等國民；反觀中國，今天它已列為一等國了，國民卻連四等國民都不如。」「我們若肯面對現實看問題，的確還看不到實現民主政治所具備的社會條件……例如政治機構缺乏縱與橫的有機聯繫；人事制度之混雜不清；政務之緩慢與繁瑣；中央與地方之間的不統一；不明確的歲出歲入之費額；貪汙之事橫行於官場；公私不分；民意機關無決議權；官僚式的公文政治等等。」[254]

《台灣評論》也刊登李純青的通訊《老百姓讚揚新四軍》。[255]

結果，3月13日警總以「思想反動、言論荒謬、詆毀政府、煽動暴亂之主要力量」為由，封閉報館和逮捕記者。《民報》、《人民導報》、《大明報》、《中外日報》、《重建日報》、《和平日報》，以及所有定期刊物全數被封。報社負責人及總編輯全數被捕。[256]軍法處追究《自由報》報社人員最急。王白淵被捕，蘇新逃往上海。林茂生、宋斐如、王添燈等被殺。[257]

（二）留日學生的請願抗議活動

首先是楊肇嘉對行政長官公署制度的抗議活動。楊肇嘉對台灣設置行政長官公署嚴重不滿，認為它和殖民統治時期的總督府一樣，是對台灣人的不公。1946年7月18日，楊肇嘉率領閩台建設協進會上海分會、台灣重建協會上海分會、福建旅滬同鄉會、上海興安會館、上海三山會館、台灣政治建設協會六團體的代表到南京請願，要求撤廢台灣行政長官公署條例，改設省政府；禁止台灣銀行發行台幣，以防壟斷金融；取消台灣專賣統制及官營貿易企業制度等。9月25日他被捕入獄37天，最後被審判戰犯軍事法庭作不起訴處理。[258]

其次是留日學生李東輝、邱文澤、廖德雄、周金波、劉英昌、陳炳基等人先後組織發動的學生的示威活動。

光復初有大批留日學生滯留日本，根據長官公署教育處規定，專科以上學校理、工、農、醫各科學生可以繼續留在日本學習，其他都要回台。1946年3月15日前到教育處登記並插到各學校學習的留日學生就有819人，隨後還有6月底截止的一期登記，又有429人分到各校學習。[259]大批滯留在日本的留日學生生活困難，回台灣後又無法馬上入學，因此對台灣行政長官公署嚴重不滿。「據聞在二二八前後，有三萬多名留學日本的留學生回台後，都無法入學，不管在語言和文字上均不能溝通，很難在台灣求得一官半職。許多人甚至打算前往日本，以謀生存。」[260]

彭明敏回憶劉慶瑞時，對留日學生回台後的處境也有生動描述。劉慶瑞，1923年2月生，台中市南屯人，考入以自由聞名的京都第三高等學校，因成績優異被保送到東京帝大法學部。戰後，「懷著滿腔的熱情和希望，回到祖國的懷抱。可是他回來看到光復後台灣的現實，不免有些失望。」他在極惡劣的情緒之下，於1946年，跟其他大約30名的留日學生，轉入台大法學院補修學分。[261]

據陳火桐回憶，當時台灣大學政經系一、二、三年級共有97位從日本各大學回台的台灣人，他們對教育當局不滿，以李東輝、邱文澤為首的學生公然在報紙上批評台灣的教育制度，並組請願團向林茂生、連震東、黃朝琴、游彌堅等人陳情。最後讓請願的學生進台大就讀，才化解了一場紛爭。陳火桐，1943年留學東京法政大學，1946年10月進入台大政經系。[262]

1946年5月4日，台灣各地舉辦紀念五四的活動，留日學生乘機發動示威遊行。台北商校學生自治會會長廖德雄聯合台灣商工、台北工業、成功中學、延平學院、台北商業學校等校學生遊行。遊行結束時，廖進平、呂伯雄攜帶抗議書面呈陳儀。[263]基隆中學校長吳劍青聯合基隆市水產學校、家政女校、商業專修學校，發起台灣首次五四學生運動，一同為反對貪官汙吏、爭取自由遊行。東京帝大畢業的基隆中學英文教師張國雄也是積極分子。[264]日本大學齒科畢業的周金波，時任三青團基隆分會文化部長，動員基隆市的學生及外島管訓回來的「友

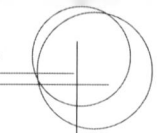

仔」敲鑼打鼓，共約千餘人，遊行至派出所、市警局示威。[265]

1946年12月12日，台北學生舉行反美遊行，早晨先在中山堂開會，參與的政治團體和群眾很多，大會由學生大會發展成市民大會。大會主持人為三青團的劉英昌，請林茂生演講。後呂伯雄、郭國基等搶著要講。事後，警備司令部密令逮捕遊行組織者劉英昌和陳炳基。李友邦通知二人逃匿。[266]

（三）留日學生在參議會裡的鬥爭

在省縣市各級參議會裡，留日學生對行政專制、軍紀不良、官吏貪汙、省籍歧視、治安日壞、糧荒嚴重等敏感問題，提出尖銳質詢。這些質詢透過報紙傳到社會上，對民心影響也十分巨大。

首先，省參議員顏欽賢和郭國基對公署官員的兩次重要質詢活動，鬥爭十分激烈。

顏欽賢聲援遊行示威的學生。5月4日在基隆參加遊行者遭當地警察特務的毆打逮捕，基隆市省參議員顏欽賢便透過陳逸松找到學生聯盟領導幹部之一的吳克泰，要求吳動員學生到省參議會抗議，要求政府查辦放人。5月11日，顏欽賢突然在省參議會提出緊急動議，要求警務處長與基隆警察局長出席參議會，說明學生五四遊行遭毆事件，接著由祕書長連震東宣讀台北市各學校學生代表遞交有關該事件的請願書。省參議會乃派顏欽賢、林日高、劉傳來、林連宗等往基隆調查，據其結果再決定參議會的態度。[267]

郭國基對陳儀和范壽康的批評，影響很大。他向陳儀力爭台灣為失土重光，並非軍事上的占領地，實應早日結束軍政，撤銷行政長官公署成立省政府，實施地方自治儘量起用台灣本省人。陳儀則以「台灣無政治人才」回應，並說「罵官的人，都是愛做官的人」。郭國基則說「你既知台灣無政治人才，理應大量栽培之；我郭國基雖罵官，但絕不做官」，這成為郭不競選縣市長的初衷。[268]

《民報》刊載，4月29日，公署教育處長范壽康在台省地方行政幹部訓練團演講時稱，台胞抱有獨立思想，排擠外省員工，有以台治台的觀念，對於本省諸工作報旁觀態度，以及完全奴化等語。[269]

5月1日,省參議會開議第一天,郭國基提出質詢,認為范壽康辱沒本省同胞名譽。大會決議派郭國基、蘇維樑兩人調查真相。5月7日郭國基提出了駁斥范壽康的調查報告,其要點是:(1)關於本省人是否有獨立思想問題,郭國基認為,本省人始終心向祖國。鄭成功是本省人忠貞明證。日據時期,台灣人不斷革命,心歸祖國,保存本國文化。(2)關於排斥來台外省人問題,郭國基認為本省人排斥的是貪汙腐敗的外省人,而擁護純良的公務員。(3)關於台人治台的主張,郭國基認為台灣為中華民國領土,台人是中華民國國民,自治自強是合理要求。(4)郭國基批駁了所謂「台胞完全奴化」的觀點,認為台人在歷次革命運動中都對國家盡忠、對民族盡孝。(5)關於台胞對於施政態度冷漠問題,郭國基認為政治大權多操在外省人手中,本省人無法發揮政治意識;本省人關心國家關心政治。同日,劉傳來、韓石泉兩位參議員為顧全大局,提出臨時動議,將此事歸諸於范處長國語發言不準,引起誤會,讓他將講話內容發表在報上,以消除誤會。這些批評都被記者報導。[270]

　　其次,各縣市參議會裡的留日學生都有激烈批評時政的現象,此處舉兩例。

　　高雄市議會。軍統出身的高雄市長連謀,曾帶一些福建惠安同鄉到高雄做官。1946年4月16日上午,郭國基在市議會激烈批評連謀說,「當今高雄市政府,已成惠安的殖民地了。」引起軒然大波。[271]

　　台中縣議會。不滿選舉風紀的莊垂勝,向監察委員劉文島說,「此次『國大代表』、『立法委員』選舉的時候,發現了一個人替一里一村投票的情形,一個人投下幾十張、幾百張選票,像這種情形,不加取締,不謀改進,將來說八月十五是中秋,月亮會圓,誰也不會再相信了。」[272]

(四)留日學生透過學校教育反抗公署當局

　　日據時期,留日學生在教育和醫療行業的勢力最大。據吳文星研究,「直到1945年9月,總督府各級官吏中,敕任官161人,台人僅有台北帝大教授杜聰明一人;奏任官2120人,台人僅29人,含行政、司法高等官、教師、校長、公立醫院院長等;判任官21198人,台人僅3726人,以公學校教師為主。」[273]

光復後，由於到台灣接收的教育幹部人數太少，匆促接收，專業人員有限。不得不依靠既有的教師和教幹。1945年10月9日，台省教育處長趙乃傳率領首批工作人員12人赴台接收。11月19日第二批工作人員程薀良等17人到台灣，各級校長陸續派定。[274]幾十名大陸來的教育官員對於台灣教育來說真是杯水車薪，根本不可能左右台灣的教育形勢。「光復之初，羅東鮮少外省教師前來任教，大都是日據時期留下來的台籍教員。」[275]所以，台灣的教師還是以日據時期留下來的為主，裡面有大批留日學生。他們深深地影響著整個教育。例如，台北市的建國中學，校長陳文彬，原為日本法政大學教授，網羅不少東京帝大等名校畢業的留日高材生至建中任教，建中遂成頗有號召力的名校。[276]1946年高明柏上的開南商工，「有一位日本東京駒澤大學畢業，教哲學的台大講師陳炯澤，也在開南兼課，啟發我對社會主義經濟的初步理解。」[277]

　　留日學生創辦的延平學院是最典型的例子。

　　留日學生創辦延平學院的目的「正是要給這混亂、昏昧的社會一線光明，我們要當荒野暗夜中的螢光」，「要救濟台灣人的失學者」。[278]從這個辦學目的來看，校長朱昭陽對當局的不滿十分明顯。他不滿的思想根源是日本政治文化的深刻影響。他評價台灣光復說，「只是走了一個有效率、重法紀的異族近代化的殖民統治者，來了一個貪汙枉法、同族的封建式殖民統治者。」[279]這是根據「大和民族優越論」得出的結論，充滿著偏見，是一種日本軍國主義者的腔調。

　　延平學院的專任教師多出身東京帝國大學。延平學院的學生廖天欣回憶說，由於教師思想較為自由、開放，延平學院內反國民政府的風氣很盛，利用傳單、演講批評政府的情形隨處可見。校長朱昭陽還撰寫《中美商約之評論》一書，批評行政長官公署的經貿政策，把台灣經濟衰退的原因都歸結於政策不當。這種校風對學生影響很大。[280]

　　所以，二二八事變時，延平學院的學生主動參加抗議遊行。其學生葉紀東被通緝。事後，該校以藏有武器和「興華共和國」旗幟被勒令停辦。[281]

　　（五）在各種聚會、會議上批評時政

留日學生在各種各樣的演講會、集會、聚會上發表自己的政治主張，批評時政，往往更無顧忌更具迷惑性，因而其影響力甚至超過公開的報導宣傳。此類情況很多，本文僅舉例說明。廖文毅在島上公開演講旅行，講述有關「實施憲法疑問」，宣傳人民有批評政府之權。[282] 為了歡迎剛從大陸回台的柯台山，林茂生等台北各界人士於1946年3月20日在蓬萊閣召開大會。數百人參加，王添燈致歡迎辭。之後，陳逢源、黃朝生、張晴川、陳春金等發言，激烈批評政治、經濟、社會等各方面的狀況。第一批回台的人對政府批評更加嚴厲。[283]

1946年9月7日謝南光返台，11日台北市長游彌堅在中山堂舉辦歡迎會。謝南光發表題為《為民主政治而奮鬥》的演講，刊登於次日各大報紙上。13日，即謝南光離台的前一天，「台灣省政治協會」、「台灣省文化協進會」、記者公會、教育會、婦女會五團體為他舉辦盛大的演講會，聽眾約兩千人，擠滿了中山堂，演講內容透過廣播電台轉播，題目是《民主政治與民主風度》。在這兩次演講中，謝南光都批評陳儀政府沒有貫徹三民主義實行真正的民主，要求實行普選，否則永遠不能消除政治腐敗。這引起台灣民眾強烈反響，他們紛紛要求謝南光回台灣爭取民主。[284]

1945年10月參與接收並任第一任宜蘭市長的陳金波，目睹台灣官僚貪汙腐化，政治熱情由高昂轉消極。1946年10月，在宜蘭中山國小光復節演講中，他嚴厲批評行公署的施政，認為它不能治理好台灣。[285]

除了上述五種反抗方式之外，留日學生還透過各種管道向國民黨中央反映台灣的情況。林衡道向國民黨中央清查團的劉文島建議：「肅清貪汙瀆職；黨與政府的一切措施，都該充分顧及當地人民的習俗及生活感情；工廠開放民營；解決糧食問題。」[286] 1946年12月南京召開「制憲國大」，藍敏請求自己的公公徐永昌部長接見台灣代表，徐永昌便很客氣地請顏欽賢、陳啟清、劉明朝、連震東、李萬居到公館來，仔細聆聽他們說明光復後對台灣的意見。[287]

總之，事變之前，台灣已經是山雨欲來風滿樓了，二二八事變只不過是以上這些反抗鬥爭的繼續和激化而已。

## 第二節　事變中留日學生領導的活動

在事變中，留日學生非常積極地參加活動，在各地各項活動中基本上處於領導地位。他們的活動分為兩類：一類是參加「二二八事件處理委員會」等組織的活動的，這些人有當地的官僚、三青團員、民意代表、士紳等，在政治上起領導作用。這類人的活動最容易被官方掌握，留下記錄。一類是自發自由活動的，多為對現實不滿或抱有理想者，這些人的活動很多，也具有破壞性，但不容易留下記錄。下面分類記述之。

### 一、參加各地「處委會」留日學生的活動

事變中，17個城市成立「二二八事件處理委員會或分會」（以下簡稱「處委會」），成為這場嚴重的政治紛爭的主角。參加各地「處委會」的社會階層很多，但以留日學生勢力最大。事變中，「處委會」實際上是政治領導者，它決定了事變的過程必然是台灣社會精英和國民黨既鬥爭又妥協，事變的目的是爭奪台灣人的政治利益。「處委會有一份名單以優秀的台人來接掌部分要職，如『林茂生當台大校長、吳鴻麒當台灣高等法院院長、施江南當台大醫院院長、林旭屏當專賣局長等』」，[288]「我們的口號是改進台灣政治。中華民國萬歲。國民政府萬歲。蔣主席萬歲。」[289]

（一）留日學生爭奪各縣市「處委會」領導權

事變發生後，情況十分混亂，對現實不滿和具有文化資本的留日學生都蠢蠢欲動。例如，2月27日晚，陳逸松、王井泉、王育霖在台北市山水亭喝酒，聽說發生事件，出來察看騷擾情況。王育霖判斷「很可能發展成大型政治鬥爭，吾等出頭的日子，很快就會到來亦未可知。」[290]3—5日，全省各縣市「處委會」紛紛成立後，行政長官公署權力已經被架空，因此，對「處委會」提出的要求均答

應。各地「處委會」實際上成了各地的政府，其負責人實際上也成了各地政府的領導人。因而，留日學生紛紛爭奪全省各地「處委會」的領導權。

留日學生爭奪「處委會」領導權的方式主要有下列幾種：

第一，依靠政府官員、省議員、縣市參議員等既有的政治優勢控制當地的「處委會」。台北市、新竹縣、彰化市、高雄市等屬於這一類，「處委會」主任委員都由縣市參議長兼任。

台北市「處委會」擔負整合民意並與官方進行交涉的重任，一度幾乎取代公署成為實際行政單位。因此，它裡面的奪權鬥爭最激烈。2月28日到3月3日，台北市「緝私血案調查委員會」和「處委會」的權力實際上掌握在周延壽、黃朝琴、游彌堅等人手裡，並由他們代表群眾與陳儀交涉。圍繞這個權力的鬥爭十分激烈。3月1日的「緝煙血案調查委員會」成立大會上，黃朝琴、連震東等被罵為走狗，「是替政府說話的，不要理他」。黃朝琴在會上轉告陳儀的意見，要大家冷靜處置，反對提出「反對外省人」的口號。會議中一二十人反對黃朝琴和周延壽主持會議。[291]

3月2日以後，「處委會」改組和擴大過程中，陳逸松和蔣渭川等爭奪「處委會」的控制權，其背後有派系鬥爭的背景，蔣渭川受公署支持。3月5日，「處委會」改由陳逸松任主席。他是唯一在台北市的國民參政員，也是應陳儀之邀出面協助處理事變的。[292]在陳逸松主持下，通過「處委會」組織大綱和八項政治改革主張。王添燈則掌握了最重要的宣傳大權。「處委會」內部的分歧和鬥爭，被行政長官公署和軍方利用。[293]

台中市的「處委會」，始終存在著留日學生和謝雪紅爭奪權力的鬥爭。3月4日下午，台中地區「處委會」成立，莊垂勝主持，謝雪紅報告各地情況。莊垂勝命吳振武指揮「治安隊」，以牽制謝雪紅的「作戰本部」。3月11日晚，「處委會」委員莊垂勝、黃朝清、葉榮鐘、巫永昌、謝雪紅等舉行最後一次會議。大部分主張解散，但謝雪紅反對。黃國書曾和台中「處委會」的主要人物祕密接觸，商議反謝雪紅對策。因此當二七部隊退至埔里後，「處委會」就自動交出武器，向21師投降。[294]

第二，依靠三青團的勢力控制「處委會」。台南市的韓石泉、嘉義市的陳復志、屏東市的葉秋木、花蓮縣的許錫謙都是當地三青團的負責人。例如，三青團嘉義分團與嘉義市參議會於3月3日正式成立「嘉義二二八事件處理委員會」，並組織嘉義防衛司令部。陳復志被推為主任委員、防衛司令、嘉義市長。[295]

第三，依靠社會地位和聲望控制當地的「處委會」，如宜蘭的郭章垣、澎湖的許整景等。台北縣宜蘭鎮成立「處委會」，郭章垣任主任委員。黃再壽、陳金波、游如川為副主任委員。宜蘭火車站站長林坤擔任交通組委員，葉風鼓擔任保安委員兼組長，蘇耀邦擔任總務組委員。[296]郭章垣是宜蘭醫院院長，「宜蘭處理委員會成立後，由於地方派系擺不平，郭先生為人耿直、年輕又無派系色彩，敢作敢當，遂被推為主任委員。」[297]許整景，京都帝大醫科畢業，時任澎湖要塞司令部軍醫處主任。[298]

表2-2　留日學生控制的各縣市處理委員會一覽表

| 縣市 | 成立時間 | 主任委員 | 骨幹成員 | 備註 |
|---|---|---|---|---|
| 全省性 | 3月6日 |  | 陳逸松、連震東、林連宗、黃國書、周延壽、黃朝琴、蘇維樑、郭國基、王添燈 | 占17個常委的53% |
| 台北市 | 2月28日 |  | 周延壽、黃朝琴、游彌堅、陳逸松、連震東、黃國書、顏欽賢、杜聰明、林忠、劉明朝、彭德、丁瑞彬、劉闊才、林璧輝、林連宗 |  |
| 基隆市 |  |  | 郭守義、楊阿壽、楊金波 |  |
| 新竹縣 |  | 黃運金 | 朱盛淇、劉梓勝等 |  |
| 屏東縣 | 3月4日 | 張吉甫 | 副議長葉秋木、黃聯登等 | 葉秋木掌實權 |
| 嘉義市 | 3月3日 | 陳復志 |  |  |
| 彰化市 |  | 吳蘅秋 | 呂世明、蘇振輝、陳滿盈 |  |
| 台中市 | 3月4日 | 莊垂勝 | 林連宗、黃朝清、吳振武、李碧鏘、葉榮鐘、張煥珪、莊垂勝、巫永昌、張深鑐 |  |
| 台中縣 |  | 陳水潭 | 林碧梧、羅安、王金海、黃棟、巫永勝、張水蒼 |  |
| 台南市 |  | 韓石泉 | 湯德章、黃百祿、莊孟侯、陳天順、翁金護、沈榮 |  |
| 高雄市 | 3月5日 | 彭清靠 | 謝有用 |  |
| 花蓮縣 |  |  | 黃福壽、許錫謙等 | 許錫謙掌權 |
| 澎湖縣 | 3月5日 | 許整景 |  | 無事發生 |

資料來源：《柯遠芬暨彭孟緝回憶錄》。台灣省文獻委員會編：《二二八事件文獻續錄》，台北，1994年，第784頁。《游禮樺口述》，同前引《二二八事件文獻輯錄》，第110頁。楊亮功何漢文：《二二八事變調查報告》，台灣省文獻委員會編：《二二八事件文獻續錄》，台北，第120頁。同前引《高雄市二二八相關人物訪問記錄》（上），第45頁。《台灣新生報》，1947年3月6日，彰化訊。《蘇振輝口述》，同前引《二二八事件文獻續錄》，第786頁。《情形簡表》，台灣省文獻委員會編：《二二八事件文獻輯錄》，台北，1991年。謝碧連：《二二八事件在台南市與湯德章律師之遇難》，《台南文化》第42期，1996年，第47頁。

（二）「處委會」裡留日學生領導的各項重大活動

1.事變發生後，官民矛盾十分緊張，公署失去人民信任，3月1日前後，公署就退居幕後活動。[299]「處委會」代替公署起草處理事件和政治改革的辦法或大綱。而這些影響事件發展進程代表著事件性質的重要文件，都是由留日學生主持制定的。第一次的事件處理六項決議是周延壽主持制定的。2月28日下午2時，市內煙販代表5人請台北市議會出面調處，市參議長周延壽乃召開緊急會議，期能解決衝突。[300]市議員、省參議會議長黃朝琴、市長游彌堅參加。會議制定六項決議：立即解除戒嚴令；依法嚴辦兇手；撫卹死傷者；由市參議會及市參議員、參政員、「國大代表」組織本案調查委員會，辦理本案；公務員在市內取締專賣品時，不得攜槍；因本案被捕之市民應即開釋。[301]這六項決議的要害是留日學生要掌握處理慘案的主動權，因為參議員、參政員和「國代」以留日學生為主。

在陳逸松主持下，3月5日下午的「處委會」會議通過組織大綱和《政治根本改革草案》。陳逸松和李萬居起草的這個組織大綱「以處理事變與改革政治為宗旨」。[302]

「處委會」兩個最重要的文件，即3月4日的八項決議和著名的「三十二條處理大綱」，由王添燈主持，蘇新、潘欽信、蔡慶榮、蕭來福等留日學生在幕後草擬的。王添燈派人找蘇新幫忙。《自由報》的蘇新、蔡慶榮、蕭來福、潘欽信等就組織了「對策委員會」，蔡慶榮任祕書。主要任務是阻止「處委會」的妥協行為，利用王添燈的地位進行公開宣傳，在全省人民面前揭露公署罪行，推動各地鬥爭。該會替王添燈起草演講稿和廣播稿。[303]

3月4日,「處委會」決議計有八項,其中最重要的兩項:一是請求柯遠芬參謀長遵守3日的諾言,全面禁止士兵武裝出門;二是擴大「處委會」為全省性組織,即通告全省各縣市參議會,以參議會為主體,組織事件「處委會」,並選派代表參加台北市的全省性「處委會」。[304]

上述所有重要文件的內容可歸納為兩大類,一是關於處理緝煙血案具體問題的,一是關於政治改革的。政治改革的內容又可歸納為三點:在政治體制上,建立高度地方自治制度;在經濟體制上,撤銷專賣局貿易局以及本省人參與公營事業經營等;在軍政作風上,改良政風軍紀等。這些要求不僅超出國民黨政府所能接受的程度,更直接危及了公署軍政官員的政治經濟利益,必然遭到強烈反對。

2.「處委會」裡面的留日學生在官民之間起著中介作用,負責聽取民意並和官方談判。它既依靠群眾向官方施加壓力要求改革,但又不敢徹底背叛官方,始終和官方保持聯繫。3月6日以前,「處委會」減緩了官民矛盾。3月5日,台北市秩序已完全恢復,商店開業,交通恢復,學生復課,治安也明顯轉好,忠義服務隊隊員有時也懲處一、二個違法的台灣人。[305]3月6日後,「處委會」提出了政治改革大綱,則激化了官民矛盾,導致「處委會」和公署關係決裂。由陳儀取名並認可的「處委會」,其性質也由合法組織變成非法組織。[306]

2月28日和3月1日、2日、3日、7日、8日「處委會」代表六次會見陳儀,協商解決問題的方案。這六批代表都以留日學生為主。第一次,黃朝琴率領台北市議員去公署向陳儀提出六項建議,陳儀表示接受。[307]會見結束後,周延壽、黃朝琴、謝娥,和警總參謀長柯遠芬去電台廣播,以息紛爭。黃朝琴、周延壽都勸告民眾信任代表們與當局交涉,靜候合理解決。[308]但群眾並不信任黃朝琴等人,罵他們為「走狗」,黃的住宅也被搗毀。[309]

第二次,黃朝琴、周延壽、王添燈、林忠等去見陳儀,請求解除臨時戒嚴,開釋被捕人員,組織官民合組的「事變處委會」,從寬處理。下午5時,陳儀首次向全省廣播,同意組織「處委會」處理事件。[310]第三次,3月2日中午12時,「處委會」全體委員往見陳儀,請求從寬處理民眾示威案件,陳儀同意。[311]第四次,3月3日劉明朝、林忠、王添燈及民眾代表共20多人代表「處委會」,赴

公署見陳儀。第五次，3月7日傍晚，黃朝琴、王添燈、吳國信等15人將《三十二條處理大綱》及十項要求面呈陳儀，遭到斷然拒絕。第六次，3月8日，「處委會」委員分別去見陳儀和柯遠芬，但陳儀拒絕見黃朝琴等人。游彌堅急召蔣渭川、周延壽、吳春霖、王添燈、劉明、劉明朝、劉啟光等十多人在市長辦公室商議補救措施。黃朝琴、連震東、黃國書等人則集結部分「處委會」委員在中山堂開會協商善後辦法。隨後，「處委會」態度全變，發表聲明，推翻昨日通過的決議案，並呼籲復學復工。但是，3月10日，「處委會」就被陳儀宣布為非法組織，予以取締。[312]

代表「處委會」和軍方接觸的也是留日學生為主。3月4日，黃朝琴、顏欽賢、張晴川三人代表「處委會」會見柯遠芬參謀長，要求禁止部隊再出現街頭，部隊外出購買食品，不必帶武器等。[313]次日，杜聰明、林忠、張晴川等三人再次代表「處委會」赴警備總司令部會見柯遠芬，詢問嘉義、竹東、羅東、台東等地軍民衝突情況。柯遠芬許諾，以後各地軍隊外出時，禁止攜帶武器。[314]

屏東市，3月4日，葉秋木到機場要求空軍及駐軍投降，但為劉連長所拒。葉秋木和黃聯登等4人又去憲兵隊談判。[315]彰化市。市長王一　作「處委會」和長官公署的聯絡工作，「處委會」一直和上級有聯繫。「處委會」也和去台中的黃國書中將聯繫。3月11日「處委會」解散。持槍市民30多人因避國軍逃到八卦山，經呂世明、蘇振輝多次勸導，始於12日中午將槍支交回警局。[316]3月6日，高雄市議長彭清靠、市長黃仲圖、李佛續、　光明、范滄榕、曾豐明、林界到高雄要塞司令部與彭孟緝司令談判。[317]7人中只有李續佛、林界2人不是留日學生。

台南市，市長卓高煊懇請韓石泉出面維持和平，韓石泉乃出面疏導民眾，提出四大處理原則：不擴大；不流血；不否認現有行政機構；政治問題用政治方法解決。他與市參議長黃百祿、侯全成、許丙丁、李國澤等人，奔走呼籲各界冷靜維持大局。台南市因而犧牲最少。

嘉義市，民眾武裝與國軍對峙最久、戰事最激烈、雙方傷亡最大、最後被槍決的人數也最多。[318]雙方談判也最多，都是留日學生陳復志、陳漢平、劉傳能

等人主持。3月3日上午「處委會」派參議員來憲兵隊洽談，希望軍警退出市區，和平解決，但沒有談妥。3月4日，「處委會」與退守嘉義中學山仔頂後的軍警談判，陳復志堅持軍警交出武器，營長羅迪光拒絕。軍警又退守飛機場。3月5日，陳復志給飛機場打電話，謂陳漢平來嘉宣慰，要求和談。警備總部派來的陳漢平代替「處委會」向飛機場的軍方提出四個條件：軍隊仿照台北辦法集中駐紮或回營房受「處委會」管理；繳械；清查放槍傷害台人的士兵；「處委會」供應軍隊糧秣。3月6日，羅營長與陳漢平、劉傳來、陳復志的談判沒有達成進一步協議。與此同時，劉傳能也奉陳漢平之命到機場和孫志俊市長談判。3月7日，「處委會」恢復飛機場水電供應，劉傳能送來大米蔬菜等。3月8日，劉傳能陪軍方代表孫志俊入嘉義市與陳復志等談判，但無結果。3月9日，「處委會」再派人到飛機場協商，仍無結果。3月10日，「處委會」又向軍方提出國軍駐守營內等7個議和條件，遭到孫市長和羅營長的拒絕。3月11日，「處委會」決定到機場談判。潘木枝、陳復志、柯麟、劉傳來、林文樹、王鐘麟、陳澄波、邱鴛鴦8人去了飛機場，全部被捕。[319]

　　嘉義市「處委會」始終想以和平的方式解決問題，但它既不能控制蜂擁四起的民眾武裝，又想讓軍警繳械，結果導致7次談判都失敗。

　　3.「處委會」裡面的留日學生掌握著宣傳大權，負責向台灣外說明事件進程、目的和真相，它促進了事件的發展。省廣播電台長林忠、文書股總幹事陳亭卿、工程師陳嘉濱都是留日學生。[320]事變發生後，電台迅速失控。電台廣播嚴重地影響著整個事件的發展進程。

　　「處委會」宣傳組長王添燈掌握了宣傳大權。王添燈，早稻田大學函授生，做總督府官員時，「卻直言敢諫，不卑不亢。日人亦不以此為忤，反倒虛心領教，有過必改。」他參選省參議員時就要「為建設民主政治而奮鬥，民主統一國家才能實現」。[321]他將「處委會」與陳儀交涉的事情每天晚上放送給民眾。如前所述，他的發言稿廣播稿多是蘇新、潘欽信等人所寫。為了擴大宣傳，除了廣播外，還要控制一家報館。王添燈向《中外日報》社長林宗賢交涉，派蘇新去當臨時總編輯，控制了它。蘇新3月6日、7日寫了社論，其中一篇《警告處理委員

會的委員們！》。

3月6日，王添燈向中外廣播有關「二二八事件」真相全文，以消除各方疑慮。他說明「處委會」的目標是「肅清貪官汙吏，爭取本省政治的改革，不是要排斥外省同胞參與改善本省政治。」3月7日傍晚，陳儀斷然拒絕接見「處委會」代表黃朝琴等人，雙方矛盾激化。王添燈到電台要廣播，劉啟光勸阻未果。[322] 王添燈乃播出：「處委會」使命完了，只有全體省民力量才能解決此次事件並達成合理要求，希望全體省民繼續奮鬥。[323]

嘉義市廣播電台3月3日就被「處委會」控制，並透過它向全台各地募集「志願軍」。結果嘉義市的民眾武裝最多，鬥爭形勢最複雜。[324]

4.社會秩序失去控制，對經濟資本雄厚的留日學生最不利，所以，他們在「處委會」裡面還爭取各地的治安大權。

3月3日台北市「處委會」決議「民眾不可亂打外省同胞。」還決議組織由學生負責的自衛隊。下午四時，「處委會」治安組在台北市警察局召開台北市臨時治安委員會，委員黃朝生等9人，市長游彌堅、警察局長陳松堅、民眾代表許德輝、劉明，學生代表20多人參加。決議組織「忠義服務隊」，以許德輝為隊長。[325] 它吸收的成員主要是地痞流氓及部分學生、青年，組成後，取代軍警執勤，極為活躍。其中有一些留日學生。廖德雄還擔任副隊長，負責警察、糧食兩組。傅少墩（中央大學肄業、曾任日軍少尉）、潘家澤（慶應大學肄業）、及蔡天賜（明治學院肄業）三人代表台大法商學院政治經濟分院參加該隊。[326] 台北師範學院的陳水木，熊本外語學校肄業，也參加忠義服務隊。[327] 台北市忠義服務隊，隸屬於林頂立任總隊長的台灣忠義服務隊總隊。因此，台北市的治安大權並不完全掌握在「處委會」手裡。[328]

台北縣，宜蘭郭章垣請軍警和各機構負責人相互簽名宣誓，盡力維護和平秩序。[329] 基隆市「處委會」要求四個里聯合而成「聯合里」組織起來自衛，並造冊上繳。[330] 苗栗縣，劉闊才是200多人的治安隊的隊長。東京城西中學畢業的羅坤春組織銅鑼治安隊。[331]

台中市「處委會」控制的台中師範學校治安隊400多人，負責台中市的治安，由吳振武統領。3月5日前後，經過謝雪紅、吳振武和廠方代表李碧鏘的協商，吳振武的治安隊接管了空軍第三航空廠陸軍警衛隊的步槍，庫存的武器仍由廠中官兵保管。這避免了台中市民武裝與三廠軍人的流血衝突。避難於台中師範的兩百多名外省籍人士家族也得以保護。在莊垂勝等人的疏導下，台中市區的形勢比較安定。[332]吳振武，東京高等師範學校體育科和海軍館山炮術學校畢業，日軍海軍大尉。日軍投降後，他被推舉為「海南島三亞地區台灣兵遣送部長」，拒絕日軍司令官要他回日本的邀請，帶領3萬人回台灣。[333]

高雄市「處委會」「維持法律和秩序，還要磋商改革，以供台北的中央委員會作參考。」[334]台南市，3月2日晚，長榮中學教員李國澤率領工學院學生及流氓數百人包圍憲兵隊，不準憲兵出巡，竟謂治安由學生維持。[335]10-3月4日，議長黃百祿親自請湯德章出來任治安組長，維持秩序。[336]湯德章，1905年生，在中央大學法科留學2年，高等文官考試司法科合格，做過警察，律師。[337]屏東市：3月4日下午成立「處委會」屏東分會，在青年團成立治安本部，3月5日上午再成立屏東司令部，葉秋木領導隊伍進攻憲兵隊，脅迫空軍及駐軍繳械未成。[338]

除了上述「處委會」裡面的留日學生在進行有組織的活動外，身為軍政官員的留日學生游彌堅、黃國書、劉啟光、王民寧、蘇紹文、林頂立、陳漢平等人也奉上級命令到處活動，竭力安撫台灣人，並積極為軍事鎮壓而作準備。2月28日台北市長游彌堅參加陳儀召開的會議。隨後，游彌堅去勸導聚集的群眾。[339]劉啟光主張以武力徹底鎮壓，而警總參謀長柯遠芬、調查室主任陳達元、軍統台灣站長林頂立則主張「以民眾的力量對抗民眾的力量」。[340]林頂立號召台胞擁護國民黨政府，調停奔走，又創辦《全民日報》以團結民心。

3月3日，警總暗中部署兵力，劃定台北、基隆兩個警戒區；並劃定新竹、台中兩個防衛區，由蘇紹文、黃國書分任防衛司令，嘉義以南由彭孟緝負責防範。蘇紹文率部隊恢復桃園秩序後，進駐新竹。3月4日，蘇紹文下令戒嚴，軍隊控制了桃竹苗一帶，恢復秩序，保護庫存的大量武器彈藥。3月9日，王民寧

接任公署警務處長，以便降低「省籍意識」的抗爭，同時協助平定事變。台灣警備司令部少將高參陳漢平，奉蔣介石之命竭力撫慰台胞。[341]

## 二、事變中在各地自發活動的留日學生

事變中，社會處於無序狀態，人活動的自由度很大，每個人的表現也不相同，留日學生這個社會階層也不例外。按照對公署和事件的態度，我把事變中留日學生的自發活動分為兩大類：一是和公署合作幫助平息事件的活動，一是激烈反對公署並試圖擴大事態的活動。和公署合作者，一般是做官或民意代表的留日學生。激烈反對公署者一般是1931年以後特別是1940年代初在日本留學的人，他們深受日本軍國主義影響，有的還參加過日軍，鄙視中國官僚和軍警，認為中國軍隊不堪一擊。這些人在現實中也不得志或失業。

（一）留日學生有利於平息事件的自發活動

為事件平息而努力的留日學生很多，有李連春、林茂生、陳炘、楊肇嘉、陳重光、朱江淮等代表人物。這類活動大致上可分成堅守崗位、向官方提出善意的建議、維持治安、勸阻他人過火行為等幾種情況。

1.提建議者。2月28日，謝娥和糧食調劑委員會總幹事李連春向柯遠芬參謀長報告說，有群眾試圖擴大事態。柯遠芬乃打電話給陳儀，陳儀已經得到同樣報告，並命令警務處嚴加防範，並令軍人不要外出，以免引起軍民衝突。[342]謝娥，東京女子醫學專門學校畢業。3月4日，林茂生在「處理委員會」，發表簡短的意見，督促他們要公平，要有建設性。[343]同日，應長官公署顧問李擇一之邀，陳炘、蔣渭川、林梧村及學生代表共30多人赴長官公署會見陳儀，提出：事件乃過去一年失政所致；政治改革具體辦法由「處委會」研究；陳儀要和一般民眾接近。[344]陳炘反對陳儀把事變說成「造反」，曾制止其向大陸搬救兵。[345]

2.勸阻他人過火行為者。3月4日，三青團花蓮分團總幹事許錫謙在花崗山召

開市民大會，收聽收音機的青年很激動，黃福壽勸他們不要盲動，認為國軍有力量。許錫謙率青年學生接收武器，但未鼓動打殺外省人。[346]嘉義農校代理校長蔡鵬飛，勸阻學生鬧事，主張和平解決保護外省人。蔡鵬飛，京都帝大農林經濟系畢業。[347]高雄市，黃順興因熟悉大陸軍政情況應邀參加市三青團團部會議，反對動員青年參戰，而做過日本士官的團組織長鄧某卻堅決主張參戰，還想回歸日本統治。會議最後接受了黃順興的建議。[348]早稻田大學畢業的林祺瑞起來阻止三青團黃占岸鼓動的青年學生進攻軍隊。[349]彰化員林鎮副鎮長兼「處委會」副主委林朝業勸阻青年暴亂。[350]花蓮市的黃進財，東京美術學校畢業，1947年擔任首屆市民代表會主席。事件發生時任當地「處委會」副主委，他在會議中以「煮豆燃豆萁」力勸青年不要暴動。地方紳士許聰敏、林桂興等人讚揚他血濃於水的民族大義。花蓮的局勢因此得到了穩定。[351]

3.堅守崗位者。台電公司的副處長朱江淮、柯文德、蔡瑞唐等人，他們照料公司，保護不能正常上班的代總經理黃輝、協理柳德玉、機電處長孫運璇三位外省籍高官，保護財產保證供電。[352]台中師範學校校長洪炎秋坐鎮學校，管束學生，不讓參加事變。

4.自發起來維持治安者。3月1日，台北縣參政員林宗賢等人組織「服務隊」，勸阻民眾毆打外省人。3月3日，台南縣斗六眼科醫生陳篡地號召青年學生退伍軍人組織「斗六治安維持會」，以鎮長吳景徽為會長。[353]台南市北門區的吳新榮召集地方精英楊木水、鄭春河等11人組織「北門區時局對策臨時委員會」，保衛鄉土維持治安。[354]

（二）留日學生激烈反對公署的自發活動

1.在報刊電台參議員教師等重要崗位上擅自行動者。2月28日下午，電台台長林忠、文書股總幹事陳亭卿、工程師陳嘉濱迫於群眾壓力，讓一中年男子向全台灣廣播昨晚緝煙事件並大肆抨擊政府的貪汙腐敗。[355]次日「電台開始播出強烈的排華言論，群眾對此大加喝彩。」「南部某聞人以極富有煽動性的語調廣播：『自人類的歷史，割去支那，於人類毫無損失。』」[356]

事件發生後，《台灣新生報》編輯趁機恢復了日文版，以後連續數日都有大幅報導二二八事件的各地消息。[357]《人民導報》社長宋斐如，把自己的汽車撥給記者使用，以採訪基隆台北等各地之事。[358]《台灣新生報》台南分社記者楊熾昌等人擅自在台南出版日文版號外。[359] 板橋鎮省參議員林宗賢命令《中外日報》攻擊陳儀政策不當。[360]

東京帝大畢業的林旭屏原是專賣局副局長，外省籍的局長躲起來了，林旭屏就應大家之邀做局長。[361]

台北市參議員黃朝生，「勒令各公私立醫院，不得為受傷外省人醫治。陰謀組織偽新華民國政府」。省參議員林連宗「強力接收台灣高等法院第一分院，並自認院長」。台北市律師公會會長李瑞漢召集律師公會會員開會，檢討時局，提出改革建議，要求「司法獨立」和「起用本省人」。李瑞漢、李瑞峰「強迫接收法院」。省參議員顏欽賢到公署工礦處，要求接收煤礦。[362]

淡水中學校長陳能通「發表荒謬言論，煽動學生響應台北，招致流氓及青年學生在校內舉辦軍事訓練班，由訓導主任黃阿統主持反動組織。」[363] 新竹某中學美術教師范倬造鼓動學生起來活動。[364] 屏東市，莊迎率眾前往市政府，要求市長龔履端做三件事：繳出印信；繳出軍警的武器彈藥；集中外省人。[365]

2.參加暴動或軍事活動者，此類留日學生以參加過日軍的為多，擔任頭目的則多是日本軍校畢業，深受日本軍國主義影響。他們的行動激化矛盾刺激事件發展。

事變後，原日軍空軍人員出來組織航空大隊，一位大專生當選隊長。黃華昌當選副隊長。黃華昌，1929年生，日本大津、熊谷飛行學校畢業。3月5日左右，從廣播得知嘉義的民兵被國軍圍剿，黃華昌等人想奪取松山機場飛機援助嘉義民眾武裝，但計劃失敗。[366] 3月4日，李中志呼籲成立學生軍，但因當天下大雨未組成。[367]

鐘謙順爬貨車從台北去新竹市，和葉炎霧帶人去新竹監獄，做過日軍少佐的鐘，沉著冷靜，猛地擊倒一個衛兵，嚇跑其他的。他們打開監獄放跑犯人。[368]

葉炎霧，1934年前後在日本大學留學。回家後，鐘謙順在鎮裡的會議上，提議組織防衛團來治安和對抗大陸來的軍隊。他叫戶籍科長按照戶口簿召集曾受訓的原日軍人員和中學畢業生。自衛大隊分四個中隊，選當過少尉和伍長的當中小隊長。隊伍共八百多人。[369]

台中二七部隊裡面的主要領導鐘逸人、顧大郎、吳崇雄、黃信卿等人，都是留日學生。鐘逸人任隊長，黃信卿任參謀長。[370]吳崇雄，東京大學醫學院畢業；[371]黃信卿，留學早稻田大學，原日本關東軍陸軍少尉。[372]二七部隊下分埔里隊（黃信卿為首）、中商隊（何集淮、蔡伯勳）、中師隊（呂煥章）、警備隊（黃金島）、建國工藝學校學生隊（李炳崑），大約二百多人。黃金島在日本讀中學，參加過日軍，非常鄙視國軍。[373]3月16日，國軍21師進攻埔里，黃金島帶隊於烏牛欄溪迎戰，陣亡2人。[374]

顧大郎率領一隊伍到「中部地區治安委員會作戰本部」報到，並主動要求去支援攻打虎尾飛機場的戰鬥。[375]

嘉義地區攻打飛機場的民眾武裝很多，但其中的領導人物也多是留日學生。如湯守仁、嘉義中學的陳顯富、羅金城、許壬辰等人。湯守仁，嘉義高山族，1924年生，曾被其日本長官送到陸軍士官學校受訓，做過日軍中尉，他帶高山族部隊參與攻打。羅金城做過日軍曹長，《和平日報》業務經理；北港許壬辰、許禎興分別是東京拓殖大學和日本大學畢業。許壬辰北港日軍柔道教練。二許都是嘉義的警察，鄙視大陸軍警文化低氣焰高。許壬辰許禎興在北港招了一批年輕人參加包圍飛機場。[376]三青團樸子區隊長張榮宗糾集青年抗爭，被國軍伏擊而死。[377]

彰化縣溪湖鎮「青年自衛隊」隊長林才壽，到糖廠保警隊借了一卡車武器，並率隊支援台中。[378]他1942年開始在日本航校學習三年，在日軍中服役半年，任兵長。高雄市民眾接收軍警武器，在高雄中學成立「指揮總部」，光明任總指揮。[379]

3.參加遊行示威、開會串聯等活動者。事變發生後，台大法商學院專修科學

生（留日學生插班生）率先召開大會，並派代表至延平學院，由陳炳基、葉紀東等人商討對策。3月2日，台大、延平學院、師範學院等學校學生數百人，舉行大會，張貼標語。[380]

3月3日上午，「處委會」在台北中山會堂開會。鐘謙順擠在人群中，對民間代表發言不滿，便匿名發言：請願團要向有關當局提出抗議，國軍對同胞不人道，使用國際協定上明文禁止的軟鼻子彈；其次，請願書內不要簽代表人名，只簽群眾一同即可。[381]

藍敏每天都到台北觀察情況。第三天，她聽到黃朝琴在廣播裡呼籲：台人放下一切武器，72小時後一切都可解決。藍敏隨即到所有熟人家裡宣傳自己的主張：絕不能交出武器，黃朝琴的講話是個騙局。[382]

3月6日，留日學生徐水德、高湯盤、陳亭卿等率領從東北迴來的30多人，在中山堂開會。徐水德當會議主席，陳亭卿當司儀，討論台灣管理的問題。徐水德還和歐陽餘慶、黃炎生一同去見陳儀。陳儀對他們說，自己在台灣是失敗者，他不知道台灣青年這麼多留外的，都聽流氓跟御用紳士的話。[383]李培燦，東京電氣學校畢業，台北市延平區大有裡里長。他陪同計劃武力抗爭的學生和原台籍日本兵去見蔣渭川，表示反對「處委會」與陳儀談判。[384]

台北縣。留日學生吳琳、許焰灶等人，和其他學生及海外回台的青年前往宜蘭機場，接收空軍倉庫的槍械，組織保安隊、治安隊，沿街遊行示威，並高唱日本軍歌。許氏是前日本陸軍中尉，為自南洋歸台之青年中軍階最高者。[385]

在台中，3月2日晚，鐘逸人楊逵等印刷傳單，到街上散發。鐘逸人又去高農的宿舍，向學生們說這件事，然後再去一中、中商向住宿舍的學生宣傳。[386]張冬芳把台中的大專學生組織起來，成立了「學生大隊」，下分台大隊、師範學院隊、農學院隊、工學院隊、延平學院隊。[387]

總之，「處委會」的有組織的活動是以留日學生為首的，「處委會」之外的自發活動，如嘉義、台中等地區比較激烈的軍事鬥爭，也基本上是以留日學生為首的。整個事件過程都是留日學生這個階層在領導。

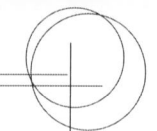

## 第三節　事變後的留日學生

　　事變後，留日學生這個社會階層既是被鎮壓的主要對象，又是被安撫的主要對象，也充分說明了留日學生這個社會階層在事變中的領導作用。

　　如上所述，事變中，留日學生這個社會階層最活躍、掌握的權力最多，因而也要負最大的責任。陳儀於3月13日呈報蔣介石所列舉的主犯名單20人，中間有2名日本人，中國人只有18人。其中留日學生就多達11人：王添燈、陳炘、林茂生、宋斐如、阮朝日、吳金、黃朝生、林連宗、施江南、李瑞漢、李瑞峰，比例高達61%。該名單旁邊還有潦草寫的7人：白成枝、蔣渭川、陳屋、林日高、王萬得、張晴川、呂伯雄。[388]如果把這25人合起來計算，留日學生的比例也高達52%。從中我們可以看出留日學生在事變中作用和地位。所以，在事變前後被捕被殺的各階層人員中，留日學生也就最多。

### 一、善後工作中的留日學生

　　參加事變善後工作的留日學生，以各地「處委會」的居多。他們積極與國民黨中央和行政長官公署配合，努力平息各地事變。主要工作有：向國民黨中央和政府主席蔣介石解釋事變原因，呼籲寬大處理；迎接國軍幫助恢復秩序，接受政府的安撫。

　　（一）解釋事變原因呼籲寬大處理

　　1.留日學生黃朝琴、丘念台、楊肇嘉等分析匯報事變的性質及發生發展的原因。其中以黃朝琴的分析最典型周全。3月16日，事件剛剛平息，黃朝琴以議長身分對中央社記者談話：「二二八事件發生之初，民眾要求不外政治改革，登用省人，別無他意。」事變後來的發展變化，直至提出42條改革建議，是受了「奸人」的煽動利用。早在3月6日他就上電蔣介石，其中說「台北民眾暴動實

緣省署施政有失民心，積怨所致」；「外傳托治及獨立，並非事實，擁護中央熱忱如故，對陳長官個人感情尚佳，事發之初，民眾基於公憤，作無計劃之暴動」。[389]導致省民暴動的原因很多：在政治上，行政長官公署是變相的總督府，行政長官公署任用的台灣人才太少。在經濟上，台灣銀行、專賣局、貿易局等制度妨害經濟發展；日產處理不公正等。[390]在心理上，本省同胞因長期受日人壓迫統治，於政治多缺乏瞭解，而且回到祖國，望治之心倍加急切，遇對政府措施有所不滿時，即發生精神上的激動，導致行為上的錯誤。[391]

2.呼籲國民黨中央迅速並寬大處理，這是留日學生的共識和一致要求。3月6日，黃朝琴懇請蔣介石「速決治台方針，簡派大員來台處理，以免事件擴大，貽笑外人。」[392]3月16日，黃朝琴再次透過中央社記者呼籲，「中央與地方當局寬大處理。」[393]全體省參政員托中央社致電蔣主席，呼籲「速派大員來台協同處理本案，勿用武力彈壓，以免事態擴大。」[394]

丘念台致電國民黨監察院長于右任，解釋事變根本原因，要求速派黨國元老去台灣協助安撫，瞭解實際情況。他還希望中央政府對事件寬大處置，以消滅挑撥離間省民與中央政府關係的藉口。[395]

楊肇嘉、陳重光等人於3月10日從上海到南京，分別向國民政府、監察院、立法院、內政部等有關單位，提出迅速敉平台亂的呼籲和具體願望。當日晚國防部長白崇禧就宴請他們，並轉達蔣介石處理事變的指示方針。白崇禧要求楊肇嘉一行先回台說明。但當楊肇嘉他們一下飛機，就被軟禁在台北賓館。[396]

除了向當局建議總的處理方針之外，留日學生還關心具體的司法審判工作，積極營救因事變被捕的人員。連震東曾設法營救慶應大學校友郭章垣。[397]1947年6月20日，在台灣省參議會第一屆第三次大會上，鄭品聰、丁瑞彬、楊陶、蘇維梁、韓石泉等留日學生，附議陳文石提出的臨時動議，請中央對二二八事變有關人犯寬大處理。省參議會第11次大會決議，請政府商同軍法及司法機關迅速寬大處理在押人犯。[398]

1948年7月14日，陳紹平、林忠、謝掙強、陳天順、黃及時、連震東、游彌

堅、呂世明、張吉甫、王民寧、吳三連、劉傳來、楊金虎等聯合向司法部門提出妥善處理事變的意見書；安慰撫卹被捕被殺台籍名士官紳的家屬；從速處理在押人員，不要以叛國或共產黨名義久押。[399]

（二）參與並接受國民黨安撫的留日學生

事變後，國民黨不得不對台灣人民作出一些讓步，答應事變中提出的部分改革要求。國民黨做了一系列安撫台灣民心的工作，其中的重點是拉攏收買台灣的知識分子，具體措施就是把他們的代表人物網羅進省政府和省文獻館等新設立的機構裡。這也表明了留日學生在整個事變中的重要地位。

1.參與安撫工作的留日學生很多，此處以蔡培火、陳啟川、莊垂勝等為例說明。總的來說，在國軍進軍過程中，留日學生和民眾基本上未採取對抗行動，而在各地歡迎的卻很多。當風聞國軍來台中時，「黃朝清等處委會人士乃宣布解散該會及治安隊，但謝雪紅力主武裝。」[400]3月13日，國軍21師進駐台中，黃朝清、洪炎秋、莊垂勝、蔡志昌等跟隨林獻堂歡迎。[401]高雄市，陳啟川等10餘人幫助軍方審查被抓的人。[402]關於被捕的人，彭孟緝都問陳啟川是好人壞人，如果陳啟川說是好人，他就馬上釋放。陳啟川說被捕的人中壞人非常少。[403]

事變後，台灣省黨部派出四個慰問團慰問各地。蔡培火和呂伯揚奉派到四縣三市慰問並考察該縣市黨部的黨務工作。5月1日從台南市開始，經台南縣、台中市、台中縣、彰化市、台東縣、花蓮縣。全程費時36天，計開黨員及各界座談會18次，民眾演講會22次，主要解答三個問題：國內和平問題，本省糧荒問題，縣市長是否提早實施民選問題。[404]

2.如前所述，留日學生在事變前及事變中極其活躍，實際上起著領導作用。事變後，國民黨政府為了安撫他們，提拔其中一批代表人物到省政府和省文獻館等機關裡做官。著名的有丘念台、黃朝琴、杜聰明、劉明朝、徐慶鐘、李連春、林熊祥、張文環等人。

3月17日，白崇禧來台宣撫，告訴林獻堂、丘念台善後工作的辦法。白崇禧說政府擬將台灣行政長官公署改為省政府，請林獻堂推薦省府委員。林獻堂先後

與黃朝琴、杜聰明、劉明朝商議名單。[405]4月22日，台灣省政府成立，下設「省府委員會」為其執行機關，29日任命委員14席，其中台籍為林獻堂、杜聰明、劉兼善、南志信、丘念台、游彌堅、陳啟清、李連春8人。[406]8人中6人是留日學生，比例達75%。劉兼善，早大畢業。陳啟清，明大法科畢業。李連春，神戶商業學校畢業。徐慶鐘，留學日本的農學博士。

台灣省主席魏道明於1948年6月設立省通志館，館長林獻堂，副館長林忠，另設顧問委員會，黃純青為主委，林熊祥為副主委兼總編纂。張文環、謝國城、孫萬枝、徐坤泉、劉枝萬等。後聘楊雲萍、陳紹馨、黃得時等為顧問。這些人幾乎都是留日學生。各縣市的文獻委員會也是以留日學生為主。例如，1952年11月12日成立的台南縣文獻委員會，吳新榮、盧嘉興、江家錦、石暘睢、賴建銘、高文瑞、洪波浪等參加。吳新榮擔任委員兼編輯組長。[407]

## 二、被殺、被捕、逃亡、消極的留日學生

事變前後，許多留日學生被捕被殺被撤職、逃亡失蹤、政治上消極，有的甚至從此走上了分裂中國的台獨道路。這些人的數量之多，也說明留日學生這個社會階層對全台各地的活動負有領導責任。

（一）逃亡或者政治上消極的留日學生

1.躲藏逃亡的留日學生，比較出名的有陳逸松、劉明、蘇新、蕭來福、張文環、廖文奎、廖文毅、鐘謙順、邱永漢、陳文彬等人，遍布全台各地。

廖氏兄弟是事變前夕就逃到上海的。台南的邱永漢則於1948年逃往香港，參加了廖文毅的台灣再解放聯盟。[408]陳逸松、劉明也躲藏起來，直到白崇禧來台，陳逸松向他解釋說明，陳劉二人才敢露面。[409]新竹中學美術教師范文龍（倬造），4月混入日僑集中營避難，10月與日僑同被遣回日本，改名石山治彥。1955年12月又被日本遣回中國大陸。[410]張文環事變時逃進深山躲藏。他將

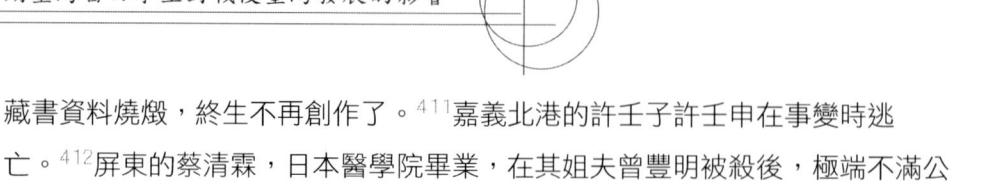

藏書資料燒燬，終生不再創作了。[411]嘉義北港的許壬子許壬申在事變時逃亡。[412]屏東的蔡清霖，日本醫學院畢業，在其姐夫曾豐明被殺後，極端不滿公署的統治，和弟弟等人移民日本。[413]陳浴沂被釋放後就回大陸和香港經商。[414]陳文彬逃到大陸。

2.政治上消極的留日學生，以各縣市參議員地方紳士為主，著名的有彭清靠、郭國基、吳新榮、蘇東啟、劉明、陳金波等等。這些人對以後的台灣政治都有極大影響，有的人終生與國民黨作鬥爭。例如，事件後，高雄市議長彭清靠，對政治極端灰心，以做中國人為恥。其子彭明敏後來走上台獨道路，與此有很大關聯。[415]

莊垂勝被台中憲兵拘押一週，在獄中作詩：「自幸一門三世，無負國家民族；雖淪披髮左衽，未忘禮樂衣冠。」最後被以煽動群眾叛亂為由免去公職，後歸隱經營大同農場。[416]「如果不取消我的所謂思想不正確的不名譽記錄，我絕不會再擔任任何公職。」[417]事變時，郭國基在台東考察農業，但卻因政治恩怨被羅致入網，經210天後才被無罪釋放，出獄後即退出國民黨。[418]蘇東啟辭去長官公署祕書處交際科次長職務，回雲林縣參選縣議員，一連四任，不畏強權，號稱蘇大砲。蘇東啟1923年生於北港富家，留學中央大學，曾潛回大陸參加抗戰。[419]

蔣渭川出任台灣省政府民政廳長時，劉明等人故意出錢在報紙上登廣告，以二二八事件的犧牲者，例如林茂生、陳炘等人的名義祝賀他。

在外省籍市長的陪同下，原宜蘭市長陳金波出面和由蘇澳登陸的國軍交涉。軍方最後表明「和平進駐」，但仍逮捕殺害一些精英。陳金波躲避在市郊舊宅，乃斷絕從政念頭。

事變後，各級參議會議員出席會議不踴躍，1947年6月召開的省參議會會期中，簽到的人數只是議會成員的三分之二，因為死亡、流亡、失蹤等原因，最具批判力的代表都不見了。[420]事變前台南縣參議會議員積極批評時政；事變後召開的第四次大會，與會議員顯著減少，只有一件提案，7件臨時提議。有3件是

致電蔣介石、白崇禧、陳儀的，為他們寬大為懷及迅速鎮定處理，表達致敬之意。吳新榮參加了第六、七、八次會議，卻不願提案與質詢。[421]

鹿港的辜本，岡山醫學專門學校畢業，1946年首屆民選鎮長，事變時去職，不再關心政治。[422]廖行貴，1934年大阪帝大工學部畢業，曾在偽滿洲國交通部任職，事變後被開除高雄工業學校校長職務。[423]事變後，陳天階辭去台灣新生報南部分社主任職務。[424]

（二）被殺被捕的留日學生

事變中被殺民眾以青年學生最多，一般群眾次之，社會中堅又次之，真正流氓則被編入別動隊。台籍士紳被殺者45名，其中留日學生占大多數。被殺的原因在前文已經有論述，此處不再贅述。被殺被捕的名單見表2-3和表2-4。另外還有失蹤和受驚而死的留日學生，這裡有三例，[425]台大法商學院學生代表潘家澤。[426]李潤宇，1917年生，東京第二高等學校畢業，事變時失蹤。[427]吳天賞，青山學院英文系畢業，台灣新生報台中分社主任，事變後被通緝，驚嚇而死。據作者不完全統計，被殺留日學生如下表：

表2-3　二二八犧牲的留日學生名單

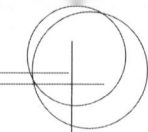

| 姓名 | 籍貫 | 生卒年 | 留學學校 | 簡歷 |
|---|---|---|---|---|
| 林茂生 | 屏東東港 | 1887– | 東京帝大東哲學 | 台大教授 |
| 陳炘 | 台中大甲 | 1893– | 慶大理財科 | 金融家 |
| 宋斐如 | | | 東京帝大 | 人民導報社負責人 |
| 吳鴻麒 | 桃園中壢 | 1898– | 日本大學法科 | 台北高等法院推事 |
| 李瑞漢 | 竹南 | 1906– | 中央大學法科 | 台北律師公會會長 |
| 李瑞峰 | 竹南 | 1908– | 中學大學法科 | 律師 |
| 施江南 | 鹿港 | 1902– | 京都帝大醫學部 | 四方醫院院長 |
| 阮朝日 | 屏東 | 1900– | 福島高等商校 | 新生報總經理 |
| 吳金鍊 | 台北市 | 1913– | 東京文化學院 | 新生報日文版總編輯 |
| 林旭屏 | 台南東石郡 | 1904– | 東京帝大法學部 | 公賣局職員 |
| 郭章垣 | 嘉義 | 1914– | 慶應大學 | 宜蘭醫院院長 |
| 王育霖 | 台南市 | 1919– | 東京帝大法學 | 新竹檢察官 |
| 王添燈 | 台北 | | 早大函授生 | 省議員、自由報社長 |
| 林連宗 | 彰化市 | 1905– | 中央大學法科 | 國代、省參議員 |
| 張榮宗 | 嘉義朴子 | 1908– | 日本大學 | 朴子鎮副鎮長 |
| 陳復志 | 嘉義 | 1911– | 神田大成中學 | 三青團嘉義分團主任 |
| 陳澄波 | 嘉義 | 1895– | 東京美術學校 | 嘉義市參議員 |
| 潘木枝 | 嘉義市 | 1902– | 東京醫學專校 | 嘉義市參議員 |
| 盧炳欽 | 嘉義市 | 1913– | 東京齒科專校 | 嘉義市參議員 |
| 湯德章 | 台南南化 | 1905– | 日本大學 | 台南名律師 |
| 王石定 | 高雄市 | 1912– | 早大商業部 | 高雄市參議員 |
| 曾豐明 | 高雄市 | 1922– | 無線電學校 | 國軍軍官 |
| 范滄榕 | 高雄市 | | 東京齒科部 | 牙醫 |
| 王炳川 | 高雄鹽埕 | | | |

續表

| 姓名 | 籍貫 | 生卒年 | 留學學校 | 簡歷 |
|---|---|---|---|---|
| 洪景川 | 高雄鹽埕 | 1921- | 早稻田大學 | 鹽埕區公所職員 |
| 葉秋木 | 屏東市 | 1908- | 中央大學 | 屏東市參議會副議長 |
| 顧大郎 | 台中市 | | | |
| 張宗仁 | 花蓮 | | | 花蓮中學校長 |
| 張果仁 | 花蓮 | | | 花蓮中學教員 |
| 許秋棕 | | | | 高雄市首屆參議員 |
| 黃朝生 | | | | 台北參議員 |
| 許錫謙 | | | | 三青團花蓮分團總幹事 |
| 陳能通 | | | 京都帝大物理學博士 | 淡水中學校長 |
| 涂光明 | | | | 高雄市政府日產清查室主任 |
| 林桂端 | | | | 律師 |
| 李登芳 | 嘉義 | | 神戶大同機械學校 | 台南市警察 |
| 蘇憲章 | | | | 新生報嘉義分社主任 |
| 蘇耀邦 | | | | 宜蘭農校校長 |
| 黃阿純 | | | | 淡水中學教員 |
| 盧園 | | | | 淡水中學教師 |
| 黃賜 | 高雄 | | | 高推市議會議長 |
| 柯麟 | | | | 嘉義市參議員 |
| 邱金山 | 高雄 | | | 新生報高雄分社主任 |
| 李仁貴 | | | | 台北市參議員 |
| 王字國 | | | | 大明報總編 |
| 陳文彬 | | | | 建國中學校長 |
| 李晉 | 高雄 | | | 國聲報編輯 |
| 陳金能 | 東港 | | 中央大學法學 | 律師 |
| 呂見發 | 高雄 | | | |
| 呂見利 | 高雄 | | | |
| 曾老師 | | | | 高雄中學化學教師 |
| 駱好清 | 高雄 | 1898- | 早大電機科 | 台電職員，在路上被誤殺 |
| 郭國清 | 屏東縣 | | | 里港分局長 |
| 陳野口 | 高雄 | | | 工業學校老師 |

續表

| 姓名 | 籍貫 | 生卒年 | 留學學校 | 簡歷 |
|---|---|---|---|---|
| 王金星 | 屏東 | 1904- | 中央大學法學部 | 鄉長 |
| 郭守義 | 基隆 | 1926- | 昭和醫專 | 基隆除奸會委員 |

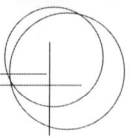

資料來源：許雪姬等：《大台中地區二二八相關人物訪問記錄》。許雪姬等：《高雄市二二八相關人物訪問紀錄》（上）、（中）、（下）。台灣省文獻委員會編：《二二八事件文獻輯錄》，台北，1991年。

據作者不完全的統計，被捕留日學生如下表：

表2-4　被捕的留日學生名單

| 姓名 | 籍貫 | 留學學校 | 簡歷 |
| --- | --- | --- | --- |
| 郭國基 |  | 明治大學法學部 | 省參議員 |
| 林宗賢 | 板橋 | 京都帝大法學部 | 國民參政員，中外日報董事長 |
| 簡檉堉 |  |  | 台北市參議員 |
| 朱昭陽 | 板橋 | 東京帝大經濟學 | 延平學校校長 |
| 陳文彬 |  | 法政大學 | 建國學校校長 |
| 蔡天賜 | 高雄市 | 明治學院肄業 | 台大學生 |
| 陳水木 | 高雄市 | 熊本外語學校肄業 | 師範學院學生 |
| 陳亭卿 | 台中縣 | 廣島修道中學 | 台灣廣播電台文書股總幹事 |
| 陳萬福 |  |  | 台中縣參議員 |
| 林連城 |  |  | 台中市參議員 |
| 莊垂勝 | 鹿港 | 明治大學 | 台中市圖書館長 |
| 陳華宗 | 台南 | 立正大學 | 台南市參議員 |
| 蔡丁贊 | 台南 | 昭和醫專 | 台南市參議員 |
| 吳新榮 | 台南 | 東京醫學專門學校 | 台南縣參議員 |
| 楊熾昌 | 台南 | 東京文化學院 | 台灣新生報台南分社記者 |
| 林宗棟 | 台南 | 日本士官學校 | 台南二中 |
| 沈乃霖 | 台南 | 昭和醫專 | 醫生 |
| 郭萬枝 |  |  | 高雄市參議員 |
| 鄭松筠 |  | 明治大學法科 | 花蓮地方法院檢察官 |
| 楊逵 |  |  |  |
| 巫永昌 | 南投 | 名古屋帝大醫學部 | 醫生、處委會委員 |
| 賴耿松 |  |  | 花蓮地方法院推事 |

續表

| 妙名 | 籍貫 | 留學學校 | 簡歷 |
|---|---|---|---|
| 莊孟侯 | | | 三青團台南分團總幹事 |
| 黃師樵 | | | 新竹縣圖書館長 |
| 丁瑞魚 | 鹿港 | 日本醫學專門學校 | 醫生 |
| 鍾逸人 | | 東京外語學校 | 和平日報嘉義分社主任 |
| 蔡鐵城 | | | 和平日報記者 |
| 林克繩 | | | 台中市消防隊副隊長 |
| 鄭四川 | | | 台南工學院教師 |
| 楊金虎 | 台南 | 日本醫科大學 | 高雄市參議員 |
| 王清佐 | 屏東 | 中央大學法科 | 高雄市參議員 |
| 邱道得 | 高雄市 | | 高雄市參議員 |
| 謝有用 | 高雄市 | 高中、專修大學 | 高雄市參議員、記者 |
| 陳浴沂 | 高雄市 | 慶應大學 | 高雄市參議員 |
| 潘家欽 | 高雄市 | 慶應大學 | 經商 |
| 廖朝鐕 | | 中央大學 | 和平日報社主任 |
| 陳水印 | 高雄市 | 日本醫科大學 | 高雄市參議員，醫生 |
| 王天賞 | 高雄市 | 東京目白英語學校 | 國聲報社長兼發行人 |
| 朱再發 | | | 前鎮區長 |
| 楊老師 | | | 高雄商業學校化學老師 |
| 王源趕 | 台南市 | 日本大學附屬第三中學 | 高雄市警察 |
| 蔡清元 | | | 國文教師 |
| 廖老師 | | | 數學老師 |
| 許國雄 | 高雄市 | 九州久留米醫科大學 | 醫生、教師 |
| 許舜雄 | 高雄市 | 東京高等師範學校 | 學生 |
| 曾維成 | 高雄市 | 東京聖書學院 | |
| 孫醫師 | | 日本東北大學 | 高雄醫院醫生 |
| 柯賢明 | 高雄市 | 日本大專 | 左營煉油廠機械主管 |
| 李塗洲 | 高雄市 | 東京品川養成所機械科 | 左營煉油廠職員，工人代表 |
| 郭榮林 | 高雄市 | | 左營煉油廠職員 |
| 楊凱雄 | 高雄市 | | 左營煉油廠員工 |
| 簡省兌 | 高雄市 | 早稻田中學畢業 | 左營煉油廠職員 |

101

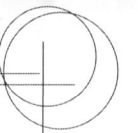

續表

| 姓名 | 籍貫 | 留學學校 | 簡歷 |
|---|---|---|---|
| 林金發 | 高雄市 | 兩洋中學 | |
| 林朝宗 | | | 屏東區長 |
| 陳棋榮 | | | 醫生 |
| 周南光 | | | 醫生 |
| 盧榮階 | | | 醫生 |
| 王登山 | | | 醫生 |
| 周金波 | | | |

資料來源：許雪姬等：《大台中地區二二八相關人物訪問記錄》。許雪姬等：《高雄市二二八相關人物訪問紀錄》（上）、（中）、（下）。台灣省文獻委員會編：《二二八事件文獻輯錄》，台北，1991年。戴國輝、葉藝藝著：《愛憎二二八》。

綜上所述，事變前，文化資本優越的留日學生已經對台灣行政公署嚴重不滿，對台灣時局估計過於悲觀，並透過各種形式的輿論來影響和引導社會。可以說，留日學生在思想政治上領導著台灣社會各階層尤其是青年學生。事變過程中，留日學生基本上掌握了各地「處委會」的權力，在官民之間起中介作用，主導著事件的發展方向，決定著事變的性質。在各地自發地激烈地反抗國民黨統治的也基本上以留日學生為首，例如台中、嘉義等地區。所謂事變的性質就是以留日學生為核心的台灣社會精英領導的政治鬥爭，目標是爭奪台灣省的領導權。既然是爭權奪利，已經身居高位的留日學生，如游彌堅、黃朝琴、丘念台、黃國書、連震東、劉啟光、王民寧、林頂立等人則必然參加平息事變的各項工作。

如導論中所述，在台灣社會各階級階層中，留日學生在日本留學時接受了社會主義、民本主義、日本軍國主義等思潮的影響，在日據時期就組織或參加抗日民族運動，具有豐富的政治鬥爭經驗。他們用立憲政治的標準來批評行政長官公署的施政，如楊肇嘉、林茂生、阮朝日等人，結論必然是令人失望。他們不瞭解大陸國共鬥爭的基本情況，用社會主義思想來批評國民黨，如蘇新、許乃昌、王白淵、李純青等人，結果必然適得其反。受到日本軍國主義教育的部分留日學生，特別是曾經參加日軍的留日學生，如鐘謙順、黃金島、許壬辰、許禎興等人，輕視甚至鄙視中國和中國軍隊，必然瘋狂進攻中國軍警，導致雙方仇隙加

深。這些都在某種程度上反應了中日政治文化的矛盾。

事變也發展出留日學生的政治行為模式：和大陸籍的官僚既合作又鬥爭，既利用民意壓迫大陸籍官僚在政治上讓步，又利用大陸籍官僚壓迫台灣普通群眾，使民眾的力量不至於危害社會秩序。1990年代，李登輝就充分利用這個政治行為模式達到了自己的目的。

事變後，留日學生這個社會階層發生更大的分化：一部分代表人物如黃朝琴等積極向各方解釋說明事變原因，對國民黨中央的態度和處理辦法有一定的影響；一部分留日學生的代表人物接受了國民黨對他們的安撫，到「政府」和文獻館等機構做官；受到打擊和迫害的這部分留日學生則在政治上趨於消極，少數人甚至走上與國民黨對抗的道路，希望推翻國民黨的統治。所以說，二二八事變是戰後台灣政治上的一個分水嶺。

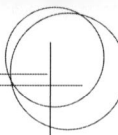

# 第三章　留日學生與戰後台獨運動

在台灣近現代歷史上，留日學生曾經參加過兩種形式和性質完全不同的台獨運動：其一是日據時期，台灣的抗日志士們掀起的針對日本帝國主義的獨立運動，其目的是先從日本殖民統治下獨立然後再回歸祖國，因而它獲得祖國革命團體和人民的支持。其二是台灣光復後，一小部分留日學生投靠美日等西方反華勢力，謀求台灣脫離祖國的獨立運動。[428]在戰後的台獨運動中，留日學生則完全處於領袖地位。

關於戰後台獨活動的研究甚多，有許多傳記、回憶錄、研究論文和專著，戰後台獨活動的基本情況已經比較清楚。但既有的研究有如下幾個缺點：站在台獨立場進行研究，帶有很強的主觀色彩，如施明雄的《台灣人受難史》；個案研究，如黃紀男的《泣血夢迴錄》，張炎憲等人所著的《台灣近代名人志》等；單純研究台獨活動或觀點，沒有深挖其背後的思想根源，如ClaudeGeoffroy的《台灣獨立運動——起源及1945年以後的發展》等。大陸學者徐博東的《透視台灣民進黨》和林勁的《台獨研究論集》等專著，深刻地研究了1990年代一直到目前台灣台灣外的台獨活動，揭示了它們的活動規律、基本特點和發展趨勢等等，為本文的寫作奠定了堅實的基礎。但是，上述研究都尚未揭示戰後台獨活動背後隱藏的日本政治文化背景，因而也沒能從源頭上說明問題。本文首次運用社會階層理論對戰後台獨骨幹力量進行宏觀研究，揭示了他們思想深處的日本軍國主義。本書概述了彭明敏、李登輝、辛文炳、何既明、張德水等人1990年代以後在台灣的台獨活動。本書將從宏觀角度評估留日學生的台獨活動和理論對台灣政壇的影響。

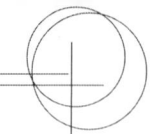

## 第一節　留日學生台獨活動概況

從1945年8月日本投降，一直到現在，台灣台灣外的台獨活動基本上都是由留日學生為代表或者領導的。這些人是辜振甫、廖文毅、史明、王育德、高俊明、黃彰輝、彭明敏、李登輝等，下面概述其活動。

### 一、以辜振甫為主的戰後首例台獨案

1945年8月日本投降後，日軍少佐中宮悟郎、牧野澤夫等陰謀假「台灣人自治」之名，繼續控制台灣。他們擬定了所謂「台灣自治草案」，網羅台灣紳士出面主持，內定辜振甫任總務部長、許丙任顧問、林熊祥任副委員長，同時擬定由日本人主持的自治協會。8月16日、17日，中宮悟郎首先邀請熟悉的辜振甫到台北市末廣町木材會館協商，希望辜振甫邀請其他人參加，辜振甫竟予答應。很快，前總督安藤利吉制止了他們的台獨活動。[429]1946年2月，林、辜、許等人被捕。第二年7月22日，台灣省戰犯軍事法庭判辜振甫、許丙、林熊祥有罪。

關於該案有幾種說法：

許丙父子的說法：「拘捕理由有四種說法，一為半山建議檢舉曾經協助日本政府者；二為公署根據檢舉密函拘捕；三為日據時代參加民族運動者所寫的密函；四為陳儀因曾欠林熊祥債而報復。」[430]

日本人的說法：「是台灣那幾個紳士想趁機獨立並要求日本人協助獨立。」[431]「受過日本教育的人瞭解中國的腐敗混亂，害怕重慶政府統治，謀求獨立或自治。還有楊逵。台灣軍司令部安藤正少佐的記述中，吳新榮以林茂生為中心，開始推動台灣獨立運動。」[432]

辜振甫的說法：是他發現並制止了中宮悟郎、牧澤義夫的台獨陰謀。[433]1947年7月22日，辜振甫的辯護律師陳墩樹也基本上是這樣為他辯護

的。[434]

　　事實真相似乎已不可考，但仔細分析上述幾種說法，我們還是可以得出幾點結論：第一，確有日軍參謀中宮悟郎等兩人圖謀勾結台灣紳士謀求台獨的事實，只是參加人員的主觀意圖有爭議，這是四種說法都沒有否認的。第二，許丙父子的說法都是推測之言，辜振甫單獨會見諫山春樹的說法也不可查對。第三，辜振甫所謂阻止日軍陰謀的活動，都只有和他利害一致的許丙、簡朗山、林熊祥能證明。

　　因此案被判刑的3個人，辜振甫和林熊祥2人是留日學生。日軍擬邀請的其他人員也基本上是留日學生，從中可見留日學生在戰後台灣政壇上的份量了。

## 二、廖文毅小集團的台獨活動

　　廖文毅、黃紀男等小集團的台獨活動從1948年2月28日在九龍成立的「台灣再解放聯盟」開始。1950年1月廖文毅經菲律賓偷渡日本。5月，他糾合吳振南等人在京都成立「台灣民主獨立黨」，自任主席。1955年9月1日，他在東京組建「台灣共和國臨時議會」，任名譽會長。1956年2月28日，「台灣共和國臨時政府」在東京成立，他當選「大統領」，1963年2月又連任。1960年1月，「台灣獨立統一戰線」在橫濱成立，廖文毅擔任總裁。

　　「台灣民主獨立黨」的黨員才30人左右。中央委員有楊逸民、藍家貞、邱永漢等20多人。副主席吳振南。只有日本關西和香港兩個支部。

　　廖文毅集團台獨活動的重點在「外交」，即積極爭取美日等國反華勢力的庇護，因而，其台獨活動也得到了美日反華勢力的幫助。

　　1947年7月，魏德邁訪華，廖文毅、黃紀男向其遞交《處理台灣問題意見書》，要求公民投票決定台灣前途。[435] 9月底，廖文奎、黃紀男透過金陵大學校長貝斯的引見，在南京會見美國駐華大使司徒雷登，得到了司徒大使的安

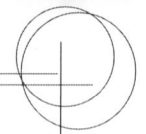

慰。[436]

1948年4月黃紀男赴日宣傳台獨,把《台灣獨立宣言》交合眾社發表。[437]他會見了首相蘆田均,要求日本政府支持台灣獨立。蘆田均回答,同情台灣人的遭遇,但日本是個受麥克阿瑟將軍管轄的戰敗國,無法幫助台灣人。[438]1949年6月15日,黃紀男奉廖文毅之命潛回高雄。他組織「再解放聯盟台灣支部」,自認支部長,廖史豪為副。成員有鐘謙順、溫炎煜、許朝卿母子、蔡繡鶯、許劍雄等人。主要活動是遊說楊肇嘉、吳三連、名牧師黃武東等名流。黃紀男等人的活動得到美國新聞處人員柯喬治、奧斯本(Os-born)的協助。許朝卿去找奧斯本,由他告知香港美國副領事謝偉志(Mr. Service),再轉給廖文毅。1950年5月14日,黃紀男在中壢被捕,隨後,廖史豪、許朝卿等也相繼被捕。

1955年,在陳智雄活動下,廖文毅獲准以「台灣民主獨立黨」主席身分參加萬隆會議,國際聲望達到極致。陳智雄,1950年加入廖文毅的「臨時政府」,負責與東南亞各國聯繫。[439]

1958年8月下旬,廖史豪、黃紀男出獄後,透過日本駐台灣單位與廖文毅取得聯繫,成立「台灣民主獨立黨台灣地下工作委員會」,先後吸收廖溫進、鐘謙順、林奉恩、陳火桐、廖慶順、臨南增、郭振坤、鄭瓜瓞、陳嘉炘、許朝卿等人參加。廖文毅寄到台灣的《台灣民本主義》等台獨書刊,都由日本大使館人員轉交廖史豪母子。1962年1月廖史豪、黃紀男再次被捕。[440]

台灣受廖文毅影響而祕密從事台獨活動的還有台東縣金峰鄉教師賴紅炎、李繁章、徐永福、宋二郎等人。從1951年起,賴紅炎等人就密謀建立「台灣或高砂共和國」,以排灣族的葛良拜為總統。1965年8月,賴紅炎被警總逮捕,其陰謀破產。[441]

1963年廖文毅的台獨組織分裂。1965年5月14日,廖文毅突然宣布放棄他從事了18年的所謂台獨事業,回到台灣。[442]

## 三、史明的台獨活動

史明1949年回台灣從事台獨活動。他主張武力台獨。1949年他聯絡一些「二二八」受難者，1952年在台北祕密成立「台灣獨立武裝隊」，準備謀刺蔣介石，因槍支被國民黨發現而逃到日本，在日本加入了「台灣青年獨立聯盟」。1965年辜寬敏出任「台灣青年獨立聯盟」中央委員會主席，史明便離開該聯盟。因為該聯盟的重要幹部王育德反對史明的主張。同時，他對該聯盟的鬥爭策略也相當不以為然，認為該聯盟「心存依賴美、日支持，而我認為萬事要靠自己，並要有所行動」。[443]

　　1967年，史明自行創立「獨立台灣會」，出版《獨立台灣》月刊。該會成員70人左右，是個陰謀暴力小集團，奉行所謂「主戰場在台灣」的方針，與台灣反對國民黨的人士密切聯繫，從事破壞鐵路等基礎設施的活動。但是，由於國民黨力量太強，於是史明致力於用所謂「台灣民族主義」武裝台獨分子。1974年史明等人祕密組織暗殺蔣經國活動，實際動手行刺的是鄭評。結果，鄭評被槍斃。「獨立台灣會」發行的《獨立台灣》雜誌，以論戰為主，影響力不如《台灣青年》，但凡有台灣留學生的地方就有它流通，故影響了一些人。例如，受該雜誌的影響，1970年代在法國留學的盧修一就加入了「獨立台灣會」。[444]

　　1981年後史明出版不定期刊《台灣大眾》，並協助出版《美麗島》週刊，另有《台灣獨立的理論與實際》。1993年，史明回到台灣，繼續打著「勞苦大眾出頭天」的旗號宣傳其台獨觀點。

　　史明和他的「獨台會」的台獨活動，影響了一些青年人，例如盧修一、柯泗濱、李應元、許信良等。許信良受史明的影響較大。1991年5月9日，台灣還爆發了所謂「獨立台灣會」案件，調查局逮捕調查陳正然、廖偉程、王秀惠、林銀福四人，他們是「獨台會」成員，涉嫌叛亂。該案引發學生運動，得到民進黨的支持，行政院長郝柏村最後被迫讓步，陳正然等四人於5月17日交保獲釋。調查局逮捕「獨台會」的四人，該案還引起李登輝對郝柏村和調查局長吳東明的嚴重不滿。[445]

第三章　留日學生與戰後台獨運動

109

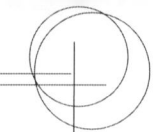

## 四、王育德的台獨活動

王育德,「二二八事件」後逃到香港,1949年由香港轉到日本。1960年2月,明治大學講師王育德和東京大學留學生黃昭堂、廖建龍等6人組織「台灣青年社」,鼓吹台灣獨立。4月10日,他們發行日文版雙月刊《台灣青年》第1期。

該刊對台獨和所謂「自治」具有相當影響。該刊號稱繼承1920年林呈祿、謝春木等人創刊於日本的《台灣青年》的原始精神,標榜所謂「以闡揚抵抗傳統為務,從事文化宣傳與啟蒙工作」、「延續追求台灣人自由和幸福的精神」。而事實上則和日據時期台灣革命青年反抗殖民統治的革命精神完全相反。該刊的日文版,閱讀對象包括在日台人,日本政、學兩界,爭取他們支持台獨。

1961年2月雜誌週年慶,全刊報導「二二八事件」,極力宣揚國民黨的血腥屠殺,在海外台灣人中引起極大震撼。許多台灣人,包括在海外的台獨頭目張燦鍙與蔡同榮,都在該期刊出後與它聯繫,但大多數學生還是不願看它。[446]

1963年,王育德重組「台灣青年會」,每逢「二二八」紀念即發起遊行,並在各校園裡從事宣傳工作。1964年《台灣青年》刊出彭明敏的「自救宣言」,並流傳到美國。同年,王育德出版了《台灣——苦悶的歷史》,是台獨的所謂「經典著作」。1965年廖文毅「政府」結束,「台灣青年會」第二次改組,成立「台灣青年獨立聯盟」,該組織首次達到初具規模的程度,資源與編制都有增加,並與其他海外台獨組織建立聯絡網。辜寬敏是「青年聯盟」轉型的關鍵,另外還有黃昭堂、許世楷等人都加入王育德一夥,為開拓所謂「台灣國際地位」的研究而努力。《台灣青年》在美、日等國的台灣留學生中有一定影響,鄭自財就是在美國閱讀了它之後,謀刺蔣經國。1985年,王育德死在《台灣青年》的崗位上。

## 五、高俊明、黃彰輝等人在台灣外的台獨活動

高俊明最主要的台獨活動就是促成了台灣基督長老教會的三次台獨聲明。長老教會在台灣有100多年的歷史，有幾十萬教徒，影響很大，其政治主張特別值得關注。因而，高俊明在教會內部的台獨活動，危害很大。

　　1971年10月25日，中華人民共和國取代中華民國進入聯合國，引起了台灣外台獨勢力的恐懼。12月29日，台灣基督長老教會總會議長劉華義、總幹事長高俊明發表《台灣基督長老教會致海外教會公函與聲明》，附帶《台灣基督長老教會國是聲明與建議》。他們把聲明的英文稿發到美國國務院、羅馬教廷、日內瓦普世教協、世界長老教會聯盟，以及英、美、德、日、加、印、菲等國的基督教協會，並陸續獲得美國國務院和羅馬教廷等的支持。[447]

　　第二次聲明是發表於1975年11月28日的《我們的呼籲》。因為警備總司令部屢屢派人到台北聖經公會，沒收新翻譯的閩南語《聖經》，所以高俊明打著抗議當局違反宗教自由與使用母語權力的旗號，而發表台獨聲明。

　　最重要的一次聲明則是1977年8月16日的《台灣基督長老教會人權宣言》，當時美國政府已決定和中華人民共和國進行關係正常化的談判。該宣言向國民黨政權呼籲台獨。「政府於此國際危急之際，面對現實，採取有效措施，使台灣成為一個新而獨立的國家」。「那是40年來，台灣台灣第一次公開提出台灣獨立的主張。」[448]高俊明還把《人權宣言》通知美國國會，眾議員李奇立即提出決議案以示支持。

　　「美麗島事件」後，高俊明因藏匿施明德而被捕入獄四年。這使得台灣的政教衝突達到最高峰。和廖文毅等其他台獨分子一樣，高俊明也是極力謀求外來勢力的庇護，並以此為榮。「我始終主張台灣教會應該重新加入『普世教協』，不應該孤立於國際社會。」在獄中時，「甚至英國、美國、加拿大、德國、日本、韓國等教會，都曾派代表特地到台灣來探訪我們。其中，讓我最感動的就是天主教的教宗若望保祿二世，他特地派在台灣的代表到監獄探訪我。」[449]

　　1984年8月15日高俊明出獄，更加頻繁地發表各種各樣的聲明宣傳自己的台獨主張。[450]1989年4月，高俊明從任職19年的總幹事位子上退休，更加積極參加所謂「新台灣、新國家」的重建運動。[451]

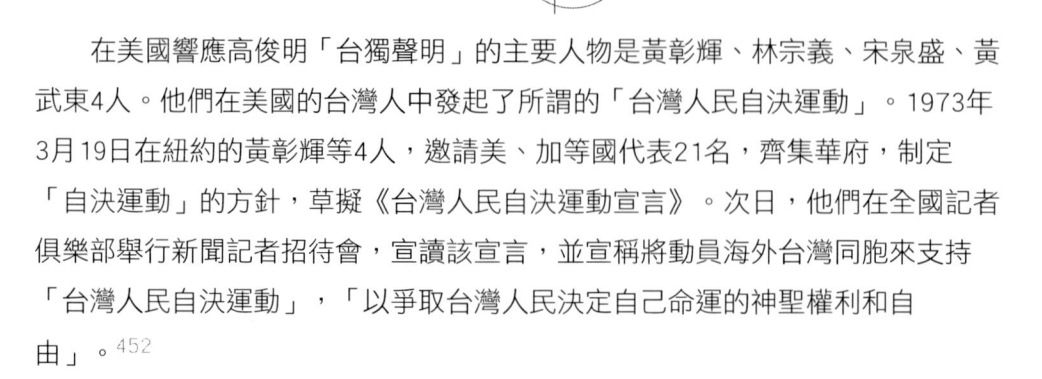

在美國響應高俊明「台獨聲明」的主要人物是黃彰輝、林宗義、宋泉盛、黃武東4人。他們在美國的台灣人中發起了所謂的「台灣人民自決運動」。1973年3月19日在紐約的黃彰輝等4人，邀請美、加等國代表21名，齊集華府，制定「自決運動」的方針，草擬《台灣人民自決運動宣言》。次日，他們在全國記者俱樂部舉行新聞記者招待會，宣讀該宣言，並宣稱將動員海外台灣同胞來支持「台灣人民自決運動」，「以爭取台灣人民決定自己命運的神聖權利和自由」。[452]

1978年底，卡特宣布中美外交正常化，「自決運動」組織與美國國會議員李奇聯繫。於是，1979年6月，經李奇國會辦公室的安排，美國國會參眾兩院外交委員會及國務院邀請長老會代表王再興、謝禧明兩牧師，台美協會彭明敏及「自決運動」組織的魏瑞明，參加《台灣關係法案》國會立法的聽證會。[453]

1984年11月15日，黃彰輝牧師在紐約拜會1984年諾貝爾和平得主托杜主教（BISHOP DESMOND TUTU），雙方就南非和台灣的現狀交換意見。托杜說「如果南非先進入聯合國，會支持台灣進入聯合國。」[454]

## 六、彭明敏的台獨活動

彭明敏台獨活動可歸納如下：

1.彭明敏組建、參加和領導台獨組織，主要活動和目標是爭取美日等國支持台獨，後來並希望用選舉取得執政大權。

1964年，彭明敏與其學生魏廷朝、謝聰敏形成了一個台獨小組織。該組織於9月20日前後祕密散發《台灣人民自救運動宣言》傳單，鼓吹台獨。[455]彭明敏因此當年被判刑8年，但第二年就獲特赦。在駐台美國人的幫助下，1969年他逃到瑞典，次年到美國，創辦「台灣研究所」，組建「台美協會」，任會長。彭明敏的出逃，振奮了海外的台獨分子，也促進了他們的整合。此乃因為許多台獨小

組織的核心分子是彭明敏的學生所致。1970年1月1日，包括台灣在內的5個地域台獨小組織統合成「台灣獨立聯盟」，總部設在紐約。1972年4月彭明敏被推為「台獨聯盟」總部主席。456

1982年2月13日至14日，彭明敏在洛杉磯參與籌組「台灣人公共事務會」（FAPA）。該會宗旨「配合台灣民主力量，促進台灣的自由民主；宣揚台灣人民追求民主、自由的決心，造成有利於台灣住民自決和自立的國際環境；維護和增進海外台灣人社會之權益。」創會之初，彭明敏任FAPA名譽會長。該會在美國國會舉辦系列活動，討論台灣政治及人權狀況等。會員發展到八百人。457 1985年10月，彭明敏任第三任會長。1986年5月22日，眾議院亞太小組就《與台灣關係法》執行情形以及台灣的政治和人權狀況舉行聽證會，彭明敏出席作證。458 1989年，彭明敏脫離FAPA，組織「亞太民主協會」，並任會長。

彭明敏台獨活動的頂峰是代表民進黨參選1996年的總統大選。他一直關注民進黨。1986年10月4日，民進黨海外組織即在洛杉磯成立，彭明敏擔任當天成立大會的名譽主席，發表專題演講《新黨面臨的挑戰》，教導民進黨在新的政治態勢下觀念上、作法上必須有調整適應。459

為了控制派系複雜的民進黨，1995年彭明敏參加民進黨，通過黨內初選，代表民進黨參選總統，其副手是謝長廷。他們和國民黨李登輝連戰配、新黨林洋港郝柏村配、獨立候選人陳履安王清峰競選首位民選總統。在參選過程中，他竭力宣傳台獨主張。1995年12月12日，他表示，要將選戰主軸定位為「台灣和中共代理人的戰爭」，次日又改為「終結外來政權」。12月21日，「彭謝競選總部」成立，葉菊蘭擔任競選總幹事。民進黨主席許信良認為應以「大和解」為民進黨的競選主軸，但葉菊蘭堅持以「要獨立、反統一、愛和平」為競選主軸。1996年2月24日，彭明敏發表所謂《新台灣自救宣言》。460 最後，彭明敏提出的競選主軸是「和平尊嚴、台灣總統」。461

選舉失敗後，為了牽制民進黨內部以許信良為代表的主張兩岸交流、「強本西進」的力量，督促民進黨落實台獨綱領，監督民進黨不要和國民黨聯合「組閣」，彭明敏籌組「建國會」並擔任會長，成為民進黨次級團體領導，成為台獨

教父。彭明敏透過「建國會」控制民進黨,在體制外協助李登輝實現台獨勢力掌權的所謂「政黨輪替」。

2.彭明敏致力於研究、宣傳所謂台獨理論,妄圖消滅台灣人的中國情結或者說對中國的認同,積極建立所謂「台灣的主體性」,實現台灣人對「台灣國」的認同。這是彭明敏一生最關注的任務,他認為,只有台灣人認同台灣才能真正實現台獨夢想。

1976年,彭明敏和黃昭堂在東京出版了《台灣的法律地位》,以國際法檢視台灣歷史,否認中國對台灣擁有主權,由此,它把台獨活動「合法化」了。

1992年11月,彭明敏重回台灣。在台灣,他主要透過環島演講、接受媒體採訪、辦基金會、出版書籍、發表競選演說等方式宣傳台獨觀點。彭明敏還鄉後遍訪各地,鼓吹「確立台灣的主體性」,強調「台灣要為台灣而活,不要成為其他目的的工具」,呼籲建立「台灣命運共同體」。他認為儘管台灣的民主化已具雛形,但仍須克服過去歷史遺留下的積弊與陋習,面對未來的變局,以迎接新時代的挑戰。「如果我們不努力從事政治、經濟、社會、文化的重整,設計以台灣為主體性的基礎結構」,台灣就沒有希望。[462]

1995年,他出版《彭明敏看台灣》一書,圍剿他所謂的「中國情結」。「台灣民主能否落實推展,台灣人民能否生存發展,全系於為政者和人民能否以理智和良知將中國情結徹底揚棄,完全認同台灣,一致團結,全力建設新的社會、新的海洋文化。」[463]

「彭明敏文教基金會」1994年3月正式成立,號稱主要研究國際政治,而實際上就是宣傳彭明敏的台獨觀點,爭取日美反華勢力支持台獨。[464]號稱研究環保、文化、教育、青少年問題等,「共同思考台灣的未來,探討台灣所面臨的新課題,」實際上是向各界群眾和青年學生宣傳台獨。

第一屆董事會成員有陳水扁、謝長廷、張俊宏、李鴻禧、吳豐山、辜寬敏、吳澧培等20人。首任執行長由陳永興擔任。其主要活動及其主題概括如下:1994年3月14日在台北舉辦「台灣與日本——過去、現在與未來」學術活動;

1995到1996年，圍繞「『總統』大選，政治改造」舉辦各種造勢活動。1998年3月、5月、6月分別在台北、台中、高雄舉辦「新文化、新社會、新台灣人」研討會。1998年設立「鯨魚網站」，教育台灣青年，舉辦各種研習會教育青年。

所有這些活動，都圍繞所謂「台灣研究，國家認同」一個中心。彭明敏蠱惑青年說，台灣社會最大的危機是「認同問題」。所謂的認同：包括國家認同、社會的認同、歷史的認同、文化的認同、土地的認同、語言的認同等。很多人，尤其是年輕一代，不知道自己是哪國人？為什麼住在這個地方？這種認同的混亂和迷思就是台灣社會最大的危機。[465]

## 七、楊基銓、辛文炳、張德水、何既明的台獨活動

在李登輝統治時期，台獨活動十分猖獗。一些留日學生紛紛跳出來搞台獨活動。他們共同的思想：反中國，反國民黨，想要追尋一個台灣人自己的國家。[466]這裡舉幾個典型例子。

楊基銓，高等文官考試行政科及格，台灣總督府殖產局官員，1941年為宜蘭郡守，成為日據時期最年輕的文官。台灣光復後他任「經濟部次長」、土地銀行、華南銀行董事長等職。1997年，他創辦「國際文化基金會」，自任董事長。「要以文宣或研討會方式，使國人及政府當局重新認識我們所居住、我們生活所寄託的這塊土地——台灣。」終極目的則在建立「一個主權獨立、有民主、有自由、有尊嚴，在國際上能頂天立地昂首闊步的台灣共和國。」他利用該基金會舉辦研討會，在報刊上發表文章，呼籲台獨。[467]

辛文炳，1950年以後，依靠經濟實力當選台南市「議員」、「議長」、「市長」、「立委」，1996年被李登輝聘為「國策顧問」。辛文炳認為台灣是「外來政權的非法占領」，「中華民國在金、馬」才屬合法，在台灣則是不能代表台灣人民與主權的外來政權。1998年12月，為了表示不能認同「中華民國在台灣」的說法，他也為了公開宣揚「台灣主權獨立」的主張，遂主動辭去「國策

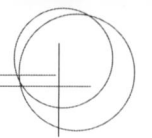

顧問」職務。為了將「台灣應該走出去」的信念落實，辛文炳除了極力支持台灣加入聯合國的活動外，在過世前不久，特地花巨資購買台南的版畫家林智信耗時20年完成的台灣《迎媽祖》版畫一套，贈送給其母校明治大學，要讓更多國際人士有機會認識台灣文化。[468]

張德水，1946年後歷任嘉義市長、「行政院」經合會專員等職。退休後，他從事台獨活動，出版《激動！台灣的歷史》一書，篡改台灣歷史，鼓吹台獨。書中把中國人稱為「支那人」。[469]

醫生何既明退休後創辦「南海基金會」，從事台獨活動。

## 八、李登輝的台獨活動

李登輝，1943年考入京都帝國大學農業部農林經濟科，1944年參加日軍砲兵，1946年回台灣插入台灣大學，1953年任台灣省合作金庫研究員，1954年任農林廳技正，1972年任「行政院政務委員」，1978年6月任台北市長，1981年任台灣省府主席，1984年任第七任「副總統」，1988年1月繼任國民黨代理主席和總統，兼任「國家安全會議主席」。1996年5月，他當選第九任總統，兼任「國家統一委員會」第四屆主任委員和「憲政」研討委員會主任委員。2000年5月以後，他擔任台灣綜合研究院名譽董事長。

1988年，李登輝掌握了台灣的黨政大權，其台獨活動逐漸從地下走向公開，影響非常之大。據徐博東先生研究，在1991年即李登輝統治的初期，海外台獨組織的活動重心已完成向台灣的轉移，海內外台獨勢力業已合流。他們在組織上加強了整合，統一了行動；他們鑽進民進黨並把它轉變成台獨黨，以政黨面目進行活動；他們有統一的鬥爭綱領，長期的就是「獨立建國」，短期的就是和國民黨爭奪「修憲」主導權。[470]總之，從此後，台灣的台獨活動愈演愈烈。這是李登輝縱容和支持的結果。2000年，在他的謀劃和幫助下，民進黨以微弱多數掌權。

## 第二節　留日學生的所謂台獨理論及其危害

由於在日本受到了良好的教育或者說具有優越的文化資本，從事台獨活動的留日學生都有能力編造和宣傳所謂台獨理論。他們編造的台獨理論和他們在日本接受的政治文化密切相關。史明在早稻田大學政治科留學時讀了許多社會主義和無政府主義的作品。所以他的台獨理論主張階級論和暴力鬥爭。在日本讀中學時，高俊明就研讀日本新興宗教「創價學會」、「生長之家」出版的刊物。最終，他在內村鑑二所著的《求安錄》中發現了他的真理：耶穌基督才是人類的救世主。受了日本宗教影響，他就披著宗教外衣進行台獨活動。彭明敏在日本學的是國際法，他就從國際法的角度製造台獨謬論。留日學生危害比較大的台獨理論介紹如下：

### 一、廖文毅的所謂台獨理論

廖文毅的所謂「台灣民族混血論」：「台灣人不是漢民族，而是高山族、西班牙人、荷蘭人、日本人、漢人的混血種。」[471]廖文毅提出這個連他自己都不相信的觀點，完全是為了實現其台獨政治野心，目的是想割斷台灣和大陸的血脈聯繫，抹煞95%的台灣人是漢族人的基本事實，這當然不會成功。但是，值得指出的是，廖文毅開創了一個先例：台獨勢力千方百計抹煞台灣和大陸的一切關係和聯繫。

所謂「台灣自決論」。廖文毅解釋的理由是「經由這次民變，已經證明了中國無能統治台灣，現在台灣人民生活的痛苦已經到了極點，中國局勢日益趨於紊亂，中國政治絕不能在短期內走上軌道，因此等到中國時局澄清的時候，台灣人民料必餓死半數以上。台灣有台灣自身的特殊條件，現在台灣人民唯一的出路，只有爭取自決權，暫時脫離中國。」

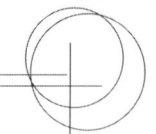

所謂「聯合國托治論」。廖文毅知道自己不得人心,只能尋庇於美國,寄希望於所謂「聯合國托治」。「台灣的歸屬問題,應在對日和約會議重新討論,但必須尊重台灣人的意志,應舉行公民投票來決定。但在舉行公民投票以前,應准許台灣人先脫離中國,而暫時置於『聯合國托治理事會』管理之下。」

所謂「公民投票」決定台灣前途論。「托治期限結束的三個月以前,應舉行公民投票,以決定仍屬中國,或脫離中國,或屬他國或完全獨立。公民投票時,聯合國應組織代表團來監察。倘或公民投票的結果,要仍屬中國的時候,必須與中國政府簽約,在憲法上保障台灣為一自治領,台灣必須有獨自建軍的權利,中國軍隊不得駐屯台灣。」[472]

廖文毅的「公民投票自決論」成為後來台獨勢力的一個「政治圖騰」。

## 二、史明的台獨理論

史明的所謂「台灣民族論」的基本內容是「台灣人,因和中國人具有同一的血緣關係,所以在種族上是同屬『漢族』,這點無可否認,然而,台灣在另一方面,和中國大陸相隔絕的地理條件下,……到了日本統治的末期,台灣社會和台灣人已經超越了和中國人的血緣關係,而在和中國不同範疇的社會基礎上,即在不同甚至對立的『經濟生活和政治命運』的因素上,發展為單獨、單一的『台灣民族』。」

史明的政治理念:他主張對台獨分子進行理念和組織方法的訓練,因為沒有理念就會失敗。「國民黨有三民主義,共產黨有共產主義,中國人有中國民族主義,台灣人要反體制,若沒有理念如何革命?……他們是中國民族,我們是台灣民族,台灣人想建立獨立國家,建立國民經濟而非殖民地被剝削的經濟,想要發展固有的文化,這就是我們的中心理念,在此理念下,大家結合才是組織,有此理念才能組織別人。」史明主張台獨要走群眾路線,「中產階級想要領導下層的人,中產階級應與下層的人同甘共苦,人家把你推上來,你才是領導人,台灣的

中產階級對這點都還未覺醒。」[473]

## 三、李登輝的所謂「生命共同體」和「兩國論」

李登輝台獨活動的中心，是提出所謂「兩國論」，破壞海峽兩岸關係的發展。「兩國論」的提出有一個過程，這也是李登輝逐步暴露其台獨真面目的過程。李登輝是個暗藏的台獨分子，1990年代初，他當上總統和國民黨主席之後，就積極推動台獨活動合法化。前文論述史明時已經指出，李登輝對行政院長郝柏村抓台獨案件很不滿意，使國民黨對台獨的態度逐漸轉變。「台灣作為一個國家」、台獨的禁忌，1992年初就被打破。[474]

1993年12月，政權穩固之後的李登輝提出「生命共同體」治國理念，製造分離意識。這是脫胎於彭明敏等人提出的所謂「台灣人的命運共同體」口號。[475] 1994年4月14日，李登輝接受《自由時報》訪問時說「現階段是『中華民國在台灣』與『中華人民共和國在大陸』，我們應該儘量忘記一個中國、兩個中國這種字眼。」[476] 李登輝在和司馬遼太郎談話時，毫不掩飾他建國的信念和內心的期待，要帶領台灣人民「出埃及」。他甚至指責國民黨政府是「外來政權」，「中國一詞也混淆不清。」[477]

李登輝說「國民政府是外來政權」，公開了其台獨真面目，為何他還能在後來的選舉中當選總統？原來，「外來政權」之說，並不是他的發明，不少留日學生早有此說。1950年代，失意的林頂立常和郭秋煌、朱昭陽、許鶴年等人在一起談論時政，認為國民政府欺負台灣人，是「外來政權」，甚至鄭成功政權也是「外來政權」，還不如荷蘭人好。可見，「外來政權」說有一定的社會基礎。許鶴年，日本大學肄業，偽滿洲國專賣署官員。[478]

1999年7月9日，李登輝接受「德國之聲」記者訪問，回答有關台灣獨立問題時正式提出所謂「兩國論」。「1991年修憲以來，已將兩岸關係定位在國家與國家，至少是特殊的國與國的關係，而非『一個合法政府，一個叛亂團體』，

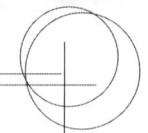

或『一個中央政府，一個地方政府』的『一個中國』的內部關係。」「中國政府統治的正當性就只有來自台灣人民的授權，與中國人民無關。」[479]李登輝的講話，打斷了兩岸的政治談判進程，使海協會和海基會接觸、交流、對話的基礎被破壞了。當年10月海協會會長汪道涵訪問台灣的計劃被迫取消。[480]

李登輝的「兩國論」不僅破壞了兩岸之間的政治談判進程，也為他扶植的民進黨政權定下了執政基調。

## 四、彭明敏的台獨觀點及其影響

彭明敏號稱台獨理論家，因其精通國際法，他的台獨觀點更務實、更具蠱惑性、影響範圍更廣。1990年代以後台灣的台獨勢力猖獗，很大程度上受其影響。其台獨觀點中的主要幾點歸納如下：

1.所謂「一中一台論」。彭明敏認為台灣和中國沒有多少關係，中國是中國，台灣是台灣。

早在1964年9月的《台灣人民自救運動宣言》一文裡，他就鼓吹「世界必須承認一個中國和一個台灣。」1971年10月27日，彭明敏在《紐約時報》發表《台灣的將來》短文，批評説：台灣屬於中國是個新神話。「事實上，台灣與中國的關係在1895年以前非常曖昧，二者幾乎僅止於名義上的關係。」「以台灣做主體，中國是次要的，這個觀念就是『一中一台』。」[481]

2.所謂「台灣地位未定論」。「更何況自1945年以來，台灣的法律地位仍屬未定。」[482]

這個「台灣地位未定論」是台獨分子奉為圭臬的「金字招牌」，始作俑者是美國的反華勢力，完全是美國推行世界霸權的產物。眾所周知，《開羅宣言》、《波茨坦公告》等國際文件已明確把台灣歸還中國。但是，隨著國民黨在大陸的節節敗退，1948年底開始，美國政府內部出現了「台灣地位未定」的議論。國

務院政策規劃局長喬治‧肯楠及其副手保羅‧尼茲，以及主管遠東事務的副國務卿魯斯克等人，都曾提出這個論調。1950年6月25日朝鮮戰爭爆發後，27日美國總統杜魯門發表聲明，命令第七艦隊進駐台灣海峽，還聲稱「台灣未來地位的決定必須俟太平洋安全的恢復、對日和約的簽訂或經由聯合國的考慮。」杜魯門抹煞了盟國戰時協議和美國自己的承諾。[483]所以，「台灣地位未定論」毫無事實和法律依據。

　　3.所謂「以命運共同體為認同基礎的現代國家論」。彭明敏受到雷南（E‧RENAN）「命運共同體」理論的啟發，首先提出以「台灣國」為一切基礎的理論。「中國人必須學習從政治和法律中區別民族的血統和文化。」[484]「在現代社會中『國家』之『認同』的基礎，常建立在後天的共同利益或命運上。」他以美國的德裔人以德國文化為榮為例，說明「文化認同和政治、法律的認同完全是兩回事情嘛！」[485]

　　無可否認，在所有留日學生提出的形形色色的台獨理論中，彭明敏的台獨觀點最具欺騙性，危害也最烈。其原因是：

　　彭明敏是國際法權威，在學理上具有迷惑性。他的「命運共同體」論調與廖文毅等人否認台灣人漢族血統的「台灣民族主義理論」比較，更能令人接受。

　　彭明敏竭力欺騙拉攏外省人支持台獨。「99%的外省人的老百姓，他們有什麼特殊的利益可以保護？」「民主制度才是人人平等，這才是任何人，包括外省人、台灣人唯一的保障，就是『民主化』。但是，幾十年來一貫的，嘴巴說不可以分化省籍，但最想利用、故意分化省籍來統治的就是國民黨。」[486]

　　彭明敏的作風相對「民主」，善於運用偽裝迂迴戰術。在美國時，他偽裝成「自決派」的，「主要原因是當時人在外國，『在外國說台灣要獨立，我們馬上遇到的問題是，美國議會問說，你台灣為什麼要獨立？你在美國，怎知道台灣人要獨立？』」回台灣後他就轉變成台獨核心。「我住在台灣，我可以說，我要台灣獨立，所以我過去說台灣人要自決。」[487]

　　據許信良回憶，1990年代中前期，民進黨內台獨勢力坐大，主要受兩股勢

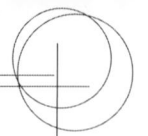

力影響，一是從島外歸來的所謂台獨理論家，當然以彭明敏為代表，一是基督教長老會。一時間，台獨觀點主導了台灣輿論潮流，甚至連國民黨也無法抗拒和反駁。[488]可見彭明敏等人台獨觀點的影響力。

## 第三節　留日學生領導或參加台獨的原因

上述台獨頭目和骨幹的世界觀、人生觀和價值觀，基本上都日本化了。這導致他們對民族、宗教、倫理、歷史、政治、外交、審美等各個方面的看法，也幾乎和日本人一樣。李登輝十分信仰日本哲學家西田幾多郎「場所的哲學」，據此提出了所謂「生為台灣人的悲哀」。李登輝的歷史觀來源於日本軍國主義和戰後的新右翼政治勢力，他反對日本就侵略亞洲鄰國做出徹底反省，[489]他默認釣魚島的主權屬於日本。[490]高俊明信奉的是日本宗教。王育德說，日本人敏銳、細膩，具有審美觀，有漢族文化所沒有的武士道精神，有求美、求真的理念及閒情雅趣。戰後日本對自由主義、民主主義的信念及努力，堪做台灣模範。[491]這些都是戰後台獨頭目和骨幹瘋狂進行台獨活動的思想根源。

因本書的重點是論述日本政治文化對戰後台灣政治的影響，所以，這裡只挖掘日本法西斯主義、軍國主義、武士道精神對台獨分子的影響。

上述台獨分子參加並領導台獨的原因可概括為三點：第一，在青少年時期接受了歧視和侵略中國等亞洲國家的日本軍國主義影響，在思想深處認同這種政治文化。這是台獨分子輕視甚至仇視中國的思想根源。第二，對政治現實不滿。第三，現實利益受到損害。這三大原因有時是互相交織在一起的。

### 一、日本軍國主義和武士道精神的影響

戰後參加台獨活動的骨幹，他們出生和留學時間參考下表：

表3-1　重要台獨人士出生留學時間分析表

| 姓名 | 出生年 | 家庭背景 | 留學時間及學校 | 是否曾任日本官員 |
|---|---|---|---|---|
| 廖文毅 | 1910 | 大地主 | 1925－1927年，京都同志社中學 | |
| 吳振南 | 約1914年 | | 1927－1948年，醫學博士 | |
| 楊逸民 | 1909 | | 1939年畢業，東京高等師範 | |
| 廖溫進 | 約1916年 | 大地主 | 1936年前後，明治大學商科 | |
| 陳智雄 | 1916 | | 中小學、東京外語學校 | 日外交部官員 |
| 黃紀男 | 1915 | | 1935年前後，日本大學 | 日軍教官 |
| 廖史豪 | 1923 | 大地主 | 小學、中學、大學 | 日軍炮兵少尉 |
| 陳火桐 | 1923 | 富商 | 1943年後，小學、法政大學 | |
| 鍾謙順 | 1911 | | 1933年留學東京麻布獸醫學校 | 日軍少佐 |
| 藍家精 | 1904 | 大地主 | 1918－1931年，京都帝大 | 汪偽政府中將 |
| 鄭瓜瓞 | | | 1940年前後京都帝大經濟 | |
| 史明 | 1913 | 大地主 | 1942年畢業於早稻田大學 | |
| 王育德 | 1924 | 地主 | 東京帝大 | |
| 高俊明 | 1929 | 基督教家庭 | 1939年後，小學、青山學院中學部 | |

續表

| 姓名 | 出生年 | 家庭背景 | 留學時間及學校 | 是否曾任日本官員 |
|---|---|---|---|---|
| 黃彰輝 | | | 東京帝大 | |
| 林宗義 | | | 1940年考入東京帝大 | |
| 彭明敏 | 1923 | 醫生 | 中學、東京帝大 | |
| 李登輝 | 1923 | 警察補 | 1943年考入京都帝大 | 日軍炮兵 |
| 楊蘭洲 | 1907 | 大地主 | 1932年畢業於東京商科大學 | 偽滿洲國高官 |
| 邱永漢 | 1924 | | 1945年畢業於東京帝大 | |
| 蔡西坤 | 1915 | | 1935年前後，京都帝大 | 日本警察 |
| 楊基銓 | 1918 | | 1938年前後，東京帝大 | 總督府官員 |
| 辛文炳 | 1911 | 富商 | 1936年畢業於明治大學 | |
| 張德水 | 1920 | | 1939年後讀中學、東京帝大 | 參加日軍 |
| 何既明 | 1923 | 富商 | 東京醫科大學 | |

資料來源：應大偉：《台灣人檔案（之一）》。施明雄著：《台灣人受難史》，台北，前衛出版社，1998年。邱永漢：《我的青春·台灣，我的青春·香港》，台北，不二出版社，1996年。許雪姬等：《日治時期在「滿洲」的台灣人》，黃紀男：《黃紀男泣血夢迴錄》，台北，獨家出版社，1991年。許雪姬等：《藍敏先生訪問紀錄》。

上列表中的台獨骨幹，基本上都是1910年之後出生的，他們都是1930年前

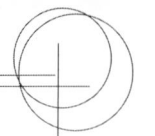

後才到日本留學。這一時期日本政治文化中的各種進步思潮受到摧殘，以侵略中國為主要內容的軍國主義橫行，他們深受影響。

日本軍國主義的本質就是鼓吹所謂「大和民族優越論」和「日本至上主義」，歧視、誣衊和侵略朝鮮、中國等亞洲鄰國。上述台獨分子都深受日本軍國主義影響，數典忘祖，仇視中國，他們對中國人的稱呼都沿用日本侵略者的「清國奴」、「支那人」、「豬」。「他們使用該詞表達對中國人的痛恨。這也是同時代、同年代有台灣人意識的台灣知識人所共有的感情。」[492]所有的台獨分子都千方百計編造一個所謂「台灣民族論」來，都是為了和「劣等民族」漢族劃清界限。廖文毅首倡注重血統的「台灣民族主義」，王育德、史明也編造所謂的「台灣民族主義」，彭明敏提出個「命運共同體」，李登輝編造了個「生命共同體」。他們最主要的目的是討好日本人。黃昭堂解釋說，由反共的日本人看起來，如果你說「台灣人是反共的，所以台灣人要獨立」，他們是會理解的。但是繼而「蔣介石不是也反共麼？同樣是漢民族，為什麼不合作而要獨立呢？」為了讓日本人瞭解為何要獨立，最簡潔明了的辦法就是證明「台灣人不是中國人」。[493]

實際上，黃昭堂沒有指出另一個原因。台獨「台灣民族」的靈感來自於日本政治史。日本民族主義是近代日本的立國之源。近代日本受到歐洲列強衝擊，處於被西方殖民的邊緣。1868年明治維新的「王政復古」實質上是日本民族自救的政治措施。明治維新正是透過民族主義才使日本取得民族自決，有了近代意義的民族、國家概念，建立了民族國家。[494]

上列人物中，辛文炳具有代表性。辛文炳，1930年到明治大學留學6年，獲民法學士，深受日本當時法西斯主義影響，熱愛日本文化中的武士道精神，贊同日本的文官考試制度，因此在他擔任台南市長時，市政府中的重要職務，一律優先揀選那些高等文官考試及格者。[495]

甚至在如何處理在台灣的所謂「在台大陸系人」問題上，台獨分子都要模仿日本人。台獨分子夢想在台灣獨立後，「在台大陸系人」要回中國的可以帶財產回國；要做所謂「台灣共和國」國民的，辦理歸化手續；希望以中國人資格居住

台灣的，即以華僑的身分享受外國人待遇。這幾乎是所有台獨分子的共識。因為1895年《馬關條約》第五條規定台灣住民有國籍選擇權，要從台灣移出的住民可以處分其不動產。[496]所以台獨分子也準備這樣對待在台的「外省人」。

## 二、對政治現實不滿

留日學生擁有雄厚的經濟資本和優越的文化資本，政治野心都很大，一旦在政治上失意，就會對政治現實嚴重不滿，有的人就走向台獨不歸路。楊基銓因為自己做的官小，退休後就進行台獨活動。戰後首個台獨組織是廖文毅的「台灣再解放聯盟」，這個名稱含義即：國民黨由日本人手裡解放台灣，但因其貪汙腐敗，必須由台灣人自己再解放一次。它主張台灣先由聯合國託管，再由公民投票決定台灣隸屬中國還是獨立。黃紀男聽信了廖文毅的宣傳和不滿國民黨在台灣的統治，才從事台獨活動。1947年1月3日，他參加周百鍊所領導的「艋舺青年俱樂部」演講會，因而結識了廖文奎、廖文毅。他們演講的內容，痛批台灣行政長官公署無能，並提出「台人治台」，台灣應在中國聯邦的體制下改革。[497]

由於不滿蔣介石的統治，藍家精在東京參加廖文毅的台獨活動，抨擊戒嚴令、不平等待遇、言論不自由、外省人為統治者等。[498]

廖文毅最為典型，他走向台獨的現實原因大致上可歸納為三個：現實政治上的挫折；政治理想的破滅；「二二八事變」後被通緝。

首先，看其現實政治上的挫折。由於出身名門望族和具有雄厚的經濟資本和文化資本，廖文毅政治野心很大。他1910年出生於雲林西螺鎮大地主家庭，其叔叔廖煥章、廖行生以至廖文毅堂兄弟姐妹十幾口都留學日本，其中有五人獲得博士學位。廖文毅本人在京都同志社大學中學部留學，1935年到大陸，任浙江大學教授，兵工署上校，1940年回台擔任數個企業的董事。著有《台灣的糖業》、《軍需工業論》。台灣光復之後，他回台全身心投入政治。1945年他創辦「台灣民族精神振興會」，自任會長；創辦《前鋒》雜誌宣傳自己的政治主

張。1947年4月,其兄廖文奎在上海組織「旅滬台灣同鄉會」,廖文毅則組織「台灣革新協會」。

但是,他在現實政治中始終不得志。在接收台灣時,具有上校軍銜的廖文毅只是個毫無實權的接收委員。1946年他又兩次政治選舉受挫。第一次是國民參政員選舉,廖文毅理應當選,而結果卻落選。[499]第二次是10月舉行的「制憲國民代表大會」代表選舉,他在台北市選區和連震東競爭,結果連震東得22票當選,廖得7票「候補」。

其次,廖文毅「聯省自治論」理想由於不符合中國國情而破滅。1945年廖文毅組織「台灣憲政會」,主張「在中國聯邦實行溫和的社會主義,主張各省擁有高度自治權。」他在1946年10月參加「制憲國代」競選時明確提出「聯省自治」。他在12月27日的座談會上又說「由廣大的中國看,必須實行地方自治。各地方得了健全發達再團結的中國,一旦有事可免國家的崩壞。一國的政治組織的理想方式,應該像寶塔式一樣,由下而上的。我們為謀建設國家的堅固基礎,必須由六百萬團結起來建設我們的台灣。現在通過的憲法是比較的中央集權化——將來必須爭取更民主化,中央與地方均權的方式。」[500]

再次,廖文毅、廖文奎兄弟在「二二八事件」後遭到通緝,有家歸不得。廖氏兄弟對現實嚴重不滿,在事變前到處發表演說批評台灣行政長官公署。廖文奎曾經說「接收行政人員,多係貪汙之流,……或公財私用,或敵產擅賣,或浮報不實……全無節用愛民,經國濟世之舉措,其腐敗卑劣每非台胞所能想像。」[501]他們對事變的發生有一定的影響。1947年2月25日,廖文毅、廖文奎、廖史豪、林順昌等去上海,一是準備成立《前鋒》雜誌上海分社,一是要看台灣省選出的「國大代表」在南京的表現。他們走後三天,二二八事變爆發。上海警備司令部認為事件是廖氏兄弟幕後策動的,遂下令通緝。1947年9月3日,廖文毅逃往香港。結果,廖文奎被捕,後被上海市長吳國楨營救出獄,也到香港。[502]

## 三、現實利益受到損害

留日學生絕大多數出身富裕家庭，他們在日據時期就有很高的社會地位和政治地位。在台灣接收、「二二八事件」及後來的土地改革中，許多留日學生的政治、經濟利益受到傷害，其中一部分就會進行台獨活動。彭明敏不認同中國人深受乃父彭清靠影響，而彭清靠在「二二八事件」中受到過打擊。彭明敏「早在學生時代就不認為台灣人是中國人了。」[503]林宗義是林茂生之子，林茂生在「二二八事件」中被殺。王育德的哥哥王育霖也在「二二八事件」中被殺，他本人逃到日本後就從事台獨活動。

辛文炳家族在日據時期和日本人合夥做生意，獲得巨大利益。台灣光復後，他們的利益受到傷害，辛文炳就不滿國民政府，最終走上台獨道路。1945年1月12日，台灣總督府組織「台灣陶瓷器製造統制組合」，辛文炳被任命為8名理事之一。1940年組織的台南州自動車運輸株式會社，大部分為日人投資。光復後，改組為台南汽車貨運股份公司，日股成公股，民股則由辛文炳、黃媽典、梁道出任董、監事。[504]1946年，其父辛西淮以「漢奸」嫌疑被捕後，辛文炳轉而仇恨國民政府，不學「土匪政府的中國話」。[505]

綜上所述，戰後興起的台獨運動有兩個顯著的特點：第一，其領袖人物都是在日本受過高等教育的人；第二，要有美日等西方發達國家做背景。

從廖文毅到彭明敏、李登輝，戰後台灣外重要的台獨活動都是以留日學生為首的。在日本接受的殖民教育對這些台獨分子影響很大。

第一，日本軍國主義的「大和民族優越論」、「日本至上主義」和武士道精神，深深地影響了廖文毅、史明、王育德、彭明敏、李登輝等人，這是他們走上台獨道路的思想根源。

第二，由於在日本接受了近代化的民主政治知識，他們自認為理念比較先進並以精英自居，在政治上野心勃勃，比如，在光復初，廖文毅兄弟要到南京監督「國民大會」的「制憲」活動，後來還在日本建「國」建黨；史明要在台灣搞武

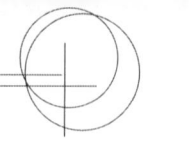

裝鬥爭；李登輝自詡為《聖經》中的人物「摩西」，要帶領台灣人民出「埃及」。

第三，他們在日本有著良好的文化資本和社會關係資本，有能力在日本美國等國家生存，並能和日本等國的反華勢力溝通，並贏得某種程度的支持和同情。

第四，他們利用留學時所學的知識編造所謂種種台獨理論，在台灣外大肆宣傳，蠱惑人心。彭明敏在日本學的國際法，他以此來研究台灣的國際地位，尋找台獨的理論根據和國際法依據，因而更具欺騙性和蠱惑性，更容易為一般人接受。

第五，由於資本總量雄厚，他們在政治上有當權的機會，有在國民黨統治的體制內進行台獨活動的機會。無論是日本殖民統治者、台灣民眾、還是國民黨政府，都把留日學生當成社會精英或領導階層。留日學生做官機會因而很多，李登輝因而很自然地被蔣經國迅速提拔起來，最終掌握了國民黨和台灣政壇的大權。正是李登輝利用手中的巨大權力讓台獨在台灣政壇上成了氣候。這正應了「堡壘最容易從內部攻破」那句老話。

到了1990年代初，在李登輝的縱容和支持下，幾十年來在島外活動的台獨分子紛紛返回台灣，大肆宣傳他們研究多年的所謂台獨理論，使本來是民主運動力量的民進黨迅速接受所謂新鮮的台獨理論。更有甚者，連國民黨也無法抵擋所謂台獨理論的進攻，1990年代中期，所謂台獨理論一度成為台灣的主流理論，控制了社會輿論。

民進黨在國民黨體制外進攻，李登輝在國民黨統治體制內配合，遂有2000年的台獨政黨上台。

# 第四章　兩蔣統治時期留日學生參加的重要選舉

　　在兩蔣統治時期台灣的各項政治選舉中，留日學生這個資本總量雄厚的社會階層，在台灣所有社會階層中參選最積極、當選率最高、政治影響最大。其選舉活動內容繁多，不能一一論述，這裡只選擇比較重要的一些選舉作為解剖對象，從中我們可以認識留日學生在戰後台灣政治中的重要地位。前人研究留日學生個體選舉活動的很多，但都沒有對這個社會階層30年間的選舉活動進行整體研究。本文首次運用社會階層和政治派系理論，把留日學生這個社會階層30年間的重要選舉活動進行了宏觀研究。本文首次把留日學生參加台灣地方自治選舉活動和日本政治文化聯繫起來，得出了自己的觀點：留日學生之所以積極要求實行直選的地方自治選舉，思想上主要受到了日本的民本主義、立憲政治影響，認為這個是政治近代化的表現。留日學生之所以當選比率最大，是因為這個社會階層經濟、文化、社會關係等資本的總量最大。

　　所謂日本的選舉文化，就是指日本人贊同和積極學習西方近代化的政治選舉制度，把它作為民本主義和立憲政治的具體辦法。日本人還根據自己的具體國情制定了一套選舉制度，保護新興的資產階級及其知識分子的政治利益。在選舉中，允許「派閥」等各種政治派別自由活動。如導論中所述，1887年，日本就起草了國會下院議員選舉法。地方自治制也與國會同時興建。1888年公布市制和町村制。1890年公布府縣制和郡制。郡、縣、町、村、市等各級議會的議員都實行選舉。日本的地方自治選舉中賄選成風，對地方上有名望的人和地主資產階級十分有利。日據時期，留日學生領導的「新民會」、「台灣文化協會」、「台灣民眾黨」、「台灣地方自治聯盟」等組織爭取的目標：就是在台灣實行立憲政治和地方自治選舉。為了取得勝利，留日學生不得不研究日本的政治，不得不和日本的政界、學界、新聞界接觸，因而十分熟悉日本的政治選舉情況。

## 第一節　光復初留日學生與縣市以上民意機構選舉

　　日本的政治文化裡早就有選舉，留日學生也很早就接受了選舉文化。在台灣實行立憲政治、實施地方自治選舉，是1920年到1930年代留日學生領導的民族運動所爭取的目標，所以他們對日本的選舉文化非常熟悉。當時，按照「同化」方針，總督府在台灣採行日本的行政制度，廢廳區制度，改為設立州、郡、市、街、莊，規定州市街莊均為法人，各設協議會，以備行政首長之諮詢。協議會之成員稱為會員，都是官選，且對協議事項無決定權。會員要有學識名望。1935年，它改採自治性較強的地方制度，規定州、市、街、莊為法人。州設州會，市設市會，街、莊仍設協議會，為議事機關。會員半為官選，半為民選。25歲以上營獨立生計的男子，每年繳納5元以上稅金，在某地定居半年以上，才有選舉權和被選舉權。議長由各級行政首長兼任。州會議員之半數，由市會議員及街、莊協議會員間接選舉之。另半數則為官選，由總督府選有學識名望者任命之。[506]

　　1935年11月22日，總督府舉行第一屆市會及街莊協議會選舉，半官選半民選。無論是官選還是民選的，五州七市34街323莊的議員、協議會員中都有大批留日學生。例如，台北市會議員36名。台灣人14名參加民選，其中當選者有明治大法學科畢業的蔡式穀、日本大學法科畢業的劉天祿、東京帝大畢業的邱德金、陳逸松等留日學生。[507]所以說，留日學生也有一定的實際選舉經驗，或者說受到了日本選舉文化的薰陶。

　　日據時期的州、市議會及街、莊協議會，因為沒有議決權，實際上只是諮詢會，其成員又多是日人，因而根本不能代表台灣人民的民意。

　　光復後，台灣由下而上建立各級民意機構。從公民登記開始，進行公職候選人檢校，成立村里民大會，由村里民大會選舉鄉鎮民代表，成立鄉鎮民代表會，選舉縣市參議員，成立縣市參議會，再由縣市參議會選舉省參議員，成立省參議會，然後舉行「國民代表大會」，實施「憲政」。因「國民大會」已定1946年5

月5日召開,所以省以下各級民意機構應於同年5月1日前全部建立完成。

從1946年2月16日到28日,全省公民直接選出7078名鄉鎮民代表,接著選出了縣市參議員523名。他們都是社會上有相當聲望的人士。省參議員候選人登記共1180人,是全省選舉的最高潮,在4月15日全省各縣市選出了30位省參議員。[508]隨後選舉各種「中央民意代表」。

在台灣人民掀起的參政熱潮中,各級民意代表選戰異常激烈。留日學生攜經濟、政治、文化上的優勢,在光復初期的各項選舉中舉足輕重。在縣市以上民意代表選舉中,他們更是扮演主角。因篇幅所限,本文只分析留日學生在各縣市正、副議長、省參議員和「中央民意代表」等共七項選舉中的情況。

## 一、留日學生當選狀況

各縣市正、副議長。1946年3月開始辦理縣市參議會議員選舉,4月7日全部完成,全省選出縣市參議員523人。在34個縣市正副議長中有留日學生14人,占到41%;17個正議長中有9個是留日學生,占到53%,(見表4-1)。

省參議員。1946年4月15日,各縣市參議會議員選舉省參議員30人,其中留日學生15人,候補參議員30人,其中留日學生12人,(見表4-2)。正式當選的參議員一半是留日學生,加上參議長黃朝琴、祕書長連震東也是留日學生,可以說,省參議會掌握在留日學生手裡。

國民參政員。省參議會選舉國民參政員8名:林忠、林宗賢、林獻堂、羅萬、吳鴻森、杜聰明、陳逸松、林茂生。其中僅林獻堂和吳鴻森不是留日學生。留日學生比例高達75%。

「制憲國大代表」。1946年10月31日選舉,李萬居、黃國書、顏欽賢、林連宗、林璧輝、張七郎、高恭、南志信、洪火煉、紀秋水、連震東、鄭品聰、謝娥、劉明朝、簡文發、陳啟清、吳國信等當選。17人中留日學生10人,占到

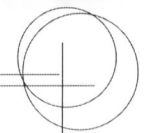

58%。

「行憲國民代表大會代表」。1947年11月21日開始選舉產生：黃及時、林朝權、吳鴻森、蘇紹文、李清波、呂世明、連震東、楊金虎、張吉甫、王民寧、劉傳來、吳三連、劉振聲、謝掙強、洪火煉、謝文程、洪元煌、陳紹平、蔡石勇、陳天順、林珠如、鄭玉麗。22人中有留日學生13人，約占到60%。

「監察委員」。1948年1月10日選出：丘念台、陳嵐峰、[509]陳慶華、陳江山、李緞。陳慶華，早稻田大學畢業。李緞，早稻田大學畢業，台北市婦女會常務理事，省婦女協會理事長，省黨部執委。5人中有4人是留日學生，占到80%。

「立法委員」。1948年1月23日選出：劉明朝、黃國書、蔡培火、鄭品聰、郭天乙、謝娥、羅萬、何景寮8名，[510]全部是留日學生。

這56名「中央民意代表」中，40人受過高等教育，其中在日本受教育者34人，在大陸受教育者11人，留日學生占到60.6%。而且，在民意代表層級越高，留日學生所占的比例也就越高，充分說明了留日學生這個階層的資本總量雄厚。

## 二、留日學生當選原因分析

光復初期，台灣人民的政治熱情十分高漲。各種選舉競爭都十分激烈。如台中市的省參議員選舉，候選人多達54人，最後林連宗以8票當選。[511]儘管如此，在各項重要選舉中，留日學生這個特殊的社會階層當選率卻比較高，需要我們認真加以分析。留日學生當選的原因可以概括為三大方面：一些留日學生依靠自己的資本總量當選，一些留日學生依靠參加全省性政治派系運作，還有一些是依靠有影響的競選口號或政見當選，當然這三者有時是相互交織在一起的。

第一，依靠自己的資本總量當選的留日學生。光復初的各項選舉，國民政府和台灣行政長官公署總的來說介入比較淺。選舉結果基本上反應了台灣社會各階層的實力。留日學生這個社會階層資本總量雄厚，所以當選比率最高。資本總量

包括經濟資本、文化資本和社會關係資本。當選的留日學生或者出身地主士紳家庭，或者有好的職業如醫生、官吏、律師、教師、富商，或者在日據時期就參加政治活動，或在大陸參加抗戰，積累了豐厚的政治資本或者人脈。這些人在社會上非常有名望地位。

高雄市議長彭清靠，東京帝大醫學博士，在台中大甲行醫，後在高雄創辦醫院。[512]光復初期，他還和彭孟緝關係密切，把自己的別墅送給彭孟緝居住。[513]新竹縣正、副議長都是留日的名士。黃運金，日本大學畢業，高等文官考試司法科合格，在新竹市做開業律師。朱盛淇，1934年日本大學畢業，同年高等文官考試司法科合格，在日本做開業律師，一年後回新竹開業。[514]1935年當選新竹州民選州會議員。台南縣議長陳華宗，14歲負笈日本，留學於豐山中學和立正大學。31歲回台，任北門區學甲莊長，後任教長榮中學。[515]

台中縣參議長羅萬，前文已有介紹。副議長蔡先於，1921年明治大學畢業，參加議會請願運動，治警事件中被扣押，文化協會專務理事，參與自治聯盟。1935年官選台中市會議員。光復後，任台中縣調解委員會主委和「梧棲港開發促進委員會」主委。[516]台中市參議長黃朝清，1919年東京慈惠醫專畢業，《台灣新民報》監事，台灣地方自治聯盟理事。台南市參議長黃百祿，中央大學法學部畢業，高等文官考試行政司法科及格，律師。彰化市參議長李君曜，彰化望族出身，1915年開始留學日本大學和慶應大學，在彰化開設醫院，兼任彰化銀行監察人。他參加民族運動，是新民會會員，文化協會專務理事。[517]

國民參政員林忠、林宗賢、羅萬、林茂生、杜聰明、陳逸松，「制憲國代」黃國書、連震東，「立委」黃國書、謝娥、郭天乙、蔡培火等，前文已介紹，都有很強的政治或經濟實力。

顏欽賢，立命館大學畢業，大實業家，市協，1935年官選基隆市會議員。[518]鄭品聰，東瀛皇漢醫學院畢業。「行憲國代」吳三連，《台灣民報》創始人之一，《台灣新民報》社編輯主任。楊金虎，台灣民眾黨高雄支部常委，1935年民選高雄市會議員。呂世明，早稻田大學畢業，實業家，街協，1935年官選彰化市會議員。「監委」陳嵐峰，1926年日本士官學校畢業，在大陸參加

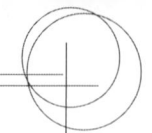

抗戰。

第二，除了有雄厚的經濟資源和輝煌的政治經歷外，留日學生還參加政治派系運作。第一章已有論述，在政治派系中，「半山系」受到行政長官陳儀的支持，所以加入「半山系」的運作就比較容易當選。

屬於「半山派系」的有：周延壽，黃運金，葉秋木，蔡培火，黃國書，蘇惟樑，連震東，林宗賢，蘇紹文，陳嵐峰，丘念台，黃及時，劉傳來，陳逸松，林連宗，李緞，林日高，王添燈，鄭品聰，陳啟清，黃朝琴等。

「半山派系」主要依靠國民黨政府、「三青團」等的支持當選。例如，在選省參議長時，按照名望，林獻堂最合適，但他得不到長官公署的支持。在丘念台等人的遊說下，林獻堂被迫退出選舉，讓陳儀支持的黃朝琴當選。黃朝琴在1946年5月1日省參議會成立大會上當選議長，一直做到1951年12月。在黃朝琴的主持下，省參議會奠定了台灣議會的規範。[519]再如王民寧，他當選台北縣首屆「國民大會」代表，得票高居全省之冠，依靠的是軍警的支持。1947年3月，他調任台灣省行政長官公署警務處長，平定「二二八事變」和安民有功。[520]陳逸松、葉秋木、李緞、王天燈等人則是利用「三青團」的勢力當選。

屬於「台中派系」的：劉明朝、何景寮、吳三連、羅萬、洪火煉、楊陶、丁瑞彬、黃朝清、蔡先於等。屬於「阿海派系」的：謝娥、吳國信、鄭玉麗、杜聰明等。這兩個派系主要靠自己的社會團體動員選票。

第三，在縣市級議會有良好的表現兼有比較好的競選政見。這種政見往往能反映當時的社會熱點、難點問題，引起選民的注意。

台灣民眾和輿論對省參議員有很大的期待，他們希望參議員「為民主張，為民服務，推進真正民主政治的重大使命不消說，犧牲個人為國家、為社會努力奮鬥。此乃做參議員的起碼的第一條件。任參議員的一定要有理性、有氣魄、有力量，和有良心，做事絕不能曖昧糊塗，以天下為公的精神辦事，不怕無謂的批評，不怕奸邪的威脅。」[521]

郭國基是這類人的代表。他在高雄市參議會就敢於猛烈批評當地政府官員，

已如前文所述。他參選省參議員的政見,非常具有衝擊力:(1)日據時代為虎作倀的御用紳士,必須從政界整肅,以申民族大義;(2)趁日本戰敗,政府尚未接管前,接收日產、發光復財者必須嚴懲;(3)擁護林獻堂先生問鼎省參議會議長,追隨其後,為台灣同胞爭權利、謀福利。最後,他當選高雄市唯一的省參議員,並在省議長選舉裡,投下林獻堂唯一得到的一票。[522]

高雄市唯一的一席省參議員被郭國基奪取,而經濟和家族實力雄厚且又得到黃朝琴支持的陳啟川,只當選候補省參議員。

在參議會成立之日,郭國基又發表政見:反對國民大會代表官選;不可以省民不解國語、國文為理由而拒絕用本省人才。這都是當時比較敏感的話題。各縣市參議會正、副議長如表4-1(注「是」者為留日學生)。

表4-1

| 縣市 | 成立日期 | 議長 | 副議長 |
| --- | --- | --- | --- |
| 台中縣 | 4月14日 | 羅萬俥(是) | 蔡先於(是) |
| 台東縣 | 4月15日 | 陳振宗 | 馬榮通 |
| 新北縣 | 4月10日 | 黃運金(是) | 朱盛淇(是) |
| 澎湖縣 | 4月15日 | 吳爾聰 | 郭石頭 |
| 台南縣 | 4月15日 | 陳華宗(是) | 楊群英 |
| 高雄縣 | 4月15日 | 葉登祺 | 劉朝四 |

續表

| 縣市別 | 成立日期 | 議長 | 副議長 |
| --- | --- | --- | --- |
| 花蓮縣 | 4月15日 | 張七郎 | 吳鶴 |
| 台北市 | 4月15日 | 周延壽(是) | 林金鑾 |
| 台南市 | 4月15日 | 黃百祿(是) | 楊靖 |
| 台中市 | 4月15日 | 黃朝清(是) | 林金標(是) |
| 高雄市 | 4月15日 | 彭清靠(是) | 林建論 |
| 基隆市 | 4月15日 | 黃樹水 | 楊元丁 |
| 新竹市 | 4月13日 | 張式穀 | 何乾欽 |
| 嘉義市 | 4月3日 | 鍾家成 | 林本根 |
| 彰化市 | 4月1日 | 李君曜(是) | 吳石麟 |
| 屏東市 | 4月15日 | 張吉甫(是) | 葉秋木(是) |

資料來源：劉寧彥編纂：《重修台灣省通志》卷七，《政治志》選舉罷免篇，第236頁。

表4-2 台灣省第一屆參議員中的留日學生一覽表

| 縣市 | 當選人 | 年齡 | 籍貫 | 學歷 | 備註 |
|---|---|---|---|---|---|
| 台北市 | 黃朝琴 | 49 | 台南縣 | 早大政經 | |
| 台北市 | 王添燈 | 46 | 台北市 | 早大函授生 | 後由蔣渭川陳旺成遞補 |
| 新竹縣 | 劉闊才 | 37 | 新竹縣 | 京都帝大畢業 | |
| 高雄縣 | 劉兼善 | 51 | 高雄縣 | 早大政經科 | 辭職由吳瑞泰遞補 |
| 高雄縣 | 林壁輝 | 43 | 高雄縣 | 同志社大學 | |
| 台東縣 | 鄭品聰 | 45 | 台東縣 | 日本漢醫學院 | 辭職由陳振宗遞補 |
| 台中縣 | 丁瑞斌 | 49 | 台中縣 | 明治大學法科 | |
| 台南縣 | 劉明朝 | 52 | 台南縣 | 東京帝大法學部 | 辭職由謝水藍遞補 |
| 台南縣 | 殷占魁 | 49 | 台南縣 | 櫪木縣師範學校 | |
| 台南市 | 韓石泉 | 50 | 台南市 | 熊本醫大博士 | |
| 台中市 | 林連宗 | 42 | 台中市 | 中央大學 | 去職由陳茂堤遞補 |
| 嘉義市 | 劉傳來 | 47 | 嘉義市 | 東京醫專 | |
| 新竹市 | 蘇維樑 | 51 | 新竹市 | 中央大學 | |
| 高雄市 | 郭國基 | 47 | 高雄市 | 早稻田大學 | 應為明治大學（作者） |
| 基隆市 | 顏欽賢 | 45 | 基隆市 | 立命館大學 | 辭職由張振生遞補 |

資料來源：劉寧彥編纂：《重修台灣省通志》卷七，《政治志》，第6章《民意代表之選舉》，134頁。

## 第二節　留日學生當選省議員和縣市長概況

從1950年到1981年三十年間，留日學生參加省議會議員和縣市長選舉的基本情況，《重修台灣省通志》卷七都有比較詳細的資料，作者根據這些資料製作了附表4-5到附表4-22，一共18張表，以期使留日學生參加這兩項政治選舉和當選的基本情況一目瞭然。

作者對上述附錄表格資料進行統計分析，得出下列表4-3和表4-4兩個綜合分析表，從中可以看出30年間留日學生參加和當選省議員和縣市長的基本情況，

他們在全部省議員和縣市長中的比重，他們在幾十年間當選的基本趨勢。

表4-3　1951—1981年省議員選舉留日學生當選情況分析表

| 屆數 | 選舉時間 | 議員總數 | 留日學生當選情況 數目 | 所占比例 | 正副議長及其他 |
|---|---|---|---|---|---|
| 臨時一 | 1951.11 | 55 | 26 | 47% | 黃朝琴、林頂立 |
| 臨時二 | 1954.4－5 | 57 | 21 | 37% | 黃朝琴、林頂立，候補42人 |
| 第一屆 | 1957.4 | 66 | 21 | 31% | 黃朝琴、謝東閔，候補47人 |
| 第二屆 | 1960.4 | 73 | 24 | 33% | 黃朝琴、謝東閔，候補47人 |
| 第三屆 | 1963.4 | 74 | 20 | 27% | 謝東閔、許金德，取消候補制度 |
| 第四屆 | 1968.4 | 71 | 21 | 29% | 謝東閔、蔡鴻文 |
| 第五屆 | 1972.12 | 73 | 12 | 18% | 蔡鴻文、魏綸洲 |
| 第六屆 | 1977.11 | 77 | 8 | 10% | 蔡鴻文、魏綸洲 |
| 第七屆 | 1981.11 | 73 | 4 | 5% | 高育仁、黃鎮岳 |

資料來源：劉寧彥編纂：《重修台灣省通志》卷七，第六章《民意代表之選舉》。

表4-4　1950—1981年曆屆留日學生當選縣、市長情況分析表

| 屆數 | 選舉時間 | 總數 | 留日學生當選情況 當選數 | 所占比例 | 備註 |
|---|---|---|---|---|---|
| 第一屆 | 1950.8－1951.5 | 21 | 12 | 60% | 每個縣市長候選人都有留日學生 |
| 第二屆 | 1954.4－1954.12 | 22 | 12 | 55% | 38人中20人留日，台中縣長選2次 |
| 第三屆 | 1957.4 | 21 | 9 | 43% | 40人競選，16人留日 |
| 第四屆 | 1960.4 | 21 | 12 | 60% | 35人競選，17人留日 |
| 第五屆 | 1964.4 | 21 | 14 | 67% | 47人競選，26人留日 |
| 第六屆 | 1968.4 | 20 | 8 | 40% | 43人競選 |

續表

| 屆數 | 選舉時間 | 總數 | 留日學生當選情況 當選數 | 所占比例 | 備註 |
|---|---|---|---|---|---|
| 第七屆 | 1972.12 | 20 | 5 | 25% | 39人 |
| 第八屆 | 1977.11 | 20 | 2 | 10% | 36人競選，高學歷，年輕化 |
| 第九屆 | 1981.11 | 19 | 0 | 0 | 年輕化、國民黨化 |

資料來源：劉寧彥編纂：《重修台灣省通志》卷七，《政治志》選舉罷免篇，《縣市長選舉》。

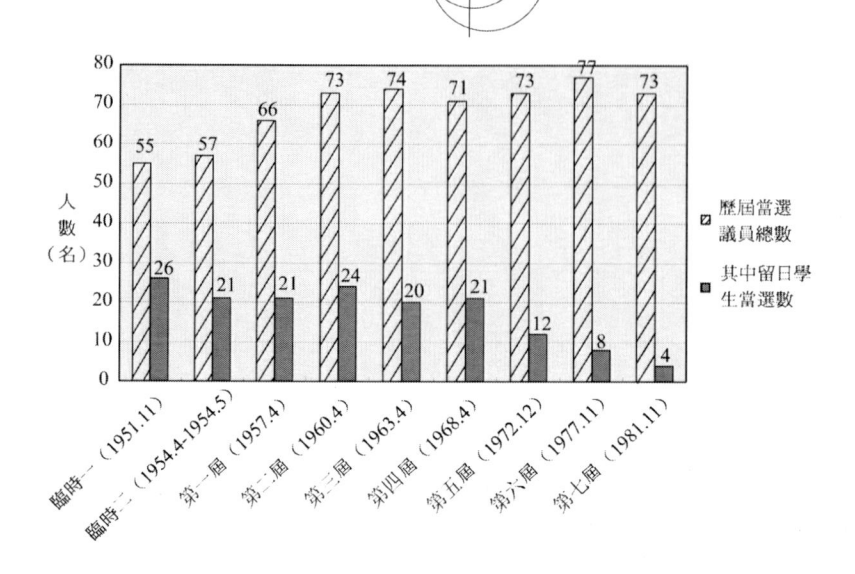

图4-1  1951—1981年历届省议员选举中留日学生当选情况

从上面两个统计分析表格和两个直观的图示中，我们可以看出，1950年到1970年的二十年间，留日学生占到省议员的二成到三成，占到县市长的二分之一，在台湾政坛的势力相当强大。留日学生这个社会阶层就是台湾地方势力的代表。

1972年的省议员和县市长选举中，留日学生当选的人数和比例大幅减少，年龄偏大是个原因，但根本因素在于国民党的政策。由于县市长是留日学生领导的地方派系汲取地方资源、转化为派系力量的最重要位置，因此国民党中央便提名国民党党工等非派系人员来夺取县市长位置。

国民党的这一策略在1960年代末期便已出现征兆，而在1970年代的两次地方选举达到最高峰。1968年国民党首次提名陈时英、廖祯祥等3名党工竞选县市长，1972年国民党又提了邵恩新、李凤鸣、林仙保、吴荣兴等12名青年党工竞选县市长，结果全部当选。从此后，依靠地方派系竞选的留日学生当选人数大幅减少。

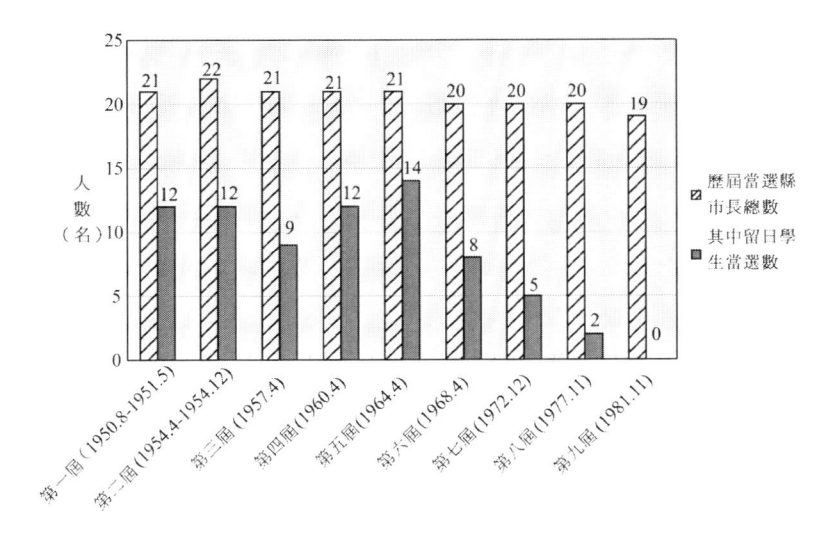

圖4-2　1950年—1981年曆屆縣、市長選舉中留日學生當選情況

## 第三節　留日學生選舉戰略策略分析

從上述第二節中我們已經知道，留日學生在省議員和縣市長選舉中，當選的比率可以說在各社會階層中是最高的。在激烈的選戰中能夠勝選，除了需要經濟實力和社會名望之外，留日學生還有自己的選舉戰略和策略。其選舉戰略就是公民直選和參加國民黨；其選舉策略則有很多種。

### 一、留日學生的選舉戰略

所謂戰略，英語裡是Strategy，就是指為了達到某個重大目標而制定的關係全局的長期計劃、政策和方案等，一般用於國家重大的軍政活動上。在台灣地方自治選舉活動中，公民直選和參加國民黨都能夠長期影響選戰全局，故把它們當作留日學生的選舉戰略來加以論述。

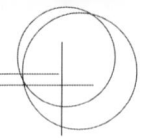

## （一）留日學生第一個選舉戰略是公民直選

這是留日學生最根本的選戰謀略。一方面，公民直接投票選舉是民主政治的最佳方式之一。另一方面，台灣情況比較特殊，存在著省籍問題，因而，在台灣的各項政治選舉中，只要是由公民直接投票選舉的，明顯對台灣社會精英的留日學生比較有利。留日學生這個社會階層經濟資本、文化資本和社會關係資本都十分雄厚，在各項選舉中競爭力最強。根據日本地方自治選舉和1935年台灣地方選舉經驗，留日學生也非常清楚，當選者基本都是地方上有名望的人和地主資產階級。所以，只要是由台灣公民直選，他們就能很容易擊敗主要對手——外省籍的官僚。誠如1946年5月1日省參議院成立時王添燈所說：「國民大會代表宜付民選，絕不可使外省人為本省國民代表」。[523]

所以，留日學生從光復初就極力爭取各項選舉的公民直選。本文只論述留日學生呼籲省議員和縣市長直選的部分。

從1946年到1950年初，台灣地方勢力呼籲省議員和縣市長直選的陣地主要是省參議會。如前文所述，留日學生在省參議會占據優勢，他們要求直選的呼聲最高，所以對省議員、縣市長直選的貢獻最大。

省參議會裡的劉啟光、呂世明等留日學生列舉的省議員直選理由：省議員未經普選，導致省議會權力很小，徒具議會之表，而無議會之實，不能滿足人民實行完全地方自治的願望。[524]普選省議員，為省民一致的要求。[525]臨時省議會第二屆第三次大會上，黃運金批評說，應該提高省議會地位，「現在仍為臨時省議會；『臨時』兩字，實為引起人家輕視之原因。」[526]經過留日學生的反覆鬥爭，到1954年第二屆臨時省議會議員選舉時，國民黨被迫採取公民直接選舉。「臨時省議會第一屆議員之任期，原規定為2年，應於1953年12月11日屆滿，然中央以縣市議會議員既由公民直接選舉，臨時省議會議員也應採取普選方式，乃修改有關法規，改由各縣市公民直接選舉，同時將任期改為三年。」[527]1959年6月省議會正名，去掉「臨時」二字。

關於縣市長直選，省參議會裡的留日學生態度完全一致，都大力推動。他們提出了一系列理由：台灣有條件實行縣市長民選，台灣人口、土地、教育等各方

面符合「建國大綱」規定的地方自治條件。[528]只有實行縣市長、省長的民選，才是完全的地方自治，才是台灣人民所需要的地方自治。[529]台灣早行實施縣市長民選，是政治上建設台灣模範省的需要。[530]縣市長民選是陳儀、白崇禧等人的政治諾言，國民黨政府不能失信於台灣民眾。1947年3月6日陳儀在廣播中許諾：1947年7月1日要施行縣市長民選。[531]同年3月16日，白崇禧宣慰台民的布告首條就是：台灣縣市長提前民選。

留日學生不僅呼籲推動縣市長直選，而且參加了台灣省地方自治研究委員會，參與了縣市長等選舉規則的制訂。地方自治研究委員會有委員29人，留日學生連震東、李友邦、黃聯登、韓石泉、劉闊才、林忠、顏滄海、何景寮、李茂松等參加，約占三分之一。該委員會於1949年8月15日召開首次會議，歷經4個多月，制訂了《台灣省縣市地方自治實施綱要》草案。經省參議會通過，「行政院」核準。1950年4月25日，省政府頒布《台灣省各縣市縣市長選舉罷免規程》，規定縣市長由人民直接選出，任期四年，連選只能連任一次。[532]留日學生要求直選的政治要求最終達到了。

（二）留日學生的第二個選舉戰略是加入國民黨

「二二八事件」後，台灣台灣外發生許多重大事件：國民黨敗退台灣、1950年朝鮮戰爭爆發後美國出兵保護台灣、台灣國民黨的改造和土地改革等等。在這個過程中，國民黨在台灣的統治基本上是愈來愈鞏固。在政治上圖謀發展的留日學生必然要首先依靠執政的國民黨。謀取執政黨國民黨的支持而當選，這是絕大多數參加省議員和縣市長選舉的留日學生的首選戰略。這裡特別需要指出的是，謀取國民黨的支持有兩種方式：可以加入也可以不加入。一般情況下，國民黨會支持自己的黨員；但選戰形勢複雜，特殊情況下，國民黨為了爭取地方名望人士的支持，也會支持非國民黨員，如吳三連、陳水潭等。

基本上，只要得到國民黨的支持，就能勝選。1951年第一屆縣市長選舉，省主席吳國楨勸非國民黨員的吳三連出來競選台北市長。[533]候選人多達7人：吳三連、高玉樹、莊琮耀、林紫貴、郭伯儀、蘇金塗、鄭來春，競爭十分激烈。國民黨發動政府機關團體支持吳三連，結果他順利當選。[534]

1954年第二屆縣市長選舉時，台中縣的陳水潭被國民黨提名，林鶴年尊重黨紀，退出選舉，陳水潭不競當選，但兩年後不幸病逝。在補選時，國民黨提名接近陳派的廖五湖競選，林鶴年的紅派則推在豐原行醫的無黨籍人士王地出馬競選，選情激烈，但投票前王地奉國民黨之命入伍當軍醫，廖五湖順利當選。[535]

　　1957年第三屆縣市長選舉時，國民黨吸取上次失敗的教訓，精心組織，使自己提名的候選人黃啟瑞擊敗勁敵高玉樹當選。高玉樹是現任台北市長，群眾基礎較好，又得到黃信介、李福春、李錫卿等黨外實力人物助陣。[536]在雲林縣，有國民黨雲林縣黨部主委林金生和雲林縣議長王吟貴競爭，最後林金生當選。[537]

　　再如，1960年第四屆縣市長選舉，在高雄市，被蔣介石點名要求參選高雄市長的陳啟川，輕鬆擊敗楊金虎、李源棧、簡秋桐幾個對手，得到了19萬張票中的14萬張而當選。[538]台中縣國民黨提名的縣黨部主任何金生也順利當選。彰化縣，呂世明、石錫勳、楊連基三人參選，國民黨支持的呂世明以最高票當選。彰化市中山投票所竟將石錫勳的票唱成國民黨候選人呂世明的，被選民發現。[539]

　　從1951年到1981年間當選臨時省議會和省議會議員的157個留日學生，只有吳三連、陳水潭、許世賢、郭雨新、李源棧等極少數非國民黨員。

　　在縣市長選舉中，第一屆當選的徐崇德等9人都是國民黨員；非國民黨員只有吳三連和楊基先。第二屆當選的有國民黨員徐崇德等10人；非國民黨員的只有高玉樹、陳水潭2人。第三屆當選的有張芳燮等8名國民黨員；非國民黨員只有葉廷珪1人。第四屆當選的留日學生12人都是國民黨員。第五屆當選的留日學生11人是國民黨員；非國民黨員只有黃順興、高玉樹、葉廷珪3人。第六屆當選的留日學生有國民黨員6人；只有楊金虎是非國民黨員。第七屆當選的5個留日學生都是國民黨員。第八屆當選的2人都是國民黨員。

## 二、留日學生的選舉策略

所謂策略，就是根據形勢發展而制定的行動方針和鬥爭方法。留日學生具體的選舉策略要根據每次具體的選舉形勢而定，最主要有參加或組織派系兩種，也深深地受到了日本選舉文化的影響。如前文所述，在日本的政治選舉中，無論國會議員選舉，還是地方自治選舉中，都有「派閥」的積極活動。參加競選的人一般都要投靠某個「派閥」才能當選。參加選舉的留日學生一般也參加全省性的政治派系或縣市以下的地方派系，這是他們最重要的選舉策略。下面分述之。

　　（一）參加全省性的政治派系運作

　　組織或參加政治派係爭奪各種政治資源，也是留日學生在政治上的一大策略。如前文所述，從1945年9月到1954年前後，台灣政壇上有許多全省性的政治派系，這些政治派系也積極透過選舉奪取政治資源。

　　半山派系：黃朝琴、梁許春菊、王雲龍、劉闊才、黃運金、劉啟光、劉傳來、黃宗焜、郭秋煌、林湯盤、郭雨新、連震東、陳啟川、黃啟瑞等。此派領袖黃朝琴在1952年國民黨七大上當選中常委，在台南威望極高，每次選舉都獲支持。例如第三屆臨時省議會議員選舉時，黃朝琴以「中日文化經濟協會」代表身分到日本處理事務，無法回台參加競選活動，乃在日本先錄好競選言辭，用宣傳車配合黃的照片播放出來，展開競選活動，台南的選民都選他，以最高票當選。[540] 1960年，黃朝琴雖人在日本，但仍獲台南縣民支持以高票當選。黃朝琴背後又有省主席陳誠支持。

　　林頂立系。在第一屆臨時省議員選舉時，此派勢力大振，達到高峰。林頂立1947年8月在台北市創立《全民日報》，全台21縣市幾乎都有分社、辦事處，多以地方知名政治人物兼主任，用大幅各地通訊拉抬地方派系。1950、1951年一連串的地方選舉中，他也透過報紙支持了許多人當上縣市長、縣市議員。1951年9月16日，林頂立與《民族報》、《經濟時報》發行人共組三報「聯合版」，出任總管理處主委。三報聯合版是當時民營第一大報系。該派的陣地還有省農林公司。[541] 第一屆臨時省議會議員選舉，全省由該派支持而當選者高達11席。林頂立和黃朝琴爭奪議長，以25：28失敗。[542] 林頂立系的臨時省議員和省議員有台北市林頂立、黃成金等。

台中派系（楊肇嘉系）。該派系首領楊肇嘉是民政廳長，是1951年和1954年兩次縣市長選舉的監督，並發表談話，說明實施地方自治的意義與民眾應負的責任和應享的權利，呼籲民眾踴躍投票。[543]楊肇嘉監督選舉，對台中派甚至全省的留日學生參加選舉都有很大影響。他「乘實施地方自治機會，數度南下巡視，到處鼓勵本省人競選縣市議員及縣市長，暗示脫離外省人統制，據悉曾有獨立運動企圖之嫌。」[544]

台中派有林雲龍、吳三連等。吳三連因對國民黨不滿才棄台北市長去競選省議員的。有些國民黨人認為台北市長「非由國民黨員出任不可」，感到很累的吳三連決定放棄競選連任，回台南競選省議員，最後當選。[545]

蔣渭川系則有台北市長周百鍊等。周百鍊，九州大學醫學博士。光復初，他發起並自任理事長的台灣醫師公會。[546]

（二）依靠地方派系支持當選

據台灣學者陳明通研究，1951年以後，台灣全省共有89個縣市級以上的地方派系。[547]留日學生利用自己的經濟資本、文化資本以及社會關係資本控制絕大部分地方派系。看下列幾個典型例子：

台中市有張、賴兩大地方派系。賴派領導人賴榮木，明治大學畢業。[548]張派領導人張啟仲，日本醫科大學畢業，在日本12年，1946年回台創辦啟仁醫院，擔任中區合作社理事主席，有強大的經濟實力和社會關係，因而在1952年當選第二屆市議員，1955年當選第三屆議長。1960年，原參議會議長及市長林金標生病，張啟仲結合了他的勢力。他還據日本葬禮簡單而隆重的經驗改革了台中的喪葬風俗。他後來當選兩屆「立委」。[549]

彰化縣大小選舉主要有紅、白兩大派系控制，紅派領導人呂世明，早稻田大學畢業。白派領導人蘇振輝，九州大學醫學博士。[550]嘉義縣黃派領導人黃宗焜，中央大學畢業，嘉義律師，光復後任嘉義、台中地方法院推事，1969年當選「增額立委」。[551]

台南縣地方派系先後有北門派（海派）、山（胡龍寶）派、高育仁派等大派

系，它們包辦11屆縣長選舉，「立委」、省議員也由三派推出的人選當選。吳三連、高文瑞、陳華宗為海派骨幹，吳三連為精神領袖。[552]山派始祖胡龍寶雖不是留日學生，但其妻舅許禎明、許禎文都是留日的醫學博士，勢力很大。[553]

高雄市的地方派系領導更具典型性。澎湖派領導謝掙強，曾經在大陸參加抗日，有輝煌的政治經歷，當選首屆高雄市長。高雄派首領陳啟川，1899年生，慶應大學畢業，有龐大的家族企業[554]。

總之，大多數地方派系控制在實力強大的留日學生手裡。以留日學生為首或骨幹的地方派系，參考表4-5，不再一一論述。這些地方派系在各地操控或影響選舉，參加選舉者只有參加或依靠它們才能勝出。本文只論述依靠地方派系當選的留日學生。

下面以台中、苗栗、高雄等縣為例，說明留日學生在地方派系中參加選舉的情況。

台中縣的選舉，都被林鶴年的紅派和陳水潭的黑派控制。1950年的首次縣長選舉，競爭就激烈，經兩次投票才產生。第一次有陳水潭、林鶴年、蔡卯生、陳振順、呂大椿參加，但5月6日開票，最高票的陳水潭卻也沒有過半數。第二次投票，林鶴年運用連橫策略，結合蔡卯生等人的票源，最後當選。由於選情激烈，流血事件頻發，結果形成陳水潭為首的陳派和以林鶴年為首的林派。林鶴年的宣傳海報為紅色，故又稱紅派；陳水潭則為黑色或深藍色，故又稱黑派。[555]林鶴年，東洋音樂大學畢業；陳水潭，日本醫科大學畢業，豐原鎮長。[556]呂大椿，日本駒澤大學畢業。[557]兩派控制台中縣地方政壇幾十年。1972年前後，蔣經國倡導提拔青年才俊，遂不提名派系強硬人物，與兩派協商，要兩派不再作惡性競爭，明訂林、陳兩派輪流執政，一任兩屆，但縣長人選必須經對方同意才能提名。

在苗栗縣，劉闊才、劉定國的「劉派」和黃運金的「黃派」，控制選舉和交替主持縣政。首屆縣長選舉時兩派就激烈對立，劉闊才支持「二二八事件」時救過他的新竹防衛司令劉定國參選，與黃運金競爭。這場選舉創下四次投票選舉的罕見記錄，第一次黃運金得票超過劉定國，但未過半數；20天後辦理第二次投

票，反由劉定國贏得選舉，律師出身之黃運金控告劉仍具軍人身分，法院判劉當選無效。這是台灣地方自治史上首件選舉官司。辦理第三次投票，黃運金、劉闊才都未參加，而由賴順生、李白濱、黃焜發、黃發盛、張子斌、楊日恩、邱克修等7人參選。主要是賴順生及李白濱在爭，畢業於東京帝大教育系的賴順生是國民黨提名，畢業於京都帝大經濟系的李白濱則是青年黨提名。但第三次投票仍無一人獲得半數，又再選，由賴順生和李白濱對決，李白濱在國民黨壓力下未敢活動，賴順生當選首屆縣長。[558]劉定國，1929年到日本東京讀中學，因不滿日人歧視而18歲赴大陸從軍。1934年考入中央軍校。「二二八事件」時，他是新竹縣防衛司令，營救了不少苗栗地方人士。[559]

高雄縣各項選舉，主要受到陳新安的白派、洪榮華的紅派及余登發的黑派控制。1951年首屆縣長選戰十分激烈，首次投票，4名候選人洪榮華、陳新安、余登發、吳崇雄的得票數都未過半，乃進行第二次投票，由洪榮華、陳新安複選。國民黨提名的洪榮華和非國民黨陳新安對決，洪榮華當選。[560]洪榮華，1902年生，東京帝大農學部畢業，光復初被謝東閔聘為高雄州接管委員，縣政府建設局長，1954年後任高雄農田水利會長。陳新安，1912年生，京都帝大法科畢業。[561]

總之，台灣15個縣市掌控地方選舉的32個地方派系，28個是以留日學生為首，4個以留日學生為骨幹。在當地參加選舉的候選人基本上要依靠他們的支持才能當選。

表4-5 以留日學生為領導或骨幹的地方派系一覽表

| 縣市別 | 派別 | 派系領導 | 派系骨幹 | 控制選舉狀況 |
|---|---|---|---|---|
| 台北縣 | 林本源家族 | 林熊征等 | | 板橋 |
| | 顏雲年家族 | 顏雲年 | | |
| | 李秋遠家族 | 李秋遠 | | 蘆洲 |
| | 李建興家族 | 李建興 | | 瑞芳 |
| 台中縣 | 紅派 | 林鶴年 | 陳新發等 | 完全 |
| | 黑派 | 陳水潭 | 何金生、陳漢周、廖五湖等 | |
| 台中市 | 張派 | 張啓仲 | 林金標 | 完全 |
| | 賴派 | 賴榮木 | 邱欽洲、蔡志昌等 | |
| 新竹縣 | 東許派 | 許振乾（非） | 朱盛淇、古燧昌、何禮棟、葉炳煌、陳天賜 | 完全 |
| | 西許派 | 許金德（非） | 鄒滌之、彭瑞鷺、蘇廷清 | |

第四章　兩蔣統治時期留日學生參加的重要選舉

147

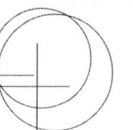

續表

| 縣市別 | 派別 | 派系領導 | 派系骨幹 | 控制選舉狀況 |
|---|---|---|---|---|
| 苗栗縣 | 劉派 | 劉闊才 | 劉定國、魏綸洲 | 完全 |
| | 黃派 | 黃運金 | | |
| 彰化縣 | 紅派 | 呂世明 | | 完全 |
| | 白派 | 蘇振輝 | 洪挑、黃高碧桃 | |
| 高雄市 | 澎湖派 | 謝掙強 | 謝有用、林炳坤 | 基本 |
| | 台南派 | 陳武璋 | 吳鐘靈等 | |
| | 高雄派 | 陳啓川 | 陳啓清、陳田錨等 | |
| | 林迦派 | 林迦（非） | 林瓊瑤等 | |
| | 王玉雲派 | 王玉雲 | | |
| 高雄縣 | 白派 | 陳新安 | 林淵源 | 完全 |
| | 紅派 | 洪榮華 | 戴良慶、郭吳合巧 | |
| | 黑派 | 余登發（非） | | |
| 嘉義縣 | 黃派 | 黃老達 | 黃文淘、黃宗焜 | 完全 |
| | 林派 | 林振榮 | 劉傳來、蔡陳翠蓮 | |
| 台南縣 | 北門（海）派 | 吳三連 | 高文瑞、陳華宗、劉博文 | 基本 |
| | 山派 | 胡龍寶（非） | 許禎明、許禎文、洪清賢 | |
| 台南市 | 葉廷珪派 | 葉廷珪 | | 基本 |
| | 辛文炳派 | 辛文炳 | | |
| 屏東縣 | 張山鐘派 | 張山鐘（非） | 藍家精 | 基本 |
| | 林石城派 | 林石城 | | |
| 雲林縣 | 吳景徽派 | 吳景徽 | | 1957年前 |
| | 廖昆金派 | 廖昆金 | | |
| 台東縣 | 黃派 | 黃拓榮 | | 基本 |
| | 吳派 | 吳金玉 | 許添枝 | |
| 宜蘭縣 | 陳派 | 陳進東 | | 基本 |
| | 許派 | 許文政 | 羅文堂等 | |
| 澎湖縣 | 南派 | 郭石頭（非） | | 完全 |
| | 北派 | 高順賢 | | |

資料來源：張崑山、黃政雄主編：《地方派系與台灣政治》，聯合報社出版社，1996年。《台中地方自治史料彙編》，台中縣文化中心，1994年。廖忠俊：《台灣地方派系及其主要領導人物》。《雲林縣發展史》（下），第十篇。張炎憲：《台灣近代名人志》第1-4冊。廖娟秀、葉翠芬：《胡龍寶傳》，月旦出版社，1992年。（註：表中括號中註明「非」者，不是留日學生）

## 三、國民黨外留日學生的選舉戰略和策略

由於「二二八事件」或土地改革等種種原因，一些台籍精英對國民黨嚴重不滿，他們不參加或退出國民黨，而參加青年黨、民社黨，或乾脆不參加任何黨派。這些人後來統稱為所謂的「黨外」，共同特點就是反對國民黨爭取民主。著名的黨外人士基本上都是留日學生，如郭國基、高玉樹、郭雨新、許世賢、李源棧、石錫勳、黃順興、黃玉嬌、黃信介、楊基先、何春木、張深等。這裡把這些人的選舉戰略和策略單獨論述，一方面因為他們確實有自己的特殊性，另一方面是為了強調這些人在選舉和台灣政治中的特殊地位，和前文並不矛盾。

（一）國民黨外留日學生的選舉戰略

國民黨外留日學生的選舉戰略也有兩個：公民直選和參加國民黨之外的組織。公民直選問題前文已有論述。下面論述他們的第二個戰略。

國民黨之外的政黨有民社黨、青年黨，力量有限，對黨外留日學生的選舉幫助不大，他們乃逐漸謀求建立新政黨，以制衡國民黨。這個選舉戰略對台灣的政治影響深遠。

跟隨國民黨逃到台灣的有民社黨和青年黨，號稱國民黨的「友黨」，有一定的知名度和政治影響力，也有留日學生加入它們，希望依靠它們的幫助當選。青年黨的留日學生郭雨新多次當選省議員。1964年和1968年的第五、六屆縣市長選舉，高雄市楊金虎都以民社黨身分參選，首次失敗，第二次獲勝。第二屆縣市長選舉，高玉樹以民社黨員的身分出來競選台北市長，希望國民黨看在友黨的面子上不打壓他。但國民黨仍肆意打壓他。最後他擊敗國民黨提名的候選人陸軍中將王民寧。[562] 1968年，石錫勳被青年黨提名為彰化縣長候選人。

由於民社黨、青年黨政治力量有限，使自己當選的機會不多，黨外留日學生乃透過選舉座談會、檢討會、助選團等形式聯合起來，甚至想組建新黨派來支持自己參加競選，以增強實力增加聲勢。這是留日學生在日據時期就有的政治經驗，如他們曾組織台灣民眾黨等。這一部分在其他章節有詳細論述。像石錫勳、郭國基等人，在選舉中屢受國民黨和地方派系的擠壓，很早就想聯合起來。第三屆臨時省議會議員選舉時，台北市候選人郭國基就和競選市長的高玉樹取得默契，相互呼應。

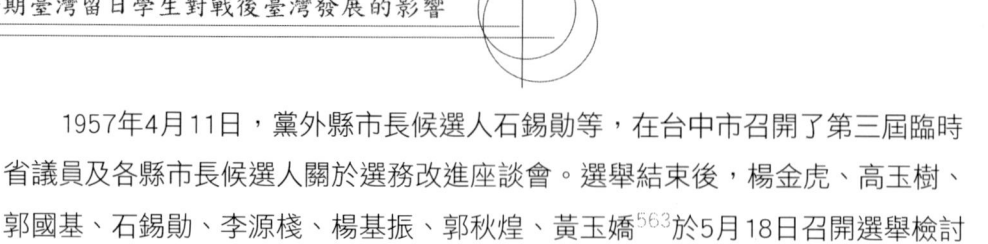

1957年4月11日，黨外縣市長候選人石錫勳等，在台中市召開了第三屆臨時省議員及各縣市長候選人關於選務改進座談會。選舉結束後，楊金虎、高玉樹、郭國基、石錫勳、李源棧、楊基振、郭秋煌、黃玉嬌[563]於5月18日召開選舉檢討會，決議籌組「中國地方自治研究會」。[564] 1960年5月18日召開的「在野黨及無黨無派人士本屆地方選舉檢討會」，決議籌組「中國民主黨」，希望依靠它來保證選舉公平。

1978年10月6日，由「立委」黃信介組織的「台灣黨外人士助選團」在台北成立。在成立大會上，黃信介宣布黨外是目前台灣的「第四黨」，將組成全省巡迴助選團，支持各地黨外人士。[565]

（二）國民黨外留日學生的選舉策略

國民黨外的留日學生，透過總結選舉經驗，從1954年第二屆縣市長選舉後就採取了符合自己特點的選舉策略：在政治議題上大膽批判國民黨；當選後認真問政、為下次選舉奠定民意基礎；利用省籍矛盾等。

1.宣揚自己的「武士道精神」，在選戰中播放日本軍歌，在政治議題上猛烈批判國民黨、製造轟動效應，吸引不滿國民黨者的選票。典型的如郭國基、廖啟川等人。

第三屆臨時省議會選舉時，台北市候選人郭國基首次以大型傳單、辛辣文字，強調自己受難經歷和「國策」、「憲法」等政見。他以亞鉛片在宣傳車上塑造一尊大砲，代表他「郭大砲」的綽號，再配上日本海軍「軍艦進行曲」，使選民很遠就知道「郭國基來了！」他的演講更大膽「我生為台灣人，是食台灣水活的，是食台灣米大的，日本政府尚且不敢禁止我們講台灣話。台灣人在台灣，不準講台灣話？」台北萬人空巷聽他的演講，最後以第二高票當選。1968年，在高雄市競選省議員時，郭國基聲言「在野的政治家不該有退休」，選戰最後一天打出「賜我光榮死在議壇」的悲壯標語遊行。他提出具有轟動效果的政見：「索回香港、九龍、澳門的失土」，索回「釣魚台、東沙、南沙群島主權」、「台灣人才的起用」、「全面改選台灣區『中央民意代表』」。他又以五萬多高票當選省議員。[566]

1957年，台南市長候選人葉廷珪標榜「廷珪此次參加競選，旨在維護民主制度，打破一人競選局面，及使南市府會免遭私利集團所把持，以消除地方未來隱憂。」被選舉事務所認為欠妥，但葉廷珪拒絕修改。[567] 1960年，南投縣長候選人廖啟川嚴厲抨擊國民黨，「政府」腐敗無能，官吏貪汙枉法等。廖啟川，早年留學早大或東京帝大，本屆選舉後即被調查局逮捕。[568] 雲林縣，蘇東啟和國民黨候選人林金生競選，他參選雲林縣長的政見，被選舉監察小組以「惡意批評政府、國民黨、國民黨候選人林金生等問題之嚴重性」為理由，認定是「踰越發表政見範圍」。[569]

　　1964年第五屆縣市長選舉時，台北市長候選人陳逸松用激烈言辭批評政府。

　　2.當選後認真問政，為下次選舉當選奠定堅實的民意基礎。這種策略只有經濟資本和文化資本都雄厚的留日學生才敢用才有能力用。這方面以省議會「五龍一鳳」為代表。

　　在擔任第二屆臨時省議會議員時，許世賢就以問政認真著稱，因質詢嘉義縣長李茂松貪汙案被國民黨開除黨籍，從此投身在野陣容，長期和執政黨對抗。1957年，黨外候選人士在台中召開協調座談會，研究共同對付國民黨的辦法。選舉結果，台北市的郭國基、台南縣的吳三連、高雄市李源棧、宜蘭縣郭雨新、雲林縣李萬居、嘉義縣許世賢當選省議員。他們因質詢有力，被稱為「五龍一鳳」。這6人當中只有李萬居不是留日學生。他們在省議會激烈批評國民黨。例如，郭國基主張修改「國歌」，將「三民主義，吾黨所宗」改為「吾國所宗」，在省議會引起風潮。[570] 因為累積了很高的政治聲望，他們6人以後又多次當選省議員。郭雨新連選連任3次，許世賢連選連任2次，李源棧連選連任2次，郭國基又當選過3次。

　　3.利用省籍矛盾。黨外的留日學生在選舉中一般處於劣勢地位，要調動各種力量來競選，其中就包括利用國民黨統治下的省籍矛盾。

　　第一屆縣市長選舉中就有利用地域觀念的問題。1954年第二屆縣市長選舉監督人、民政廳長楊肇嘉於1953年3月發表《告全省同胞書》，檢討上次選舉的

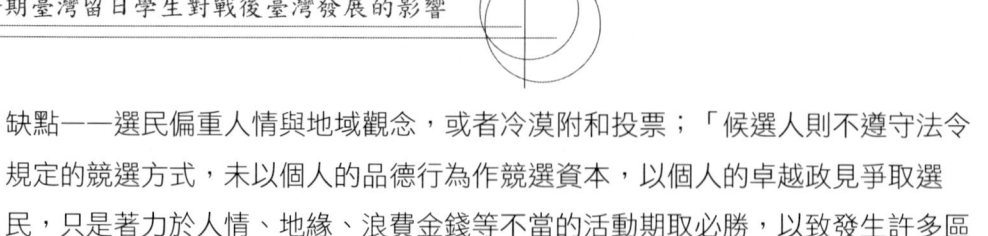

缺點——選民偏重人情與地域觀念，或者冷漠附和投票；「候選人則不遵守法令規定的競選方式，未以個人的品德行為作競選資本，以個人的卓越政見爭取選民，只是著力於人情、地緣、浪費金錢等不當的活動期取必勝，以致發生許多區域派別的明爭暗鬥怪現象。」要求省民「深切地認識自治的意義，本諸理性和良心，選出有能力、有品格、有熱誠，具有充分代表人民資格的人士。」[571]

但是，第二屆彰化縣長候選人石錫勳仍然提出「彰化縣政由彰化人自治」的競選口號。[572]

如前文所述，在第三屆省議會議員選舉中，郭國基在台北市演說時批評國民黨少數人「作風如同『乞丐趕廟公』，『關老爺借荊州、霸荊州』！」也是利用省籍矛盾。第四屆縣市長選舉時，為了擊敗國民黨支持的周百鍊，高玉樹在政見發表會上大力宣傳「台灣人被欺負至今，可以好好利用民選的機會，選出理想的人選，不要讓國民黨擺布」，以爭取本省籍選票。[573]

綜上所述，台灣光復後到1980年代初，台灣縣市正、副議長以上的重要選舉，留日學生參選和當選的比率很大。在1950到1970年代二十年間，縣市長有半數是留日學生；省議員也達到二成以上近三成。省議會是地方派系力量集中的地方，也是留日學生比較集中的地方，留日學生是名副其實的台灣地方勢力領導力量。

在1945年到1948年間的五種「中央民意代表」選舉中，留日學生當選的比率更高：國民參政員占到75%，「制憲國大」代表占58%，「行憲國大代表」占60%，「監察委員」占80%，「立委」占100%。可見，民意代表的層級越高，留日學生當選的比率越高，充分反映了他們在台灣政壇上的份量。

留日學生這個社會階層積極參選與當選比率很高的根本原因：他們的資本總量雄厚，即他們擁有雄厚的經濟資本、優越的文化資本，以及豐厚的社會關係資本。除此之外，他們還有自己一整套的選舉戰略和策略。在戰略上主要有公民直選、參加國民黨，或者參加國民黨之外的組織。在競選策略上，主要有參加全省性政治派系運作、組織或參加地方派系、猛烈批評國民黨、利用省籍矛盾等。

縣市長能夠掌握地方政治資源,發展自己的派系勢力,而留日學生當選縣市長的比較多,所以,留日學生在地方政壇上地位重要。1970年代初,國民黨就用青年黨工去替換地方派系人物競選縣市長,再加上留日學生年齡已大,因而留日學生當選縣市長的比例大幅下降。到了1980年代,留日學生直接當選縣市長的就很少了。

表4-6　第一屆臨時省議會議員選舉留日學生當選一覽表

| 縣市 | 當選人 | 學經歷 |
| --- | --- | --- |
| 台北縣 | 白金泉 | 東亞商業學校 |
| 宜蘭縣 | 郭雨新 | 台大農學院,日本留學一年 |
| 宜蘭縣 | 蘇東芳 | 早大畢業,羅東區長、宜蘭縣建設局長 |
| 桃園縣 | 張芳燮 | 日本中央大學法律系,省府參議 |
| 桃園縣 | 陳長壽 | 東京工業大學 |
| 新竹縣 | 姜阿新 | 明治大學法科肄業 |
| 苗栗縣 | 劉闊才 | 京都帝大法學部 |
| 苗栗縣 | 黃運金 | 日本大學法律科 |
| 台中縣 | 陳水潭 | 日本醫科大學,黑派 |
| 台中縣 | 林雲龍 | 日本法政大學 |
| 彰化縣 | 周天啓 | 日本大學 |
| 彰化縣 | 呂世明 | 早大政經科 |
| 南投縣 | 陳萬 | 日本東洋大學 |
| 嘉義縣 | 劉啓光 | 明治大學畢業 |
| 嘉義縣 | 劉傳來 | 日本大學醫學博士 |

續表

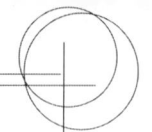

| 縣市 | 當選人 | 學經歷 |
|---|---|---|
| 嘉義縣 | 黃宗焜 | 中央大學法學部 |
| 台南縣 | 黃朝琴 | 早大政經部 |
| 台南縣 | 王雲龍 | 早大政經部 |
| 台南縣 | 郭秋煌 | 東京帝大經濟部 |
| 台南縣 | 梁許春菊 | 奈良女子高等師範學校 |
| 屏東縣 | 林壁輝 | 同志社大學 |
| 屏東縣 | 蕭秀利 | 東京慈惠會醫科大學 |
| 台北市 | 林頂立 | 明治大學政經部 |
| 台北市 | 黃成金 | 大阪第一高等商校 |
| 基隆市 | 陳漢周 | 東京齒科大學 |
| 台中市 | 林湯盤 | 明治大學法學部 |

資料來源：劉寧彥編纂：《重修台灣省通志》卷七，第六章民意代表之選舉，第138頁。

表4-7　第二屆臨時省議員選舉留日學生當選一覽表

| 縣市 | 當選人 | 學經歷 |
|---|---|---|
| 宜蘭縣 | 郭雨新 | |
| 宜蘭縣 | 陳火土 | |
| 桃園縣 | 張芳燮 | |
| 桃園縣 | 陳長壽 | |
| 新竹縣 | 何禮棟 | 京都帝大醫學部 |
| 苗栗縣 | 劉闊才 | |
| 苗栗縣 | 黃運金 | |
| 台中縣 | 何金生 | 早大附屬第一高等學院文科畢業 |
| 南投縣 | 陳萬 | |
| 雲林縣 | 林頂立 | |
| 雲林縣 | 黃祺祴 | 九州大學法學部畢業 |
| 嘉義縣 | 黃宗焜 | |
| 嘉義縣 | 劉傳來 | |
| 嘉義縣 | 翁新台 | 日本鎌倉中學 |
| 嘉義縣 | 許世賢 | 九州帝大醫學部 |
| 台南縣 | 黃朝琴 | |

續表

| 縣市 | 當選人 | 學經歷 |
|------|--------|--------|
| 台南縣 | 吳三連 | 東京商科大學 |
| 台南縣 | 梁許春菊 | |
| 屏東縣 | 蕭秀利 | |
| 台北市 | 周百鍊 | 長崎醫科大學 |
| 台中市 | 徐灶生 | 早大通訊函授畢業 |

資料來源：劉寧顏編纂：《重修台灣省通志》卷七，第六章民意代表之選舉，第147頁。

表4-8　第三屆臨時省議會議員選舉留日學生當選一覽表

| 縣市 | 當選人 | 學經歷 |
|------|--------|--------|
| 宜蘭縣 | 陳火土 | |
| 宜蘭縣 | 郭□□ | |
| 桃園縣 | 范宗寬 | 明治大學 |
| 苗栗縣 | 王天賜 | 日本成城中學 |
| 苗栗縣 | 黃運金 | |
| 彰化縣 | 蘇振輝 | 日本醫學博士 |
| 南投縣 | 陳彩龍 | 醫學專士 |
| 雲林縣 | 王豆順 | 日本□川農林高等學校 |
| 嘉義縣 | 許□資 | |
| 台南縣 | □□□ | |
| 台南縣 | 吳三連 | |
| 台南縣 | 梁□□ | |
| 台南縣 | 梁許春菊 | |
| 屏東縣 | □□□ | 日本明治學院 |
| 屏東縣 | 叶庆源 | 日本北中商業學校 |
| 台東縣 | 林尚美 | 東京大倉商業學校 |
| 台北市 | 郭國基 | 明治大學 |
| 台中市 | 双榮太 | 明治大學 |
| 台南市 | 林全祿 | 明治大學 |
| 台北市 | 李源□ | 岩手縣醫專 |

資料來源：劉寧顏編纂：《重修台灣省通志》卷七，第六章民意代表之選舉，第157頁。

表4-9　第二屆省議會議員選舉留日學生當選一覽表

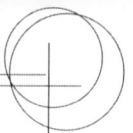

| 縣市 | 當選人 | 學經歷 |
|---|---|---|
| 台北縣 | 李秋遠 | 東北大學 |
| 宜蘭縣 | 郭雨新 | |
| 苗栗縣 | 黃運金 | |
| 苗栗縣 | 劉定國 | 日本中學畢，中央軍校 |
| 台南縣 | 陳新發 | 大阪工業技術學校 |
| 彰化縣 | 蘇振輝 | |
| 彰化縣 | 黃高碧桃 | 大阪女子藥學專門學校 |
| 南投縣 | 林益川 | 京都昭和醫專 |
| 南投縣 | 李鳥棕 | 東京醫科大學 |
| 嘉義縣 | 吳泉汝 | 日本四日市農業高等學校 |
| 嘉義縣 | 許世賢 | |
| 台南縣 | 黃朝琴 | |
| 台南縣 | 梁許春菊 | |
| 台南縣 | 郭秋煌 | |
| 台南縣 | 王雲龍 | |
| 屏東縣 | 劉盛財 | 明治學院 |
| 台北市 | 郭國基 | |
| 台北市 | 陳重光 | 日本成城中學 |
| 基隆市 | 謝清雲 | 長崎大學藥學部 |
| 台中市 | 賴榮木 | |
| 台中市 | 徐灶生 | |
| 台南市 | 林全祿 | 明治大學 |
| 高雄市 | 李源棧 | 岩手縣醫專 |
| 高雄市 | 蔡文玉 | 慶應大學 |

資料來源：劉寧彥編纂：《重修台灣省通志》卷七，第六章《民意代表之選舉》。

表4-10　第三屆省議員選舉留日學生當選一覽表

| 縣市 | 當選人 | 學經歷 |
|---|---|---|
| 台北縣 | 李秋遠 | |
| 宜蘭縣 | 郭雨新 | |
| 宜蘭縣 | 陳火土 | |

續表

| 縣市 | 當選人 | 學經歷 |
|---|---|---|
| 苗栗縣 | 黃運金 | |
| 台中縣 | 陳新發 | |
| 彰化縣 | 黃高碧桃 | |
| 南投縣 | 李鳥棕 | |
| 雲林縣 | 廖秉輝 | 日本本牧中學 |
| 雲林縣 | 王安順 | 田川農林高等學校 |
| 嘉義縣 | 林福地 | 日本大學法學部肄業 |
| 嘉義縣 | 吳泉汷 | |
| 嘉義縣 | 許世賢 | |
| 台南縣 | 陳華宗 | 日本立正大學 |
| 台南縣 | 梁許春菊 | |
| 屏東縣 | 林亮雲 | 大阪工業專門學校 |
| 台北市 | 陳重光 | |
| 基隆市 | 謝清雲 | 長崎大學 |
| 台中市 | 賴榮木 | |
| 高雄市 | 李源棧 | |
| 高雄市 | 蔡文玉 | |

資料來源：劉寧彥編纂：《重修台灣省通志》卷七，第六章《民意代表之選舉》，第177頁。

## 表4-11 第四屆省議員選舉留日學生當選一覽表

| 縣市 | 當選人 | 學經歷 |
|---|---|---|
| 台北縣 | 李秋遠 | 東北大學 |
| 新竹縣 | 古燧昌 | 明治大學商學部 |
| 苗栗縣 | 邱仕豐 | 東京醫科大學博士 |
| 苗栗縣 | 魏倫洲 | 日本大學經濟學部 |
| 台中縣 | 陳新發 | 大阪技術工業學校 |
| 彰化縣 | 呂俊杰 | 早大 |
| 雲林縣 | 王安順 | 田川農校 |
| 雲林縣 | 廖炳輝 | 日本本牧中學 |
| 雲林縣 | 王吟貴 | 京都帝大 |
| 嘉義縣 | 吳泉汷 | 日本四市農業高等學校 |

157

續表

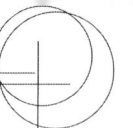

| 縣市 | 當選人 | 學經歷 |
|---|---|---|
| 嘉義縣 | 林福地 | 日本大學肄業 |
| 嘉義縣 | 黃宗焜 | 中央大學 |
| 嘉縣線 | 蔡陳翠蓮 | 東京共立藥科大學 |
| 台南縣 | 陳華宗 | 日本立正大學 |
| 台南縣 | 梁許春菊 | |
| 屏東縣 | 林亮雲 | 大阪工業學校 |
| 屏東縣 | 陳恒隆 | 山口大學經濟學部 |
| 澎湖縣 | 呂安德 | 日本大學建築 |
| 基隆市 | 謝清雲 | 長崎大學藥學部 |
| 台中市 | 賴榮木 | |
| 高雄市 | 郭國基 | |

資料來源：劉寧彥編纂：《重修台灣省通志》卷七，第六章《民意代表之選舉》，第187頁。

表4-12　第五屆省議員選舉當選的留日學生一覽表

| 縣市 | 當選人 | 學經歷 |
|---|---|---|
| 新竹縣 | 陳天錫 | 中央大學 |
| 苗栗縣 | 魏綸洲 | |
| 台中縣 | 陳新發 | |
| 彰化縣 | 謝許英（女） | 九州產婆學校 |
| 雲林縣 | 王安順 | |
| 雲林縣 | 王吟貴 | |
| 嘉義縣 | 蔡陳翠蓮 | |
| 高雄縣 | 郭吳合巧（女） | 東京文華高女 |
| 屏東縣 | 蔡江來 | 日本大東文化學校 |
| 屏東縣 | 陳施蕊（女） | 昭和女子藥科大學 |
| 台南市 | 張丁誥 | 近畿大學商科 |
| 高雄市 | 歐石秀 | 明治大學 |

資料來源：劉寧彥編纂：《重修台灣省通志》卷七，第六章《民意代表之選舉》，第201頁。

表4-13　第六屆省議員選舉留日學生當選一覽表

| 縣市 | 當選人 | 學經歷 |
|---|---|---|
| 桃園縣 | 黃玉嬌（女） | 昭和藥科大學 |
| 新竹縣 | 陳天錫 | |
| 苗栗縣 | 魏綸洲 | |
| 彰化縣 | 謝許英（女） | |
| 嘉義縣 | 蔡陳翠蓮（女） | |
| 高雄市 | 郭吳合巧（女） | |
| 高雄縣 | 鄭李惠 | 名古屋藥專 |
| 屏東縣 | 陳施蕊（女） | |

資料來源：劉寧彥編纂：《重修台灣省通志》卷七，第六章《民意代表之選舉》，第213頁。

表4-14　第七屆省議員選舉留日學生當選一覽表

| 縣市 | 當選人 | 學經歷 |
|---|---|---|
| 桃園縣 | 黃玉嬌（女） | |
| 新竹縣 | 邱泉華 | 愛知學院 |
| 嘉義縣 | 蔡陳翠蓮（女） | |
| 澎湖縣 | 林聯登 | 日本豐國高中 |

資料來源：劉寧彥編纂：《重修台灣省通志》卷七，第六章《民意代表之選舉》，第225頁。

表4-15　第一屆縣市長留日學生當選一覽表（1950.8－1951.5）

| 縣市 | 當選人 | 黨籍 | 學經歷 |
|---|---|---|---|
| 桃園縣 | 徐崇德 | 國 | 立命館大學，記者公會理事長 |
| 新竹縣 | 朱盛淇 | 國 | 日本大學，義民中學校長 |
| 苗栗縣 | 賴順生 | 國 | 東京帝大，中學校長。親黃派 |
| 台中縣 | 林鶴年 | 國 | 東京音樂大學，教授 |
| 南投縣 | 李國楨 | 國 | 早大，民政局長 |
| 雲林縣 | 吳景徽 | 國 | 京都大學。鎮長 |
| 嘉義縣 | 林金生 | 國 | 東京帝大。區長、科長 |
| 高雄縣 | 洪榮華 | 國 | 東京帝大，技師 |
| 台北市 | 吳三連 | | 東京商科大學，省府委員、市長 |
| 台中市 | 楊基先 | | 日本大學，律師 |
| 台南市 | 葉廷珪 | 國 | 明治大學 |
| 高雄市 | 謝挣強 | 國 | 慶應大學肄業，市長 |

資料來源：劉寧彥編纂：《重修台灣省通志》卷七，第7章《縣市長選舉》，第360頁。

表4-16　第二屆縣、市長選舉留日學生當選一覽表

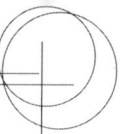

| 縣市 | 當選人 | 黨籍 | 學經歷 |
|---|---|---|---|
| 桃園縣 | 徐崇德 | 國 | 京都立命館大學 |
| 新竹縣 | 朱盛淇 | 國 | 日本大學 |
| 苗栗縣 | 劉定國 | 國 | 日本讀中學3年，中央軍校。劉派 |
| 台中縣 | 陳水潭 |  | 日本醫學專校，省議員 |
| 台中縣 | 廖五湖 | 國 | 中央大學，商校校長。遞補陳水潭 |
| 南投縣 | 李國楨 | 國 | 早大 |
| 雲林縣 | 吳景徽 | 國 | 京都醫科大學 |
| 嘉義縣 | 李茂松 | 國 | 中央大學，參議會議員 |
| 高雄縣 | 陳新安 | 國 | 京都帝大，縣議員 |
| 屏東縣 | 林石城 | 國 | 中央大學，縣議會議長 |
| 台北縣 | 高玉樹 |  | 早大，兵工廠技術顧問 |
| 高雄縣 | 謝掙強 | 國 |  |

資料來源：劉寧彥編纂：《重修台灣省通志》卷七政治志，第7章《縣市長選舉》，第369頁。

### 表4-17　第三屆縣、市長選舉留日學生當選一覽表

| 縣市 | 當選人 | 黨籍 | 學經歷 |
|---|---|---|---|
| 桃園縣 | 張芳燮 | 國 | 中央大學，科長，省議員 |
| 苗栗縣 | 劉定國 | 國 | 劉派 |
| 台中縣 | 林鶴年 |  |  |
| 南投縣 | 洪樵榕 | 國 | 東京高師，中學校長 |
| 雲林縣 | 林金生 | 國 | 東京帝大 |
| 嘉義縣 | 黃宗焜 | 國 | 中央大學，律師省議員 |
| 屏東縣 | 林石城 | 國 |  |
| 台北市 | 黃啓瑞 | 國 | 京都帝大，市議會議長 |
| 台南市 | 葉廷珪 |  |  |

資料來源：劉寧彥編纂：《重修台灣省通志》卷七政治志，第7章《縣市長選舉》，第376頁。

### 表4-18　第四屆縣、市長選舉留日學生當選一覽表

| 縣市 | 當選人 | 政黨 | 學經歷 |
|---|---|---|---|
| 宜蘭縣 | 林才添 | 國 | 日本中學、實踐學院 |
| 新竹縣 | 彭瑞鷺 | 國 | 東京醫專 |

續表

| 縣市 | 當選人 | 政黨 | 學經歷 |
|---|---|---|---|
| 台中縣 | 何金生 | 國 | 早大，督學，局長，議員 |
| 彰化縣 | 呂世明 | 國 | 早大，議員，國代 |
| 南投縣 | 洪樵榕 | 國 | 東京高師 |
| 雲林縣 | 林金生 | 國 | |
| 嘉義縣 | 黃宗焜 | 國 | 中央大學 |
| 屏東縣 | 李世昌 | 國 | 日本大學，市長，議員，經理 |
| 花蓮縣 | 柯丁選 | 國 | 九州帝大，議長，院長，董事長 |
| 台北市 | 黃啓瑞 | 國 | 京都帝大 |
| 台南市 | 辛文炳 | 國 | 明治大學，議會副正議長 |
| 高雄市 | 陳啓川 | 國 | 慶應大學，省府顧問 |

資料來源：劉寧彥編纂：《重修台灣省通志》卷七政治志，第7章《縣市長選舉》，第383頁。

表4-19　第五屆縣、市長選舉留日學生當選一覽表

| 縣市 | 當選人 | 黨籍 | 學經歷 |
|---|---|---|---|
| 宜蘭縣 | 陳進東 | 國 | 長崎醫科大學 |
| 桃園縣 | 陳長壽 | 國 | 東京工業大學，臨時省議員 |
| 新竹縣 | 彭瑞鷺 | | |
| 台中縣 | 林鶴年 | | |
| 彰化縣 | 呂世明 | | |
| 南投縣 | 林洋港 | 國 | 遞補楊昭璧 |
| 台南縣 | 劉博文 | 國 | 日本專修大學，典獄長 |
| 高雄縣 | 戴良慶 | 國 | 明治大學，縣議會議長 |
| 台東縣 | 黃順興 | | 熊本農校 |
| 花蓮縣 | 柯丁選 | | |
| 台北市 | 高玉樹 | | |
| 台中市 | 張啓仲 | 國 | 日本醫科大學，市議會議長 |
| 台南市 | 葉廷珪 | | |
| 高雄市 | 陳啓川 | | |

資料來源：劉寧彥編纂：《重修台灣省通志》卷七政治志，第7章《縣市長選舉》，第391頁。

表4-20　第六屆縣、市長選舉留日學生當選一覽表

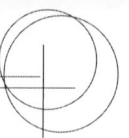

| 縣市 | 當選人 | 黨籍 | 學經歷 |
|---|---|---|---|
| 宜蘭縣 | 陳進東 |  | 長崎醫科大學 |
| 苗栗縣 | 黃文發 | 國 | 早大畢業，議長。劉闊才派 |
| 南投縣 | 林洋港 |  | 日本的中學畢業 |
| 嘉義縣 | 黃老達 | 國 | 日本大學醫科 |
| 台南縣 | 劉博文 |  | 日本專修大學 |
| 花蓮縣 | 黃福壽 | 國 | 早大，議會議長 |
| 台中市 | 林澄秋 |  | 東京農業大學 |
| 高雄市 | 楊金虎 | 民社黨 | 日本醫科大學 |

資料來源：劉寧彥編纂：《重修台灣省通志》卷七政治志，第7章《縣市長選舉》，第398頁。

表4-21　第七屆縣、市長選舉留日學生當選一覽表

| 縣市 | 當選人 | 黨籍 | 學經歷 |
|---|---|---|---|
| 雲林縣 | 林恒生 |  | 東京農大 |
| 花蓮縣 | 黃福壽 |  | 早大 |
| 澎湖縣 | 呂安德 |  | 日本大學建築 |
| 台中市 | 陳端堂 | 國 | 大阪帝大醫學 |
| 高雄市 | 王玉雲 | 國 | 日本產業能率大學 |

資料來源：劉寧彥編纂：《重修台灣省通志》卷七政治志，第7章《縣市長選舉》，第405頁。

表4-22　第八屆縣、市長選舉留日學生當選一覽表

| 縣市 | 當選人 | 黨籍 | 學經歷 |
|---|---|---|---|
| 雲林縣 | 林恒生 | 國 | 東京農大 |
| 高雄縣 | 王玉雲 | 國 |  |

資料來源：劉寧彥編纂：《重修台灣省通志》卷七政治志，第7章《縣市長選舉》，第412頁。

# 第五章　留日學生與政黨輪替

　　在台灣實行美國式的政黨政治制度，這是胡適、雷震等自由主義知識分子的政治理想。1950年代，他們在自己創辦的《自由中國》雜誌上有系統、全面地向台灣人民介紹了政黨政治理論。他們希望建立新黨派在選舉中制衡國民黨，並最終能在台灣實現和平的政黨輪替。

　　如在導論中所述，早在日據時期，留日學生就曾經追求過日本式的立憲政治，而日本的立憲政治中也包括政黨政治體制。戰後，在美軍的控制和指導下，日本學習美國式的政黨政治制度。所以，在組織新政黨和實現政黨政治理想方面，留日學生和大陸籍的自由主義知識分子有著共同的追求與合作空間。

　　戰後台灣有三次組織新政黨的運動，第一次是《自由中國》的組黨；第二次是1970年代台籍黨外人士以《台灣政論》、《美麗島》雜誌為中心，為了選舉而組成的「台灣黨外人士助選團」，是沒有黨名的政黨。由於「美麗島事件」爆發，1970年代的黨外組黨運動被迫終止。第三次是1986年9月28日民進黨的成立。

　　留日學生對台灣政壇的政黨輪替，所起的作用，主要表現兩個大方面：第一，從1960到1980年代直接參與組織新黨派的活動，這方面的人數眾多。第二，在國民黨統治的體制內支持民進黨的成立，幫助民進黨執政。這方面的代表人物是李登輝。但是，透過政黨輪替實現台獨陰謀，這是李登輝等人的創造，違背了胡適等人的初衷。

　　目前，有關政黨輪替這一歷史事件的個人傳記、回憶錄、資料集、研究論文、專著已經出版很多，詳見本文徵引的有關資料，為今後的研究工作奠定了基礎。但現有的研究都沒有從宏觀上研究留日學生對政黨輪替的重大影響，因而資

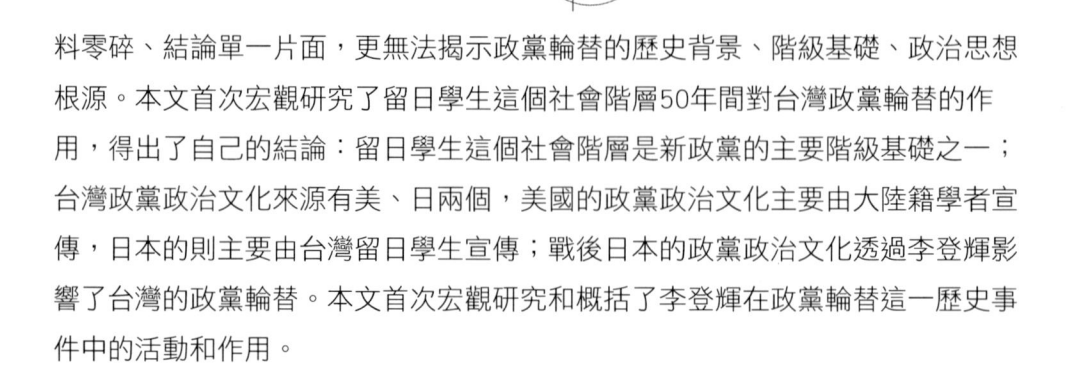

料零碎、結論單一片面,更無法揭示政黨輪替的歷史背景、階級基礎、政治思想根源。本文首次宏觀研究了留日學生這個社會階層50年間對台灣政黨輪替的作用,得出了自己的結論:留日學生這個社會階層是新政黨的主要階級基礎之一;台灣政黨政治文化來源有美、日兩個,美國的政黨政治文化主要由大陸籍學者宣傳,日本的則主要由台灣留日學生宣傳;戰後日本的政黨政治文化透過李登輝影響了台灣的政黨輪替。本文首次宏觀研究和概括了李登輝在政黨輪替這一歷史事件中的活動和作用。

## 第一節 留日學生與1960年代、70年代組黨運動

組織新黨運動由台灣地方自治選舉引起,圍繞地方自治選舉發生發展,由於不滿於選舉現狀,非國民黨人士就批評國民黨包辦的選舉,並謀求改進,而改進的根本辦法是成立一個和國民黨抗衡的強有力的反對黨。第四章已經分析,留日學生是台灣地方自治選舉的主導力量,因而對國民黨包辦選舉的弊端感受最深。他們又具有政治文化上的優勢,故在組建新黨方面貢獻也最大。

### 一、組黨運動中著名的留日學生

第一次組黨運動出現在1960年前後。為了貫徹民主政治理念,實現政黨政治的理想,《自由中國》雜誌發行人雷震結合民社黨、青年黨,以及台灣地方領袖籌組「中國民主黨」。但在組黨前夕,1960年9月4日,雷震被捕,戰後台灣第一次組黨運動終告失敗。[574]參加這次組黨運動的大陸籍代表人物有雷震、蔣勻田、謝漢儒、朱文伯、夏濤聲、齊世英、傅正等。而台籍代表人物除李萬居、余登發等人之外,絕大多數是留日學生:吳三連、高玉樹、郭雨新、郭國基、楊金虎、許世賢、劉明朝、石錫勳、黃玉嬌、郭發、王燈岸、李源棧、李秋遠、李

茂松、陳彩龍、蘇東啟、黃振三、黃千里、楊基振、郭秋煌、葉廷珪、王吟貴等。他們是第一次組黨運動的骨幹力量。

參加1970年代組黨運動和民進黨的留日學生，主要有黃信介、黃順興、黃玉嬌、張深、蘇東啟、許世賢、高俊明、高李麗珍等人。[575]黃信介還是這兩次組黨活動的領袖人物。

下面介紹組黨運動中有代表性的幾個人物：

吳三連，東京商科大學畢業，日據時期民族運動的骨幹，台灣文化協會會員，光復後任台北市長、省府委員等職。[576]

高玉樹，1941年早稻田大學畢業。在陳重光的推動下，高玉樹參加了1951年首屆台北市長選舉。陳重光看不起國民黨那些參選者，主動把高玉樹的資料拿去登記。而高玉樹本人也對國民黨不滿。1946年，他因「澀谷事件」被中國駐日軍事代表團送到上海關押92天。他由此體會了中國貪官的腐敗。[577]他和李萬居於1960年10月17日發表聲明，揭露國民黨政府逮捕雷震的陰謀：不只在阻止組黨和瓦解《自由中國》，其最大的目標是威嚇外省人，使其不得再與台灣人合作進行政治運動。[578]「雷震被捕後，國民黨地方法院半個月內傳訊高玉樹四次，高拒絕到庭。」[579]

黃順興，熊本農校畢業，1963年，他在台東縣和國民黨提名的台東首富洪掛一對一競選省議會議員，最後敗選。[580]1964年，黃順興和國民黨的張振雄競選台東縣長。他參選原因是要破除無人競選的惡例，「只要縣級以上而沒有別人和國民黨的候選人競選的，我就登記參選」。在他縣長任內的議員、鄉鎮長等選舉中，無黨派人士紛紛當選。《公論報》被關閉後，黨外輿論受到打擊。黃順興就在台東扶植《自立晚報》。黃順興是《美麗島》編輯暨黨外候選人聯誼會四個發起人之一。該會下分「憲政組」和法規組，法規組組長是黃順興。聯誼會「對喚起民眾政治意識，發展民主運動，不遺餘力。」[581]

王燈岸，1934年開始在日本留學，做官10年。1944年初辭官回台。1952年參選彰化縣議員落選，一再投入彰化大小選舉，透過選舉把他熟悉的民主理念不

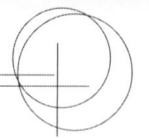

斷向民眾灌輸。1954年任石錫勳競選彰化縣長總幹事。失敗後，他認為，要有個團體做有組織的選舉活動。1957年第三屆縣市長、臨時省議員選舉前，他向彰化縣長候選人石錫勳建議：仿效英國工黨。1978年協助黃石城競選「立委」。擔任姚嘉文「國大代表」競選總幹事。1979年8月擔任《美麗島》雜誌社委員。[582]

葉廷珪，台南大地主，明治大學法學部，攻讀憲法，日據時期第一、二屆台南市會議員，光復初以戰犯罪名被捕，但很快被釋放。[583]他積極參加歷屆縣市長選舉。

石錫勳，1923年去東京醫專留學。光復初期加入國民黨，1947年黨團合併，石錫勳沒辦黨員歸隊手續。1954年，他參選彰化縣長失敗，1963年，他參加第三屆省議員選舉，仍是高票落選。但他仍參加1968年第六屆縣長選舉。[584]

張深，1925年東京齒科學校畢業，在台中開設昭和齒科醫院，1935年當選民選台中市會議員。1951年，張深參選首屆市長失敗之後，就對國民黨嚴重不滿。1986年民進黨建黨，張深等人指導它廣收人才。[585]

黃玉嬌，1919年生，昭和藥科大學畢業。1984年5月11日，當選「黨外公職人員公共政策研究會」理事，1986年9月28日，參加民進黨成立大會，任中央評議委員。

歷次組黨運動都和台灣地方自治選舉密切結合在一起。留日學生這個精英階層，由於有著優越的文化資本，政治積極性很高。他們不滿國民黨一黨包辦選舉和自己的政治地位，因而積極參加各項政治選舉。這些人就是為了選舉的公正和自己的勝選才一步一步走上組織新黨派的道路。他們參加組黨活動的思想根源也是日本的政治文化。在黨外留日學生看來，有兩點很重要：一、台灣選舉弊端的根源在於國民黨一黨包辦，真正的民主選舉理應是多黨平等競爭；二、除了1940年到1945年短暫的中斷之外，無論戰前戰後，至少在形式上日本都是多黨制下的政治選舉。

## 二、留日學生宣傳組建新黨的原因、目的和意義

具有優越文化資本的留日學生，有能力批判國民黨包辦選舉的弊端、宣傳政黨政治的優越性，也有能力有勇氣領導新政黨的成立。戰後首先公開批評選舉的留日學生是陳逸松。在1946年3月25日出版的《政經報》上發表《統論今日各般的問題》一文中，他認為台灣行政長官公署對選舉的準備及方法不當，沒有廣泛宣傳民意機關的內容意義，民眾投票率不高。[586]

從此之後一直到1986年9月民進黨成立，大批留日學生，包括省參議員郭國基、劉傳來、林壁輝、韓石泉，省議員郭雨新、郭秋煌、郭國基、吳三連、許世賢等，「立委」許世賢、黃信介等，歷屆縣市長省議員候選人吳三連、高玉樹、楊金虎、石錫勳、李茂松、葉廷珪、蘇東啟、黃玉嬌、黃順興等，分別在省參議會、省議會、「立法院」、選舉改進座談會等場合批判國民黨包辦的選舉弊端呼籲建立新政黨。

（一）痛批國民黨包辦選舉的種種弊端腐敗

1.國民黨政府拖延省縣市參議會議員改選，政治上無信。由於在國共內戰中失敗，國民黨施行「憲政」諾言無法兌現。根據《省縣市參議會組織條例》，參議員任期2年，第一屆省縣市參議員1948年3月任期已滿，本應依法改選，但國民黨一再拖延。對此，省參議員劉傳來、郭國基、林壁輝等人在1948年12月召開的省參議會第一屆第六次大會上提出批評，並要求迅速改選省、縣、市參議員。郭國基認為「政府」「實屬違反議員和選民雙方之契約，有不順民意之嫌。」[587]到1949年12月的省參議會第一屆第八次大會上，韓石泉提《確定本會參議員改選日期案》，劉傳來、梁道、謝水藍聯署支持。[588]

2.選舉所需經費巨大，貧而賢者根本無法參加選舉。1948年7月的省參議會第一屆五次大會上，郭國基提案，建議政府制定和頒布限制選舉費用辦法。「國大」、「立委」參選者花費最多千萬元以上，最少二三百萬，致使貧而能者無法參加選舉。[589]臨時省議會第一屆第三次大會上，省議員郭秋煌也提出質詢說：

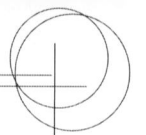

台灣的選舉「根本沒有自由競選,有提名干涉的事實……沒有錢,根本沒有辦法」。[590]

3.軍警、公務員、教師等公開協助國民黨提名的候選人競選。

4.各地選舉監察小組召集人完全由國民黨地方黨部主任、委員兼任。

5.各地投票所、開票所監察員,都由國民黨推薦。

6.廢票無效票不能公開檢查監督。

7.現任縣市長參加下屆競選者,利用公共資源做競選活動之用。[591]

8.所有地方的選舉都有舞弊行為。[592]

所以,楊金虎甚至認為「台灣同胞過去在日據時代,……過著非人的生活,但那時日本人辦理的選舉,比諸現在的各項選舉似乎還略勝一籌。」[593]參加第三屆省議員選舉的石錫勳認為「這種選舉太不民主、自由了」。[594]

留日學生還和大陸籍的民主人士一道就這些問題與國民黨交涉。1957年4月11日召開的黨外縣市長候選人座談會之後,他們向國民黨提出五項議案,要求國民黨改進選舉。1960年3月18日,吳三連、郭雨新、李秋遠、楊金虎、郭發等人,把改進選舉的15點意見提交給國民黨和媒體,要求在野政黨和國民黨共同辦理選舉。但國民黨不予理睬。[595]

對國民黨一黨包辦的選舉,批評越來越多,但國民黨不思根本改變,台籍精英就謀組織新政黨抗衡。

(二)留日學生宣傳新政黨的性質、目的和意義

由於上述原因,留日學生認為,只有建立相互制衡的新政黨,才能改變國民黨主辦的不民主、不公平的選舉,才能實現政黨政治的理想,才能提高台灣在國際上的地位。

1.建立新政黨是制衡國民黨的需要。楊金虎認為,想把台灣的選舉辦好,只有組織一個強有力的在野黨,來對抗執政的國民黨。[596]郭國基建議弱小的民社、青年兩黨解散並和台灣民主人士組織一個有力的新黨,發揮民主的力量,保

證公平的選舉。[597]

2.建立新政黨是實行民主政治、政黨政治的需要。「立委」許世賢多次在「立法院」提出：民主政治即是政黨政治，應早日制定政黨法，開放黨禁，允許新政黨產生，以重民意。[598]「我們是民主國家，一定要站在政黨政治的路上，……民主政治一定要從政黨政治開始，我們不要怕新的政黨，所以我們的政黨政治有檢討的必要。」[599]「政黨之新設，人民之渴望，而且對現代化民主政治有益，並無損害或不妥之處，此乃民主政治之真實表現，以共同為『國家』前途分憂。」「立委」黃信介等也在「立法院」提出：「執政黨應該以開闊的胸襟，接納意識形態不同的政黨出現，引導所謂『黨外人士』走入民主體系」。[600]黃信介堅信民主是時代的潮流，擋也擋不住！

3.建立新政黨能夠提高台灣的國際地位。在1960年7月23日「嘉雲地區座談會」上，高玉樹發言指出：民主乃反抗極權的唯一武器。實現民主必先辦好選舉。海外自由世界人士，對新政黨的組織，極表讚許和支持。新黨早日組成，能夠提高台灣在國際上的地位。[601]

4.新政黨不是台獨黨，不是暴力黨，而走和平發展的路線。在1960年7月19日「台中地區」座談會上，石錫勳指出，「中國地方選舉改進座談會」（下文簡稱「選改會」）為組黨鋪路，為了和國民黨抗衡，和台獨無關。今天的問題，不是本省人和外省人的問題，而是統治者和被統治者之間的問題。早日成立新政黨，使政治民主化。[602]高玉樹批評了誇大省籍矛盾的說法。「我們今天組織反對黨，是民主的反對黨，不是暴力的反對黨。……必須遵守民主程序以達到我們組黨的目的。」[603]

由於留日學生的宣傳解釋，消除了台灣社會對新政黨是台獨黨、暴力黨的種種疑慮，使各地方希望選舉公平的人士敢於參加「選改會」組織的座談會，並贊同新黨早日成立。

後來成立的民進黨開始也遵循高玉樹提出的路線，但1990年代初後海外的台獨勢力和台灣的基督教長老教會滲透進來，使民進黨演變成台獨黨。

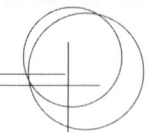

## 三、留日學生在新黨組織活動中的作用

1960年代的組黨運動,雖然是由雷震領導的,但在組織活動上留日學生卻最積極主動,他們從1957年就開始舉辦選舉改進座談會,這是「中國民主黨」組織建設的開始。隨後的組織活動都是以留日學生為中堅力量,直到1960年9月新黨夭折。

1.吳三連、高玉樹是籌組新黨活動最核心的人物,另外2人是雷震和李萬居。雷震還希望吳三連出面領導新黨建立。雷震認為組建反對黨有三個關鍵:第一,民、青兩黨放棄門戶之見;第二,國民黨中開明人士挺胸而出,支持組織反對黨;第三,本省民主人士能成為「中國地方選舉改進座談會」的中堅分子。[604]吳三連贊同並願在雷震領導下組黨,但雷震卻希望吳三連出來領導。[605]1960年6月4日,雷震、李萬居等9人在會上又希望以吳三連為中心來組黨。但吳三連主張先做「選改會」,慢點組黨。高玉樹也要大家共同負責,吳三連只作為領導人之一。[606]

根據雷震1960年5月19日日記所載,「關於組黨問題,戴先生意見認為把台灣人搞起來了,大陸人將來要受其欺壓的……。我說明這次會議,我非主動者,但是贊成人,我們不參加,他們也要自動的出來組織,因選舉舞弊太甚,而南韓事件又鼓勵了他們,我們參加之後,還可防止惡化,大家(夏、殷)不贊成我去領導」。[607]

在推動「選改會」工作上,雷震也希望高玉樹、謝漢儒多負責。[608]「選改會」演變成反對黨,首先要化解省籍隔閡。高玉樹代表台灣地方人士向雷震表態說,這個問題,時間可以解決。台、澎居民,除數十萬高山同胞外,全是大陸來的漢族,絕不做數典忘祖出賣靈魂的事。高玉樹還希望「選改會」多安排外省籍的政治家、學者、專家,雷震贊同。

總之,吳三連、高玉樹是首次組黨運動的中心人物,雷震希望由他們出面領導,但吳三連迫於國民黨壓力而出走。

2.留日學生是籌組新黨組織活動中的中堅力量。1957年4月11日在台中市召開的第三屆臨時省議員、縣市長候選人選務改進座談會。聯絡人是郭發、王燈岸、石錫勳，發起人是石錫勳、楊基振、何春木。有21位候選人出席，其中留日學生占到半數。[609]5月18日高玉樹等38人又在台北召開選舉檢討會，楊金虎任會議主席。[610]這次會議上，78人發起籌組「台灣地方自治選舉法規研究會」，其中又產生了39位籌備委員，留日學生有吳三連等20人左右。[611]

「選改會」於1960年5月18日成立，十幾名留日學生參加。[612]其中吳三連、高玉樹、楊金虎、許世賢、郭雨新等還是主席團成員。這個主席團負責確定「選改會」委員的名單，審議組織章程及會議章則七種。[613]6月25日40多人的「選改會」委員會成立，推定吳三連、高玉樹、郭國基、李源棧、石錫勳、許世賢、黃玉嬌等十幾人為召集人。[614]7月19日，「選改會」召集人第三次會議在台中縣議長王地家舉行。雷震、李萬居、郭雨新、高玉樹、楊金虎、許世賢、李源棧等參加者確定新黨名稱為「中國民主黨」。[615]

3.留日學生是「選改會」大規模動員各縣市地方人士的主要依靠力量。「選改會」召集人決定在台北地區、新竹地區、台中地區、嘉雲地區、台南地區、高屏地區、東部地區七個地區進行座談會，動員本省人士支持新黨成立。[616]這主要靠社會關係資本雄厚的留日學生支持。

1960年7月19日，「選改會」在台中市舉行「台中地區座談會」，該區四縣市80多人參加，由王地、石錫勳、何春木主持。各地方領袖發言踴躍，指責國民黨操縱選舉；盼望早日成立反對黨，改進選舉。[617]7月23日，在嘉義市召開「嘉雲地區座談會」，許竹模、許世賢、蘇東啟主持，地方人士百人參加。原定7月30日舉行的「台南地區座談會」，因召集人葉廷珪攻擊吳三連而延誤消失。[618]7月31日，「選改會」第四次召集人會議在高雄市楊金虎診所召開，除雷震等人外，留日學生郭雨新、高玉樹、許世賢等參加，討論新黨政綱問題，決議組織雷震、夏濤聲、齊世英、許世賢、高玉樹五人專案小組負責進一步研討。隨後又召開「高屏地區座談會」，由楊金虎、李源棧、林清景主持。地方人士80多人參加。由於受到軍警的干涉，與會人士發言激動，一致呼籲早組新黨。[619]8

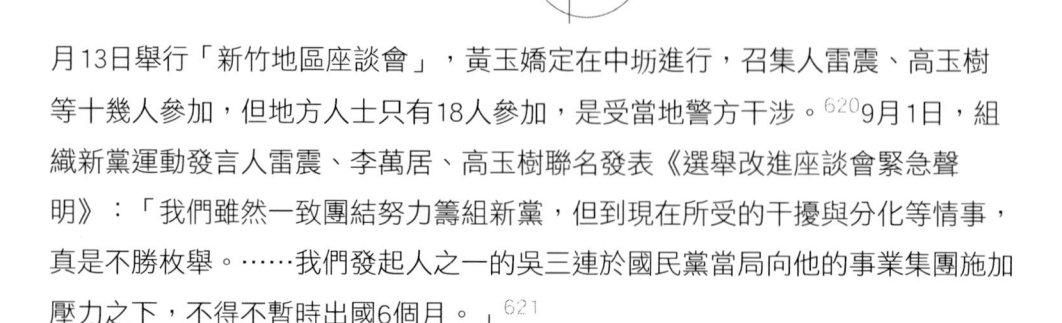

月13日舉行「新竹地區座談會」,黃玉嬌定在中壢進行,召集人雷震、高玉樹等十幾人參加,但地方人士只有18人參加,是受當地警方干涉。[620]9月1日,組織新黨運動發言人雷震、李萬居、高玉樹聯名發表《選舉改進座談會緊急聲明》:「我們雖然一致團結努力籌組新黨,但到現在所受的干擾與分化等情事,真是不勝枚舉。……我們發起人之一的吳三連於國民黨當局向他的事業集團施加壓力之下,不得不暫時出國6個月。」[621]

4.經濟資本雄厚的留日學生為了組建新黨提供了物質幫助。組建新黨需要大量經費,雷震多次希望吳三連、高玉樹為組建新黨活動籌款。[622]1960年5月25日「選改會」首次主席團會議上,[623]雷震希望高玉樹能負責「選改會」的財務委員會,負責捐款籌款。[624]高玉樹說,新黨成立,捐錢不成問題。楊金虎捐出北投的房屋作為新黨辦公室。[625]6月4日「選改會」主席團會議上,高玉樹提出和吳三連、郭雨新三人一起負責財務委員會工作,負責籌款。高玉樹還說「這次組黨,只許成功,不許失敗。」[626]6月9日,吳三連、高玉樹向雷震表示,願意籌款並捐五千元租房子。[627]

總之,第一波組黨運動表面上雖然由大陸籍自由主義知識分子雷震等人領導,但實際上資本總量雄厚的留日學生是中堅力量。運動受到挫敗後,大陸籍知識分子退出現實政治圈子。

於是,第二波組黨運動就主要由本省人參加,且由留日學生黃信介、黃順興、黃玉嬌、王燈岸等人領導。黃信介,1928年出生,在日本受的中學教育。1978年10月6日,他組織的「台灣黨外人士助選團」在台北成立,並宣布黨外是目前台灣的「第四黨」,將組成全省巡迴助選團,支持各地黨外人士。10月31日該團發表《台灣黨外人士共同政見》,呼籲「開放黨禁」。[628]12月5日「全國黨外候選人座談會」在台北市舉行,黃信介、黃玉嬌、姚嘉文擔任主席。[629]1979年8月,黃信介又創辦《美麗島》,推動新生代政治運動。

1960年代和1970年代兩波組黨運動,為民進黨的成立奠定了思想、政治、組織基礎。例如,民進黨的性質、成立方式等都借鑑了「中國民主黨」。在黨綱上它不過度標榜主義,只要民主、自由、制衡等改革目標即可;在組織上它要求

172

不夠嚴密；黨紀也比較鬆散等。[630]

在總結前兩次組黨運動經驗教訓的基礎上，1986年9月民進黨比較順利地成立了，從此在根本上打破了國民黨幾十年的「黨禁」，也逐漸改變了台灣的基本政治格局。

## 第二節　李登輝對政黨輪替的重大影響

戰後日本政黨政治文化對台灣的影響主要是透過李登輝實現的。如前文所述，台灣光復初期，國民黨就提拔重用一些在大陸參加抗戰和政治上靠攏國民黨的留日學生，但這遠遠不能滿足整個留日學生這個社會階層的旺盛需求。1970年代，在國民黨所謂「本土化」的政策下，李登輝等留日學生得到提拔重用。李登輝從一個普通的農業經濟專家成長為一個炙手可熱的政治人物，完全是蔣經國一手扶植的。李登輝也自稱是「蔣經國學校」畢業的。

李登輝是崇奉日本政治文化的典型代表。如在第三章裡所述，李登輝信奉日本哲學，他一直夢想從日本哲學那裡尋找台獨立國的哲學基礎，建立所謂「台灣意識」的哲學核心。在現實政治實踐上，他主要學習日本的政治經濟制度和治國經驗。當上「台北市長」後，他就開始學習日本。當上總統後，他一再強調要學習「日本列島改造論」，[631]要學習「日本的三代建國論」，在經濟上要與日本做垂直分工、要把台灣的工商聯合會改造成日本式的「經團聯」，等等。[632]所謂「經團聯」是1946年8月成立的經濟團體聯合會，是日本財界的中心組織，主要是聯絡和協調各經濟團體、發表關於經濟、財政的聲明和意見書、對政局發表意見。[633]「日本列島改造論」，涉及城市和產業建設的重新布局等重要內容。但這個建設計劃的有關立法最後沒有完成。[634]李登輝後來模仿這個計劃，想把台灣產業東移到花蓮等縣內，但最終也沒有成功。

1990年代初，李登輝想按日本「自民黨」的模式改造國民黨，所謂自民黨模式，就是自民黨雖然在日本政壇一黨獨大，但其內部則有許多「派閥」，這些

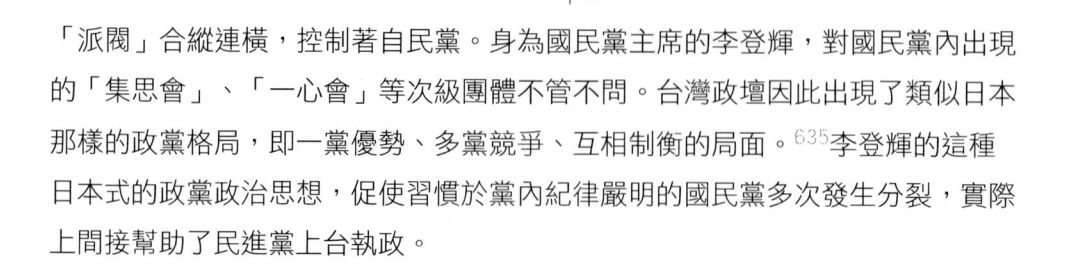

「派閥」合縱連橫，控制著自民黨。身為國民黨主席的李登輝，對國民黨內出現的「集思會」、「一心會」等次級團體不管不問。台灣政壇因此出現了類似日本那樣的政黨格局，即一黨優勢、多黨競爭、互相制衡的局面。[635]李登輝的這種日本式的政黨政治思想，促使習慣於黨內紀律嚴明的國民黨多次發生分裂，實際上間接幫助了民進黨上台執政。

## 一、國民黨「本土化」政策下的李登輝

人事上的矛盾是國民黨與留日學生的主要矛盾，由於台灣政治資源有限，數量龐大的留日學生沒有機會做官。台灣光復後，國民黨也起用了大批留日學生做官，但開始以基層和技術官員為主。在「二二八事件」中，台籍精英要求更多的政治參與。1949年美國國務卿艾奇遜對台灣提出三大要求：一、台灣必須徹底實行民主政治。二、要指派具有民主觀念的文人，取代現為軍人的省主席職位。三、台灣的民主人士，應有更多的參政機會。[636]這促使國民黨更多地選拔台灣本省人才做高官。任用台灣人做高官的政策就是所謂的「本土化」政策。國民黨的這個「本土化」政策對政黨輪替有著深遠的影響。

從光復到1980年代的三十多年間，在國民黨中央和「政府」、台灣省政府任高官的台灣人，基本上都是留日學生，主要原因是這個社會階層資本總量雄厚。其中的代表人物有：丘念台、黃朝琴、連震東、黃國書、游彌堅、王民寧、蘇紹文、劉啟光、林頂立、蔡培火、彭德、李連春、徐慶鐘、林金生、柯丁選、翁鈐、陳萬、高玉樹、劉闊才、吳三連、林洋港、陳尚文、朱江淮、李登輝等。

其中一些重要人物前文已有介紹，下面再介紹幾個：

徐慶鐘，1907年生，台北市人，1941年獲日本帝國大學農學博士學位，歷任公署土地專門委員會委員、省府委員、「內政部長」、國民黨中常委、「行政院副院長」等職。

林金生，1916年生，東京帝國大學法學部畢業，歷任「內政部長」、「交

通部長」、「考試院副院長」、國民黨中評委等職。[637]

劉闊才，1911年生，關西學院大學法學博士，歷任台灣省建設局局長、省府委員、國民黨中評會主席團主席、「立法院長」等職。

林洋港，1940—1944年在東京昌平夜間中學留學，歷任省府委員兼建設廳長、省主席、「內政部長」、「行政院副院長」、「司法院長」等職。

翁鈐，桃園人，九州帝國大學研究院農業工學畢業，省府委員。

陳萬，南投人，東洋大學哲學系畢業，省府委員。

彭德，苗慄人，日本大學畢業，省府委員。

在這批做了高官的留日學生中，李登輝最後做到國民黨主席、總統，掌握了台灣政壇的最高權力，是留日學生從政的頂峰，他對民進黨的幫助最大，因而也對台灣政壇的政黨輪替影響最大。其作用體現在四個大的方面：（1）從經濟上、政治上幫助民進黨成長壯大。（2）在2000年和2004年兩次總統大選中，明裡暗裡支持民進黨的候選人。（3）在國民黨統治體制內損害國民黨，暗助民進黨。（4）2000年5月，李登輝保證了「政權」的和平過渡。

## 二、李登輝對民進黨的扶助

戰後日本的政黨政治格局是自民黨一黨占絕對優勢、多個黨派競爭、各黨派互相制衡。李登輝也以此改造台灣的各政黨。如前文所述，他想把國民黨改造成自民黨，允許國民黨內的次級團體任意發展。他還提出所謂「奶水」論，在經濟上資助民進黨等其他較小的黨派。

首先，李登輝在政治經濟上幫助民進黨成長。1993年1月，郝柏村被迫辭掉行政院長後，李登輝的權力才鞏固。接見「立委」時，他提出了一種「奶水論」的政黨政治理念。他提出，在發展政黨政治的過程中，也要注意扶植在野黨，可以多給些「奶水」，但也不能給的太多，以免有一天它們成為執政黨。[638]他對

民進黨的辦公經費進行補助。據民進黨前主席許信良回憶說，1990年代中期以前的民進黨經費十分困難，黨主席的主要精力是去籌集經費，根本沒有時間和能力去研究政策、去籌辦選舉。這樣，民進黨根本無法和經濟實力雄厚的國民黨競爭。所以，許信良就和李登輝談判，要求「政府」資助民進黨辦公經費。最後，民進黨得到了李登輝給予的資助。[639]

其次，在2000年和2004年兩次總統大選中，李登輝都幫助民進黨候選人。其中第一次最關鍵。李登輝幫助民進黨候選人除去了獨立參選人宋楚瑜的威脅。宋楚瑜極富權謀，在1994年其擔任台灣省長時即已經準備將來參選總統，從而充分利用省府的政治資源。因此，在民意調查時，他一直領先國民黨提名的連戰和民進黨提名的陳水扁。但宋楚瑜在李登輝眼裡是有大中華思想的人，因而不能讓他當選。1999年10月19日，國民黨主席李登輝把宋楚瑜開除黨籍，極力批判他為「背叛分子」。12月8日，在國民黨候選人連戰的「捍衛民主、決戰百日」造勢大會上，李登輝激烈批判宋楚瑜是「無情無義的騙子」、「納粹一樣的破壞民主政治」、「表裡完全相反的人物」和「賣台者」。[640]12月9日，國民黨「立委」楊吉雄突然揭發宋楚瑜以其子宋鎮遠名義存入1.4億來歷不明的金錢，導致宋楚瑜清廉名聲嚴重受損。國民黨於2000年2月16日正式以偽造文書、侵占公款罪控告宋楚瑜，結果宋楚瑜的支持率急轉直下。[641]選舉結果，民進黨候選人陳水扁獲得4977737票，得票率39.30%；宋楚瑜得到4664932票，得票率36.84%；國民黨候選人連戰2925513票，得票率23.1%。國民黨丟掉政權，民進黨執政。[642]

礙於國民黨主席的身分，李登輝不願意公開承認自己在2000年總統選舉中幫助陳水扁，直到2004年總統大選，他的真實面目才完全暴露。這次大選仍是民進黨的陳水扁、呂秀蓮和國民黨親民黨的連戰、宋楚瑜競選。陳水扁執政四年政績不佳，民調一直比較低。但在選戰的關鍵時刻，退休4年的李登輝又現身，帶頭參加醞釀4個月的所謂「二二八手護台灣運動」，為陳水扁搭起了造勢的舞台，為陳水扁凝聚本土力量增加籌碼。陳水扁的選戰步驟也是按照李登輝提出的「台灣正名、公民投票、制定新憲」三部曲來的。李登輝左手吸納台獨基本教義派，右手忙著推動「制憲」和針砭泛藍的工作。

李登輝到處呼籲民眾參加所謂「手護台灣運動」、參加「公投」抗議所謂大陸武力威脅、支持阿扁總統連任。他說，只有阿扁連任，才能實現「制憲」、「建國」目標。他攻擊連、宋說，「中國社會還有人出來選，他們根本沒有資格還在那邊大聲喊。台灣人民不要讓保守的舊勢力對未來再存有任何幻想，應該用選票終結保守勢力對權位的幻想。」稱讚陳水扁，「阿扁不到三年打消銀行呆帳，讓逾放比降到4.5％，我就稱讚他很有能力，比我還厲害。」

「手護台灣大聯盟」總指揮李登輝，在活動結束後致力於「正名運動」和「制憲運動」。2004年3月14日，「群策會」、「台聯黨」、「李登輝之友會」等團體，召開「全民公投，台灣發聲」論壇，在選前最後一週，「群策會」董事長李登輝竭力號召支持者參加「三二零公投」。[643]

所謂「手護台灣運動」是陳水扁勝選的重要原因之一，它為陳水扁爭取了農、漁民的支持。結果，民進黨正、副總統候選人陳水扁、呂秀蓮再次以些微優勢取得勝利。

再次，在任國民黨主席和總統的12年間，李登輝在製造國民黨分裂、「修憲」、人事上等方面長期損害國民黨，暗助民進黨。這是最重要最根本的。2000年3月23日，李登輝的老部下、國民黨中央的一些高級幹部在《中國時報》等各報紙上刊登連署反李的廣告。該廣告對李登輝一些處心積慮的做法進行了深刻地揭露：

一、堅拒可以勝選的組合，使本黨陣營中出現兩組候選人，分散本黨票源，使民進黨候選人漁翁得利。

二、提出特殊『兩國論』，模糊本黨立場，使部分選民誤以為民進黨候選人更能繼承李主席立場，導致選票流失。

三、晉用及扶持本有分裂色彩之人士，在緊要關頭紛紛倒向陳水扁陣營，使社會上產生李主席已經轉向支持他黨候選人之觀感，也使本黨支持者中產生棄保效應，導致本黨支持下降。

四、主導錯誤之『修憲』方向，堅持比較多數即可產生『總統』，遂使此次

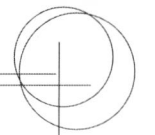

無法舉行需要過半數才能當選『總統』之再投票,間接協助民進黨候選人,以不到百分之四十選票支持,當選少數『總統』。

五、堅持取消『立法院』同意權,使本黨在『立法院』掌握多數之情況下,仍然無法產生屬於本黨之『行政院長』,方使本黨在喪失『總統』選舉後,同時喪失『行政院』之掌握,淪為在野黨。[644]

這五條基本上把李登輝如何幫助民進黨的伎倆揭穿了。事實上,李登輝也的確是這樣做的。如前文所述,李登輝對國民黨和民進黨的真實態度到2004年總統大選已暴露無遺。

最後,李登輝對政黨輪替的重大影響還直接地具體地體現在2000年5月的「政權」交接上。政黨輪替在中國歷史上是第一次,在國民黨歷史上更是第一次。突然丟掉「政權」的國民黨開始不能適應,許多黨員嚴重不滿,社會上也充滿不安的氣氛,「政權」能不能和平交接充滿著變數。5月20日,在李登輝親自出席坐鎮的情況下,民進黨總統當選人陳水扁順利地從國民黨手中接過「政權」。[645]「政權」和平交接的關鍵因素還是李登輝。經過12年的經營,他完全掌握了軍、警、憲、特和國民黨的大權,從根本上改變了軍、警、憲、特過去打擊台獨的態度。另外,在國民黨總統大選失敗的情況下,李登輝本人仍然具有五成七的民意支持度。[646]李登輝的權力和社會威望保證了社會的基本安定和「政權」的和平過渡。

綜上所述,2000年台灣政壇上的政黨輪替,資本總量雄厚的留日學生作用最大,因為這個社會階層的勢力遍布國民黨統治的體制內外。

在體制外,他們是組織新政黨的主要力量。政黨輪替首先需要一個能和國民黨抗衡的新政黨。在1960和1970年代的兩次組織新政黨的浪潮中,留日學生吳三連、高玉樹、黃信介、郭雨新、楊金虎、黃順興等起著中堅作用。他們實際上是台灣本省地方勢力的代表。在留日學生代表的地方勢力和國民黨長期鬥爭的基礎之上,民進黨順利誕生。

在體制內,他們也是國民黨不得不提拔的本土精英。國民黨的「本土化」政

策是歷史發展的必然。它根本無法反攻大陸，只能大批啟用台灣本省人到其「中央政府」裡做官，以緩和省籍矛盾。只要國民黨啟用台灣本省人才，留日學生就一定有機會掌握台灣政壇的最高權力。因為，留日學生這個社會階層早在日據時期中後期就已經確立了其在台灣社會的領導地位。從這個角度來說，李登輝上台帶有一定的必然性，因為他所屬的社會階層經濟資本和文化資本都是最強大的。

　　成立時間短，勢力比較小的民進黨，想在短期內執政很不容易，但卻得到了國民黨領導人李登輝在體制內的幫助。台灣政壇終於實現和平的政黨輪替。這是留日學生從戰後就開始有的願望，即由本省人掌握政權。

　　留日學生掌握了台灣政壇的最高權力，某種程度上可以說是日本式政黨政治等日本政治文化的勝利。因為掌握權力的留日學生李登輝等人信仰日本的政治文化，在台灣模仿日本的政治制度甚至各項具體的經濟建設政策。例如，李登輝使國民黨「自民黨化」，導致習慣於黨內統一的國民黨多次分裂，最終使國民黨丟掉了政權。很顯然，留日學生對台灣政治的影響很難在短期內消除。這是值得我們深思的一個歷史現象，也是本書的突破觀點之一。

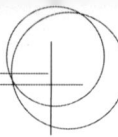

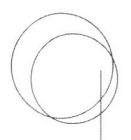

# 結論

　　研究歷史不能割裂歷史，研究戰後留日學生這個社會階層的政治活動和政治影響，一定要聯繫他們所接受的教育和日據時期的政治活動。在導論中我們已經知道，在留學日本時，留日學生接收了近代西方政治思潮和日本立憲政治制度的影響，1920年代初，他們就開始登上了台灣的政治舞台，在思想上、政治上領導著非暴力的抗日民族運動，有新民會、台灣青年會、台灣文化協會、台灣民眾黨、台灣工友聯盟、台灣地方自治聯盟等組織系統，有要求設置台灣議會等政治綱領，有大批成熟的幹部，有豐富的政治鬥爭經驗。到了日據的中後期，留日學生則完全成了台灣民眾反抗日本殖民統治的領導重心。另外，在日本殖民政府中做官的台灣人，也以留日學生為主體為代表。在這些做官的留日學生中，有上百人通過日本政府的高等文官考試，例如朱盛淇、朱昭陽、劉明朝、宋進英、林旭屏、林益謙、楊基銓、湯德章、莊維藩、黃百祿、許伯埏、莊要傳等等，這些人熟悉日本政治體制和官僚作風，也在日本殖民統治中獲得了一些利益。這是本研究的基本前提。

　　透過本研究，我們可以發現，戰後台灣政治仍然深深地留著日本殖民統治的痕跡，仍然深受明治維新以後的日本政治文化的影響。這種影響是透過日本50年間培養的台灣精英——留日學生實現的。留日學生這個社會階層，數量比較龐大，經濟資本雄厚，文化資本優越，社會關係資源豐富，在自古就重視教育的台灣社會裡是個享受很高榮譽的「地位團體」。留日學生這個社會階層大體上包含兩代人，這兩代人以1910年前後為界。大約在1910年之前出生的，在成長過程中耳聞目睹日本殖民征服的血腥殘暴，一般在1930年以前到日本留學。這一時期的日本政治文化比較開放和多元，自由民權、社會主義、民族自決、民本主義、無政府主義、法西斯主義等各種思想都有人介紹和傳播。留日學生接受了民

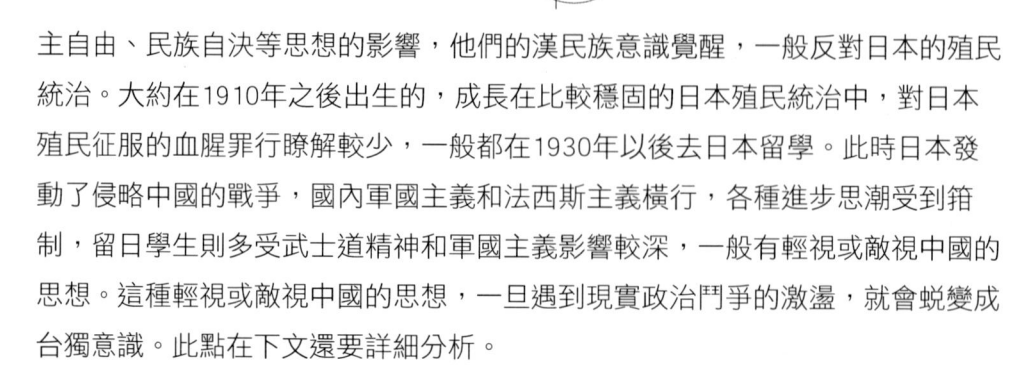

主自由、民族自決等思想的影響,他們的漢民族意識覺醒,一般反對日本的殖民統治。大約在1910年之後出生的,成長在比較穩固的日本殖民統治中,對日本殖民征服的血腥罪行瞭解較少,一般都在1930年以後去日本留學。此時日本發動了侵略中國的戰爭,國內軍國主義和法西斯主義橫行,各種進步思潮受到箝制,留日學生則多受武士道精神和軍國主義影響較深,一般有輕視或敵視中國的思想。這種輕視或敵視中國的思想,一旦遇到現實政治鬥爭的激盪,就會蛻變成台獨意識。此點在下文還要詳細分析。

在大陸參加抗戰復台的台灣人的革命團體,主要工作是幫助國民政府蒐集日本軍政情報,進行對台灣和日本的宣傳,參與制定收復台灣的計劃。這些工作都需要精通日本文化的專門人才。所以,這些團體的領袖人物基本上都是留日學生,如宋斐如、李友邦、謝南光、丘念台、黃朝琴、游彌堅、連震東、王民寧、林忠、劉啟光、林頂立、牛光祖、謝掙強、蘇紹文、陳漢平、陳友欽等人。他們對台灣的接收工作做出了很大的貢獻。在兩蔣父子統治台灣時期,這批所謂的「半山」,就是台灣地方勢力的代表。台灣省參議會、臨時省議會、省議會是台灣地方勢力代表人物的薈萃之地,一直被黃朝琴等人控制到1960年代初。他們是台灣全省性政治派系的領導者,對台灣地方自治選舉影響甚大。

在台灣的留日學生雖然沒有去大陸參加抗戰,但也為台灣光復做出了自己的貢獻。在日據時期,他們領導非暴力的抗日民族運動,喚醒台灣民眾的民族意識,為迎接光復奠定了民意基礎。日本投降後,他們依靠自己雄厚的資本總量,維護台灣社會的安定,組織歡迎國民政府的團體,舉辦各種類型的歡迎活動,幫助台灣行政長官公署遣送日俘日僑和救援海外台灣同胞,代表台灣人民參加受降典禮表明歡迎光復的政治態度,創辦各種社會團體和報紙雜誌教育台灣人民,領導台灣地方勢力組成的政治派系參加政治活動。其中的代表人物有林茂生、杜聰明、林猶龍、林呈祿、蔡培火、陳炘、羅萬、蘇維樑、陳逸松、黃朝清、黃朝生、葉榮鐘、王金海、莊垂勝、吳三連、劉明、王清佐、石錫勳、魏炳炎、楊金虎、施江南、王白淵、許乃昌、蘇新、陳澄波等人。

台灣光復後,台灣人民身上的殖民枷鎖被打破。留日學生的政治熱情十分高

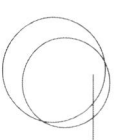

漲，紛紛創辦社會團體和報紙雜誌，參與新台灣的建設和議論時政。這就必然和大陸籍的國民黨官僚產生劇烈的矛盾，因為留日學生批評的思想武器只能是他們熟悉的民本主義、社會主義、立憲政治等，而這些政治思想都染上了日本文化的色彩。在參加八年抗日戰爭的大陸籍國民黨官僚看來，留日學生讚揚和肯定日本的政治文化是不能容忍的；而在留日學生看來，大陸籍國民黨官僚則沒有近代化的政治思想。另一方面，大陸籍官僚和留日學生都在爭奪現實的政治利益。在接收過程中，留日學生儘管獲得了不少的政治利益，如大批人員參加了接收工作並擔任基層和技術領域的官員，但仍不能滿足。他們還希望在台灣行政長官公署、各縣市主管及經濟領域裡有更多的職位。陳儀等國民黨大員卻以不懂中國語言文字和中國法令為由，打破了留日學生的升遷希望。這就是「二二八事件」發生的深層原因，也是留日學生這個社會階層成為事變領導者的原因。

留日學生是台灣社會的領導階層，他們的文化在台灣社會有很大的影響力。「二二八事件」爆發的客觀原因很多，但在主觀上卻是留日學生輿論引導的結果。在事件的發展過程中，留日學生又在政治上領導著它。在有組織的「二二八事件處理委員會」的活動中，留日學生起著領導作用；在各地自發的武裝暴動中，也多是以曾參加過日軍的留日學生為首。他們積極參加活動或鬥爭的目的不是謀求台獨，也不是為了台灣普通民眾的利益，而是為了和大陸籍的國民黨官僚爭奪台灣省的政治權力。留日學生這個社會階層在事變中最積極、最活躍，幾乎處處起著帶頭作用，因而也就要對事件負最大的責任。所以，在事件中犧牲最大的是這個社會階層，不少代表人物被抓被殺，如林茂生、宋斐如、陳炘、施江南、陳澄波等。總之，「二二八事件」是留日學生領導的一場爭奪台灣政壇權力的政治鬥爭。這個結論和現有研究的基本觀點都不同，是本書最重要的創新點之一。

在「二二八事件」中受到打擊，深感在國民黨官僚的統治下毫無出頭之日，是極少數留日學生走上台獨道路的原因之一。由於留日學生有著雄厚的經濟資本和優越的文化資本，故在台獨活動中也起著領導作用，如廖文毅、邱永漢、黃紀男、王育德、史明、彭明敏、李登輝、辛文炳、楊基銓、張德水等。由於在日本有著豐厚的社會關係資源，台獨頭目就把日本當作了台獨勢力的大本營。在日本

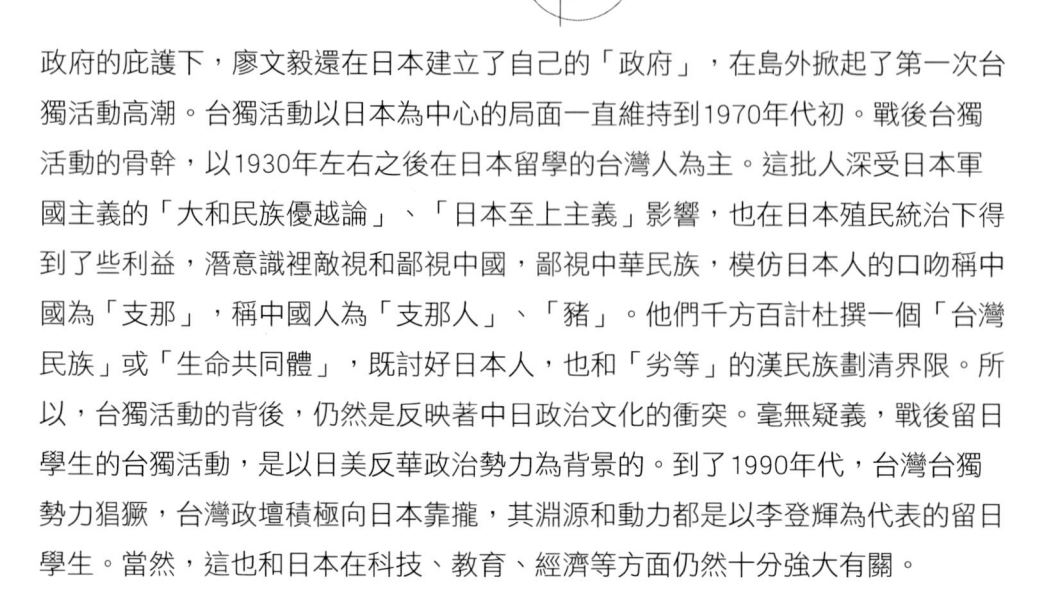

政府的庇護下，廖文毅還在日本建立了自己的「政府」，在島外掀起了第一次台獨活動高潮。台獨活動以日本為中心的局面一直維持到1970年代初。戰後台獨活動的骨幹，以1930年左右之後在日本留學的台灣人為主。這批人深受日本軍國主義的「大和民族優越論」、「日本至上主義」影響，也在日本殖民統治下得到了些利益，潛意識裡敵視和鄙視中國，鄙視中華民族，模仿日本人的口吻稱中國為「支那」，稱中國人為「支那人」、「豬」。他們千方百計杜撰一個「台灣民族」或「生命共同體」，既討好日本人，也和「劣等」的漢民族劃清界限。所以，台獨活動的背後，仍然是反映著中日政治文化的衝突。毫無疑義，戰後留日學生的台獨活動，是以日美反華政治勢力為背景的。到了1990年代，台灣台獨勢力猖獗，台灣政壇積極向日本靠攏，其淵源和動力都是以李登輝為代表的留日學生。當然，這也和日本在科技、教育、經濟等方面仍然十分強大有關。

在台灣地方自治選舉中，留日學生最強勁的競爭對手是手握政治資源的大陸籍國民黨官僚，所以，他們極力謀求省議員和縣市長等重要選舉的公民直接選舉。如導論中所述，日據時期，留日學生就熟悉日本的選舉文化，也積累了一些參加地方政治選舉的經驗。在日本的公民直選中，當選的都是地方名望家或有錢人，也就是地主資產階級及其知識分子。留日學生這個社會階層在台灣社會各階級階層中占據絕對優勢，資本總量最大。所以，在公民直選的情況下，留日學生這個社會階層當選縣市長和省議員的比率最高。1950年代到1970年代的20多年間，台灣縣市長半數左右是留日學生，省議員也一直占到三成左右。這些當選縣市長和省議員的留日學生還領導著全省性的政治派系和各縣市甚至鄉鎮的地方派系，控制著台灣基層政權，影響著台灣基層的政治生態，和國民黨中央的官僚體系既有合作也有矛盾，形成兩層皮。這對民進黨的崛起都有很大的影響。

那些在選舉中屢次失敗的留日學生，歸咎於國民黨對各項選舉的包辦，越來越不滿，逐漸走上與國民黨對抗的道路。他們和國民黨鬥爭的基本路線就是謀求建立一個強有力的新政黨，在選舉中與國民黨抗衡。無論戰前戰後，除了1940年到1945年有短暫的中斷之外，日本的政治選舉都是多黨競爭的。對於熟悉日本政治文化的留日學生來說，成立新政黨並不是什麼大逆不道的事。這是他們積極參加組建新政黨活動的思想根源。從本研究得知，留日學生是1960年代台灣

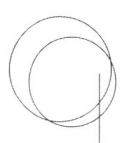

第一次組黨運動的中堅力量,如吳三連、高玉樹、石錫勳、楊金虎、劉明朝、郭國基、王燈岸等人;留日學生是1970年代第二次組黨運動的領導者,如黃信介、黃順興、黃玉嬌、許世賢等。在政治上,在1980年代創立民進黨的主要人物,基本上都是高玉樹、吳三連、郭雨新、郭國基、許世賢、張深、李源棧、王燈岸、石錫勳、黃順興、黃信介、彭明敏、史明、王育德等人的學生。本身參加民進黨的留日學生有黃信介、黃玉嬌、高俊明、高李麗珍等人。所以說,留日學生這個社會階層對台灣新政黨的成立,影響很大。民進黨的成立,徹底改變了台灣的政黨和政治格局。

在國民黨選拔重用的本省籍人才中,也以資本總量雄厚的留日學生為主。他們以最後當上總統和國民黨主席的李登輝為代表。這是戰後留日學生從政的高峰,也使留日學生這個社會階層對台灣政治的影響從水面底下浮到水面上來,從少為人知到眾所周知。李登輝是崇奉日本政治文化的典型代表,甚至其思維模式都是日本式的。1970年代初,李登輝一登上台灣政壇就開始學習日本。當上總統和國民黨主席後,李登輝就在政治、經濟、社區文化建設等各個領域全面學習日本。在政治上,他學習日本的政黨制度,把國民黨「自民黨化」,學習日本的「三代建國論」;在經濟建設計劃上,他學習日本的「列島改造論」,要把台灣與日本做垂直分工;在社團建設上,他要辜振甫把台灣的工商聯合會改造成日本式的「經團聯」,等等。總之,日本政治文化對台灣的影響,最突出地表現在掌握大權的李登輝身上。

李登輝潛意識裡是敵視中國的日本軍國主義,也吸收了戰後日本的政黨政治文化和新右翼的觀點。日本軍國主義的主要目標是侵略滅亡中國,戰後日本新右翼政治勢力也希望中國四分五裂。這是李登輝台獨思想的根源和台獨活動的動力。1990年代初,李登輝想按日本「自民黨」的模式改造國民黨,身為黨主席的他,對國民黨內出現的「集思會」、「一心會」等次級團體不管不問。台灣政壇因此出現了類似日本那樣的政黨格局,即一黨優勢、多黨競爭、互相制衡的局面。2000年台灣政壇上的政黨輪替,是李登輝和民進黨合作努力的結果,是戰後黨外留日學生代表的台灣地方勢力與國民黨長期鬥爭的結果,是美日兩國政黨政治文化長期浸潤的結果。美國的政黨政治文化主要是大陸籍的胡適、雷震等人

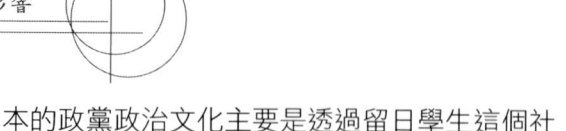

透過《自由中國》宣傳介紹的；日本的政黨政治文化主要是透過留日學生這個社會階層宣傳和推動的。李登輝在台灣推動日本式的政黨政治，包藏著台獨禍心。

所以說，以李登輝為最大推手的台灣政壇上的政黨輪替，反映著戰後日本政黨政治對台灣政壇的影響；可以說，仍然在某種程度上反映著中日政治文化的衝突。只不過時代背景不同了，中日政治文化的內核也發生了巨大的變化。

總之，本書的基本結論是：戰後台灣政治上所有重大事件和目前台灣的政局，都不同程度地受到了留日學生這個資本雄厚的社會階層的影響。而這個影響不論是好是壞，是大是小，在短期內顯然是無法消除的。比如，目前台灣政壇上，彭明敏、李登輝是台獨基本教義派，代表台灣政治上的極右翼勢力，對外極力爭取日本的庇護，對內影響執政的民進黨，嚴重干擾兩岸關係的發展。

透過本研究，我們可以發現，教育的影響是深遠的。教育可以造就經濟、科技、文化等各領域的精英，這些人引領社會發展潮流，因而是改造社會的主導力量。教育可以培養出未來的政治家，改變一個國家或地區的政治面貌。日本在台灣的殖民統治已經結束了50多年，但其培養的留日學生仍然影響著台灣，特別是影響著台灣政壇，仍然影響著目前海峽兩岸的關係，仍然在某種程度上影響著兩岸人民的感情。台灣學生被迫大批去日本留學的根本原因，在於當年的日本不僅軍事、政治、經濟方面強大，而且科學文化教育也比舊中國先進了許多。所以，中國的教育、科學、文化真正發達了，進入世界前列了，加上經濟的高水平，才能算是表裡如一地富強了。

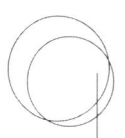

# 附錄　部分台灣留日學生小傳

　　日據時期，台灣地主、資產階級大約有六萬戶，他們的子女幾乎都曾留學日本，僅是受過大專以上教育的就有六萬人左右。作者在寫作本書過程中，努力蒐集核實台灣留日學生的資料，由於條件和時間所限，只蒐集了大約三千人左右。這裡把其中比較出名的一些人的小傳附錄在後面，作為前文論述的補充，讓前文的論述更加堅實可靠。即使有的讀者懷疑日據時期台灣留日學生的總數，看了下列比較有代表性的人物的小傳，也會覺得前文的論述還是能夠自圓其說的。

　　丁瑞彬（1898—1979），鹿港人，明治大學法科畢業，生員丁寶光之子，大和拓殖公司總經理，台北高砂鑄造公司、屏東大和興業公司、基隆台洋漁業公司董事，鹿港製藥公司董事，發起組織籌備會歡迎台灣光復，鹿港鎮長，台中縣議員，省議員。

　　丁瑞魚（1901—1973），鹿港人，丁寶光三子，1926年畢業於日本醫學專門學校，在南投開瑞魚醫院，參加日軍做軍醫，曾隨日軍到新幾內亞，1946年回台，二二八事變時被捕，省參議員，「內政部科長」等。

　　丁瑞（1904—1987），鹿港人，1931年東京商科大學畢業，受商大教授田貞次郎影響，受教於商大奇才福田德三，基隆碳礦公司董事，大同公司董事，大同工學院教授，建設廳專門委員貿易科長，台灣通運公司基隆分公司經理。妻顏梅乃顏國年之女。著有《懷恩感舊錄》。

　　於伯奎，男，畢業於日本京都大學。

　　尤麗水，台東人，醫生、莊協議會員尤欽量之子，畢業於日本商科大學。

　　毛焜洲，台南人，日本齒科專校畢業，光復後任台南縣衛生院長。

方可喜（1921—？），高雄市人，日本專修大學畢業，永光制粉股份有限公司總經理，華成紙業股份有限公司董事長。中華民國進出口商公會常務理事。

方雲祥（1920—？），台南人，東京大學法科畢業，台灣煉鐵股份有限公司總經理。該公司1952年6月創立，董事長是陳逢源。台灣區鋼鐵工業同業公會理事長。

方西雀，嘉義人，畢業於日本高越女學校，丈夫是林旭屏。

方萬金（1925—？），屏東人，畢業於東京高等學院，華成工業股份有限總經理。該公司1957年8月創立，資本3.5億新台幣，員工1020人，製造罐頭、麵粉、造紙等。

王維明，1920年前後在日本士官學校留學，主張借助祖國大陸武力實現台灣的自主。同志者還有黃國書、陳嵐峰等人。

王榮銓（1928—？），屏東人，廣島中學畢業，1946年在東北參加國民黨軍隊。

王榮霖，高雄人，廣島中學畢業，1946年在東北參加國民黨軍隊。

王祖檀（1898—？），萬華人，生員王承烈之孫，生員王采甫之子，名醫王祖派之弟。1929年畢業於東京帝國大學，獲醫學博士學位。

王錫奇，字磐德，台北市人，阪神音樂學校畢業，1949年任台灣省政府交響樂團團長。

王雲峰，大稻埕人，東京神保音樂學院畢業，回台組織「永樂管絃樂團」，為《桃花泣血記》等作曲。

王民寧（1905—1988），台北縣樹林鎮人，1928年畢業於日本陸軍士官學校工兵科，在大陸參加抗戰，1945年參加台灣接收工作，1947年任警備總司令部警務處長，省府委員，1948年當選「國大代表」。

王昶雄（1916—2000），淡水人，1928年到1942年在日本郁文館中學、日本大學齒科學習，在淡水開設牙醫診所，同時兼職《台灣文學》雜誌做編輯。著

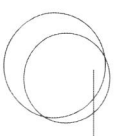

有《王昶雄全集》，其中《奔流》、《淡水河的漣漪》比較著名。

王連生，明治大學畢業，茶商之子，畢業後到日軍占領下的東北工作。

王錦源（1909—1982），台南西港人，1928年畢業於東京聖書學院，開設西港聖教會，1943年被殖民政府關閉，1951年開設中台聖經學院，1961年在台中開設福音基督教會。

王添燈（1901—？）屏東人，父親是地主。早稻田大學函授生，茶商，日據時期參加民眾黨，光復後出任台北市茶葉公會理事長，三青團台北分團主任，1946年當選省議員，《人民導報》、《自由報》社長。

王進益（1902—？），屏東人，王添燈三弟，1934年畢業於日本大學，不願做日本人的官，去大陸大連經商，任文山茶店大連支店長，《新民報》大連通訊記者。1948年回台灣，台北市茶商公會總幹事，認可日本文官制度，認為日、台沒有差別。

王忠信（1904—？），屏東人，王添燈四弟。畢業於日本昭和醫專，在日本成家。

王笑（1909—？），鳳山人，父親為甲長、保正。1929年到1934年在東洋女子齒科學校留學。陳水印之妻。

王玉雲，別號雲鵬，高雄市人，產業能率短期大學畢業，1972年12月當選高雄市長。

王超英（1891—？），字樵雲，高雄鳳山人，1920年畢業於東京高等工業學校機械本科，台北工業講習所講師，高等官七等，製糖株式會社技師，參與杜聰明、施江南、朱江淮等留日工科學生組織的台灣理工學會，1950年任台灣省政府工業試驗所所長。

王天賞（1903—1994），字獎卿，高雄旗津人，1926年前後在東京目白英語學校留學，株式會社高雄支店，1926年從事發動機漁業，1937年任高雄水產會議員，《台灣新民報》代銷商，振文書局老闆。光復後，高雄市教育科長兼社會科長，1946年任高雄信用組合理事主席兼經理，5月任《國聲報》發行人兼社

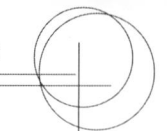

長，翌年2月卸任，二二八事變後被關押66天，1950年任高雄市聯合社理事。

王石定（1913—1947），旗後人，東港船商王沃之子，連襟是楊金虎。畢業於早稻田大學商科，高雄市漁會理事長，明星戲院董事長，鼓山戲院董事長，高雄市參議員，二二八事變時被殺。

王澄清，彰化人，1924年到1935年在日本岡山縣金川中學、九州牙科醫學專門學校留學，在南投街開設南興齒科醫院。

王允得（1904—？），1931年畢業於東京醫專，日據時期任歸仁莊信用購販利合作社社長，歸仁莊協議會員，在台南州新豐郡歸仁莊開設醫院，醫師。

王允是，王允得弟弟，畢業於日本岐阜藥專。

王共，王允得弟弟，畢業於日本同志社中學。

王某某，台中大甲人，大甲信販購利合作社社長、大甲水利合作社評議員王燕翼之子。在日本讀中學。

王某某，台中大甲人，王燕翼次子，在日本讀中學。

王枝火（1912—？），北人，父親王萬春是做黃金生意的富商。1926年進入日本大學中學部學習，春記商行高雄分店長，台中州同鄉會會長。

王燈力，彰化西勢子，富商家庭出身，早稻田大學經濟科畢業。

王銘堪，台中人，日本大學農科學習畜產專業，1966年1月任台灣省家畜衛生試驗所長。

王敏川（1887—1942），字錫舟，彰化街人，1919年到1922年在早稻田大學政治經濟科留學，與呂磐石、黃朝琴、黃呈聰等同時畢業，在日本東京加入啟發會、新民會，是台灣文化協會的最後一任委員長，《台灣青年》、《台灣民報》的主要發行人之一。

王基良（1893—？），台中清水街人，生員、富豪、區長王卿敏之子。自幼去東京求學，讀完小學、中學和慶應大學，回台後，公學校教師，台中建築信用合作社專務，清水建築信組合作社社長，清水街工商協會顧問，台中市議會議

員。

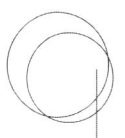

　　王基安，台中清水街人，王卿敏之子，日本醫專畢業，開業醫生，公醫。

　　王毓麟（1915—？）台中縣人，日本大學醫科畢業，自己開設光田醫院，光復後，沙鹿鎮合作社理事，台中縣議會參議員。

　　王錫麟（1921—？），台中縣人，日本東亞學院畢業，1965年創辦光田實業有限公司，任董事長兼總經理，資本200萬新台幣，工人11名，生產竹製品。

　　王守勇，台中大甲人，1922年畢業於同志社大學神學部、文學部，神學院教授，市立彰化女子高商校長，淡江中學校長。

　　王坤鐘，台南人，早稻田大學畢業，1947年4月任台南縣政府會計室主任，1966年到1971年任縣政府主計室主任。

　　王兆麟（1886—？），台南人，龍谷大學畢業，職校校長，僧侶，1935年官選台南市會議員。

　　王育霖（1919—1947），台南市人，地主家庭出身。1940年到1944年在東京帝國大學法學部學習，日本文官高等試驗考試司法科合格，因成績優異，被東京大法學部長穗積重遠博士推薦入日本京都地方法院任檢察官，這是首位台灣人就任檢察官，《民報》法律顧問，日本人曾勸其歸化日本籍。日本投降後，被推為京都台灣同鄉會會長，率團回台，任新竹地檢處檢察官，因起訴新竹市長郭紹宗貪汙瀆職而辭檢察官，中學教師，二二八事變時被殺。

　　王育德（1924—1985），台南人，王育霖弟弟。1944年東京帝大文學部支那哲文科肄業，台南第一中學教師，1949年去日本，1960年2月28日，在東京以王育德為中心成立台灣青年社，1963年5月改稱台灣青年會，1965年9月改稱「台灣青年獨立聯盟」，擔任《台灣青年》發行人。主張所謂「台灣民族論」，1982年任台灣人公共事務會委員，早期台獨運動者和精神領袖，著有《台灣‧苦悶的歷史》、《台灣人原日本兵的訴訟》等。

　　王源趄（1926—？），台南市人，日本大學附屬第三中學畢業，光復後任高雄市警察，二二八事變時被捕，罪名為意圖煽動暴亂。

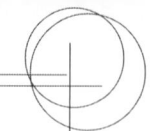

王清佐（1900—1969），屏東萬丹人，富豪、保正、莊協議會會員、信用組合理事王天球次子。1921年到1928年留學日本，中央大學法科畢業，日本文官高等試驗考試司法科合格，1931年回台灣，在台南、高雄等地任律師，《民報》商事社董事。光復後，任三青團高雄分團籌備主任、書記長，高雄市參議員，二二八事變中，以青年團員協助維護社會秩序，被市長黃仲圖派為地方法院院長，事變後被捕並遭嚴刑拷打，釋放後遠離政治。

　　王仁厚，屏東萬丹人，王清佐三弟，畢業於日本法政大學。

　　王冠烈，屏東萬丹人，王天球之子，東京醫學校齒科畢業，牙醫，張豐緒二姊夫。

　　王清風（1907—？）彰化人，1925年到1932年在中央大學法學部學習，1930年日本文官考試司法科合格，1932年回台灣，在台南市白金町開設律師事務所。

　　王鐘麟（1895—1962），嘉義人，王得祿第五代孫，1909年到1920年在日本留學，京都帝國大學法科畢業，律師，台灣文化協會理事，台灣民眾黨常委兼政務部主任，與謝春木一起主持政治部，1930年到上海做執業律師。1946年回台灣，二二八事件時任雙方翻譯，竭力減少誤會，競選「國大代表」失利。

　　王采蘩（1897—？），嘉義人，王得祿第五代孫女，1916年畢業於日本岡山縣津山高等女校，台灣首位女留學生，丈夫是林茂生。

　　王甘棠，嘉義人，日本齒科大學畢業，1948年6月任嘉義市衛生院長，1950年10月開始任嘉義縣衛生院長。

　　王俊雄（1924—？），嘉義人，關西大學專商科肄業，1965年12月創辦豐基實業股份公司，資本1000萬新台幣，員工65人，生產鋼管，自認總經理。

　　王國柱（1905—1958），嘉義人，東石區區長王順記之子，1931年畢業於東京慈惠會醫科大學。在家鄉做開業醫生，太保莊信用組合長，兩度獲選為太保莊協議會議員。光復後，合作社理事長，農會理事長，嘉義市參議會議員，嘉義縣議會議長。

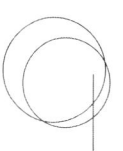

王金海（1895—？）彰化礦溪鄉人，1924年畢業於早稻田大學商學部，隨後進入同校研究院專攻信託業1年，1925年進入安田銀行服務，1935年辭職，1939年加入大東信託株式會社，為支配人代理，在東京留學期間加入新民會，為《台灣青年》撰稿。光復後，任彰化銀行常務董事兼總經理，南華化學工業公司董事。1925年到1935年著有《金錢信託》、《有價證券信託論》、《信託業法論》等書。

王星海，1923年畢業於早稻田大學政治經濟科，與黃朝琴同學。

王燈岸（1919—1985），彰化人，北門外望族出身，1934年到1944年在日本留學，先後畢業於東京中野中學、中央大學法律系。先後任職於東京市政府研究部、東亞經濟研究所，1944年回台，1945年光復初為推進漢語學習而成立國語演習會，任職彰化商校。重要黨外人士。著有《礦溪一老人》，1980年初版。

王某某，彰化人，王燈岸之弟，1934年畢業於東京中野中學。

王白淵（1902—1965），彰化縣人，自幼受到林爽文起義故事的影響，1925年到1927年留學東京美術學校，畢業後任教於岩手縣盛岡女子師範學校，《台灣新生報》記者，1934年到上海任職於謝春木創辦的華聯通信社，1937年遭日軍逮捕，被判刑8年，被遣返台灣服役。光復後，1945年擔任台灣文化協進會創會理事之一，擔任機關雜誌《台灣文化》編輯，另外也主編《台灣評論》雜誌，與大陸人辯論台灣人是否被日本人奴化的問題、台灣有無文化問題，1950年4月19日以「知匪不報」罪名被判刑2年。1931年出版日文詩集《荊棘之道》，晚年出《回憶錄》等。

王金茂（1913—？），宜蘭人，1940年畢業於慶應大學醫學科，醫學博士。光復後，在台灣行政長官公署和台灣省府衛生處工作，基隆醫院院長，台南醫院院長，省府衛生處長，「行政院衛生署署長」，台灣醫務管理學會名譽理事長。

王金星（1904—1947），屏東人，1927年畢業於中央大學法學部，枋山莊長，參加興建左營軍港，壯丁團長。光復後，自行代理鄉長，經營山林，二二八

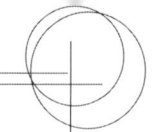

事件中被殺。

王熙宗（1902—？），雲林縣人，東京商科大學畢業，經商，光復後，競選首屆省參議員。

王吟貴（1906—1996），雲林北港首富王雙第四子，1933年畢業於京都帝國大學經濟學部，1936年選為北港信用組合理事，北港街助役。光復後，任合作金庫嘉義支庫經理，中國紙廠經理等，雲林縣第一屆議會議長，省府參議，省議會議員。

王洛（1909—？），字世恭，台北市人。日本國立公眾衛生學院醫學博士，還曾留學美國。在日軍占領下的東三省任遼寧省立醫院長和長春大學醫學院長。光復後，任台北市衛生院院長。著有《簡明衛生學》等。

王翼漢（1916—1999），彰化鹿港人，畢業於關西大學法律科，公賣局酒廠總務課長，《台灣工業新報》發行人兼社長。主辦《鶯友》雜誌，從事宗教活動。

王金河（1916—？），台南市人，漁家子弟。1934年到1941年留學明治學院中學部、東京醫專，外科醫生，1943年回台，在故鄉開設「金河診所」，50年間專治烏腳病患者，是「全國」好人好事代表，蔣經國多次拜訪。獲得第二次「賴和獎」的醫療服務獎、北美洲台灣醫師協會醫療服務獎、台灣省醫師公會服務醫界貢獻殊偉獎、李登輝頒發的「仁醫濟世」匾額等。被稱為「烏腳病患之父」。

王柏青，台南市人，1928年到日本東京醫專留學，回台後做醫生。

王進瑞，1939年畢業於駒澤大學佛學專科。

王傳烈，1942年畢業於駒澤大學佛學專科。

丘念台（1894—1967），台中人，1913年到1920年在日本留學，東京帝國大學採礦科畢業，隨父丘逢甲回大陸，成長於廣東，1920年在東京組織東寧學會，畢業後回大陸工作，瀋陽兵工廠技師，遼寧西安煤礦公司採礦主任，廣東省顧問兼工業學校校長，第七戰區少將參議，中山大學教授。光復後回台，任台灣

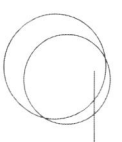

省黨部主任委員，1948年當選監察委員，國民黨中常委，赴日勸廖文毅放棄台獨活動。著有《嶺海微飆》，1962年12月中華日報社出版。

孔德興，屏東人，東京帝國大學法學部畢業，日本文官高等試驗司法科及律師考試及格，1945年9月任屏東市長，1946年1月任高雄縣府財政科長。

鄧雨賢（1906—1944），龍潭人，1929年留學東京音樂學校學習作曲，1933年7月1日進入哥倫比亞唱片公司任作曲專員，1939年轉任芎林公學校教師。著有《望春風》、《四季紅》、《雨夜花》、《碎心花》、《月夜愁》等名曲，1942年被迫改名為「東田曉雨」。

鄧南光（1907—1971），新竹北埔人，1929年到日本法政大學經濟學系學習，參加學校寫真俱樂部，轉以攝影為職業，1935年開設照相器材行，拍攝全台人文風景6000多張。1964年發起設立台灣省攝影學會，連任7屆理事長。

鄧錫章，台中人，東京法政大學畢業，台中二中教師，因台中地區工委會案被殺。

鄧火土（1911—1978），號東山，彰化人，1937年到廣島文理科大學生物科學習，畢業後到北平日本人中學任教。1950年任台灣省水產試驗所長。

石錫勳（1900—1985），彰化縣人，1923年到東京醫學專門學校留學，醫生，文化協會創會理事，台灣議會期成同盟會理事。1945年光復後，彰化市接管委員會主席，彰化市長，市參議員，三青團彰化分團主任，1954年起三度以無黨籍身分競選彰化縣長失利，黨外前輩。

石玉秀（1925—？），又名李淑芬，南投人。1937年開始先後到貝谷八百子學院、東京舞蹈學校學習，回台後，歷任虎尾高中、台北女中、省立師範等學校教師。

石煥長（1891—？），宜蘭羅東人，1922年畢業於東京醫學專門學校，1919年加入新民會，回台後加入台灣文化協會，任理事，1923年1月與蔣渭水等向北署申請成立台灣議會期成同盟會，被日本殖民者以治安警察法禁止，1923年7月與連溫卿、謝文達、蔣渭水、蔡式穀等在台北組織「社會問題研究會」，

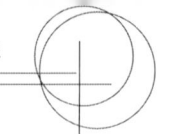

1923年12月在治警事件中被捕，判刑3個月，到新加坡行醫，後到上海。

（陳）石滿（1909—？），宜蘭羅東人，富商石煥堂之女，六叔石煥長，姑父蔣渭水。1931年畢業於東京女子醫專，羅東呈祥醫院醫生，1951年到1956年任宜蘭議會議員，1972年到1979年任「國大代表」。

（石）林玉燦（1914—？），岡山人，東京醫科大學首屆畢業生，到滿洲哈爾濱醫院任職，1946年回台灣。

石永齡（1916—？），桃園縣人，日本中學畢業，廣大飼料廠廠長。

石益（1916—？），台北縣人，日本正則學校高級班畢業，光復後，台北縣議員，縣農會常務監事，副鎮長，鄉民代表等。

石朝桂，日本神學校畢業，回台灣任台灣神學院教師。

白永傳（1918—？）台北縣人，山口高等商業學校本科畢業，1971年之後，先後創辦中國金屬化工股份有限公司和中國砂輪企業股份有限公司等，參加台北縣工業會，任理事。

白福順（1905—？），台中埔里人，1929年畢業於中央大學法科，日本文官高等試驗司法科及格，1931年1月在台中開業，集大產業會社顧問，1941年官選台中市會議員。光復後任能高區署區長，1946年2月任台中縣民政局社會課長。

古金龍（1922—？），龍潭人，1940年畢業於東京私立大成中學，光復時在花蓮玉裡區署工作，參與接收，因嫌上司水平太差，憤而離職，第二屆縣議員。

古燧昌（1918—？）新竹縣人，明治大學商學科畢業，1973年10月台灣雙羽電機股份有限公司成立，任總經理。公司資本1560萬新台幣，員工67人。

古廷正，新竹人，新竹市會議員古雲梯之子，京都帝國大學畢業。

史明（1918—？）又名施朝暉，本姓林，台中人，1937年到1942年在早稻田大學政治經濟科學習，1942年回大陸參加八路軍的抗日活動，1949年5月回台

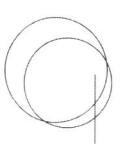

灣，1952年組織台灣武裝隊，從事暗殺蔣介石和台灣獨立活動，被國民黨通緝，逃到日本。1992年再次回台搞台獨活動，獨立台灣會負責人。著有《民族形成與台灣民族》、《台灣人四百年史》等。

盧茂川（1907—？），千葉醫科大學畢業，回台後做藥劑師，經營實業。

盧志中，台南人，留學大阪商科貿易大學，1950年2月任台北市府主任祕書。

盧炳欽（1913—1947），嘉義市人，東京齒科專門學校畢業，在廣東求學時參加廣東台灣革命青年團，後在嘉義開設民生齒科醫院，歷任三青團嘉義分團書記、東門區代表，市參議員，二二八事變中參加同國軍的談判，不久被捕殺。

葉鴻杰，高雄市望族出身，慶應大學畢業，1940年代，經理陳啟清在上海英租界投資的三立洋行。

葉文隆，別號壽山，台北人，1939年畢業於東京府立東京高等工業學校電機科，1940年被征參加日本海軍，2月去調海南島，暗中參加抗日活動，1948年7月回台經營台北文化戲院，1946年11月20日蒙蔣介石頒發陸海空軍褒狀。

葉清耀（1886—1942），台中東勢中科莊人，1917年到1921年在明治大學法科學習，1918年通過律師考試，1921年在台北做開業律師，不久轉到台中市，台中州會議員，1932年獲明治大學法學博士，為台灣人首位法學博士，1923年治警事件中，出任辯護律師，參與籌組台灣地方自治聯盟。著有《刑法同意論》。

葉廷珪（1905—1977），台南市人，留學明治大學法學部攻讀憲法，日據時期一、二屆台南市民選市會議員，東亞信託株式會社社長。光復初以戰犯罪名被捕，台南市參議會議員，廣泰行總經理，1950年台南市首屆民選市長，歷任三屆市長，省府顧問。

葉鴻成，台南人，父親葉宗祺為富商、莊長、街協議會會員、市協議會會員等。慶應大學畢業。

葉鴻池，台南人，慶應大學畢業，葉鴻成二弟。

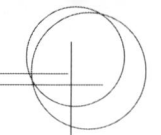

葉鴻洲，台南人，慶應大學畢業，葉鴻成三弟。

葉鴻麟，台南人，慶應大學政治科畢業，葉鴻成堂弟，實業家，廈門運送業組合長。

葉盛吉（1923—1950），台南人，1939年開始，先後到日本仙台第二高等學校和東京帝國大學醫學院學習，1945年10月參加「新生台灣建設研究會」，1946年4月返台，轉學台大醫學院，到延平學院旁聽社會科學課程，1947年當選學生自治會理事，發行《醫訊》，1948年9月由劉沼光介紹入中共，1950年5月被捕，11月被殺。

葉植庭（1904—？）鹿港人，富商葉增輝之子。兄葉熊祈，詩詞專家。昭和大學醫學博士，小兒科醫生。

葉榮鐘（1900—1978），字少奇，鹿港地主家庭出身，1930年畢業於中央大學政治經濟科，林獻堂祕書，參加民族運動，台灣地方自治聯盟書記長。《台灣新民報》東京支社長，《台灣新報》文化部長、經濟部長，1948年入彰化銀行服務。著有《中國新文學概觀》、《半路出家集》、《林獻堂先生紀念集》、《楊肇嘉先生哀榮錄》、《小屋大車集》、《少奇詩草》、《台灣人物群像》、《台灣民族運動史》等書。

葉敏棟，花蓮玉裡人，留學日本學醫，畢業後到滿洲任醫生。

葉國慶（1915—？），南投人，父親葉在淵是醫生。1944年畢業於長崎醫科大學，長崎醫大細菌學教室助手，長崎市技正等，1945年接辦父親創辦的南投淵源醫院。

葉國禎，南投人，葉國慶二弟，東京齒科大學畢業，在東京行醫。

葉國棟，南投人，葉國慶三弟，在日本讀中學。光復後回台灣。

葉東川（1921—？），南投人，東京都東亞高等商業學校畢業，1946年在東北參加國民黨軍隊。

葉秋木（1908—1947），屏東市人，中央大學法學部肄業，因抗日遭遣送

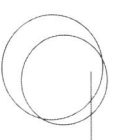

回台。經營水泥、原木進口生意。光復後，任三青團屏東分團組織員、屏東市參議會副議長等，二二八事變時任屏東處理委員會副主委，主張和平解決，3月8日被國軍拘捕，不久被殺。

葉昭渠（1913—？），台北市人，日本東吳大學醫學博士，中央警官學校教授，著有《法醫學》、《遺傳學》等書。

葉炎霧，新竹人，1934年前後在日本大學學習，二二八事變時和鐘謙順一起帶領群眾劫開新竹監獄，放跑犯人。

葉毓菘（1926—？），新竹縣人，日本信州大學畢業，台灣化纖有限公司協理兼經理，該公司1965年成立，董事長王永慶。

葉某某（1923—？），新竹人，早稻田大學專修班學音樂，日據時期在新竹州府工作。

甘得中（1884—？），彰化望族出身，1906年去日本留學，經營中央商會，上海新華企業股份有限公司董事長，莊長，台中州協議會議員，林獻堂祕書，參加同化會等組織。

甘文芳，彰化人，甘得中侄子。參與組織「新生台灣建設研究會」，1945年9月16日與高天成成立台灣同鄉會，任東京華僑聯合會副會長，東京華僑事件處理委員會委員，1948年任華僑民主促進會長。

江文也（1910—1983），台北淡水人，1923年到1929年先後留學於長野上田中學和武藏高等工業學校，作曲家，北平師範大學作曲教師，天津中央音樂學院教師，1957年被打成右派。代表作有《阿里山的歌聲》等。

江呈麟，留學日本西南學院經濟科，曾到偽滿洲國興業銀行任職。

江夢征（1919—？），台南縣人，日本西南學院經濟科畢業，獅子油脂有限公司副經理，該公司1964年8月創立，資本2400萬新台幣，員工285人。

江某某（1909—？），嘉義人，東京昭和醫專畢業，購買黃武東所賣的學籍而留學。

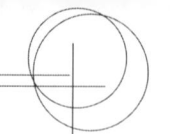

莊騰輝，台北縣人，日本國民學校畢業，光復後任鎮長、市參議員等。

莊要傳，台北市，中央大學法學部畢業，日本文官高等試驗外交官考試筆試過關口試不過關，日本《朝日新聞》駐香港特派員，台灣銀行經濟研究所職員，二二八事變後經香港轉日本。

莊顯仁（1924—？），台北市人，東京商科大學經濟系畢業，大輝國際貿易股份有限公司副總經理，該公司1979年5月創立，資本10.69億新台幣，員工134人。

莊淑旂（1920—？），台北市人，慶應大學醫學博士，中國文化學院系教授、系主任。

莊木火，基隆人，早稻田大學畢業，光復後任瑞芳國小校長，二二八事變中曾被捕。

莊天祿（1905—？），梧棲人，1931年畢業於早稻田大學法學部，參加新民會，同鄉會幹事，1938年回台，1941年之後，任職於《興南新聞》社台中支局、蘭陽支局。

莊維藩（1918—1968），台南人，先後留學於東京第三高等學校和東京帝大政治科，文官高等試驗行政科考試合格，1942年任新營郡守。日本官吏分為敕任官、奏任官、判任官三個等級，日據時期，台灣有奏任官2000多人，而台灣人任奏任官者僅有29人，他是其中之一。光復初，參與國民政府接收台南的工作，認為負責台南州接收的韓聯和毫無近代法治思想。1947年2月之後，台南縣政府經建局長，農復會技正，台灣銀行董事。辜振甫連襟。

莊紹銘，台南市人，東京法政大學畢業，新豐初中校長、台南市一、二、三屆議員，市政府機要祕書。

莊孟侯（1898—1949），台南安南區人，留學日本學醫，回台後，醫生，華南銀行經理，三信理事主席，熱愛祖國，任接收委員，被稱為「地下市長」，二二八事變時參加「事變處理委員會」，後被殺。

莊孟倫（1911—？），台南人，莊孟侯五弟，在日本學美術。光復後，任

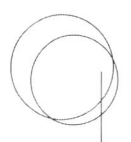

高雄光復戲院經理等。

莊清標，台南人，保正、區長、莊長莊以莅之子，先後留學於日本警官學校和中央大學，台南州巡查部長、警部補。

莊無嫌，嘉義樸子人，1928年公費入奈良高等師範學校家事科，後再入廣島文理科大學教育系，台首位女性念教育系，戰後去美國，1953年獲日本頒發的文學博士學位，終生留在日本做教授，因不懂閩南語拒絕出任丘念台推薦的省府教育廳顧問。

莊壬癸（1914—？），樸子人，1928年開始留學於大阪小學、中學、工業學校，是隨堂姐無嫌去日本，留在日本。

莊垂勝（1897—1962），字遂性，書香世家，父親莊士哲是名儒、鹿港區長。1924年畢業於明治大學政治經濟科，在東京參加啟發會、新民會等，深受西田幾多郎《善的研究》、朝永三十郎《近世「我」之研究》影響。在台中開辦中央書局，林獻堂祕書，1946年任台中市圖書館館長，1947年二二八事變時加入「台中地區時局處理委員會」，因此被國軍第72師拘捕過，後經營大同農場。著作有《徒然吟草》等。

（林）莊季春（1920—1993），樸子人，富商莊無嫌八妹。1935年開始到日本留學，先後進入廣島高女和東京女子藥學專門學校學習，同期留學的台灣女子有13人。在樸子開設仁德藥局。

莊來富，樸子人，留學廣島高等女校、裁縫專科學校，莊無嫌十妹。受原子彈輻射感染生病，後先後定居日本、美國。

莊榮榆，南投人，愛知縣安城農業學校畢業，1951年1月到1968年8月任南投縣建設局長。

莊春火（1906—？），基隆富商之子，1922年到日本大學社會科學習。受潮流及堺利彥影響，信仰社會主義，台共創黨黨員。農民組合幹部，參加工運，因不滿謝雪紅退黨，1931年被判刑7年，1990年代任勞動黨顧問。

莊世和（1923—？），號鵬文，屏東縣人，川端畫學校、東京美術工藝學

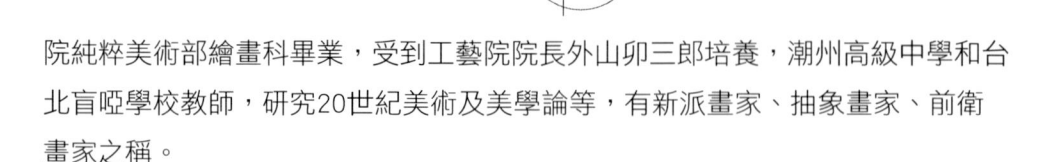

院純粹美術部繪畫科畢業，受到工藝院院長外山卯三郎培養，潮州高級中學和台北盲啞學校教師，研究20世紀美術及美學論等，有新派畫家、抽象畫家、前衛畫家之稱。

莊守（1905—？），彰化人，早稻田大學畢業，碼頭工人，日共黨員，台共候補中委，參加台灣文化協會。

莊采芳，東京女子醫專畢業，醫生，丈夫劉清風。

莊名桂，1931年駒澤大學東洋科畢業。

連震東（1904—1986），字定一，台南縣人，1929年畢業於慶應大學經濟科。返台任《昭和新報》記者，後到重慶任國際問題研究所組長，參與台灣革命同盟會。國民政府台北州接管委員會主任委員，「制憲國大代表」，省長官公署參事，台北縣代理縣長，省議會祕書長，「國大代表」，《中華日報社》社長，國民黨改造委員會委員，省府建設廳長，省民政廳長，省府委員，省府祕書長，國民黨中央黨部副祕書長，「行政院政務委員」，「內政部長」，國民黨中常委，國民黨中評委，國民黨中評會主席團主席，「總統府資政、顧問」，國民黨中央選舉委員會委員。著有《震東八十自述》，1983年自己刊印。

連龍生（1909—？），台東人，東京美術學校畢業，1960年創辦中日飼料油脂企業股份有限公司，工人216名。

馮子明，花蓮人，富商、保正、區長馮連二之子，日本齒科大學畢業，回台開業做醫生。

許桃機，字北辰，台北縣五股鄉人，早稻田大學經濟科畢業，曾任縣議員。著有《潛能哲學通論》等。

許憲梁（1914—？），台北市人，山形工專畢業，1969年8月創辦華城電機股份公司，資本2000萬新台幣，員工85人。

許振發（1922—？），台北市人，東北帝大學電氣工學科畢業，台灣大學教授。

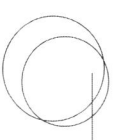

許建裕，台北縣人，京都帝國大學畢業，曾任職於偽滿洲國中央銀行調查科。

許清隕（1924—？），台北縣人，日本法政大學畢業，大恭化學工業股份有限公司祕書。

許長卿（1924—？），法政大學政治經濟系肄業，轉入北京朝陽大學。

許榮輝，台北縣人，富商、莊協許海亮之子，宮城商業學校畢業，金山鄉長，1946年當選縣參議員，基隆市政府經濟課職員，後辭掉公職，二二八事變中被殺。

許某某，台北縣人，大阪藥專畢業，許榮輝二弟。任職台北市政府衛生局。

許榮漢，昭和醫專畢業，中興醫院主任，省府衛生處課長。

許敏惠（1923—？）淡水許丙三子，先後就讀於成城中學、京都大學，1944年與李登輝等人同船回台參加日軍，由博多到高雄，華南銀行董事長，省合作金庫理事長。

許章（1897—？），台北縣人，1926年大阪醫科大學畢業，台北醫院內科醫官補，1933年自己開辦許章內科醫院。

許伯埏（1917—1991），淡水富豪許丙長子，1933年開始留學日本，先後入成城中學、東京帝大法學部，經商，日本文官高等試驗外交科考試合格，1989年設立國際新象文教基金會。著有《許丙、許伯埏回想錄》，「中研院」近代史研究所1996年出版。

許清浩（1916—？），日本俳優學校學習舞蹈，舞蹈家。光復後回故鄉，創辦古典芭蕾舞研究社，1953年在台北中山堂舉辦第一次創作表演，節目有《月中精靈》、《幽默烈斯克》，他的古典芭蕾舞對台灣芭蕾影響深遠。

許素霞（1904—？），嘉義人，父親為前清貢生。東洋女子齒科大學肄業，潘木枝妻。

許炳輝（1916—？），高雄市人，長崎中學畢業，1973年創辦三裕木業股

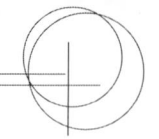

份有限公司，資本8000萬新台幣，員工520人。

　　許國雄（1922—？）高雄參議員許秋粽之子。1945年九州大學齒科肄業。1946年回台，高雄醫院醫生，高雄醫學院教師，創辦東方工專，加入國民黨，二二八事變時被抓，因曾為彭孟緝母親治療牙病而被釋放，當選「國代」，省教育會理事長。

　　許舜雄（1924—？），高雄人，許國雄弟弟，東京高等師範學校生物科肄業，1946年2月回台北師範學院就學，二二八事變時被捕。

　　許雲霞（1916—？），台中縣人，法政大學畢業，永大機電工業股份有限公司董事長，該公司1966年7月創立，資本7000萬新台幣，員工650人。

　　許壬子，北港大地主、鹽商之子。光復時捐建歡迎門，二二八事變時逃亡。

　　許壬辰，北港大地主出身，東京拓殖大學畢業，日據時期曾在北港任日軍柔道教師，鄙視中國軍警，二二八事變時任嘉義保安隊隊長，帶人去包圍嘉義國軍水上飛機場，被殺。

　　許壬申，北港人，1947年回台灣，二二八事變時逃亡。

　　許禎興，嘉義人，日本大學畢業，二二八事變時和許壬辰帶人包圍國軍水上飛機場，認為中國軍警文化水平低而氣焰很高，他們不服。

　　許文思（1925—？），高雄人，北海道帝國大學畢業，醫藥學家，1950年回大陸，任台灣民主自治同盟上海支部主任委員。

　　許禎祥，高雄人，東京帝大醫學博士，在日本經商致富，日本同鄉會會長，僑選「立委」。

　　許禎明，高雄人，許禎祥三弟，醫學博士，姐夫是台南縣長胡龍寶。

　　許禎文，高雄人，許禎祥四弟，醫學博士。

　　許茂元（1903—？），台南人，哥哥許能春是富商，保正。早稻田大學畢業，港乾信用合作社社長。

　　許太陽（1914—？）台南市人，父親許望是神戶新復興商行代表。京都府

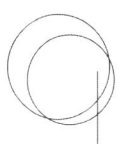

立醫科大學畢業，先後任宜蘭醫院院長和新竹醫院院長。

許富美（1918—？），台南市富豪許望之女，大阪市帝國女子藥專畢業。

許子秋（1920—1988），台南市人，1943年畢業於京都大學，獲得醫學博士，時值抗日戰爭時期，乃祕密到大陸，獻身公共衛生工作。光復後，台灣省公共衛生教學實驗院院長，台灣精神醫學會監事，省衛生處長，省立醫院副院長，1970年任職聯合國西太平洋署，主持家庭計劃及婦幼衛生，台灣省婦幼衛生協會發起人，「衛生署署長」，「行政院顧問」。

許世賢（1908—1983），台南人，父親許煥章是清朝秀才。東京女子醫專和九州帝大醫學部畢業，醫學博士，醫生，開設泰德醫院、世賢醫院，在嘉義開設順天堂醫院。光復後，嘉義女中校長，嘉義市參議員，嘉義市長，省議員，省議會「五龍一鳳」中的「鳳」，問政認真，「立委」等。

許鶴年（1904—1969），字天壽，父親是武秀才。日本大學肄業，滿洲專賣署查緝鴉片，與日本人合開安東協和染廠。戰後，在華北的台灣人回台時，吳三連、楊肇嘉出力最大。經過劉明朝介紹，任職省合作金庫。

許溢深（1909—？），台南縣人，東京醫科大學畢業，1962年8月在高雄創辦柏林股份有限公司，資本2000萬新台幣，員工100人，生產塗料等。

許子哲，屏東人，長崎醫科大學畢業，戰時曾任日軍空軍上尉醫官，自開診所。在台中參加二二八事變，後定居日本。

許強（1913—1950），台南佳里人，日本九州帝大醫學博士，台大醫學院副教授，台大醫院內科主任，台大醫院院務改革委員，與上海台灣同鄉會會長李偉光有聯繫，二二八事變後與台大醫院部部分醫生祕密研習左派理論，1950年被捕殺。

許炳輪（1918—？），南投人，岩手醫學院畢業，新藝藤業有限公司董事長，該公司1973年12月創立，資金1530萬，員工280工人，制藤業。參加扶輪社。

許整備，澎湖人，京都帝大畢業，1963年9月任省府環境衛生實驗所長。

許整景（1916—？），澎湖人，京都帝大醫科畢業，醫生，兼澎湖要塞司令部軍醫處主任，兼三青團團長，參議員，公醫會理事長，人民自由人權保障委員會主委，澎湖「二二八事件處理委員會」主委兼治安組長，使澎湖無事，二二八事件時曾阻止史文桂派兵去台，「國大代表」。

（梁）許春菊（1918—1997），澎湖人，1938年畢業於奈良女子高等師範學校，許整景妹妹。台南第二女子高等學校教師，新化初中教師兼事務主任，省府教育審查委員會召集人，台南縣婦女會理事長，臨時省議會議員，省議會一到四屆議員，「立委」。

許普（1915—？）澎湖人，新潟高等水產學校畢業，經商。

許胡，中央大學肄業，新民會會員，積極參加政治活動，1930年6月當選為台灣民眾黨中常委，政治部主任。

許厲玉（1921—？），台南市人，明治大學畢業，佳美貿易股份有限公司總經理。該公司1967年7月創立，資本1000萬新台幣，員工94人，經營汽車、食品等。

許石（1919—1980），台南市人，音樂學校畢業，學作曲，回台推展台灣鄉土歌謠，主要作品有《安平追想曲》、《台灣小調》、《夜半路燈》等。

許嘉興（1916—？），彰化人，兩洋中學畢業，民選第四屆第五屆鹿港鎮長，彰化縣議會第一、三屆議員。

許乃昌（1906—1975），筆名秀湖，1925年到日本留學，日本大學畢業，彰化信用組合理事許嘉種長子。昭和製紙株式會社常務董事，1942年集大會社支配人等。1926年參加東京社會科學研究會，1932年入《台灣新民報》社。光復後，擔任《民報》總編輯等。

許乃邦，彰化人，東京帝國大學畢業，許乃昌弟。光復後，法官。「員林事件」發生時擔任台中地方法庭庭長，事件起源是民眾控告縣方警員，調查員前往調查卻遭警員開槍射擊。包括許乃邦在內，凡膽敢對警察判刑的法官，二二八事變時都在追捕名單上。

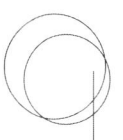

許常美（1918—？），彰化和美許幼漁長女，1940年前後在日本上中學和大學，藥劑師。

許秋槎（1920—？）彰化和美許幼漁次女，醫學博士，丈夫廖道雄也是醫學博士，在日本大阪開業。

許常山（1923—？），父親許幼漁是詩人、醫生。關西醫科大學醫學博士，泛愛醫院院長，後定居加拿大。

許昭華（1926—？）彰化和美人，東京中學英文學士，丈夫闕文仁為農學士，定居加拿大。

許常安（1928—？），彰化和美，許幼漁次子，1940年去東京玉川學園中學學習，台灣師大教授，日本專修大學教授，文學家。

許常惠（1929—2001），許幼漁三子。1940年去日本留學，先後進入東京都世田谷區第三荏原小學、明治學院中學部、長野縣野澤中學等學校學習，二二八事變時，參加台中一中學生會聲援中部各界要求民主自治的活動，1953年台灣師範大學音樂系畢業，參加音樂著作權人協會、民族音樂中心、中華民俗藝術基金會，主導成立亞洲作曲家聯盟，「國策顧問」。著有《先父幼漁公事略》，大友書局1960年出版；《台灣音樂史初稿》，全音樂譜出版社1994年出版。

許鴻源（1917—？），先後留學於明治藥科大學和東京大學，1946年12月任職省衛生試驗所，台灣首位藥學博士，著有《中國醫藥概念》。

許文政（1924—？），宜蘭人，名古屋帝大醫科畢業，台北醫學院教授。

許清琛，東港人，留學日本學醫，醫生，二二八事變時被軍人槍傷，遭搶，後行醫。

許猛（1922—？），彰化縣人，日本近畿大學畢業，許瑞興工業有限公司董事長。該公司1965年10月創立，資本1000萬新台幣，員工135人。生產汽車、機車等控制導線，參加國際獅子會。

許繼麟，1930年畢業於駒澤大學佛專科。

孫某某，高雄人，在日本學醫，高雄醫院醫生，二二八事變時被抓。

孫土池（1924—？），苓仔寮人，東京文化學院和東洋大學畢業。光復後，王白淵引薦加入《人民導報》，任日文記者。後從台北迴高雄，任高雄市議長。

朱俊英，台北人，1895年7月，總督府民政局學務部長伊澤修二帶去東京留學。

朱昭陽（1903—2002），台北板橋人，父親為四海街協議會員，祖、父兩代開辦「朱源隆紅酒店」。1921年到1928年留學日本，先後進入東京第一高等學校、東京帝大法學部學習，大學期間通過文官試驗行政科考試與大藏省就職考，加入新民會和台灣文化協會，畢業後到大藏省就職，位至敕任官，日據時期，台灣人中職務最高的行政官。戰後，在日本成立「新生台灣建設研究會」，回台後參與創辦延平學校，任校長，1949年9月被警總關押100天。朱昭陽口述、林忠勝撰《朱昭陽回憶錄：風雨延平出清流》，前衛出版社1994年出版。

朱華陽（1908—1999），朱昭陽三弟，東京帝大經濟科畢業。當時東京帝國大學和早稻田大學等著名大學裡左傾風氣盛行。東京帝國大學教授分左右兩派，經濟學部教授尚自由、社會主義，課的內容批資本主義，朱華陽等人受到了影響。在大陸任職。光復後，任農林廳檢驗局副局長，1950年時入獄6年。

朱明陽，台北板橋人，朱昭陽四弟，東京工業大學畢業。

朱彩陽，朱昭陽五弟。長崎醫科大學畢業，1943年任島原療養院院長，1946年回台灣。

朱崑陽，朱昭陽六弟，東京齒科大學畢業。

朱子慧（1924—？），高雄地主家庭出身，地主出身。光復後，獅甲國民學校教員，1945年底加入王清佐、簡吉等人組織的三青團，1949年被保安司令部殺害。

朱青松（1898—1959），台中大甲區長朱麗長子，1909年入同志社中學讀書，醫生，開辦大甲青松醫院。

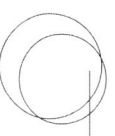

朱江淮（1904—1995），字博光，號仲謀，台中大甲基督世家、街長、莊長、實業家朱麗次子，祖父是前清進士。1920年去日本留學，先後進入同志社中學、京都帝大電氣科學習，台灣電力公司協理，台灣肥料公司董事長，省建設廳長，「中日文化經濟協會總幹事」，著有《朱江淮回憶錄》等。

朱叔河（1906—1980），朱江淮三弟。京都立命館大學法學部畢業，受新竹謝介石引薦，到偽滿洲國外交部任職。光復後，在台灣電力公司任職。

朱瑞源（1926—1990），朱江淮五弟。大阪工業大學工學科畢業，在日本電源開發株式會社任職，1973年加入日本籍。

朱瑞銓，台中大甲人，朱江淮六弟，留學於日本軍校。

朱進丁（1920—？），台南縣人，東京工業學校畢業，南光紙業有限公司經理，該公司1967年創立，資本5000萬新台幣，員工120人。

朱盛淇（1905—？）新竹關西人，1934年畢業於日本大學法科，文官高等試驗司法科考試合格。律師，新竹縣義民中學校長，新竹州會議員。新竹企銀董事長。光復後，1951年4月當選新竹縣長，1954年5月當選連任。「行政院顧問」。

朱漢耀（1907—？），高雄鳳山人，明治大學法學部畢業，經營榮春米廠，從事米穀進口，高雄縣進出口商會理事長，省商業聯合會理事，1946年任高雄縣商業會主任委員、首屆理事長。

劉耀輝（1933—？），台北縣人，東京獸醫專科學校畢業，淡水中學畢業，與鐘謙順同學。

劉天祿（1902—？）台北人，日本大學法科畢業，記者、報社支局長。

劉國智（1918—？）桃園縣人，中央大學法科畢業，1973年1月創辦建全工業股份有限公司，資本2400萬新台幣，員工76人。

劉蘭亭（1894—1933），台北板橋人，早稻田大學法律科畢業，台灣文化協會會計、理事。

劉聯益，留學日本學醫，1945年5月任新竹市衛生院長，1950年10月任新竹縣衛生院長，台南市衛生院院長，台南市衛生局長。

劉青雲（1894—1981），大地主，信奉基督教的世家，祖父劉坅，父親劉瑞山。1910年到1921年在同志社中學、慶應大學學習，實業家，經營三多商會，妻子日本人，朱江淮親家，女婿賴永祥東京帝大畢業，五妹婿楊基銓，兄弟姊妹與台北顏家、霧峰林家聯姻。

劉主（子）安，東京高等工業學校畢業，劉青雲二弟。台南長榮女中校長，又留學劍橋大學，神學家。

劉子祥（1906—？），慶應大學經濟科畢業，劉青雲三弟，台灣自治聯盟支部長，1935年民選市會議員。

劉清風（1900—1978），台南府城商紳劉錫五長子，1919年京都同志社中學部畢業，1926年在美國獲得博士學位，1927年任復旦大學教授，1929年回台南開設青峰醫院。光復後，台南家專和高雄東方工專教師，參加紅十字會、青年會、醫師公會等。

高謹治，東京高等技藝學校畢業，劉錫五長女。

劉宇治，東京齒科醫專畢業，劉錫五之三女，祖父劉坅。

劉聰慧，東京帝國女子醫專畢業，劉錫五第五女。

劉明哲（1892—？），台南柳營人，舅舅劉神岳是參事、實業家。父親劉神岳是秀才、柳營區長、莊長、信用組合理事、州協會協議會員。1916年早稻田大學畢業，嘉義銀行新營所主任，柳營莊長，1922年被授予紳章，1926年任大東信託株式會社董事，去偽滿洲國哈爾濱任職。台灣地方自治聯盟常務理事，《台灣新民報》社監事。

劉明朝（1895—？），柳營人，富豪劉神岳之子，劉明哲二弟。先後在東京第八高等學校、東京帝大法學部政治科畢業，1933年文官高等試驗行政科考試合格。總督府專賣局翻譯，州勸業課長，總督府殖產課長，1942年任台灣產業組合聯合會理事。光復後，省參議員，「國代」，「立委」，任省合作金庫理

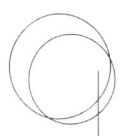

事兼總經理。

劉清井（1899—？），柳營人，父親劉焜煌為區長、豪農。劉明朝堂弟。1929年畢業於東京帝國大學醫學部，醫學博士，在台南市開辦清井內科醫院，台南州會議員。光復後，台南醫院院長，省府民政處衛生局副局長。

劉啟祥（1910—1998），柳營人，劉清井弟弟。1925年到1931年留學於東京青山學院、日本文化學院美術科，又留學歐洲學習繪畫，在高雄地區進行美術教育和美術創作。

劉案章（1925—？），南投人，父親劉樹枝是製造陶瓷的富商。常滑町立陶器學校畢業，南投陶器同業者組合組合長。

劉博文，台南人，日本專修大學高等研究科畢業，台南縣教育科長，先後於1964年和1968年當選兩屆台南縣長。

劉枝萬（1923—？），南投埔里人，東京精思中學畢業，中央大學預科畢業，早稻田大學文學部肄業，1946年返台，南投埔里中學教師，南投縣文獻委員會研究員，省文獻委員會採集組組長，省立博物館副研究員，台北市文獻會編纂組長。著有《台灣埔里鄉土志稿》、《台灣日月潭史話》、《南投縣革命志》、《南投人物誌稿》等。

劉金約（1909—？），南投縣，三重大學農業經濟系畢業，在政府機關20多年，曾擔任過農業機關的小主管。光復後，任技正、所長、場長，省農會總幹事農林組召集人，連任三屆省議員，《台灣日報》董事長，1971年當選「立委」，台灣省農業建設功臣之一。

劉鳳岐，台東縣人，豪農、參事、保甲局長、莊長、莊協會協議會員劉金安次子。早稻田大學畢業，畢業後到大陸任大學教授。

劉安紅，屏東人，貢生、莊長、參事劉維經三子。早稻田大學政經科畢業，回台後，任助役（相當於祕書，以下不再註釋），莊長，信用組合理事。

劉水來，劉安紅堂弟，早稻田大學畢業，《每日新聞》記者，助役，莊長。

劉深銅，台東人，富豪、莊長、聯合保甲局長、保正劉玉輝之子。早稻田大學肄業，經營實業。

劉錦璋（1927—？），苗慄人，六一航空機校畢業，工程師，發明冷熱機和空調遙控器。

劉闊才（1911—1993），苗栗公館醫師之子，1931年去日本留學，京都帝大法律科，關西學院大學博士，文官高等試驗司法科考試及格，但義不做日官，而去當律師。光復後，二二八事件時任苗栗治安隊長，新竹縣建設局長，省參議員，省議員，省府委員，擁護國民黨的土改政策，1969年以最高票當選「立委」，「立法院副、正院長」，「總統府資政」，國民黨中評會主席團主席。

劉定國，字正民，號柏成，苗慄人，留學日本，中學畢業，回大陸參加國民黨軍隊的抗日活動，光復後任台灣省政府委員。

劉振芳（1898—？），高雄縣人，1927年明治學院神學部畢業，1929年任台中柳原教會牧師，1955年任舊城教會牧師，1961年任東京台灣長老教會牧師。

劉登王，高雄人，東京法政大學法科畢業，1954年9月到1955年3月任高雄縣立圖書館館長。

劉尚修，高雄市人，東京醫學專門學校畢業。醫師檢校及格。光復後，先後擔任高雄縣衛生院院長、鳳山醫院院長、岡山醫院院長，1964年任高雄縣衛生局長。

劉錦堂（1894—1937），台中頂橋人，1915年至1921年間在東京美術學校西洋畫科學習，1920年到上海參加革命革命，認國民黨元老王法勤為義父，改名王悅之，回北平教書，幫助王法勤從事國民黨的地下活動，經營北平藝專，終生未再回台灣，代表作有《棄民圖》、《台灣遺民圖》等。

劉茂雲（1895—？），豐原人，1924年畢業於慶應大學法科，文官高等試驗行政科考試及格。台灣總督府通信書記兼府屬，高雄州和台南州勸業課長，高雄稅關監視部長，新竹州勸業部長，總督府庶務課長，山林課長，書記官等。

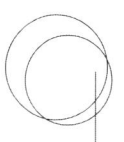

劉萬（1905—？），台中大甲人，先後畢業於高知高等學校、京都帝大法學部，高等文官試驗考試行政科合格。台灣總督府交通局書記，總督府稅關屬，高雄稅關監視部長，新竹市助役兼文書課長，新港郡守，海山郡守，皇民奉公會中央本部參事。光復後，任台灣省合作金庫大稻埕支庫經理。

劉慶瑞（1923—1961），台中人，先後在京都第三高等學校、東京帝國大學法學部畢業，因成績優異保送上大學，但很快珍珠港事件爆發，學校停課，轉入台灣大學畢業，留美，1960年回台，任教於台灣大學。著有《比較憲法》等。

劉吶鷗（1900—1941），台南新營人，原名劉燦波，筆名洛生，青山學院、慶應大學文科畢業，再到上海震旦大學唸法文一年，1928年在上海創辦第一線書店，出任汪偽政府《國民新聞》社社長，1941年9月3日被暗殺，文學家。2001年台南縣政府出版《劉吶鷗全集》。

劉金登錢（1914—？），台南人，日本獸醫專門學校畢業，正一紙器工業股份有限公司總務經理。該公司1969年7月創立。

劉育奇（1921—？），台南縣人，東京帝國大學文學院畢業，光復後，任台南市建設局長，台南市政府主計室主任等。嘉泰企業股份有限公司董事長，該公司1966年5月創立，資本5000萬新台幣，員工150人，生產農藥。

劉再生，嘉義人。

劉傳來（1899—1985），嘉義人，富豪劉闊三子。1926年畢業於日本醫學專門學校，在嘉義開設振山眼科醫院，嘉義市會議員，興亞株式會社社長。光復後，省參議員，「國大代表」等。

劉明（1902—1993），嘉義富豪劉闊四子。1919年至1928年在日本留學，東京高等工業學校應用化學科畢業，經營瑞芳大粗坑金礦，設振山實業社。礦業巨子，1947年首屆台區煤礦公會理事長，1949年到1950年任台灣省府石炭調整委委員會主委，朱昭陽的延平學院的主要贊助者。延平學院校務委員還有曹欽源、洪遜欣等人。二二八事變中，親身參與緝私員和賣煙婦女的爭鬥。關心民進

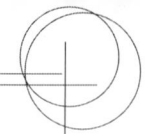

黨的成立。

劉建廷（1917—？），嘉義縣人，日本大學第三中學畢業，國華產物保險有限公司營業部經理，該公司1962年11月創辦，資本1億新台幣，員工274人。

劉啟光（1905—1968），原名侯朝宗，字明遠，嘉義人，明治大學畢業，回祖國大陸參加抗日戰爭，光復後回台，到台南北港演講，1946年1月任台灣行政長官公署參事，新竹縣長，華南商業銀行董事長。1953年任省府委員。

劉森斌（1919—？），南投縣人，門司名教高中畢業，振昌木業股份有限公司總務課副課長，該公司1966年10月創立，資本1.49億新台幣，員工567人。

劉兼善（1896—？），字達麟，高雄縣人，1919年早稻田大學政治經濟科畢業，1921年任廣州革命大本營宣傳委員，廣東法政專門學校教授，廣東大學、中山大學教授，黃埔軍校教官，在大陸參加抗戰。光復後返台，台灣大學訓導長，省參議會議員，省府委員，「考試院考試委員」等。

劉燕，屏東人，東洋音樂學校畢業。

劉紹興，屏東人，先後留學日本大學醫學部、東京帝國大學，醫學博士。1957年11月任屏東醫院院長。

劉清魁，藍敏表哥，東京工業大學礦冶畢業，到山西省任省政府礦冶科長，徐永昌連襟。

劉捷（1911—？），筆名郭天留、張猛三，萬丹人，速記學校畢業，在東京參加1933年5月成立的「台灣藝術研究會」，《新民報》記者，文學評論家。

劉守塡（1923—？），彰化縣人，日本中央大學肄業，建大工業股份有限公司財務部經理，該公司1974年6月創立，資本1.26億新台幣，員工908人。

劉明電，1933年「米管案」三勇士，吳三連、楊肇嘉、劉明電在東京反對總督府的《台灣米穀管理案》。

劉沼光，新竹客家人，留學於東京帝國大學醫學部，中共黨員。

池朝金（1922—？），彰化縣人，日本聖峰中學畢業，二戰後，在青島組

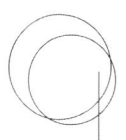

織台灣旅青同鄉會，協助同鄉返台。經營產品外銷。

呂子實（1922—1960），瑞芳人，富商、保正、瑞芳莊協議員呂溪山之子。1941年畢業於秋田礦冶學校，任台灣金礦工程師。

呂阿昌，萬華富商之子。京都帝大醫學博士。開辦懷安醫院，內科小兒科名醫。光復初當選「國大代表」，台北市議員，艋甲信用組合理事，省醫師公會理事長，台北市醫師公會理事長。

呂阿墉（1900—？），萬華人，呂阿昌弟弟，先後留學東京第二高等學校、東京帝國大學法學部。讀書期間通過文官高等試驗司法科考試，1919年1月在東京參加新民會，並被推為理事，1926年畢業，先後任東京地方裁判所司法官試補、橫濱地方裁判所判事等。戰後初期病逝。娶日本女人為妻。

呂天爵，萬華人，呂阿昌次子。九州帝大工科畢業。

呂革令，台北市人，長崎大學畢業，醫學博士。馬偕紀念醫院院長兼外科主任。

呂鐵州（1899—1942），桃園大溪人，前清秀才呂鷹揚之子，1930年畢業於京都市立繪畫專門學校，隨日本著名畫家福平田八郎學畫，1930年回台灣，組織麗光會、六硯會、南溟繪畫研究所。六硯會由呂鐵州、郭雪湖、陳敬輝、楊佐三郎、曹秋圃等六人發起成立，以推廣美術創作和建立美術館為職志。

呂鼎鑄，東京市立繪畫專校畢業，參事、街長呂鷹揚之子，街協議會會員，畫家。

呂廷結，區長、莊長呂家聲之子，日大法科高等研究科畢業，信用組合理事，產業組合理事，莊協議會會員。

呂季園（1890—1961），豐原神岡富豪、參事、莊協、信用組合理事呂汝玉第八子，1906年到1912年，先後畢業於山口縣中學、明治大學。株式會社新高銀行台中支店二號人物，1924年新高、嘉義、商工合併成商工銀行，任高級職員，信用組合理事，大東信託株式會社經理，神崗莊長，州協議會員。

附錄

呂柏齡（1893—？），神岡呂汝玉第九子，先後在小學、東京山口高等商校畢業，遷居東京。

呂盤石（1898—1959），豐原神岡人，早稻田大學商科畢業，實業家，大安產業株式會社支配人。弟呂靈石。

呂靈石（1900—？），呂盤石之弟，1911年到1927年留學日本，先後畢業於小學、開成中學、明治大學法科，律師，先後任東京台灣青年會幹事、新民會理事，率鄉土訪問團訪問全台，1929年議會設置運動請願委員，《台灣新民報》印刷部長，《興南新聞》文書課長，皇民奉公團中央本部囑託，林獻堂外甥。

呂璞石，神岡人，在日本受中學教育，台灣大學機械系畢業。

呂泉生（1916—？），神岡人，東洋音樂學校畢業，小提琴家，參加台灣文化協會和「厚生演劇研究會」。

呂國震（1924—？），台中人，東京目白商業學校畢業，台中縣稅捐稽徵處股長，台中市中區合作社經理。

呂赫若（1914—1950），台中潭子人，1942年東京武藏野音樂學校畢業，男中音歌手，參加台灣文化協會和「厚生演劇研究會」，教師，參與《人民導報》、《自由報》、《光明報》等編輯工作，台共黨員。著有小說集《清秋》等。

呂憲發（1900—？），台南人，東京醫專畢業，開業醫生，莊協議會會員，1935年當選民選州會議員。

呂世明（1900—1992），號曉陽，1926年畢業於早稻田大學政治經濟科，經營輕鐵會社，1935年官選彰化市會議員，新竹汽車客運公司董事長，該公司1919年9月創立，資本6000萬，員工1511人，創立投資促進會推動農業機械發展，1947年當選「國大代表」，省議員，1960年連任兩屆彰化縣長，重視教育，彰化地方派系紅派的鼻祖，有「台灣汽車大王」的稱號。

呂安德，澎湖人，日本大學專門部建築科畢業，澎湖縣建設科長，要塞司令

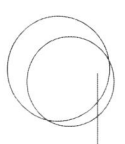

部技正，二二八事變處理委員會治安組副組長，馬公鎮副鎮長，縣建設局長，省議員，縣長。

呂哲（1900—1968），澎湖人，1933年畢業於九州醫學專門學校，白沙鄉公醫，澎湖廳協議會員，1946年為縣政府衛生顧問，1947年開始任縣立婦嬰保健所長，1948年到1956年任縣衛生院長。

呂連樹（1920—？），桃園人，東京南方外語學校畢業，參加侵華日軍任翻譯。二戰後回台灣經商。

呂朝清（1921.3—？），彰化縣人，法政大學商科畢業，彰化汽車客運公司總經理，該公司1942年3月創辦，資本4800萬元，員工712人。

呂基正（1914—1990），台北市人，1931年畢業於神戶神港洋畫研究所，畫家，從事美術教育和創作，參加台陽美術協會，1948年創辦青雲美術會。

呂訴上（1915—1970），彰化人，1940年開始先後留學於日本大學電影科、東京新聞學院，放映電影，光復後，做過警察，閩南語劇團團長，中國文化學院教師等。著有《台灣電影戲劇史》，銀華出版部1961年出版。

呂竹木，1940年畢業於駒澤大學佛專科。

紀慶昇，嘉義人，神戶工校電氣科畢業，曾到偽滿洲國工作。

紀薩，花蓮人，1925年到平安中學留學，花蓮能高團棒球隊隊員。

宋斐如，台南人，富家出身，東京帝大研究院畢業，回大陸，主辦《人民導報》。與謝東閔、王添燈、黃朝琴等人密切，二二八事變時把自己座車撥給記者使用，以採訪基隆台北等各地之事。

宋增榘，台中人，早稻田大學畢業，1946年任台中縣長。

宋顯華（1913—？），台南市人，日本大學畢業，仁德實業股份有限公司董事長，該公司1968年創立，資本3000萬新台幣，員工76人。

宋進英，台北人，富商宋瑞昌之子，1934年畢業於東京帝大法學部，律師，日本文官高等試驗司法科考考試合格，在東京做律師。光復後，任私立延平

中學副校長。市長黃啟瑞曾邀請其出任台北市教育局長和台大教授,但遭拒絕。

宋春芳,1940年畢業於駒澤大學佛專科。

湯德章(1907—1947),台南玉井人,日本中央大學法科肄業,日本警察坂本與湯姓女子之子,日本文官高考試司法科及格,台南警察,執業律師。光復後,台南南區區長,「二二八事件處委會台南分會」治安組長,台南市人民自由保障委員會主任委員,出面維持秩序,被冤殺。

湯守仁(1923—1954),嘉義阿里山鄒族,1941年以軍屬身分在廣東的戰俘營當守衛,被破格保送到日本厚木士官學校學習,後又進入軍艦學校學習,結業後到日本關東軍服役,日軍中尉,被蘇聯紅軍俘虜,送到西伯利亞集中營,戰後回台,1946年任國民學校體育代課教師,二二八事件時帶鄒族青年攻打國軍軍械庫,又與嘉義民眾武裝會攻嘉義水上飛機場,1952年被捕。

湯雨霖,北海道大學畢業,1945年12月任農林處養蠶所所長。

李雅各,日本神學校畢業,台灣神學院教師。

李緞,台北人,早稻田大學經濟法制科畢業,國民黨中央監察委員,台北市婦女會常務理事,台灣省婦女協會理事長,台灣省黨部執委。

李延齡,台北市人,富商、哲學家李春生長孫,李景盛長子,1896年去日本讀小學,明治學院畢業,台北市實業家,台北市協議會會員。

李延禧(1883—1959),台北市人,李春生次孫、李景盛之子,1896年到1915年在日本讀小學、中學、明治學院,又留美,為台灣留學美國第一人,1916年任新高銀行常務經理,商工銀行副總裁,台灣總督府首任評議會員,1924年祖父李春生去世後家族爭產訴訟,1927年攜全家移居日本。光復後,被推為台灣第一商業銀行民股監察人,但並未回台任職。

李延昆,李春生之孫,1896年去日本讀小學、明治學院。

李解紛,台北市李春生族人,1896年去日本,先後就讀於小學和明治學院。

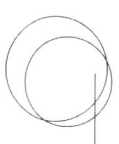

李源頭，台北市李春生族人，1896年去日本，先後就讀於小學和明治學院。

李超然（1910—1992），李春生曾孫，在日本讀小學、中學，後又留學德國、比利時學習化學，總督府警務局做化學研究工作，新亞香料株式會社常務經理，台灣農產株式會社董事長等。光復後，行政長官公署工礦處監理委員，台灣油脂工業有限公司協理，台灣師範學院教授等職。

李傳謨，1900年到日本農科大學學習。

李石樵（1908—1995），台北人，1935年畢業於東京美術學校油畫科，開設私人畫室，免費教授美術，台灣師範大學教授，退休後赴美定居。

李友邦（1906—1952），台北縣蘆洲人，早稻田大學肄業，在大陸參加抗戰，1937年組織台灣義勇隊，1940年創刊《台灣先鋒》，三青團台灣分團主任，台灣省府委員，省黨部副主委兼改造委員。

李志中，台北縣蘆洲人，中央大學畢業，參加朱昭陽的「新生台灣建設研究會」，光復後，到大陸經商，與楊廷謙籌設台灣青年會，1950年9月被捕殺，與朱昭陽、謝國城、楊廷謙、林乃敏、陳成慶、朱華陽、廖瑞發等人一起被捕。

李登輝（1923—），台北縣三芝人，父親李金龍為警察補。京都帝大農業部農林經濟科肄業，台灣省合作金庫研究員，農林廳技正，「行政院政務委員」，台北市長，台灣省府主席，第七任「副總統、總統」，國民黨代理主席、主席，第八、九任總統，中華文化復興運動總會會長，「國家統一委員會」第四屆主任委員，「憲政」研討委員會主任委員，台灣綜合研究院名譽董事長。

李騰岳（1895—1975），號鷺村，台北縣蘆洲人，1940年獲得京都帝國大學醫學博士學位，醫生，獲得第10屆醫師節獎，台灣省文獻委員會編纂委員會主任委員，民政廳專門委員。著有《台灣瘧疾防治簡史》、《台灣醫事衛生發達簡史》、《台灣省通志稿政事志衛生篇》、《李騰岳鷺村翁詩存》等。

李克鐘，台北縣人，李騰岳之子。醫學專門學校畢業，兒科醫生。

李金土（1900—1972），別號襄輔，台北市人，1925年畢業於東京上野音

樂專科學校，主修小提琴和音樂教育，台北師範學校教師，1931年參與舉辦「台灣全島洋樂競演大會」，為台灣首次舉行的提琴音樂比賽，也是台灣首次舉辦的西式音樂比賽。光復後，台灣師範大學教授。著有《音樂欣賞法》、《音感訓練法》等。

李桂香，東洋音樂學校畢業。

李淦（1908—？），台北市人，東京農業大學畢業，中日飼料油脂公司副總經理，該公司1960年創立，資本2.2億新台幣，員工216人。

李孝廉（1904—？），日本大學商學部經濟系畢業，明電電機公司董事長，該公司1972年4月創立，資本1000萬新台幣，員工147人。

李純青（1908—1990），台北市人，日本大學社會學系肄業，1935年9月回大陸參加抗日活動，先後任上海、重慶、香港《大公報》主筆，組織「台灣革命同盟會」，參加受降典禮，率記者團在全台宣傳中共主張，主編《台灣評論》，在滬報刊發文支持「二二八事件」中台灣民眾提出的自治要求，全國人大代表，全國政協常委，台灣民主自治同盟副主席。著有《日本問題概論》、《望台灣》、《筆耕五十年》等。

李孝本（？—1974），台北市人，1933年畢業於駒澤大學人文學科，省文獻委員會編纂員、台北市文獻委員會編輯組長。著有《佛學概說》等。

李丙心（1913—？），台北市人，成淵學校法律經濟專科畢業，台北市議員，省議員，省青年文化協會理事長。

李東輝（1922—？），台北市人，東京大學經濟科畢業，自由職業者，參選首屆省議員失敗。

李儒聰（1921—？），台北縣人，1944年法政中學畢業，瑞三礦業公司理事，台灣區煤礦業同業公會常務理事，第一產物保險公司董事長，青島通運股份有限公司董事長，該公司1973年12月創立，資本2500萬新台幣，員工40人，經營貨櫃運輸等，1951—1963年任台北縣議會議長，1963—1988年台北縣議會議員，1969年當選「立委」，中華民國舉重協會理事長，「國民外交協會常務理

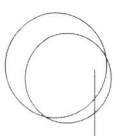

事」。

李慶生（1921—？），台北市，早稻田大學商科畢業，大宇鋼鐵股份有限公司廠長。

李梅樹（1901—1983），台北三峽人，富商李金印之子，1929年到東京美術學校西洋畫科學習，街長。光復後，任中國文化大學、國立藝專、台灣師範大學教師，鎮民代表，縣議員，「中國美術學會」理事長。

李培燦（1923—？），台北市人，東京電氣技術學校和物理學校畢業，延平區大裡里長。1953年以政治犯被捕。

李克竣（1915—？），台北市人，大阪電氣專門學校畢業，經營進口電氣產品，又創立新亞電器公司，經營日光燈。1962年在三重市創設歌林公司。1973年股票上市。創辦《歌林》雜誌和李克竣文教基金會。

李良吉（1920—？），1938年到1943年在日本留學，日本大學專門部商科畢業，1944年任職於日本總督府外事部。光復後，任職於台灣省行政長官公署，省府科員，華南商業銀行總行幹部。台北區中小企業銀行總經理，該行1948年5月創立，董事長陳逢祿。著有《台灣經濟》等。

李舜卿，台北縣汐止人，街長之子。1938年去日本留學，東京外語學校畢業。

李和（1921—？），台北縣人，早稻田大學肄業，從事礦業，浦田採礦所主任，隆記及昭和煤礦主任，台北縣議員。

李華岳，彰化李金燦之子，在日本讀中學，菲律賓三井物產公司僱員。

李以禮，彰化李金燦之子，在日本讀中學，菲律賓大阪貿易公司職員。

李添福（1899—？），台北中崙人，日本大學畢業，回台灣從事出口貿易，加入瀛社和松社。

李進枝（1920—？），桃園人，台灣資生堂化妝品董事長。

李瑞漢（1906—1947），新竹人，1929年中央大學法學部畢業，1930年通

過文官高等試驗考試司法科，台北永樂町律師公會會長。二二八事變時提出司法獨立，遇害。

李瑞峰（1908—1947），新竹人，李瑞漢之弟，中央大學法學部畢業，律師，1947年3月10日失蹤。

李源棧（1910—1969），高雄縣人，岩手醫學專門學校畢業，留校任附設醫院小兒科副主任，回台在左營開辦李源棧醫院。光復初參與接收日本海軍營產，台灣省臨時省議會議員，在省議會為「五龍一鳳」之一，問政認真，參與1960年代中國民主黨籌組活動。

李添春（1898—1977），高雄美濃人，1929年畢業於駒澤大學文學院佛教科，任職於日本總督府文教局社會課，《南瀛佛教》編輯主任，台北帝國大學教師。光復初，參與接收台灣大學，台灣大學教師，發表佛教文章《台灣佛教史料》、《東來的達摩》等。

李相（1917—？）高雄市人，同志社中學畢業，振吉電化股份有限公司董事長。該公司1953年5月創立，資本6000萬新台幣，工人508人。參加國際扶輪社。

李潤宇（1917—？），高雄市人，東京第二高等學校，高雄順德醫院皮膚科醫生，二二八事變時失蹤。

李塗州（1919—？）高雄鳳山人，東京品川養成所機械科畢業，左營煉油廠職員工人代表，二二八事變時被捕。

李塗鎮，高雄人，早稻田大學肄業，省民政廳山地行政指導員，台東縣東峰區署區長，台東縣山地室主任。

李存敬（1926—？），高雄市人，名城大學院法學研究所碩士、博士，大同國民中學校長，高雄市議會議員，省議員，國民黨中央監察委員。著有《中華民國監察制度》、《省政芻議》等。

李修，高雄市人，富家出身。日本帝大藥劑科畢業。二弟是共產黨員，因幫助二弟逃跑，被判15年徒刑。

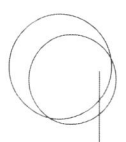

李瓊梅（1924—？），大甲人，京都同志社女學校畢業，大甲首位女留學生，朱江淮之妻。

李烏棕（1898—？），草屯人，明治大學專門部和東京醫專畢業，1928年在草屯開辦崇仁醫院。草屯莊協議會會員，草屯公學校和土城公學校校醫。

李葉奎（1916—？），台中大甲人，1930年到早稻田中學讀書，營盤口部落會副會長。光復後，擔任第三屆大甲鎮民意代表，台中區合會儲蓄公司專員。

李君曜（1896—？），礦溪人，父李崇禮為街長、總督府評議會議員、製糖公司董事、彰化銀行監事。1915年到日本留學，慶應大學畢業，回台在彰化開辦醫院，彰化銀行監察人。光復後，彰化市參議會議長，農會理事長。

李君晰（1906—？），字哲明，礦溪人，李君曜弟，1920年去京都帝大經濟科讀書，實業家，市會副會長，信用組合理事，1946年2月從彰化市府祕書調任市府總務科長。

李天德（1923—？），台中縣人，關西商校畢業，中甲藥品有限公司董事長，永甲藥品有限公司董事長，永日藥品有限公司董事長，永信藥品有限公司董事長。

李子彬（1932—？），台中人，新台灣紡織有限公司常務董事。

李仙子（1899—？），明治大學法律科畢業，華南產物保險有限公司總經理，該公司1963年5月創立，資本1億新台幣，員工189人，保險業。

李連春（1904—2001），台南縣人，1923年畢業於神戶商業職業學校，任職於日本加藤株式會社，1946年前後開始先後任省糧食局副局長、局長，主持制定糧食政策，省府委員，「行政院政務委員」，1970年退休。

李嘉嵩，崗仔林人，1942年畢業於日本神學院，牧師，戰後為員林女子學校校長，參與《基督教論壇報》籌備工作。著有《100年來》，台南教會公報社出版。

李茂炎（1901—？），斗南人，日本高等牙醫學校畢業，斗南莊協議會

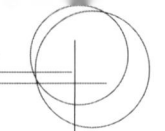

員，台南州米穀組合常務理事。光復後任台南縣參議員。

李漢周，台南人，京都大學畢業，1950年10月到1951年1月任南投縣建設局長。

李丁趑（1921—？），台南縣人，日本關東中學畢業，惠利企業股份有限公司祕書。

李永福（1920—？），台南市人，神戶高商畢業，亞波羅電子股份有限公司董事長。該公司1968年12月創辦，資本3000萬新台幣，工人620名。參加台南成功國際獅子會。

李瑞山，台南東山人，1935年前後在日本讀中學。

李清隆，台南東山人，1935年，從台南教會中學轉到東京私立中學。

李文邦，台南東山人，到日本讀中學。

李登芳（1924—1947），樸子人，神戶大同精機機械學校畢業，台東新港派出所警察，樟源派出所警察，台南友愛街警察，二二八事變時被前來要求繳械的士兵擊傷而死。

李國禎（楨），南投人，《興南新聞》社員、保正、莊協、州協、信用組合長李春盛之子，早稻田大學高等學院畢業，為台中縣民政局行政課長，大屯區署區長，南投縣長，1957年任檢驗局長。

李國藩，李春盛第五子，中央大學畢業。

李國民，李春盛第六子，東京齒科醫專畢業，醫生，詩人。

李祐吉，南投實業家春哮長子，熊本醫科大學畢業，1946年3月任台中醫院院長。

李棟樑（1922—？），南投人，中央大學畢業，振昌木業有限公司營業課課長。

李禎祥（1908—？），南投人，1922年去日本留學，先後入東京市立大塚尋常高等小學校、私立青山學院中學部、私立明治大學預科、明治大學法學部學

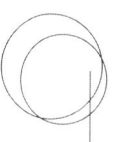

習，參與《台灣文藝》編輯，1935年任《東亞新報》記者，草屯保甲聯合會書記，1938年12月考入日本帝國議會眾議院為臨時僱員。太平洋戰爭爆發，學校提前1學期結束，1941年12月畢業，回台入彰化乘合株式會社。光復後，回草屯接掌草屯實踐農業學校，首任台中縣立草屯初級中學校長，調任南投縣政府祕書，建設局農業輔導課長，南投縣立圖書館館長。

李燧煤，南投人，先後入廣島高等學校、東京帝大法學部學習，日本文官高等試驗考試司法科合格，日本貴族院事務官。

李晏（1896—1967），又名李元白，彰化花壇人，1921年去日本留學，先後進入東京北里研究所、慶應大學學習，醫學博士，在東京辦理《東亞醫學雜誌》，後被任為日本關東廳滿洲裡醫院院長，上海同德醫學院教授，震旦醫學院教授，在大陸去世，上海市人大代表。

李瑞雲（1895—1938），萬丹人，養父李仲義是下淡水溪以南首富。京都同志社中學、早稻田大學政經科畢業，回台後，莊協議會員，高雄州米穀同業組合組合長，地方自治聯盟理事，台灣《新民報》董事等。

李金鐘（1904—？），號振南，彰化人，1928年畢業於早稻田大學政治經濟科，《新民報》台中、高雄、基隆等地支局長、學藝部長，1935年到天津《庸報》服務，北京臨時政府統稅局鴉片科長，後到南京任國民政府顧問。

李茂松，雲林人，中央大學法科畢業，1954年5月當選嘉義縣長，1955年11月因案停職。

李燦然，雲林人，京都大學農學博士，1977年任水產試驗所長。

李彩娥（1926—？），屏東人，1939年去石井漠舞蹈體育學校，舞蹈家，1941年隨石井去越南表演，1942年回日本參加全國舞蹈比賽，1943年回台，1948年在屏東設舞蹈班授徒，1951年環島表演。

李明道（1888—1962），屏東人，萬丹首富李仲義之侄。1912年畢業於京都同志社中學，實業家，高雄州協議會員。光復後，任彰化銀行營業顧問，屏東製冰有限公司董事長，屏東市議會議員等。

李明家（1894—1971），屏東萬丹人，京都同志社中學畢業，在家鄉開設德昭醫院。光復後，任屏東市衛生院院長，屏東縣衛生院院長，自組曼陀鈴樂團。

　　李開榮，屏東萬丹人，富豪、區長、莊長李南之子，李開胡四弟。日本大學中學部畢業，實業家，莊協，莊長。

　　李某某，屏東萬丹人，大地主李開胡長女，東京女子醫專畢業。

　　李鳳美，李開胡次女，東京女子醫專畢業。丈夫林瓊　是兩屆高雄市參議員。

　　李啟東，屏東人，大阪高等醫學專校畢業，先後任台東、宜蘭、屏東醫院院長。

　　李世昌，屏東人，中央大學經濟科畢業，屏東縣議會議員，1960年當選屏東縣長。

　　李志傳（1902—1976），東京音樂學校畢業，屏東女中校長，台北市教育局督學，台北市交響樂團副團長等。

　　李澤藩（1907—1989），新竹人，1926年畢業於東京美術學校，新竹公學教師，新竹師範美術教師，台灣師範大學教師，文化大學教師，在地方上努力推廣洋畫創作。

　　李子賢（1912—？），新竹人，市會議員李良弼長子，1922年畢業於京都帝國大學法學部，1939年通過文官高等試驗司法科考試，新竹市律師，光復後，當選新竹市參議會參議員，新竹市律師公會常務理事。

　　李應臣，號幼榮，新竹人，日本經濟專門學校畢業，1946年1月任台北縣民政局財政科長，第一稅務稽徵所長。

　　李金鎮（1907—？），新竹人，大地主、保正、保甲聯合會會長李火生之子，京都的兩洋中學畢業，1928年回台灣，1929年接任父親的新城保正，也兼任新城、寶門、雙溪三個保甲聯合會的會長，還經營糖部，1937年到1941年擔任壯丁團團長，1935年是民選莊協議會員。光復後，選舉為三屆村長，三七五

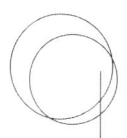

減租時失去土地，不滿。

李白濱，苗慄人，京都帝大經濟科畢業，青年黨黨員，文林中學校長，參選苗栗縣長。

李永基，東邦醫科大學醫學博士，苗慄人，1967年任家畜衛生試驗所所長。

李爐己，1926年在東京參加台灣青年會，任評議員。

李傳旺（1919—？），桃園人，日本大學畢業，中和紡織股份有限公司副理，該公司1955年創立。

李合珠（1921—？），桃園人，中央大學經濟學部畢業，「中台工業株式會社」董事長，東京大飯店董事長等，僑居日本，1977年起任僑選「立委」兩屆。

李瑞珍，宜蘭人，慶應大學醫學部畢業，宜蘭醫院副院長。

李瑞標（1917—？），近畿大學畢業，早稻田大學研究。獲日本特許大學贈與政經學博士，《台北民報》、《全民日報》經理，1950年9月5日創辦《民眾日報》於基隆，專文論政治經濟，1967年當選基隆第六屆市議員，1946年任基隆市新聞記者公會理事長，1989年發起籌備報業協會，當選首屆副理事長。

李淇，通霄人，京都帝大法學部畢業，1947年任台北法商學院分院主任。

李讚生（1892—？），字化育，號育卿，台北人，生員、保良局分局主理、莊長李聲元長子，1924年畢業於京都帝國大學經濟科，台灣總督府官房調查課勤務，台北州海山郡守，高雄州勸業課長等。光復後，合成肥料公司常務董事，1946年2月任台南縣建設局長。

李克承，新竹人，長崎醫科大學畢業，醫師，新竹三信公司理事長，省醫師公會理事長。

李昆玉（1903—？），東港人，1923年同志社大學肄業，轉到美國求學，獲得碩士學位，在廈門、上海、香港經營實業，在台北成立商行。

李清標，高雄人，先後進入中央大學、明治大學，參加東京留日學生民族運動，到偽滿洲國工作，戰後任瀋陽台灣同鄉會會長，1946年回台灣。

李樹林，1939年畢業於駒澤大學。

李致慧，留學日本學習舞蹈，著名舞蹈家，許常惠夫人，回台灣後創辦彩雲飛舞坊。

李鎮源（1915—2001），台南人，1940年畢業於台北帝國大學醫學部，杜聰明藥理學教室助手，到日本研究蛇毒，1945年獲得醫學博士學位，「中研院院士」，1976年獲得國際毒素學會頒發的最高榮譽「REDI獎」，台灣大學醫學院院長，1982年創立中華藥理學會，1987年創立中華民國毒理學會。退休後積極參加社會運動，主張台獨，「建國黨」首屆主席。「總統府資政」。主編《實驗藥理學·蛇毒》等專著。

杜聰明（1893—1986），淡水人，1915年到1921年留學日本，京都帝大醫學博士，1922年回台北任醫學專門學校教授，中央研究所技師，台北帝大醫學部教授。光復後，高雄醫學院院長，省府委員等。著有《藥理學教室論文集》、《中西醫學史略》、《回憶錄》、《杜聰明言論集》等。

杜錫奎（1900—？），彰化人，明治大學法科畢業，富商，1935年民選市會議員。

杜新春（1904—1943），南投集集人，先後進入東京明治學院、名古屋第八高等學校、京都帝大法學科學習，1928年通過高等文官司法科考試，1929年畢業後進入東京地方裁判所服務，台南地方法院嘉義支部判官，1932年10月返台任台南地方法院嘉義支部合議部判官兼單獨部判官。

（鄭）杜有妹（1917—？），台東人，日本洋裁學院畢業，台東縣婦女會理事長，縣議員，1964年2月與9位議員角逐議長、副議長，當選台灣首位女副議長。

麥春福（1924—？），台北縣人，近畿大學畢業，1954年當選淡水第一信用合作社理事主席，1955年起當選淡水鎮民代表會5屆主席，台北縣議員，省府

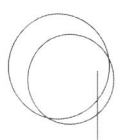

委員。

阮朝臨，高雄人，帝大法學科畢業，光復後任左營區長。

阮朝堪（1892—？）屏東人，富豪、生員、莊長、莊協阮達夫之侄。1925年留學日本醫科大學，回台自行開業做醫師，還擔任林邊莊副莊長，公學校保護者會會長，青年會會長，屏東信託株式會社董事，東港信用合作社清算人。

阮碧霞，屏東人，阮朝堪女兒。東京帝國女子醫專畢業。

阮朝吉（1899—1960），屏東人，秀才阮蘭儒之子，先後畢業於東京錦城商業專門學校、日本專修大學經濟科，與親族創辦屏東信託株式會社，任董事長，1923年復去日本專修大學經濟科學習，1929年畢業後返台，林邊信用組合常務理事，林邊莊協議會員。光復後，任高雄區合會儲蓄股份有限公司董事，林邊鄉鄉民代表主席，鄉調解委員會委員等。

阮朝日（1900—1947），屏東人，阮朝吉弟弟，東京高輪中學、福島高等商業學校畢業，與林耀明、李開山等人合股創立屏東信託株式會社，這是日據時期台灣三大信託公司之一。《台灣新民報》販賣部長兼廣告部長、總經理。與施江南組織台灣海外青年復員委員會，「二二八事變」中未參加任何活動卻遇害。

阮朝英，屏東人，秀才、區長、莊協議會員阮達天第四子，創辦高雄阮外科醫院。

阮竹雄（1928—？），屏東人，東京郁文館商業學校畢業。

張基雄（1917—？），台北市人，日本專修大學商科畢業，大有煤礦公司代表人，里長，市參議員。

張星賢，1926年前後在早稻田大學體育科學習。

張簡茂已（1927—？），高雄市人，日本駒澤大學肄業，1946年在東北參加國民黨軍。

張維賢（1905—1977），台北人，1928年到東京日本新劇運動發源地築地小劇場學習新劇，1930年夏天返台組織「民烽演劇研究所」，1932年初再度去

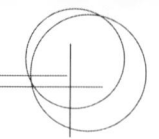

東京舞蹈學院學習舞蹈。

張友金，台北人，生員、區長張希袞之子，中央大學中學部畢業，經營實業，廈門台灣公會議員。

張耀堂（1895—1982），台北木柵人，清把總、內湖區長、深坑莊長張德明之子。1915年前後在東京高等師範學校學習，取得留日高等官資格，第二師範學校教師，文學家。

張福堂，張耀堂二弟，醫專畢業，醫師，深坑莊長，對地方農會之發展，爭取設置莊治中心，郵局之設立，茶葉之推廣，貢獻良多。

張燦堂，字敬理，張德明三子。東北帝大、特許大學法學博士，木柵民政課長。1960年8月—1967年6月台北市民政局長。

張國周，台北市人，東京藥學專門學校畢業，台灣行政長官公署民政處衛生局課長，省立台北醫院主任。著有《實用中華藥典》。

張東湖（1921—？），台北市人，早稻田大學商科畢業，會計師，在台北開業，稅務代理人。著有《對來中華民國投資之有關法律》等書。

張秋海（1898—？）台北人，1915年到1927年在東京美術學校油畫科和東京高師圖畫手工科學習，1938年回北平教書，與顏水龍是同學。

張萬傳，1931年到東京美術學校學習，參加台北大稻埕繪畫研究所和造型美術協會。

張天賜（1909—1992），台北人，1937年到日本東寶公司學習電影導演專業8個月。

張芳燮（1914—？），字雪峰，桃園人，中央大學法學科畢業，旅東北台同鄉會常務理事，1946年回台，省府參議，二任桃園縣長，華南商業銀行董事長，農林廳山地農牧局長，《中華日報》社董事，「中日文化經濟協會」常務理事，國民黨12屆中評會中評員。著有《台灣山地農牧資源開發》、《相互銀行概述》等。

張啟華（1910—1987），高雄人，1929年進入東京美術學校學習，任三信合作社理事27年，壽星戲院經理，組織高雄美術研究會。

張自流（1924—？），高雄旗津人，京都佛教大學畢業。

張雙滿（1925—？），高雄縣人，九州大學農學博士，農友種苗有限公司總經理，該公司1968年創立，資本1000萬新台幣，員工144人。

張英南（1926—？），高雄市人，日本神奈工業學校畢業，大榮重工業股份有限公司總經理。

張國雄（？—1950），美濃人，東京帝大醫學部畢業，基隆中學教師，因中共台北市工作委員會案被殺。

張來發（1931—？），高雄人，日本士官學校速成班畢業，分發到左營海軍造船廠工作，不到半年日本投降，1950年代作駐台灣美軍顧問團的翻譯。許多美國軍官問他，為何你們台灣人不自己獨立「建國」？他向親戚朋友訴說台灣前途問題，1957年被以陰謀推翻政府判刑10年。

張煥三（1910—？），台中人，東京商科大學畢業，台灣通運倉貯股份有限公司總經理，該公司1955年12月創立，董事長辜振甫。

張深（1901—？），台中人，先後在大成中學校、東京齒科專門學校學習，開辦昭和齒科醫院，台中州齒科醫生會長，1935年民選台中市會議員。光復後，參選首屆台中市長。二二八事變台中地區處理委員會委員，被捕，旋出獄。

張煥珪（1902—1980），筆名沐真，台中人，1920年進入明治大學法科學習，與兄張睿哲等創辦中央書局，任社長，1933年任台中興業組合組合長，大雅莊協議會員。光復後，台中市參議員，1946年創辦《新知識》雜誌。

張風謨（1908—？），台中豐原人，1929年畢業於中央大學法科，1930年在台中開業律師，1935年台中市民選市會議員，1948年擔任台中律師公會理事長。

張深耕（1914—？），台中縣人，東京物理學校畢業，利澤工業衣車廠股份公司董事長，該公司1964年成立，資本1億新台幣，員工1200人，生產縫紉機等。

張龍芳，台中人，九州齒科醫學專門學校畢業，台中縣衛生局長。

張啟仲（1916—？），豐原望族出身，1941年畢業於日本醫科大學外科，台中市公共汽車董事長，第二屆市議員，1964年當選台中市長，「總統府國策顧問」，空手道協會理事長，「立委」。

張某某，豐原人，張啟仲大哥，日本醫科大學畢業。

張某某，豐原人，張啟仲二哥，牙科大學畢業。

張銀河，富豪、區長、保甲聯合會長張泉源之孫，早稻田大學畢業，信用組合長，莊協。

張銀溪，東京美術學校畢業，信用組合會計。

張信義（1906—？），後裡人，名紳張青雲後代，日本大學商科肄業，台灣文化協會常委、會計部主務，資助《台灣大眾時報》發行，1951年任鄉長。

張金發，台中人，日本大學畢業，台中市自來水公司總工程師，自來水廠長，台中市建設局長，台中縣建設局長。

張漢裕（1913—？），台中縣人，東京帝大經濟科畢業，1943—1946年先後任東京帝大東洋文化所、台灣大學、淡江大學教授，矢內原忠雄的高足，蔡培火女婿，經營史學會會員，「中國經濟學會副會長」，翻譯《重商主義與英國的財寶》。

張海燦（1930—？），台中縣人，日本太田中學畢業，味王股份有限公司業務經理，該公司1959年7月創立。

張雅玲，台中人，鶴田舞蹈學校畢業，光復初返台，在台中市成立舞蹈研究所。

張梗，台南人，早稻田大學政治經濟科畢業，與葉榮鐘、楊肇嘉等關係密

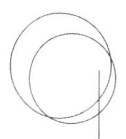

切。30歲病死。

張振芳，台南人，早稻田大學畢業。

張　元（1919—？），台南縣人，東京農業大學畢業，大盟皮業公司總經理，該公司1974年4月創立，資本3500萬新台幣，員工387人。

張慶璋，或牛祖光，台南人，大阪音樂學校本科專修音樂，1946年1月任台南縣新營區署區長。

張彩雲（1922—？），台南市人，東京醫專畢業，金山麗斯廠股份有限公司常務董事，1971年創立，資本2000萬新台幣，員工65人，生產網布。

張文環（1909—1978），嘉義人，岡山中學畢業，東洋大學文學部肄業，與王白淵、吳坤煌、曾石火、楊基振、巫永福、蘇維熊、魏上春等人組織藝術研究會，1946年當選台中縣參議員，1947年代理能高區署區長。著有《難忘當年事》等。

張進通，嘉義人，1938年九州帝大畢業，醫學博士，醫生。許世賢丈夫。

張兆庚，嘉義人，日本衛生院醫科畢業，台北縣衛生局長，嘉義縣衛生院長、衛生局長。

張榮宗（1908—1947），樸子富家子弟，日本大學醫學畢業，參加台灣文化協會，到上海、滿洲經商。光復後，三青團樸子區隊長，《和平日報》東石分局長，《和平日報》因揭露官僚腐敗而獲罪，二二八事變時糾集青年抗爭，被國軍伏擊而死。社會主義者。

張文南，嘉義人，東京醫專畢業，醫生。

張深切（1904—1965），南投人，1917年到1923年先後進入豐山中學、青山學院中學部學習，經台灣去大陸，1927—1930年被總督府關入監獄，1930年組織台灣演劇研究會，1934年倡導建立台灣文藝聯盟，1937年北平藝專教授兼訓育主任，1945年回台任台中師範教務主任，二二八事變時隱居中寮山。著有《我與我的思想》、《台灣革命運動史略》、《獄中記》、《孔子哲學評論》

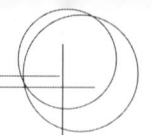

等。

張宗仁，花蓮人，醫生、縣議長張七郎之子，1940年畢業於日本醫科大學，日本醫院醫生3年，1943年去東北行醫，1946年10月回台，鳳林中學校長。二二八事變時被殺。

張依仁，張七郎次子，留學日本學醫，到東北行醫，鳳林醫院醫生，二二八事變時被殺。

張果仁，張七郎三子，留學日本學醫，到東北行醫。

張福興（1888—1954），苗栗頭份人，富豪張家盛之子，1910年畢業於東京上野音樂學校，第一位因總督府推薦以官費赴日學習西洋音樂的台灣留學生，台北師範、第三女高、師範學院等學校教師，勝利唱片公司文藝部長。著有《水社化番的杵音與歌謠》等，出版《台灣日月潭杵音及蕃謠》、《打獵歌》等唱片。

張彩湘（1915—1991），苗栗頭份人，張福興之子，1936年留學東京武藏野大學鋼琴專業，新竹師範學院、台灣師範大學教師，1948年創辦「台北鋼琴專攻塾」和台北文化研究所。

張登照，帝國音樂學校畢業。

張驚聲（？—1951），羅東人，大地主家庭出身。東京帝大畢業，娶居正女兒居瀛玖，光復初接任淡江中學校長，後改為淡江英專。

張桂章（1920—？），基隆人，1943年畢業於武藏野高等工業學校機械科，航空株式會社機場整備員。參選基隆參議會議員，候補第二名。光復初，自發去碼頭迎接國軍。

張暮年，基隆人，1922年前後留學日本學習醫學，回故鄉七堵、八堵開業行醫。

張春盛（1917—？），1936年留學熊本高等農業學校，農場聯合會會長，台南縣參議員，第一至第四屆雲林縣議員，第二屆第三屆雲林縣議長，1972年

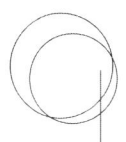

當選「國代」，代表農民團體。

張豐胤，萬丹人，醫生張山鐘長子。熊本醫科大學畢業，繼承東瀛醫院。

張豐彥，張山鐘次子，熊本第五高等學校畢業，考上東京帝大後病逝。

張某，高樹人，松江高等學校畢業，公務員。

張德水（1920—？），屏東人，第三高等學校文科甲類、東京帝國大學法學部政治科畢業，1943年在日本入伍當兵，1946年台南縣政府行政課長，東石區署區長，嘉義縣政府主任祕書，嘉義市長，「行政院」經合會專員，瑞德礦業公司總經理，國泰塑膠公司總經理。退休後從事台獨活動。著有《激動！台灣的歷史》，篡改歷史鼓吹台獨。

張有傳，彰化人，1928年進入東京醫專學習。

張其壽，彰化人，京都同志社高等商校畢業，1968年代理彰化縣民政局長。

張飛（1924—？），彰化人，九州學院畢業，台灣省農工企業股份有限公司主任祕書。

張水蒼，新竹人，1934年東京帝國大學法律科畢業，高等文官考試司法行政科合格，參加東京留學生民族運動，總督府交通局書記、副參事，新竹市助役，總督府特產課、物價調整課以及商政課等課的事務官。光復後，台中縣建設局長，台北市政府參事，農林廳畜牧科長。

張桂榮，新竹人，生員、保正、莊協、信用組合監事張鼎華之子，早稻田大學畢業。

張炳榮，新竹人，張鼎華次子，早稻田大學畢業。

張玄達，1940年畢業於駒澤大學佛專科。

張繡月，1940年畢業於駒澤大學佛專科。

張傳梧。

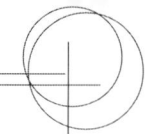

張麗旭，在東京從事文學活動。

張德，台南人，日本大學畢業，台南縣政府主計室主任。

沈德融（1884—1971），台北縣人，1908年隨曹洞宗總本山管長石川素童赴日留學，1912年肄業於曹洞宗第一中學林，1917年台灣佛教中學林成立，任學監、副學監18年，1935年任台北市日新町曹洞宗布教所主任，後又任月眉山靈泉寺主持，因熟悉日語，成為台日佛教交流的橋樑，中國佛教會台灣省分會理事長。

沈秋桔，台南人，東京女子醫學專門學校畢業，台南市衛生局長。

沈乃霖（1909—？），新營地主家庭出身，沈榮之弟。1932年畢業於昭和醫專，在校期間曾讀三民主義，在新營開業行醫。鄙視大陸官僚不懂醫師法、教育制度、土地戶籍管理制度等，二二八事變時被邀請開會，後被捕。

沈佩祿，富商、保正、莊長、區長、莊協沈賜記之子，日本大學醫科畢業，醫生。

辛文炳（1912—1999），1936年畢業於明治大學法科，父親為外武定區長、名紳辛西淮。1936年任職台南州農會，經營家族企業，台南工專校長，台南市長，台南市議員、議長，1972年當選第一屆增額「立委」，1976年當選二屆增額「立委」，台灣省橄欖球協會理事長。

辛文蘭，台南市，辛文炳弟弟，日本大學工學部畢業。

巫某某，南投人，巫永福大哥，名古屋帝大畢業。

巫永福（1913—？），南投人，名古屋五中、明治大學，文學家。

巫永昌（1905—？），南投人，名古屋帝大醫學科畢業，在台中開業永昌內科醫院，日據時期民選台中市議員，皇民奉公會台中州支部委員。光復後，大公企業公司常務董事，台灣政治建設協會理事，參加「二二八事件處委會」，被捕入獄。

蘇錦全，號礦仁。台北市人，1936年入關西針灸學院，中央國醫館台灣分

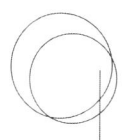

館館長，省中醫改進會理事長。著有《東洋針灸學教科書》。

蘇錦隆，台南東山人，1935年前後在日本讀中學。

蘇東啟（1921—1992），北港人，富商蘇老居之子，關東中學、中央大學政治科畢業，經日駐泰領事館潛回重慶抗日。光復後，任台灣行政長官公署祕書處交際科次長，二二八事變後辭去公職回雲林參選縣議員，一連四任，不畏強權，號稱「蘇大砲」。參與中國民主黨組黨活動。於縣議會內提案總統特赦雷震，被判無期，1975年特赦出獄，推妻洪月嬌出來競選公職。

蘇海水（1909—？）新店人，早稻田大學講習班畢業，《台灣日日新報》記者，新店鎮農會理事長，縣參議會議員，第一屆新店鎮民代表會主席，台北縣農會合作社聯合社理事。

蘇懇息（1917—？）高雄縣人，岩手醫事專科學校畢業，合豐工廠股份有限公司董事長，該公司1971年1月創辦，資本600萬新台幣，員工110人。

蘇春茂（1918—？），字錫欽。鳳山人，日本醫科大學畢業，省立高雄醫院醫師，簡易保險診療所醫師。在屏東自設醫院。參加獅子會。

蘇倩卿，東山人，東京昭和女子大學國學院畢業，文學博士，丈夫翁通楹，創辦淡江大學日文系。

蘇清江（1907—？），新營人，在日本半工半讀，在東京參加台灣留學生組織的社會科學研究會，研讀馬克思的《資本論》、政治經濟學等，同許乃昌、賴賢埔等交往密切。

蘇新（1907—1981），大成中學、東京外語大學畢業，參加台灣文化協會，《民眾時報》編輯。光復後，參與編輯《政經報》、《人民導報》、《中外時報》、《台灣文化》等報刊，台共主要創始人之一，日共黨員，參加二二八事件。著有《蘇新回憶錄》、《憤怒的台灣》等。

蘇東芳，台南，中央大學畢業，1950年10月到1951年10月任宜蘭縣建設局長。

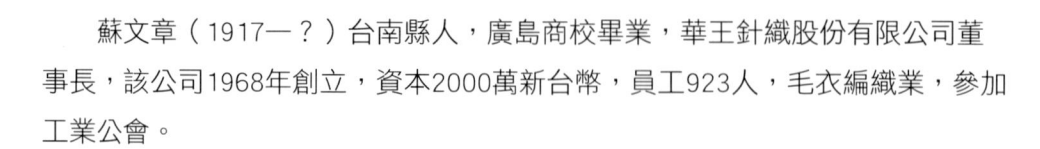

蘇文章（1917—？）台南縣人，廣島商校畢業，華王針織股份有限公司董事長，該公司1968年創立，資本2000萬新台幣，員工923人，毛衣編織業，參加工業公會。

蘇銀和，台南人，京都醫科大學畢業，到澎湖行醫。

蘇子蘅（1906—？），彰化人，東北帝國大學工學畢業，1941年回祖國大陸，1945年到解放區。

蘇清雲（1926—？），基隆人，日本岡山中學畢業，台灣海運股份有限公司董事長。該公司1958年7月創立，資本3000萬新台幣，員工68人。

蘇振杰，新竹人，日本大學畢業，1966年任山地農牧局長。

蘇坤波（1915—？），新竹人，昭和醫專畢業，東北帝大學醫學博士，新台豐紡織股份有限公司董事長，天一染料公司常務董事，1962年創立的濟生化學製藥廠董事長，參加中華民國醫學會、醫師公會、工醫學會、醫師公會、工商協進會、中小企業協會等組織。喜歡日本歷史、古文和歌曲。

蘇振輝（1907—1997），台中縣後裡人，1930年去日本留學，九州帝大醫學博士，彰化市參議員，彰化市第四信用合作社的創辦人，任理事會主席，第七、八屆省醫師公會理事長，二二八事變時曾負責「事件處理委員會」外部事務。

蘇維樑（1895—1967），新竹人，青山學院、中央大學法科畢業，在東京參加新民會、台灣文化協會等，中藥商，1935年當選民選新竹市會議員。光復後，市參議員，省參議員。「二二八事件處理委員會」常委。

蘇維熊，留學東京，1932年在東京與吳坤煌、張文環等創辦台灣藝術研究會。

蘇紹文（1903—1996），字天行，新竹人，1927年到日本留學，進入陸軍士官學校炮科、日本陸軍炮工學校學習，1933年返回大陸任國民黨軍隊軍官。光復初任台灣省警備總司令部處長，1947年當選「國大代表」，後任省府委員等職。

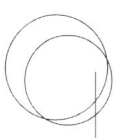

蘇東芳，雲林人，早稻田大學政治科畢業，1947年8月任台北縣羅東區署區長，後任宜蘭縣建設局長等職。

蘇興霸（1922—？），彰化縣人，東京高等工業學校畢業，和泰汽車股份有限公司常務董事。該公司1947年創立，資本1.5億新台幣，員工512人。

蘇貴興，台北人，1936年畢業於日本高等獸醫學校，1936年5月，與鐘謙順等一起去偽滿洲國工作。

蘇耀邦，宜蘭人，農林學校校長。

蘇乃燦，台南人，中央大學法學部畢業，1946年在東北參加國民黨軍隊。

吳笑，台灣最早的女留日學生。

吳遜龍，1928年前後在日本法政大學學習，參加東京留學生民族民主運動。

吳清鎰（溢），日本神學校畢業，基督教長老教會牧師，台灣神學院教師。參加1929年新人運動。

吳天命，明治學院神學部畢業，台灣神學院教師。

吳永華，日本神學校畢業，台灣神學院教師。

吳鴻裕，板橋人，早稻田大學政治科第一名畢業，林柏壽女婿。

吳物典，台北市人，日本醫科大學畢業，醫學博士，台灣大學教授。

吳榮宗（1923—？），台北市人，盛岡工業專門學校電機工程科畢業，台灣師範大學教師，著有《工業科目測驗之編制與改善》等。

吳泰岳（1910—？），台北市，成淵中學畢業，日據時期，文官考試合格，台灣總督府屬官，日本勸業銀行書記。著有《泉漳音字典》等。

吳永榮，台北人，保甲局區長、總督府評議會員、台北製糖公司監事吳昌才之子，日本大學政治科畢業，鴉片、煙草代售、批發，實業家。

吳金鏈（1913—1947），台北市人，1943年畢業於東京青山學院文學部，

《新民報》台南支局長、蘭陽支局長、《興南新聞》政治部次長兼論說委員。光復後，任《新生報》日文版總編輯，該版人員都是《台灣新報》留用的，中文版則新的多，薪水高於日文版一倍，日文版批評多，1946年10月25日被廢，二二八事變時報導真相，被殺。

吳成家，台北人，日本大學藝術科畢業，學成後為勝利唱片公司與寶麗唱片公司作曲，並為勝利、帝蓄、哥倫比亞三家唱片公司唱歌灌唱片，其作曲啟蒙老師是張福興，台灣總督府授權他做了一次台灣民謠的采譜與整理工作。光復後，他組織了一個音樂公會，集合了許多西洋樂器演奏者，在辜振甫所提供的場地演練，並在中山堂演奏。任台灣省警備司令部交響樂團少校總指揮。

吳植鑒，台北人，日本醫科大學醫科畢業，1945年在宜蘭醫院任醫官補。

吳春霖（1901—？），嘉義人，慶應大學畢業，台灣文化協會嘉義支部成員，光復後，台灣省合作社理事，市合作社理事長，1946年4月第一屆市參議會參議員。

吳場，台中大肚人，1927年畢業於東京帝大，醫學博士，在東京帝國大學研究藥物。

吳晉淮，13歲即去日本，就讀中學、日本歌謠學院，其作品有《暗淡的月》、《關仔嶺之戀》、《寶島新娘》等歌曲。

吳鴻麒（1899—1947），桃園中壢人，生員吳榮棣次子，1928年畢業於日本大學法科，1930年文官考試司法科合格，台北市開業律師。光復後，任台北地方法院推事，台北律師會副會長，二二八事變時被殺。

吳鴻麟（1899—1995），桃園中壢人，吳鴻麒兄弟，九州大學醫學博士，醫生，桃園縣第二屆縣議會議長，第四屆桃園縣長，新竹區中小企業銀行董事長，新國民綜合醫院院長。

吳鴻煎，桃園中壢人，吳榮棣第八子，日本醫專畢業，醫生。

吳泰德（1926—？），台北縣人，日本松江農林學院，1946年參加國民黨軍隊。

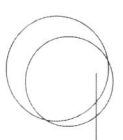

吳基生（1916—？），高雄人，日本厚生研究所醫學科畢業，省府衛生處統計室主任，高雄醫院院長，旗山醫院院長。著有《生物統計學》。

吳基福（1916—1985），高雄旗山人，1946年取得日本醫科大學博士學位，高雄縣立旗山醫院院長，1950年創辦全鎮醫療保險制度，開台灣健康保險之先河，1953年施行首例眼角膜移植手術成功，高雄市醫師公會理事長，1969年當選「立委」，1971年創辦《台灣時報》，1973年創辦中華民國防癌協會，1978年出任亞洲大洋洲醫師會聯盟理事會第十一屆大會會長，1979年擔任中華民國醫師公會全國聯合會首任理事長。著有《吳基福回憶錄》。

吳聲潤（1924—？），六龜地主家庭出身，1939年去東京芝埔高等工業學校學習，1946年回台，松山第六機廠技術員，1951年1月因台共案被捕入獄，留日時深受社會主義思潮影響。

吳場（1900—？），台中大甲人，1927年畢業於東京帝大，醫學博士，台灣第二個醫學博士。東京帝國大學藥物學教師，著有《維生素的醫學變化及其製法》等。

吳墩禮（1905—1986），台中大甲人，富商家庭出身，1933年畢業於東京帝大政治經濟科，回大陸任職於中華民國外交部，1946年回台經營大甲帽席公司。

吳金川（1905—？），台南人，士紳吳鏡秋之子，1932年畢業於東京商大，商學碩士，1933年入偽滿洲國中央銀行任職。日本投降後，被東北行營經濟委員會主委張嘉璈任命為東北經濟研究所副所長，1948年回台灣，台灣省合作金庫業務經理，彰化商業銀行總經理、董事長等，財團法人中華聯合徵信中心董事長。林茂生的學生，楊肇嘉長女婿。

吳德耀（1919—？），台中縣人，東京物理學校（夜間部）畢業，1946年在東北參加國民黨軍隊。

吳天賞（1909—1947），台中市富家出身，1930年進入青山學院英文系學習，1939年回台，教師，《興南新聞》記者，《台灣新生報》台中分社主任，

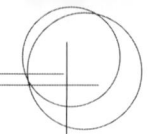

基督徒，二二八事件後被通緝，受驚嚇而死。

吳振武（1918—？），先後進入東京高師體育科、海軍館山炮術學校學習，畢業後任東京女子學院教師，加入日本海軍，少尉，駐防海南島，升任海軍大尉，台灣人在日海軍中最高的官階。

吳振南，屏東人，1927年到1948年在日本留學，醫學博士，畢業後在橫濱開業行醫，胸腔科專家，1950年參加台灣民主獨立黨，任副主席，1963年分裂另組台灣獨立評議會，任議長，1966年11月回台。

吳新榮（1907—1967），號史民，台南人，1928年開始先後進入岡山金川中學、東京醫學專門學校，經營佳里醫院，佳里街協議會員。發表作品，成為「鹽分地帶」文學活動的靈魂人物。先後任台灣文藝聯盟執行委員、《台灣新文學》編輯委員、台灣文藝家協會隨筆部員等，參加台灣議會設置請願運動。光復後，任三青團台南分團北門區隊聯合辦事處主任，台南縣參議員。著有《震瀛回憶錄》、《震瀛追思錄》、《震瀛隨想錄》等。

吳三連（1899—1989），字江雨，台南人，1925年畢業於東京商科大學，台南紡織股份有限公司董事長，《新民報》東京分社社長，1947年最高票當選「國大代表」，1950年任台北市長，省議會議員，省議會「五龍一鳳」之一，《自立晚報》發行人。吳三連口述、吳豐山撰記《吳三連回憶錄》，自立晚報社1991年出版。

吳逸民（1929—），東京芝中學畢業。

吳得民（1933—），東京小學畢業。

吳凱民（1936—），東京小學畢業。

吳景箕（1902—1937），雲林人，秀才、保長、斗六區長、廳參事吳克明長子。吳克明於1908年與王雪農等合資創斗六製糖株式會社，開墾土地，開發水利。東京帝國大學畢業，愛好詩文。

吳景徽（1904—1978），吳克明次子，京都帝國大學畢業，醫學博士。醫生。在日本神戶病院任外科醫局長等。光復後，回斗六開設友於堂醫院，任斗六

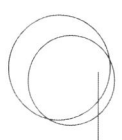

鎮長5年。第一、二任民選雲林縣長。因土庫大橋偷工減料案離開仕途。

吳景謨，吳克明三子，名古屋帝國大學醫學博士，醫生。

吳某，嘉義人，留學日本學醫，高雄醫院外科主任。

吳坤煌（1909—1989），南投人，1929年去日本，先後進入日本大學、明治大學文科學習，《台灣文藝》東京支部負責人，1931年參加左翼組織「東京台灣人文化同好會」等。1937年畢業後，到大陸教書、經商，1945年回台。詩人、戲劇家。

吳蘅秋（1900—1955），彰化礦溪鄉，伯父吳德功是貢生、彰化廳參事，1923年畢業於早稻田大學政治經濟科，與黃朝琴等是同學，台灣文化協會成員，石油代售商，彰化街協議會會員，1935年官選市會議員，信用組合理事。光復後，首任彰化市議會議長。著有《蘅廬詩稿》。

吳滄洲，彰化人，參加彰化新劇社。

吳恭（1901—？），號壽卿，彰化人，1927年畢業於慶應大學經濟學部，開業會計師。1935年民選彰化市會議員，皇民奉公會台中州支會奉公委員，台中州保甲協會評議員。光復後，任彰化商業學校校長。

吳松炎，彰化人，日本國民中學校畢業，1973年5月到10月代任彰化縣府合作室主任。

吳望熊（1914—？），彰化縣人，中央大學畢業，彰化射擊、紅十字委員會委員。

（吳）陳欣（1916—？），彰化縣人，神戶女子學校畢業，七星公司董事長，該公司資本2500萬新台幣，員工65人，罐頭業，1962年6月創辦。

吳石山，台東人，其兄吳金玉是1950年第一屆縣議長，縣長，台北市教育局長。本人為台北第一師範學校上席教諭。

吳金柚，法學士，振泰合資會社經理。

吳金　，苗慄人，九州帝大醫學博士，1946年2月任錫口療養院長。

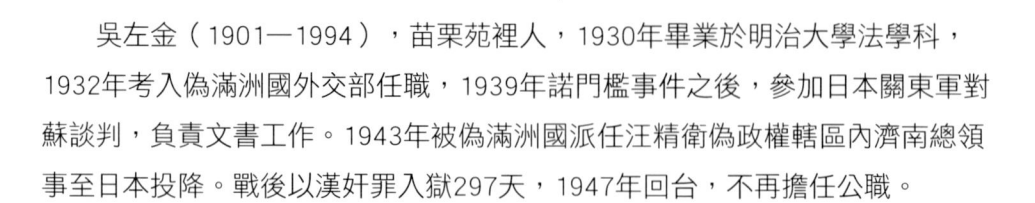

吳左金（1901—1994），苗栗苑裡人，1930年畢業於明治大學法學科，1932年考入偽滿洲國外交部任職，1939年諾門檻事件之後，參加日本關東軍對蘇談判，負責文書工作。1943年被偽滿洲國派任汪精衛偽政權轄區內濟南總領事至日本投降。戰後以漢奸罪入獄297天，1947年回台，不再擔任公職。

吳池，宜蘭人，橫濱大學法律科畢業，1947年1月到1948年12月派任壯圍鄉長，1950年到1961年任宜蘭縣府地政科長。

吳璋（1914—？），宜蘭縣人，福岡高中畢業，同榮實業股份有限公司董事長，該公司1954年9月創辦，資本4600萬新台幣，員工140人，水產製品業，參加羅東國際獅子會。

吳泗輝（1909—？），基隆人，昭和醫專畢業，台中開業醫生。

吳水圳（1925—），新竹人，日本無線電學校畢業，新光公司生產部經理，該公司1951年1月創辦，生產布料。

吳思漢，本名調和，京都帝大畢業，1947年7月加入中共，1949年春任台北市工作委員會委員，年底被殺。

吳俊明，字有輝，新竹人，日本大學畢業，國民黨中央警官學校畢業，1948年12月到1950年7月任彰化市警察局長。

吳竹幸（1918—？），新竹人，東京鐵道專科學校機械科畢業，和泰汽車股份有限公司協理。

吳主惠（1907—？），雲林土庫人，早稻田大學畢業，早稻田大學等學校教授，1966年聘為台大教授。著有《三民主義的理論與解說》、《華語文法研究》等。

吳國信（1911—？），字忠信，台南人，成城學院高等軍政科、法政大學畢業，在大陸參加國民黨軍隊。光復後回台灣，任職於國民黨台灣省黨部，奉命組織中華海員工會台灣分會，國民黨台灣省鐵路特別黨部委員兼書記長，中華海員工會台灣分會理事長，「國大代表」。

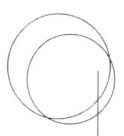

吳瑞諸，1933年畢業於駒澤大學東洋學科。

吳志誠，1943年畢業於駒澤大學佛學專科。

吳振聲，1943年駒澤大學佛學專科肄業。

吳文中（1905—？），台南人，中央大學專門部，1929年文官考試司法科合格。

吳天華，東京美術學校畢業。

何海影（1905—？）台中人，1929年畢業於明治大學經濟科，進入彰化銀行台中本店擔任書記，一年後辭職南下開設南雄運輸株式會社，又承接經營潮恆自動車會社，南雄運輸株式會社社長。

何春喜，1915年前後在東京高等師範學校學習，住東京台灣留學生住所高砂寮。

何非光（1913—1997），本名何德旺，台中市人，1925年去日本留學，東京大成中學、日本大學畢業，參加東京活畫有聲映畫製作所，學習拍電影。1930年參加台中人張深切倡導的「台灣演劇研究會」。上海聯華影業公司演員，演出多部作品，在上海病逝。

何瑞麟，1928年前後留學東京醫專，參加東京留學生民族民主運動，左派。

何火炎，1927年前後在早稻田大學高等學院學習，參加東京留學生民主民族運動。

何既明（1923—），台北市大糧商之子。東京醫科大學肄業，外科醫生。李登輝好友。南海基金會董事長。主張台獨。

何基明（1916—1994），台中人，日本寫真學校編導科畢業，1937年應台灣總督府之邀請，返台從事映畫賑災工作。乃以賑災經費設立台中州學校映畫聯盟，從事電化教育，後又組織台中州映畫協會，負責台中地區的社會教育，1942年在台中後車站天外天戲院對面設立「台中州映畫奉公會」，除放映外，

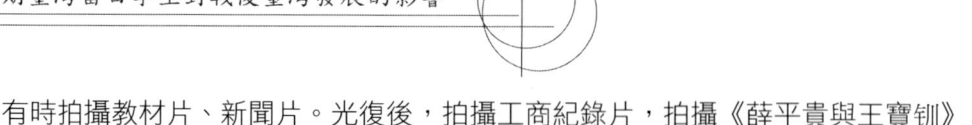

有時拍攝教材片、新聞片。光復後,拍攝工商紀錄片,拍攝《薛平貴與王寶釧》等閩南語電影。1956年成立華興電影製片廠,台灣電影先驅。

何赤城(1903—?),台中人,父親何寶琦曾為台灣土地臨時調查局通譯。日本大學法學部畢業,台中地方法院通譯,台中興業信用組合專務理事。光復後,加入三青團,台中市參議員,台中市第一信用合作社理事主席,省信用合作社聯誼會理事。

何火城,何寶琦次子,昭和醫專畢業。

何是耕(1919—?),台中縣人,日本大學法文學部文學科畢業,東南旅行社股份有限公司副董事長。該公司1961年3月創立,資本3900萬新台幣,員工620人。扶輪社社員。

何金生(1912—?),頂橋人,早稻田第一高等學院文科畢業,偽滿洲國瀋陽中學教師。戰後任瀋陽台灣同鄉會總幹事,協助台灣人返鄉,1946年回台,主管台中縣黨務,在台中和蔡鴻文、李卿雲同時當選第二屆省議員,台北市政府民政局長,當選上第二屆、第四屆台中縣長。

何永(1899—?),台南市望族出身,日本巢鴨高中畢業,1950年創辦永豐原造紙股份有限公司。永森企業股份有限公司董事長,該公司1965年6月創立,資本9500萬新台幣,員工186人,紅十字會台中分會會員。

何德來(1904—1986),苗栗縣人,因家貧於5歲時過繼給新竹地主何宅五為養子,1932年畢業於東京美術學校西畫科,繪畫,參與赤陽洋畫會、七星畫會、赤島畫會等,主持新竹美術研究會。娶日本女子木邑秀子,有日本居留權。著有自傳性畫作《五十五首歌》。

何禮棟(1901—1984),竹東人,中醫師何義相之子,京都帝大醫學部畢業,創立竹東醫院,竹東信用組合理事,竹東街協議會員,竹東奉公壯丁團幹事,投資台灣耐煉瓦株式會社、竹東茶葉株式會社。光復後,任新竹縣接管委員,1954年當選第二屆省議員。高雄醫學院董事及教務長,獻身醫學教育。

何元基(1926—),1947年日本東北藥科大學畢業,台灣第一製藥股份有

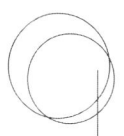

限公司企劃經理。

阿仙，花蓮人，1925年前後在日本留學，進入平安中學、法政大學學習，能高團棒球隊隊員。

羅萬（1898—1963），號半仙，埔里人，父親羅金水是大商人大地主、保正。1916年到1922年在東京明治大學法律科、高等研究科學習，去美國賓夕法尼亞大學學習國際政治學，1928年2月獲碩士學位回台灣。任《台灣民報》常務董兼總經理12年，1944年全台六家報社合為一家，任副社長。光復後，台灣人壽保險公司董事，彰化銀行董事長，台灣銀行董事，台灣水泥公司董事，1946年4月當選台中縣參議會議長，國民參政員，1948年當選「立委」。與林呈祿、蔡式谷、蔡培火、黃朝琴、吳三連等關係密切。

羅萬成，帝國音樂學校畢業。

羅沙威，花蓮人，1936年前後留學日本，入平安中學、法政大學，能高團棒球隊隊員。

羅道厚，花蓮人，在平安中學、法政大學學習，1936年加入法政大學棒球隊，能高團棒球隊隊員。

羅坤春（1924—2002），銅鑼人，1940年到1945年在東京城西中學工讀，工人，二二八事變時在苗栗組織200多人的銅鑼治安隊，隊長為劉闊才。中共黨員。

羅燦，東港人，九州大學醫學部畢業，開辦和春診所，張豐緒四姐夫。

周福全，台北人，台北市著名牧師周耀彩之子，1895年12月到1897年在明治大學普通科學習。

周再賜（1888—1969），屏東人，台北牧師周步霞第三子，1905年到1915年間在同志社中學、同志社大學神學部學習，1921年獲芝加哥大學神學博士，同志社大學神學科助教，兼任同志社中學、同志社女子專門學校教師，日本前橋共愛高等女學校校長，1953年放棄中國籍，翌年取得日本國籍。著有《宗教心理學中的潛在意識》。

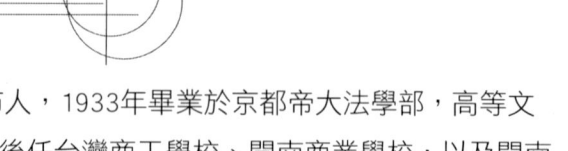

周延壽（1900—？），台北市人，1933年畢業於京都帝大法學部，高等文官考試司法科合格，執業律師，先後任台灣商工學校、開南商業學校，以及開南工業學校校長，1946年當選台北市議會議員，後當選議長，參加二二八事變。

周啟章，台北人，參事、富商之子，在東京遊學，汽車株式會社社長。

周百鍊（1909—1991），台北萬華人，先後就讀於長崎醫科大學、九州大學，醫學博士，在台北設立內科醫院。光復時發起台灣醫師公會，自認理事長，1946年加入國民黨，1961年代理台北市長，1964年代表國民黨與高玉樹競選台北市長，台北市議員，省府委員，1969年當選國民黨監察委員，「監察院副院長」，國民黨中央評議委員等。

周英才，武藏高等工業學校畢業，台北市汪明燦的女婿。

周金土（1915—？），號劍魂，台北人，周廷部長房七世孫，在東京留學。光復後，任高雄市政府工商課長、機要祕書等，旋棄官經營建材、建築、戲院等行業。

周得福（1925—？），台北市人，日本電機學校畢業，市議員，里長，市防護團副大隊長。

周神佑，桃園人，東京帝大機械系畢業，鐘謙順外甥。

周石（1919—？），高雄苓雅人，1939年畢業於神戶高等商業學校預科，在廣州日本鐘紡公司任會計，1946年回台，任左營煉油廠接收委員。二二八事變時，煉油廠警衛隊百餘人，手中握有日軍遺留下來被私藏的大批槍械。

周市郎（1924—），高雄市人，日本大倉專校畢業，高雄市振吉電化股份有限公司經理。

周維新，高雄市人，慶應大學畢業，1963年6月任高雄縣衛生局長。

周汝川（1917—？），台中人，齒科大學畢業，1960年創辦中山牙醫專科學校，後改為醫學院。

周業山，台南市人，京都兩洋中學畢業，市政府事務股長，安南區民政課

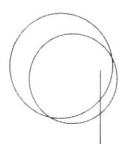

長。

周詩杰（1924—？），台南縣人，東京工學院化工科畢業，東記造紙股份有限公司廠長，該公司1967年4月創立，資本1.2億新台幣，員工330人。

周金波（1920—1947），基隆人，楊阿壽之子，1932年到1941年在日本留學，先後進入中學、日本大學學習，里長，醫生。1940年加入「文藝台灣」的有周金波、郭水潭、邱淳洸、邱永漢、黃得時、張文環、林熊生、水蔭萍、楊雲萍、龍瑛宗等人。參加1943年8月25日的大東亞文學者大會的台灣代表有周金波、齊藤勇、長崎浩、楊雲萍等。二二八事變中被殺。著有皇民作品《志願兵》、《水癌》等。

周碧（1882—？），基隆人，顏東年女婿，早稻田大學校外生，經商。

周維金，新竹人，明治大學畢業。

周遜寬，武藏野音樂學校畢業，參加戰後初期台灣文化協進會主辦的音樂會。鋼琴家。

周耀星（1903—？），台中清水人，1928年畢業於東京商科大學法科。1927年文官高等試驗考試司法科及格，日本鐵道省調查、出納、購買、用品課長，仙台鐵道局監督部長。光復後，任台北市公用事業管理處處長。

陳鈴生，1927年留學東京，東京社會科學部成員。

陳培，1915年前後留學東京，住高砂寮。

陳毓卿，陳培弟弟。

陳春，1897年，在教會資助下去日本留學。

陳某某，同志社大學畢業，1930年任淡水中學主任。

陳溪圳（1895—1990），1916年去日本留學，同志社大學神學部、東京神學校畢業，宜蘭教會傳道士、雙連教會牧師，1940年被選為北部基督長老教會大會議長，1944年，日本基督教團台灣教區、日本聖公會台灣傳道區、台灣基督教長老會合組成日本基督教台灣教區，任傳道局長，淡水工商專校創辦人之

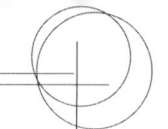

一，1978年呼籲取消教會「人權宣言」，但遭到否決。

陳培炳（1896—？），李春生親友，1896年隨李春生去日本讀小學、中學。

陳紹禎，台北人，東京帝國大學畢業，醫學博士，日本赤十字社台灣支部醫院醫員，後自設醫院。

陳其昌（1905—1999），台北汐止人，1929年畢業於日本大學政治科，台灣民眾黨中央幹部組織部長兼政治部長，1931年到廈門經商。

陳招治（1906—？），台北市人，上野音樂學校師範科畢業，台北第三高等女學校教諭，大日本婦女會台灣分會副會長。光復後，台北市立女子中學校長，台灣大學護校教務主任等，台灣省婦女會理事。丈夫黃朝生在二二八事件中遇難。

陳泗治（1911—1992），台北市人，1934年畢業於東京學院大學。參加旅日音樂學生組成的「鄉土訪問音樂團」，巡迴台北、新竹、台中、彰化、嘉義、台南、高雄等7個城市公演。1946年畢業回台。台灣神學院講師，士林長老會牧師，私立純德女子中學校長，私立淡江中學校長，聖歌隊、合唱團指揮。1946年光復週年時寫了「台灣光復節歌」，歡呼光復。晚年傾向於台獨。

陳紹馨（1906—1966），台北汐止人，父親陳定國是街長、商工銀行監察。日本大學預科、東北帝國大學法文學部畢業，台北帝國大學土俗人種研究室囑託，日本社會學會評議員，台大教授，省文化協進會理事兼研究組主任，創刊《台灣文化》，台北縣誌編纂委員。1957年獲日本關西大學文學博士。著有《台灣之城市與工業》等。

陳永福，台北市人，日本久留米醫科大學畢業，醫學博士，日本公立病院醫師。著有《日本醫學領域內之大蒜研究概觀》等。

陳能通（1899—1947），台北汐止人，出身基督世家，1920年到1940年在日本留學，先後在熊本第五高等學校、京都帝大理學部、東京神學校學習，物理學博士，台南長榮中學教師，台北神學校校長，淡水中學教師，1946年5月任淡

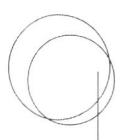

水中學校長，二二八事變中為學生收屍，在校園內被捕，與黃阿統、盧園一起被殺。

陳德旺（1910—1984），台北市人，1930年到1940年留學川端繪畫學校與本鄉繪畫研究所，參加台北大稻埕繪畫研究所，教師。

陳麗澤，台北市人，長崎醫科大學畢業，醫學博士。醫生。

陳寶川（1917—？），台北市人，1935年去日本，先後就讀東北法政大學法學部、京都大學大學院，考取總督府公費留學，土木工程師，省立法商學院及台大副教授，彰化商業銀行經理，省工業會理事，台北區合會儲蓄公司董事兼總經理，1969年增補「國代」，台灣區中小企業銀行董事長。著有《民主道德與輿論》、《公設辯護人制度》等。

陳友諒（1917—？），萬華人，京都帝大英文科畢業，台灣大學英文教授，開南商工學校校長。

陳有輝（1903—？），台北市人，日本大學畢業，1930年日本文官高等考試司法科合格。

陳邦黼，台北市人，艋甲鹽務支館經理、參事陳洛之子，東京海城中學畢業，富豪。

陳北海，台北人，祖父陳能記，父親陳復禮為煤礦公司董事長、市會議員、保良局長、松山區長、牧師、松社創社社員。日本大學法學部畢業，《台灣新民報》社員。

陳啟南，台北人，陳復禮次子，留日時病死。

陳拱北，台北人，陳復禮之子，慶應醫大醫學博士。

陳來，台北人，陳復禮義子，供養留日，回台後成金融界名人。

陳約翰，台北人，祖父陳能記。京都同志社大學畢業，信用組合理事，汽車行業的代表人物。

陳炯霖，台北人，東京大學醫學博士，台灣大學教授，1963年任婦幼衛生

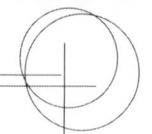

研究所長。

陳儼水，號康平，台北市人，長崎醫科大學畢業，醫學博士，日據時期，任職於華中鐵道公司副參事、上海鐵道病院。著有《民族衛生與性病》等。

陳清忠（1895—1960），台北縣人，1912年到1920年留學日本，同志社大學畢業，基督教家庭出身，教會遴選留學，1921年回淡水中學任英文教師，組織了台灣第一支合唱團「淡水中學合唱團」。光復後，任私立純德女中校長。極力推廣橄欖球運動，號稱「橄欖球之父」。

陳秋金，日本獸醫專門學校畢業，1946年在美國人開的汽車公司做職員。

陳清汾（1910—1987），字文忠，台北大稻埕人，父親陳天來為大稻埕大茶商。關西美術院、東京美術學校畢業，1931年自巴黎回台經營家族企業。與楊三郎等創台陽協會美術展，圖畫《悲哀的村莊》選入巴黎畫展。省府委員，省茶葉公會理事長，台北市體育協會理事長。娶日本貴族田中花子，兒子陳守山。

陳守實，台北大稻埕，陳天來之孫，陳清波之子，在日本皇家學習院學習，與明仁天皇同學。辜濂松妹婿，陳守山堂兄弟。

陳重光（1913—？），台北市人，成城中學畢業，到大陸經商，戰後回台做官、經商，協榮航業公司董事長，台北市議員，省議員。促成李登輝與民進黨主席黃信介的會談，參與1990年的「國是」會議籌備。著有《議會八年》。

陳重文，台北士林人，日本大學齒科部、大阪醫大畢業，醫學博士。開業醫生。

陳芳燦（1921—？），台北市人，京都大學工學院畢業，義芳化學公司董事長，該公司1950年2月創辦，資本1.03億新台幣，員工150人。大洋塑膠工業股份有限公司總經理，該公司1965年4月創辦，資本4.18億新台幣，員工800人。

陳永富（1922—？），台北市人，京都大學畢業，太平產物保險股份有限公司火險部經理，該公司1929年1月創立。

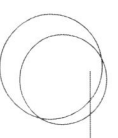

陳植棋（1906—1931），台北汐止人，1925年到東京美術學校西洋畫科學習，與倪蔣懷、陳澄波、陳英聲、陳承藩、藍蔭鼎、陳銀用組成七星畫壇和赤島社。

陳茂遠，台北人，早稻田工業學校肄業，1946年8月任警務處警察修械所主任。

陳茂榜（1914—1991），台北縣人，東京電氣學校畢業，聲寶電器股份有限公司董事長，創立大小企業20多家，《台灣時報》發行人，革命實踐研究院台灣問題研究會第一期畢業，台北市議員，省議員，中華民國電工器材公會理事長。著有《經營漫談》等。

陳舜臣（1924—？），台北新莊人，大阪外語學校印度語部畢業，1990年代初安排司馬遼太郎與李登輝見面。著有《方壺園》、《鴉片戰爭》等。

陳春德（1915—1947），台北市人，1935年到美術學校工藝圖案科留學，1938年與洪瑞麟等組織MOUVE洋畫團體，主張活潑自由的創作展出，創作油畫、水彩、玻璃畫、插畫、書籍裝幀，尤其擅長隨筆寫作。

陳文祥（1923—？），台北市人，早稻田大學專門部建築科畢業，台灣大學工學院高等考試土木工程科及格，先後任職於台灣大學、省水利局，對台灣水利工程貢獻很大，受到蔣介石、蔣經國父子獎慰。

陳增福，穎川增福，台北萬華人，1923年律師考試及格，在台北市開業。

陳嵐峰（1897—1969），宜蘭人，1926年畢業於日本士官學校第17期，黃埔軍校教官，北伐軍東路軍總指揮部參謀，中央軍官學校大隊長，參加第五次圍剿紅軍軍事行動，抗戰期間任參謀長、師長等，1948年省議會推選為「監察委員」，閩台行署委員，「國防委員會」召集人。

陳長壽，桃園人，東京工業大學畢業，1964年4月當選桃園縣長。

陳維謙（1922—？），桃園縣人，早稻田大學商科畢業，台榮產業股份有限公司董事長。該公司1969年3月創辦，資本3.35億新台幣，員工254人。

陳茂源（1903—？），大溪人，1928年畢業於東京帝國大學法科，文官高等試驗考試司法科及格，1929年任東京地方裁判所司法官試補。光復後，任台灣大學法學院教授。

陳文彰（1925—？），桃園人，興亞大學畢業，桃園麵粉工業股份有限公司董事長，該公司1956年7月創辦，資本2000萬新台幣，員工40人。獅子會桃園分會會長。

陳紹英（1925—？），竹南人，1940年畢業於東京中野中學，受河上肇等馬列主義書籍影響，鄉農會幹事，因政治入獄13年。

陳啟貞（1883—1945），高雄人，南部首富陳中和長子，1900年到慶應義塾中學部讀書，回台灣任烏樹林製鹽株式會社監察人、社長，參事，街協，州會議員，1928年入選台灣總督府評議會，獲總督府頒發的台灣紳士章。

陳啟亨（1883—？），高雄人，1900年到慶應義塾普通科留學。

陳啟瀛（1884—？），高雄人，1900年去慶應義塾普通科學習。

陳啟南（1887—？），高雄陳中和第三子。1900年去慶應義塾普通科學習。任職於家族企業南興碾米廠、新興製糖株式會社等。

陳有禮（1883—？），高雄人，1900年進入慶應義塾普通科。

陳瑞泰（1885—？），高雄人，1900年進入慶應義塾普通科。

陳清源（1886—？），高雄人，1900年進入慶應義塾普通科。

陳龍門（1884—？），高雄人，1900年進入慶應義塾普通科。

陳啟峰（1892—1984），高雄人，陳中和第四子。慶應大學商科畢業，任職於新興製糖株式會社、烏樹林製鹽株式會社、陳中和物產株式會社、華南銀行，高雄州協議員，市財務委員。

陳啟清（1893—1989），陳中和五子，1925年畢業於明治大學政治系，1935年官選市會議員，皇民奉公會中委。光復後，高市首屆參議員，「制憲國大代表」，高雄市議員，省府委員，台泥副董事長，中國信託常務董事，商業總

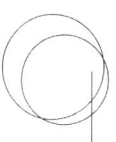

會理事長,工商協進會常務理事,第一銀行董事長,中美經濟合作策進會常務監察人,可口可樂公司董事長,高雄中學校長。丘念台好友,辜振甫副手,張豐緒岳父。

陳啟川（1899—1993）,陳中和六子,1920年畢業於慶應義塾大學經濟科,家族企業任職,四家銀行董事,《興南新聞》、《高雄新報》董事,1931年到1935年任高雄市協議會議員。蔣介石點將參加1960年和1968年的高雄市長選舉,均當選。國民黨中央評議委員會委員,省府顧問,《台灣新生報》董事,「光復大陸設計委員會副主委」。

陳啟琛（1901—？）,陳中和第七子,從慶應幼稚園一直讀到大學,三菱東京本社幹部。

陳啟安,陳中和第九子,慶應大學、法政大學政經科畢業,新興製糖株式會社經理,興南董事長,苓雅區副區長。

陳啟輝,陳中和第十子。慶應大學畢業。

陳啟裕（1889—？）,陳中和族人,1904年去日本留學,早稻田小學校尋常科畢業。

陳啟山（1888—？）,陳中和侄子,1905年去日本留學,橫濱第四小學畢業。

陳田錨（1929—　）,高雄市陳啟清之子,近畿大學商經學部經營科畢業,高雄市議會議員、議長,1992年創立大眾銀行,兒子建平是「立委」。

陳天道（1903—？）,高雄市人,法政大學畢業,地主,官吏,1935年民選高雄市會議員。

陳江山（1899—1976）,屏東東港人,東京醫學專門學校畢業,牙科醫生,1942年日本殖民者製造「東港事件」,被捕入獄,同時被捕者有歐清石、陳皆興、郭國基等200多人,被列為主犯,以「陰謀台灣脫離日本統治」的罪名判刑15年,1948年7月,與丘念台、陳嵐峰、陳慶華、李緞等5人當選第一屆「行憲監察委員」。

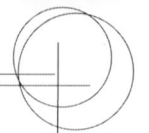

陳文彬（1904—1982），高雄岡山人，1931年畢業於東京法政大學哲學系，復旦大學教授，1934年回日本法政大學任教，戰後任台灣同鄉會和東京華僑總會會長，1946年回台，台北建國中學校長，台大教授，二二八事變時為保釋學生被拘50多天，《人民導報》主筆，1949年回大陸，研究文字改革，全國政協委員。著有《中國語讀本》等。

陳承藩，1927年畢業於東京美術學校。

陳漢平（1907—1969），字鶴飛，高雄市人，1923年到1929年在日本留學，先後進入日本大學、陸軍士官學校第20期炮科學習，留日期間加入國民黨，1929年去黃埔軍校教官，後歷任國軍隊長、訓練主任、團長、少將參謀長等，參加台北市公會堂日軍投降儀式，歷任高雄港港口運輸司令、台灣省警備司令部高級參謀、高雄市政府主任祕書、市政府顧問、《中央日報》社高雄分社主任等職。

陳新安，柏舟，高雄人，京都帝大法科畢業，高雄縣議員，1954年5月當選高雄縣長，1957年任糧食局台南事務所長，市府主任祕書。

陳水印（1908—1989），高雄人，余陳月瑛二哥，1939年畢業於日本醫科大學，高雄官立醫院醫生，後自開醫院，地方意見領袖，二二八事件時被捕，花錢被釋放，當選兩屆前金區長，第一屆市議員。

陳某某，高雄人，余陳月瑛四哥，醫科大學畢業。

陳某某，高雄人，余陳月瑛五姊，洋裁專門學校畢業。

陳德興（1905—？），高雄人，1923年進入東京正則英語學校，在日本目睹農工運動蓬勃發展，以及日本中等以上學校許多學生研讀《無產者經濟學》、《共產主義ABC》等現象，回台後關注農工，台灣農民組合中央委員，台共中央委員。

陳貽浦（1927—？），高雄人，千葉中學畢業，泰華油脂工業股份有限公司總經理。

陳浴沂（1919—？），苓仔寮人，先後畢業於豐國中學、慶應大學中文

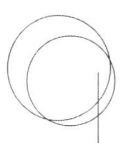

系，在校讀三民主義，首屆高雄市參議員，不滿政府辦事作風，提議組織工會，二二八事變時被抓，後逃到香港經商，香港台商會長。

陳水木（金木）（？—1950），苓仔寮人，陳浴沂小弟，熊本外語學校畢業，光復後回台讀台北師範學院，受社會主義影響，1947年二二八事件時因參加忠義服務隊被捕。

陳南輝（1896—1958），苑裡人，區長、莊長陳瑚長子，1918年畢業於東京府立第四中學，台北醫學專門學校畢業，公醫，外科醫生，苑裡莊協議會員，光復後，苑裡鎮長，苑裡水利會會長，農會會長。妻子朱端是朱江淮大姐。

陳慶華（1903—1988），員林人，陳彩龍堂弟，楊肇嘉妹婿，1930年畢業於早稻田大學法律科，1930年通過高等文官考試司法科，歷任東京、宮崎、福岡、小倉、久留米等地方法院判事，日本投降時，九州台人4千多成立台灣同鄉會，任會長，處理返鄉事宜，1946年返台，省政府地政局專員，台灣高等法院檢察官，1947年7月當選「監察委員」，1950年任省地方選舉監察委員會主任委員，台灣區紅糖工業同業公會理事長。

陳金水，北人，明治大學畢業，在東京參加台灣青年會、台灣議會設置請願運動。

陳炘（1893—1947），台中人，1922年畢業於慶應大學經濟科，大甲社尾望族出身。留日時熱心民族民主運動，參加新民會、台灣文化協會、台灣議會設置請願運動，大東信託公司總經理，台灣信託公司總經理，台灣金融業先驅，戰後組織大公公司，二二八事變時被殺。

陳盤谷，台中人，陳炘長子，在東京讀中學，1944年入日軍服役，1946年回台灣。

陳作忠，父親陳有光是富豪、保正。日本大學法科畢業，信用組合長，莊協議會會員。

陳瓊琚（1895—？），大甲人，京都同志社大學英文科畢業，淡水中學教師，編教會報。

陳茂源（1903—？），桃園大溪人，1928年畢業於東京帝大法科，1928年10月文官考試司法科合格，東京地方裁判所司法官試補、預備判事，長野地方裁判所松本支部判事，在東京加入新民會，也是林獻堂「留東詩友會」成員。光復後，任台灣大學法律系教授，翻譯恩師矢內原忠雄的《日本帝國主義下之台灣》。妻子林芯是林熊祥長女。著有《自由丘吟草》。

陳思聰，南投人，1915年前後留學日本。

陳淑真（1912—？），台南人，帝國女子醫專畢業，丈夫林躍鯉。

陳新彬（1897—？），龍井人，1923年到1929年在日本留學，先後畢業於東京醫專、東京帝大醫學部，醫學博士，在台中開辦新彬醫院。

陳天賜（1898—1955），台中梧棲人，1920年畢業於日本大學法律科，1920年赴河北，安次縣廊坊鎮公安分局長，故城縣鄭鎮公安分局局長，密雲縣承審官，1931年在北平創辦志誠實業有限公司，日軍占領北平後，任定縣縣長，後在北平當律師，編《中華法令旬刊》。戰後回台就職高雄等地方法院。

陳來旺（1907—？），台中梧棲人，出身富商家庭，1927年前後在東京成城學院學習，東京社會科學部成員，台共黨員，日共民族支部東京特別分部負責人。

陳榮（1916—？），又名陳垂映，台中市人，早稻田大學商科畢業，信託投資有限公司副總經理，該公司1966年3月創辦。中國租賃股份有限公司副董事長，該公司1977年10月創辦。著有小說《暖流寒流》等。

陳茂堤（1893—？），台中市人，1935年畢業於慶應大學，醫學博士，台中開業醫生。台灣文化協會創始會員之一，文化協會評議員，台灣民眾黨台中支部委員。光復後，省參議員，台灣省醫師公會理事，台中市醫師公會理事長。

陳遜仁（？—1940），台中人，1930年進入東京醫專學習，留在日本。

陳遜章（1917—？），台中人，1936年到1941年在日本留學，先後進入早稻田大學法文系、基督教神學校學習，任職於大公企業公司、台灣信託公司、華南銀行皇民奉公會台中支部，做過陳炘的祕書。

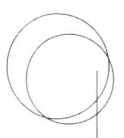

陳東軒（1922—？），台中人，武道專校肄業，世奇塑橡膠股份有限公司總經理，該公司1976年8月創辦，資本600萬新台幣，員工136人。

陳新耀（1924—？），台中縣人，日本體育專校畢業，永豐原造紙股份有限公司總務經理，該公司1948年1月創辦，資本5.42億新台幣。

陳曉鰲（1924—？），台中縣人，中央大學經濟科畢業，1948年9月任職彰化銀行清水分行，華南商業銀行總經理第一商銀董事長，省合作金庫總經理。

陳亭卿（1914—？），龍井人，廣島修道中學畢業，偽滿洲國經濟部事務官，1946年回台。認為日本侵略中國，是因人口太多無處去。1946年12月任台灣省廣播電台文書股總幹事，籌備高雄台。二二八事變時因煽動民眾被判刑1年6個月。華南銀行職員。

陳奇祿（1923—？），台南縣人，國民黨副祕書長，「行政院政務委員」，「行政院文化建設委員會主委」，「總統府國策顧問」，公共電視台籌備委員會主委，「國家文化藝術基金會」董事長等。

陳蒼陸，台南東山人，在東京私立中學學習。

陳鴻湖，台南東山人，在東京私立中學學習。

陳南有，台南東山人，在東京私立中學學習。

陳天海，台南東山人，在東京私立中學學習。

陳華宗（1903—1968），台南學甲人，立正大學史學科畢業，1935年任學甲莊長，1941年任嘉南大圳水利組合會議員。戰後任接收委員，1950年當選嘉南大圳水利委員會副主任委員，1959年當選嘉南農田水利會長，1946年台南縣第一屆參議會議長，1964年當選第三屆省議員。

陳省吾，台南，九州醫學專門學校畢業，1957年5月任台南縣衛生院長。

陳金樹，台南人，九州帝大附屬醫學專門部畢業，醫學博士，1962年後歷任嘉義醫院院長，台南醫院院長。

陳愈之，字英敏，台南人，九州帝國大學畢業，醫學博士，1963年2月任衛

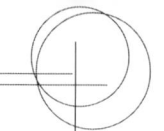

生試驗所所長,台中醫院院長。

陳友欽,字式鵬,台南人,警察局長,省府委員,建設廳長。

陳純義,台南曾文郡官田莊,1929年畢業於中央大學政治科,官田信販購利組合理事,官田部落振興會長。

陳天階,富家子弟,中央大學畢業,《興南新聞》編輯,《台灣新生報》南部主任,參與接收《台灣新報》南部分社,二二八事變後辭職。

陳永禎,台南官田莊地主家庭出身,早稻田大學商科畢業。

陳永祈(？—1987),早稻田大學建築科畢業,定居日本。

陳滄水,台南人,1936年前後在東京獸醫專科學校學習,在東京與鐘謙順同學。

陳嘉樹(1919—？),台南市人,父親陳瑞山為台南州會議員、香煙專賣代理商、台灣儲蓄銀行監察人。廣島高等學校機械科畢業,經椎名悅三郎、楊蘭洲介紹去東北,任偽滿洲國產業調查局局長,和岸信介熟識。光復後,悅三郎去台灣,受到其在偽滿洲國的部屬宴請。

陳嘉濱(1920—？),台南市人,陳嘉樹二弟,廣島高等工業學校電氣科畢業。

陳日三(1928—？),台南縣人,日本上海商業學校高級部統一企業副總經理。

陳明清(1903—1964),台南人,中央大學法學部畢業,1932年文官高考司法科及格,司法官試補,1934年到1940年在日本任職。光復後,新竹法院判官,1945年8月任新竹法院院長,1950年退休,台南律師,妻子高錦花。

陳自西,台南人,父親陳人英是參事、莊協。早稻田大學專門部畢業,莊長,信用組合長。

陳玉麟(1921—？),台南市人,先後畢業於熊本大學藥學部、九州帝國大學,農學博士,1942年回台灣,台灣大學教授,1951年去美國農業部做農業

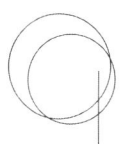

研究。

陳福星，台南市人，日本大學哲學系畢業。

陳牛港（1896—1959），斗南人，1926年去日本中央大學法科學習，1932年通過日本文官高等考試司法科，返嘉義開業做律師，1939年當選第二屆嘉義市會議員。光復時，協助接收，二二八事變後任嘉義初級中學校長，翌年辭職。

陳尚文（1897—1969），名周，嘉義樸子，1923年畢業於東京工業大學電氣化學科，返台任職於中央研究所，1932年赴山西，任西北實業公司電化廠總工程師，抗戰期間歷任四川省工業試驗所所長、中央工業試驗所總工程師。光復後，任台灣省建設廳副廳長、廳長，1950年任省府委員，夫人呂錦花。

陳澄波（1895—1947），嘉義人，父親是秀才。1924年到1929年在日本留學，先後在東京美術學校、西畫研究所學習繪畫，1929年到1933年在上海，1934年在台灣組織「台陽」，1927年油畫「嘉義郊外」入選第七回「日本帝國繪畫展」。1945年任嘉義市各界歡迎國民政府籌備委員會主任委員，1946年當選嘉義市參議員。二二八事變時被殺。

陳宗惠，嘉義人，父親陳老英開業醫生。慈惠醫科大學博士，回台做醫生。

陳嘉音，嘉義人，祖父是陳老英。愛知醫科大學博士。

陳鋒泉（1919—？），日本國學院大學畢業，華僑信託投資股份有限公司副總經理兼高雄分公司經理，該公司1971年7月創辦，資本5.2億新台幣，員工196人。

陳啟嵩（1923—？），嘉義市人，日本同志社商業專科學校畢業，大恭化學工業股份有限公司董事長，該公司1966年創辦於台北，資本9000萬新台幣，員工180人，生產顏料，參加扶輪社。

陳復志（1911—1947），士賢，東京神田大成中學畢業，黃埔軍校第8期畢業。抗戰中升副團長，光復後，回台灣任國防部中校參謀，籌組三青團台灣區團，任嘉義分團主任，對嘉義憲兵隊長李士榮貪汙進行檢舉，被推為「嘉義市二二八事件處理委員會」主任委員兼防衛司令部司令，雖然沒有接受，但仍於3月

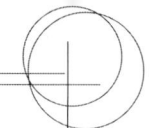

18日被國軍槍殺。

陳壽連（？—1973），嘉義人，日本獸醫學校畢業，基隆市家畜疾病防治所所長。

陳紹禎，南投人，兄陳上達是參事、清朝武秀才。東京帝國大學醫學博士，莊協議會員，自己開辦醫院。

陳神俊，南投人，父親陳上達是武秀才、富豪。堂叔陳紹禎。昭和醫專畢業，醫生。

陳土根（1925—？），南投縣人，近畿大學商經科畢業，大西洋飲料股份有限公司董事長，該公司1965年7月創辦，資本2億新台幣，員工115人；旭順食品有限公司董事長，該公司1973年9月創辦。

陳彩龍（1890—？），南投人，先後留學於東京帝大、慶應大學，醫學博士，在竹山開診所，在台中開辦潁川醫院，台中醫院院長，1954年當選三屆臨時省議員，連任。

陳瑞方，台中人，陳彩龍長子，留日學醫，婦產科名醫。彭明敏大姐夫。

陳端堂，台中人，陳彩龍四子，大阪帝國大學、日本帝大博士，潁川醫院醫生，當選第七屆台中市長。

陳水潭（1897—1956），台中豐原人，陳彩龍之弟，1925年畢業於東京醫學專門學校，台中豐原街開業名醫，豐原街協議會員，加入台灣地方自治聯盟，皇民奉公會台中支部奉公委員。光復後，豐原鎮長，縣議員，當選臨時省議員，1951年競選首屆台中縣長，敗於林鶴年，1954年當選第二屆台中縣長。台中縣地方派系黑派創始人。

陳錫卿，台中人，陳彩龍堂弟。彰化縣長及省民政廳長。

陳景崧，彰化人，日本大學醫學部畢業，在彰化田中行醫。

陳滿盈（1896—1965），筆名虛谷，彰化和美人，生父貧窮，過繼給陳姓地主。1923年畢業於明治大學政治經濟科，1925年籌劃中央俱樂部，參加台灣

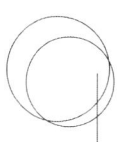

議會設置請願運動，1932年擔任《台灣新民報》學術部部員，和美恆生信用販賣利用組合長，省通志館委員、顧問。詩人，著有《虛谷詩集》、小說《他發財了》等。

陳全生（1909—？），彰化人，京都帝大法學科畢業，中國電器股份有限公司董事長兼總經理，該公司1955年2月創辦，資本2.3億新台幣，員工1580人。

陳朔方（1890—？），彰化人，1926年去東京醫專學習，東京台灣青年會成員，在台中開辦體仁醫院，台中市會議員。

陳榮方（陳英方）（1898—？），陳朔方弟弟，日本醫專畢業，彰化街體仁醫院長，街協議會員，光復後，與兄朔方同為醫師公會員。

陳昌信（1913—？），彰化縣人，田中國民學校高等科畢業，伍常企業有限公司董事長，該公司1971年6月創辦，資本300萬新台幣，員工20人，生產廚房用具。

陳萬居，號雲翔，彰化人，同主大學醫學解剖博士，澎湖醫院院長，1947年10月任宜蘭醫院長，後任新竹醫院院長。

陳萬（1905—1988），號如章，南投集集人，1930年畢業於東洋大學倫理文科，加入《台灣新民報》社，歷任台南、高雄、台中支局長，台中州青果同業組合評議員，《興南新聞》社企劃部長兼工務部長。光復後，省民政專員，《全民日報》總經理，《中華日報》、《台灣新生報》董事，省府委員，彰化銀行董事，高雄縣民政局長等。

陳耕元（1905—1958），卑南社原住民，1932年到1935年在橫濱商專學習，優秀棒球運動員，1929年參加嘉義農林學校棒球隊，該隊1931年獲日本全國中等學校棒球大賽亞軍。光復後，先後出任嘉義農林學校教師、台東農校校長、台東縣長，縣議員，省議員，原住民主委。

陳進東，本姓江，宜蘭人，陳輝煌三子陳振光的養子，大地主。1920年進入長崎醫科大學學習，創辦大同醫院。宜蘭縣議會議長，1964年6月到1973年2

月當選兩任民選縣長，兼縣文獻委員會主委。與兄弟陳進富為宜蘭第一大地方派系核心人物。

陳進富，宜蘭人，陳進東之弟，宜蘭縣議會議長。

陳水土（逸松）（1907—1999），宜蘭人，祖父陳輝煌是清朝二品大官。1920年到1931年在日本留學，先後畢業於岡山二中、岡山第六高等學校、東京帝大法學部，高等文官考試司法科合格，1933年返台開業律師，1935年民選台北市議員，1941年任台北市律師公會副會長。光復初任三青團台北分團團長，發行《政經報》，參加光復致敬團，中央銀行常務董事。二二八事件處理委員會委員之一。1964年與高玉樹、周百鍊競選台北市長。陳逸松口述、林忠勝撰寫《陳逸松回憶錄》，前衛出版社1994年出版。

陳清江，宜蘭人，通信學校法制學會肄業，1953年8月到1956年7月民選三星鄉鄉長。

陳金波（1889—1961），字鏡秋，號雪峰，宜蘭人，1919年進入東京帝國大學醫學部研究，1920年10月出任首屆街協議會員，1922年起擔任文化協會理事，參加會務活動。1926年為宜蘭街助役，1927年7月，加入台灣民眾黨並擔任該黨中央執行委員及宜蘭支部常務委員，1935年11月以最高票當選首屆民選宜蘭街協議會員，1936年參加台北州會議員選舉，以最高票當選唯一的議員。1945年11月代理宜蘭市長，致力於地方教育權之爭取。

陳坤臣（1902—？），宜蘭羅東人，在日本讀中學，1941年後做過防護團團長，五結農會負責人，代表主席，村長，及利澤簡教師6年。

陳呈祥，宜蘭羅東人，地主陳進財長子，兄弟數人全部留學日本，妻子石滿。1931年畢業於名古屋大學醫科，光復後，台北縣衛生院羅東分院院長，宜蘭醫院院長、衛生局長。

陳某某，宜蘭羅東人，陳呈祥弟弟，岡山中學畢業。

陳呈雲（1904—1938），宜蘭羅東人，羅東街長、羅東米穀配銷組合組合長陳純精之子。陳純精因有功於殖民產業發展於1933年應邀參加天皇主持的

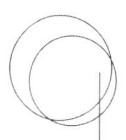

「觀菊御會」。陳呈雲畢業於私立東京高等音樂學校，專攻鋼琴和作曲，回台後任職基隆公學校及羅東女子公學校。娶日本女子為妻。

陳漢起（1901—？），東京齒科專校畢業，醫生。

陳金（1916—？），日本大學畢業，開辦永安齒科醫院。

陳旺枝，宜蘭人，日本工業學校畢業，回台後任保正，光復後，先後任村長、鄉代表、代表會主席，任調解委員會主席6屆。

陳金溶（1922—？），基隆人，橫濱市立經濟專門學校畢業，台灣煉鐵股份有限公司總務處長。

陳漢洲（漢周），基隆人，留日學醫，在基隆做齒科醫生。

陳長鐘（1918—？），桃園人，日本大學商科畢業，新生產業股份有限公司總經理，1971年11月創辦，資本6000萬新台幣。

陳家樵（1918—？），彰化人，京都同志社大學畢業，彰化商業銀行總務室主任，該銀行1905年創立。

陳定國（1923—1999），新竹人，東京太平洋美術學校畢業，回台後，省文化宣傳促進會常務委員，後轉任教師，歷任新埔「國中」及新埔「國小」美術科教師20多年，指導學生皆有所成。光復初期即致力於漫畫創作，譽為「台灣漫畫先驅」，繪有連載漫畫《三藏取經》、《白蛇傳》、《呂四娘》、《花小妹》、《西遊記》、《三國演義》、《孟麗君》、《王寶釧》等，宣傳忠孝禮節義，獲表彰無數，1973年受到蔣介石接見。

陳進（1907—1998），新竹牛埔莊人，國語傳習所甲科畢業、莊長、區長、富豪陳雲如之女。1925年到1929年留日，畢業於東京女子美術學校日本畫師範科，又進入新風俗畫家鏑木清方私塾學習，首位赴日學畫的女子，中學美術教師，台灣省美術展覽審查員。國際知名的東洋畫畫家，擅長人物畫。

陳璧，新竹牛埔莊人，陳雲如次女，東京女子醫專畢業，開業醫生。

陳永珍，區長、州協陳羹梅次子。早稻田大學政治經濟科畢業，《台灣新民

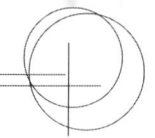

報》新竹支局長，農業、漁業組合長，莊長。

陳清池，新竹人，東洋大學畢業，1951年8月到1954年10月任台北縣民政局局長。編著《林耀亭翁：面影》，台中市，耀亭翁遺德刊行會1938年刊行。

陳振武（1923—？），雲林人，1943年10月去日留學，京都大學醫學部肄業，1946年轉學到台灣大學，台大醫學院眼科醫生，省衛生處砂眼中心醫師，1957年到1989年任高雄醫學院眼科教授。

陳義順（1906—1942），號哲生，雲林土庫人，早稻田大學畢業，參加上海革命組織，台灣省黨部籌備處組織科長，任日本人在香港的《珠江日報》記者，進行地下活動。1940年1月29日被捕，1942年2月被殺。

陳炯熙（1922—？），雲林人，公眾衛生院醫學科畢業，台北赤十字病院醫師、省衛生處技術室主任。

陳英松，雲林人，名古屋帝國大學醫學專門部畢業，嘉義醫院院長。

某某，雲林人，東京齒科大學，在東京行醫。

陳春信（1923—？），彰化人，慶應大學畢業，國華產物保險有限公司主任祕書。

陳馨，彰化人，日本玫玉社高等工業學校畢業，1977年任曾文水庫管理局長。

陳世榮（1918—？），東北帝國大學法科畢業，高等文官考試司法科合格。1946年初回台，台北地方法院檢察官、推事，高等法院推事、大法官，兼任台灣大學教授。著有《抵押權之實行》、《強制執行法詮譯》、《票據法總則詮譯》、《票據之利用與流通》等。

陳伯村，彰化人，京都大學法學研究所畢業，先後任台南市和台中市政府主任祕書。

陳朝景（1903—1966），屏東里港人，就讀於東京明治中學、中央大學法律科、法政大學政治科，1932年司法書士考試合格，返回家鄉開業，長老教會

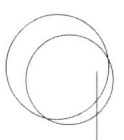

中學評議員，裡港莊協議會員，教化委員。光復後，高雄縣參議會主任祕書，高雄縣農會理事長，屏東縣議會二、三、四、六屆縣議員等。

陳智雄（1916—1963），屏東人，青山學院和東京外語專科學校畢業，任職日本外務省，1941年太平洋戰爭爆發後被派赴印尼。戰後辭去外務省職務，做珠寶生意，資助印尼獨立運動，印尼獨立後被奉為國賓，出任廖文毅的「台灣共和國臨時政府」駐東南亞「巡迴大使」，四處宣傳台獨，1959年在日本被國民黨情治人員綁架，用郵袋運回台灣，被許以省府參議，但仍主張台灣獨立「建國」。1961年組織同心社，1963年5月28日被槍斃。

陳篡地（1907—1986），彰化二水人，1933年畢業於大阪高等醫學專校，在日留學期間加入日本共產黨外圍組織「戊辰會」，被日警逮捕關押一年。1933年回台在雲林斗南鎮開業，後至斗六開設眼科醫院，日軍中尉軍醫。二二八事件中率民眾武裝「斗六隊」與國軍戰鬥，潛逃山區，1953年出面自首。

陳翠玉（？—1988），彰化人，日本聖路加女專護理科畢業，台大醫院護理部主任，台大護理學校校長，加拿大護理教育碩士，1959年去美聯合國衛生組織18年，1984年到1987年任台灣人公共事務協會中央委員，婦女台灣民主運動發起人發言人，人權協會顧問。

陳書友（1923—？），彰化人，近畿大學化學科畢業，經營榨油業總源企業股份有限公司董事長工業總會理事。

陳火桐（1925—？），彰化人，富商陳金發之子，去日本就讀小學、中學、法政大學，車樂美縫衣機股份有限公司董事兼副總經理，該公司是日本人1969年4月創辦的，資本1.1億新台幣，員工500人。1962年因廖文毅案被捕。

陳光熙，京都帝國大學法科畢業，漫畫家。就讀京都帝國大學法科時，就在《台灣新民報》、《台灣日日新報》發表漫畫。戰後擔任中學訓導主任、校長。他以筆名「羊鳴」發表了宣傳反攻大陸的漫畫《小八爺》於《學友》月刊。另有《新生活運動》、《守望相助》等漫畫。

陳文仁，東京帝國大學政治科畢業，延平學院教師。

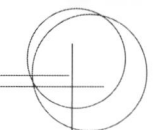

陳炎坤（1921—？），南投埔里人，地主兼商人家庭出身。1933年去日本讀中學5年，到大陸上大學。1945年回台。二二八事件時家裡藏有3個外省人。

陳金河（1923—？），陳炎坤二弟，1933年去日本讀中學，到大陸上大學，1945年回台，1950年因蔡孝乾案被判刑10年，出獄後以翻譯為生，但仍受管制。

陳換治，陳炎坤三妹，東京服裝學院畢業。到偽滿洲國新京工作，與豐原人袁柏樑結婚。

陳界和，留日學經濟，光復後自日本回台，和李登輝一起轉進台灣大學農經系。

陳卓木，1943年前後在法政大學經濟科學習，和陳火桐同學。

陳某，1933年前後在大阪齒科專門學校學習。

陳吉村，1943年畢業於駒澤大學佛學科。

陳宗，1931年畢業於早稻田大學法學部。

陳暖玉，東洋音樂學校畢業。

陳雪卿，東洋音樂學校畢業。

陳南山，帝國音樂學校畢業。

陳敬輝，留日學習美術，1935年6月9日，與呂鐵州等五人組織「六硯會」。

林明德（1914—？），淡水人，1933年到1944年在日本留學，在日本大學藝術科學習和跟私人研究舞蹈。1944年返台，進行西洋舞蹈創作教育和表演活動。

林和彥，東京醫專畢業，宜蘭醫院醫生。

林兌，1926年前後在日本大學學習，參加東京台灣青年社會科學研究會。

林本元（1896—？），台北市人，明治大學畢業，任職於台灣省長官公署

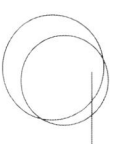

及省政府財政廳，1960年退休。著有《中國語國音篇》、《台灣白話三字文》、《林本元先生自傳》等。

林柏壽（1895—1986），字季丞，板橋人，大地主大商人大官僚林維源之子，1910年到1913年就讀於東京皇家學習院，1918年回台灣任林本源製糖株式會社監事，1922年成立林本源柏記產業株式會社，1924年留學英國倫敦大學經濟系，1926年留學法國巴黎。回台後擔任台灣商工銀行、林本源維記興業株式會社、林本源興殖株式會社暨事業董事。不願做殖民政府的官員，不為殖民政府諒解，遂流寓越南西貢以避禍。光復後，回台灣任台灣水泥公司董事長，「中國國際商業銀行」董事長，台灣電視公司首任董事長，並投資中華開發公司。

林松壽（？—1932），板橋人，日本皇家學習院中學部，擔任北洋軍閥政府交通署長。

林鶴壽，林本源製糖株式會社社長。

林子畏（宗敬），板橋人，林松壽之子，東京曉星中學畢業。

林海達，板橋人，林嵩壽之子，京都帝大經濟科畢業。

林熊祥（1896—1973），字文訪，號宜齋。板橋人，1910年到1913年在皇家學習院高等科學習，與天皇裕仁同學。建興公司社長，林本源製糖株式會社董事，台北商事會社董事，皇民奉公會中央本部參與。光復後，台灣省通志館顧問委員，台灣省文獻會主任委員。著有《台灣史略》、《林文訪先生詩文集》等。

林熊光（1897—1974），字朗蓭。板橋人，皇家學習院、東京帝國大學經濟學部畢業，有5300甲土地，全台首富。大成火災海上保險會社常務董事，到南美洲投資，連任三屆台北州協議會員，總督府評議會員。第二任台灣總督乃木曾任學習院長，要林家為日本皇家藩屏，故兒子全在皇家學習院學習。著有《寶宋室筆記》等。

林明成，板橋人，林熊徵之子。

林景仁，號小眉，板橋人，林維源之孫，林爾嘉長子，留學日本皇家學習院，偽滿洲國外交部歐美科科長。著有詩文集《摩達山漫草》、《天池草》、

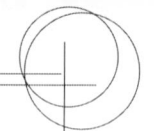

《東寧草》。

林剛義（剛毅），板橋人，林爾嘉二子，大阪商工學校畢業，回鼓浪嶼搞化學實驗。

林崇智（1897—？），板橋人，林爾嘉四子，皇家學習院、東京帝國大學畢業，省文獻委員會副主任委員。

林履信（1900—1954），字希莊，板橋人，林爾嘉五子，皇家學習院、東京帝國大學文科畢業，《台灣新民報》社監事，廈門《全閩新日報》總主筆。著有《希莊學術論叢》、《洪範之體系的社會經綸思想》、《蕭伯納研究》等。

林宗賢，板橋人，林祖壽長子，京都帝大法學部畢業，台泥常務監察人。光復初任國民參政員及「立委」。

林宗慎，板橋人，林祖壽四子，1951年當選板橋鎮長。

林衡道（1915—1997），板橋人，父親林熊祥、母親為內閣學士陳寶琛之妹。1925年到1938年在日本學習，就讀於小學、中學、仙台東北帝大經濟系，台灣大學、淡江大學等學校教授，台北市政府安全室主任，台北市文獻委員會主委，省文獻委員主委。著有《風物誌》、《日本游記》、《日本古典文學讀本》、《政治與社會》、《台灣一百名人小傳》等。

林乃敏，嘉義人，中學、東京帝大法學部畢業，日本文官高等試驗外交科考試合格。日本遞信省事務官。光復後任美國安全總署中國分署工業組長，延平學院教師。

林嘉雄，東京日本學校畢業，1945年12月任糧食局台東事務所長。

林朝宗（1905—？），新莊人，地主家庭出身，日本大學專修生，東京社會科學部成員，台灣民族支部中央常委。

林朝卿，台北人，東京農業大學畢業，1949年3月任蠶業改良場長。

林佛國（1885—？），號石崖，景美人，書香門第、父親有五品軍功。私立東京法政大學畢業，學校訓導，州協議會員，《台灣日日新報》記者、編輯，

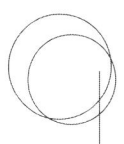

常組團回祖國參訪。光復後，台北縣參議員，第一屆縣議員。著有《台灣今昔論》、《日本地方自治》等。

（林）蔡娩（1911—？），昭和女子藥學專門學校畢業，台大醫院藥劑師。丈夫林清安也在日本留學。

林柳新（1912—1973），台北市人，日本醫科大學，醫學博士、理學博士。日本帝國大學醫師。光復後，省立台北婦產科醫院副院長，基隆醫院院長，省府衛生處技術室主任。著有《家庭藥學》等。

林天祐（1913—1995），台北新莊人，1932年畢業於東京私立中學，醫學博士，著名胸腔外科醫生，發明「手指肝切法」享譽世界。

林天賜（1913—1955），萬華人，京都帝國大學醫學部畢業，醫學博士，台大教授兼副院長。

林輝焜（1902—？），淡水人，1928年畢業於京都帝國大學經濟學部，台灣興業信託株式會社社員，1930年任淡水信用合作社專務理事。台北市政府祕書。著有長篇日文小說《命運難違》等。

林我澤（1913—？），台北市人，熊本大學醫學部，醫學博士，熊本大學教授，台灣大學教授，市立婦幼醫院院長。著有《醫院便民措施》等。

林濬哲，內湖人，林坤鐘之弟。東京帝大醫學博士，上海開業醫生。光復後回台。

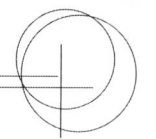

林嘉雄（1919—？），台北人，東京大學商學科畢業，台灣產物保險股份有限公司理賠中心主任，該公司1946年6月創辦。

林衡肅（1920—？），台北人，明治大學商學部畢業，東馨公司董事長，該公司1967年5月創立，資本2000萬新台幣，員工30人，化纖製品，醫療器械進口。

林淑祺（1920—？），台北人，日本海生中學畢業，味王股份有限公司總經理，該公司1959年7月創立。三信商事股份有限公司董事長，該公司1969年9月創立，資本9000萬新台幣，員工136人，進口販賣汽車。

林呈祿（1887—1967），桃園大園人，父被日人殺害。兄瑞仁為區長、莊長。1914年去日本留學，明治大學法律科，高等研究科，1910年普通文官考試合格，受山本美越殖民地自治主義影響。台銀職員，台北地方法院書記官。1922年4月接辦《台灣青年》改為《台灣》的工作。留學生運動領袖，抗日運動理論家。《台灣新民報》編輯局長，總督府評議會議員。台灣議會請願運動的文獻多由他起草，光復後任東方出版社董事長。

林益謙（1911—？），林呈祿之子。東京第一高等學校、東京帝大法科畢業。文官高等試驗司法科考試合格，曾文郡守，總督府財政局金融課長。光復後，任東方出版社董事長等。

林煥清（1901—？），桃園人，林呈祿侄子，1925年畢業於東京商大，任職於總督府殖產局，《台灣新民報》發行人，兼庶務部長、編輯局長到去世。

林仲光，桃園人，林益謙次子，日本皇家學習院。

林抟秋（林博秋）（1920—1998），桃園人，日本大學高等科、明治大學政治經濟部畢業，台首位劇作家，1942年11月在東京發表《奧山社》，留在日本紅磨坊劇團文藝部，1943年1月回台，參加厚生演劇研究會。光復後，閩南語電影時代的代表導演兼製片人，有劇本《母屋》、《陣頭指揮》、《水平坑》等。

林富侖，台東人，保正、莊長、區長林添壽長子。公學校教師。

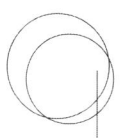

林尚英，高雄人，官紳林彬秀之子。東京大倉商業學校畢業。日本全國漁業組合僱員、書記、主事補，返台後經商，戰後協助國民黨政府接收，台東縣政府主計主任，省議員。

林尚文，台東人，東京外語學校。

林進生（1901—1960），恆春人，1941年畢業於東京音樂學院鋼琴，參加1934年6月成立的「鄉土訪問音樂團」，長榮中學教師，1945年任台東女中校長，1945年12月25日負責接收台東女校。

林澄沐，恆春人，東京音樂專校畢業，主修鋼琴。

林旭屏（1904—1947），東石人，莊長、莊協議會員林純卿之子。第三高等學校、東京帝大法學部、大學院民法，1931年文官高等試驗司法科合格。台灣總督府文書課，交通局書記，屏東市助役，新竹市助役，台南州商工水產課課長，竹南郡守，專賣局參事，台灣總督府煙草課長。光復後留用在專賣局，二二八事變中被害。

林頂立（1908—1980），雲林刺桐人，豪農、保正、莊長、區長、莊協林聰之子，陸軍經理學校、明治大學政經系肄業，1931年九一八事變後回大陸，在大陸從事情報工作，省臨時議會第一屆副議長、二屆副議長。軍統、保密局台灣站長，《聯合報》發行人，農林公司董事長，1959年經商，任國泰保險公司董事長。

林鴻鳴，雲林人，愛知縣立安城農林學校，1946年1月任糧食局台南事務所長，1953年調任高雄事務所長。

林振聲（1888—1956），西螺人，中學、新潟醫科大學畢業，廈門博愛醫院醫生。開西螺拯生醫院。台南州議員。光復後，西螺鎮民代表會主席，鎮合作社理事會主席。

林英生，西螺人，林振聲次子，岩手醫專畢業。

林景福，林振聲三子，興亞醫專畢業。

林恆生（1925—？），西螺人，林振聲四子，東京農大拓殖科畢業，中學教員，鎮公所課長，縣府祕書，技正，縣議員，議長，1972年當選雲林縣長，1977年再當選雲林縣長，台自來水公司董事長，地方派系「林派」核心人物，第十一、十二屆國民黨候補中委。

林茂生（1887—1947），號耕南，屏東東港人，基督長老會牧師、秀才林燕臣長子。在教會保送下，1908年到1916年留日，先後就讀於同志社中學、京都第三高等學校、東京帝大。首位哲學博士，首位文學士，長老教中學教務主任，台南商校教授。台灣總督府評議員。皇民奉公會中央本部戰時生活部長。1945年10月任《民報》社長，針砭時弊。台大文學院長。二二八事件時遇害。兒子林宗義、林宗正、林宗人、林宗平、林宗和、林宗昌，女兒林詠梅，也留日。

林忠（1914—？），南投人，東京第一高等學校、京都帝大畢業，台灣同盟會員，1942年任職於台灣黨部籌備處駐渝辦事處。光復時任台灣省廣播電台接收委員，二二八事件時，沒有控制好電台，讓陳亭卿等在電台上肆意批評，「國代」。1948年轉往工商界。

林香藝（1926—？），南投人，1936年就讀於大村能章氏歌謠學院，舞蹈家，舞蹈教育、創作、表演。

林翠華，舞蹈學校畢業，舞蹈家。

林宗棟，台南人，日本士官學校，參加二二八事變，後被捕。

林東淦（1905—？），字新園，高雄岡山人，父林溫如是大地主、商人，與陳啟清關係密切，兩家合營烏樹林製鹽株式會社，任董事。早稻田大學商學部畢業，繼承和經營父親的企業，皇民奉公會岡山郡支會奉公委員。光復後，高雄商業職業學校長，高雄市選舉委員會委員。女兒林澄枝嫁謝孟雄。

林金發，高雄人，日本兩洋中學畢業，二二八事件時在高雄被抓。

林清輝（1917—？），新店人，秋田礦山專門學校畢業，台北工專副教授，國民黨省黨部副主任委員，省議會祕書長，台北市府教育局長，省教育廳副

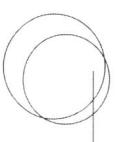

廳長。著有《選礦學》等。

林宏（1923—？），台北人，東京帝國大學經濟學部畢業，建台豐股份有限公司董事長，該公司1967年4月創辦。參加台北北區扶輪社。

林忠實，台北市人，長崎醫科大學醫學博士，省立共濟醫院婦產科主任，台北市醫師公會理事。

林秀藏（1930.1—），台北市人，日本大學農業部，太平產物保險公司第二營業部經理。

林新發（1926—？），台北新店人，東京日產金屬工業學校，商人，新店鎮第九、第十屆鎮民代表，第三屆新店市民代表。

林家濟，大稻埕人，九州帝大農科，到廣東教書。

林某某（1925—？），台北人，林義旭三弟，留日學醫，留在日本行醫，1946年6月9日林義旭到台北中山堂看宋非我、簡國賢的聖峰演劇研究會的獨幕劇《壁》的發表會，反應光復後貧富懸殊的，引起轟動。

林雪雲，高雄人，留日學鋼琴，蕭瑞安之妻。

林瓊（1914—1979），高雄人，父親林迦。早稻田大學政治經濟科畢業。1936年高雄市興業信用組合書記、理事。1940年出任台灣信託株式會社高雄支店長代理。光復後，高雄第三信用社理事主席，台灣省信用合作社常務理事，1946年當選高雄市參議員，1950年當選市議會議員，1970年辦三信出版社，1972年當選增額「國大代表」。

林鶴雄，左營人，父親林建論是教師、副莊長。留日學醫，高雄市立醫院醫生，高雄市副議長。二二八事變時參加談判。

林淑媛，楠梓人，父親為莊長。東京女子大學肄業。王石定妻。

林曙光，高雄人，在京都留學，高雄市府機關報《國聲報》記者。

林瓊璋（1922—？），高雄市人，青山學院，三芳化學工業股份有限公司董事長，該公司1973年6月創辦，資本2億新台幣，員工450人。

林榮國（1923—？），高雄縣人，法政大學專門部畢業，高縣議員、高縣耕地租佃委員會委員，高縣岡山區養魚生產合作社、信用合作社監事主席，漁民團體「增額立委」。

林某某，岡山人，林榮輝大姐。1950年5月林榮輝因學生工作會案被捕。

林祺瑞（1918—？），高雄縣林園人，1940年畢業於早稻田大學專門部商科，林園莊長，高雄州廳判任官。光復後，林園鄉長7年，5屆縣議員，林園地區「林派」重要人物。二二八事變時，阻止三青團黃占岸鼓動的青年學生進攻國民黨軍隊，避免了犧牲。

林文騰（1893—1978），北人，早稻田大學政治科畢業，北公學校教師，台灣文化協會成員。在大陸抗日，戰後回台經商，認識謝雪紅，在粵組織革命團體被拘，回台被關5年。

林濟川（1893—？），台中神岡社口人，明治大學商科畢業，在林熊徵開設的事務所任職，漢冶萍公司監察，1938年日軍攻陷廈門後，任廈門特別市政府公賣局長。戰後以漢奸罪被捕，旋即釋放回台。史明之父。

林躍鯉（1909—？），霧峰人，醫生林水來之子，昭和醫專畢業。

林仲衡（1877—1940），字資銓，霧峰人，棟軍統領林朝棟次子。1903年於中央大學法科肄業，《台灣新聞》董事，信用組合理事，莊協，櫟社成員。著有《仲衡詩集》，杜聰明編，1969年4月出版。

林雙隨（1901—？），霧峰人，林仲衡女兒。杜聰明之妻。東京青山高等女子學校畢業。

林攀龍（1901—1983），筆名林南陽，霧峰人，林獻堂長子。1910年到1925年在日本留學，小學、中學、東京帝國大學法學部畢業，1932年3月創立一新會，改造台灣文化，一直到七七事變後才結束。明台產物保險股份有限公司董事長，明台輪船股份有限公司董事長。著有《人生隨筆》，台中市中央書局1954年出版。

林猶龍（1902—1955），霧峰人，林獻堂次子，1910年到1926年間，先後

就讀於小學、中學、東京商科大學，彰化銀行董事長，霧峰莊長，1931年霧峰鄉長，州會議員，華南銀行常務董事，信用組合長，入柔道鼻祖嘉納治五郎門下，光復後，彰化銀行董事長。娶日本人藤井愛子為妻。

林陸龍（1905—1935），霧峰林獻堂侄子，1912年去日本，讀小學、中學。

林雲龍（1907—1959），霧峰林獻堂三子，1912年到1930年留日，小學、中學、法政大學政治科畢業，彰化銀行董事，《新民報》政治部記者，莊長，《台灣新民報》董事，《興南新聞》董事兼業務局長。光復後，省議員，台灣煉鐵公司董事長，南華化工公司董事長。台灣工業總會理事長。娶日本女子林多惠為妻。

林關關，霧峰林獻堂女兒，先後就讀於小學、中學、日本女子大學。丈夫高天成。

林夔龍（1907—？），霧峰人，林階堂次子。1933年畢業於日本大學，《台灣民報》社社會部記者，1940任霧峰莊長至戰後。

林垂珠，霧峰林烈堂次子，明治大學法科畢業，娶日人永島青子。

林培英（1907—？），霧峰人，林幼春長子，1933年畢業於早稻田大學，霧峰信用組合常務理事。台灣行政長官公署農林處祕書。

林魁梧，林紀堂長子。

林津梁，林紀堂次子。

林松齡，林紀堂三子。

林鶴年（1914—1994），霧峰人，林紀堂第四子，1940年畢業於東洋音樂學院，東洋音樂學院教授，1945年與東京人名取信子結婚。與蔣緯國關係密切。台中一、三、五屆縣長。1951年首次選舉縣長即成功，形成「紅派」，與豐原陳水潭的「黑派」敵對。著有《福雅堂詩抄》。

林蘭生，林紀堂第五子。

林澄坡（1887—？），台中人，實業家、參事、區長林汝言長子，1910年畢業於東京高等工業學校機械科，經營林本源製糖會社，豐原水利組合評議員，大東信託公司監事等，1935年官選台中市協議會議員，州會議員，信用組合長。

林挺生（1907—？），台中人，父親林澄坡。1931年早稻田大學法學部畢業，1932年文官高等試驗司法科考試合格，在日本各地法院任判事。光復初在東京任台灣同鄉會長，回台後任法官。

林澄瑩（1889—？），台中人，林汝言次子，1906年到1919年留學日本，新潟醫專畢業，台中醫院公醫，開業醫生。購買林朝清的回春醫院。

林澄清（1894—？），先後畢業於大阪醫科大學、東京帝大，1931年獲得血清研究博士學位，1930年返台，在台中市中港開設澄清外科醫院。

林敬義，林澄清之子，留日學醫，1948年接辦父親的澄清醫院。

林澄秋，台中人，東京農業大學農學部畢業，私立大明中學董事長，台中市建設局長，1968年4月當選台中市長，台灣土地開發公司常務董事。

林湯盤（1901—1985），台中人，保甲聯合會長、市協、區長林耀亭之子。橫濱本牧中學、明治大學法科畢業，台中市樹仔腳農事小組組合長，台中厚生信用組合專務理事、組合長，《台灣新民報》顧問，1935年官選台中市會議員。1951年當選省議員，1954年當選「國代」，1965年創立樹德家政專門校。

林根生（1900—？），霧峰人，林熙堂長子，日本大學畢業，霧峰信用組合，新光產業社長，大安產業監察役，林本堂產業株式會社董事，昭和興業社社長。

林煥彩，龍井人，富豪之子。

林煥然，龍井人，富豪之子，社會教化委員。

林鳳麟（1908—？），1933年畢業於九州大學法文學部，任職於偽滿洲國司法部，1946年回台灣。

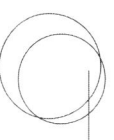

林阿炳（1900—？），阿丙，北屯人，其兄為北屯莊長、街協、台中州議會員。東洋大學畢業，《台灣日報》編輯，彰化銀行台中分行經理，台中圖書館長，1941年《興南新聞》整理部長、文化部長、國語（日語）普及部長。

　　林日差，台中人，本姓王，日本大學醫科畢業，在烏日鄉開設長生醫院，台中縣醫師公會理事。

　　林元倉，元滄，霧峰人，東京醫科大學畢業，1936年在霧峰開大安醫院。

　　林瑞嘉，霧峰人，信用組合長、實業家、莊協、林碧梧長子，早稻田大學畢業，經營家族實業。

　　林瑞寶，霧峰人，林碧梧次子，東京醫專畢業。

　　林以德，霧峰人，林錦順次子，明治大學畢業。

　　林朝菘，南投人，伯父紹仁是富豪、保正。青山學院中學部畢業，保正、街協、信用組合監事。

　　林朝槐（1889—？），竹山人，富豪、參事、區長、莊長、州協議會員林月汀次子，慶應大學政治科畢業，莊長，信用組合理事，水利組合理事。

　　林建勛，竹山人，林月汀三子，成城中學肄業，竹山街協議會員。光復後，竹山農田水利會評議員及委員。

　　林朝業（1913—？），員林人，父親林茂慈為台中一中創校執行長，富豪。岡山中學、九州齒科醫專畢業，行醫，組織員林藝能隊，三青團台中分團長張信義派為員林區隊長。加入國民黨，林糊任員林郡守，二二八事變時，任副鎮長，員林處理委員會副主委，張清柳任主委，勸止青年暴亂。

　　林朝權，員林人，林茂慈次子，日本體育大學畢業，世運會日本選手。光復後，回台任台省體育會任總幹事，辦省首屆運動會，1947年當選「國大代表」。回大陸任北京師範大學體育系教師，政協委員。

　　林朝棨（1910—1985），員林人，林茂慈三子，東北帝大理學博士，專攻地質學，到東北、北京等地任教。光復後，回台協助洪炎秋接收台中師範，後任

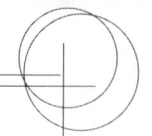

台大教授。

林朝楚，員林人，齒科醫大，省網球協會總幹事。

林春木（1902—？），烏日人，1932年畢業於明治大學法學部，烏日莊名譽助役，信用組合監事，富豪。

林香珍，台中人，東京家政學院畢業，光復後，任雲林縣議會議員，婦聯會主委。

林如梅（1899—？），台中人，明治大學法科，實業經營、地主。1935年民選台中市會議員。

林葆家（1915—1991），台中人，1935年進入京都高等工藝學校窯業科專攻陶瓷，1940年回台灣創立明治制陶所，燒製日用陶瓷。光復後，任台灣省長官公署日產接收委員會委員，省工礦公司苗栗陶瓷廠課長。1974年在台北開辦「陶林陶藝教室」，培養陶藝人才。

林有禮，台中人，東京農業大學畢業，1966年1月任台中縣建設局長，1968年任台中市建設局長。

林有財，1928年前後留學明治大學，參加東京留學生民族民主運動，左派。

林灑聰，台中人，早稻田大學畢業，教師。1975年任台中縣教育局長。

林志宏（1924—？），台中人，日本大學工業系畢業，台灣三櫻電機股份有限公司副總經理，該公司1968年2月創辦，資本3000萬新台幣，員工249人。

林滋培，台中人，京都帝大法科畢業，常與洪壽南、蔡西坤、雷震等校友聚會。

林之助，台中神岡人，莊長林全福之子。台中師範教師，畫家。

林桂端（1907—1947），台中神岡人，1932年早稻田大學法學部畢業，文官高等試驗司法科考試及格，取得律師資格，執業於東京岩波法律事務所。1943年回台北開林桂端律師事務所。光復初，為王添燈誹謗高雄市警察局長童

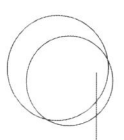

葆昭一案辯護，二二八事變時失蹤。與陳炘、吳鴻麟、李瑞漢、吳金鏈、王育霖等人關係密切。

林秋錦（1910—2000），台南人，1933年畢業於東京上野音樂學校，參加台灣文化協會主辦的鄉土訪問音樂團，省交響樂團指揮，台灣師大音樂教師。

林秋梧（1903—1934），法號證峰，台南市人，1930年畢業於駒澤大學國漢專科。留學之後回台南開元寺任教師兼書記，開設佛教講會，講授佛學哲學和日語。參加台灣文化協會致力佛教改革，參加台灣民眾黨。著有《真心直說白話註解》、《佛說堅固女經講話》等。

林陳喜，1942年畢業於駒澤大學佛專科。

林金蓮，1943年畢業於駒澤大學佛專科。

林全忠，台南人，鹽商林老火三子，京都帝大醫學博士，醫生。女婿陳由豪為東帝士集團董事長。林家在台南地區客運到地方金融有巨大的家族政經勢力，1970年代初期發展成大型資本的林全福關係企業，後改名為國際汽車關係企業。

林全義，林全忠兄弟，台南市參議員，南區區長，省議員。

林全祿，台南人，林全忠六弟。明治大學法學部畢業，兩任台南市議員，第二、三屆台南市省議員。

林全藻，台南人，林全忠七弟，東京青山學院商科畢業，經營冷凍業。

林全興，台南人，林全忠八弟，早稻田大學土木科畢業。台南市議員、副議長、正議長。

林錫池（1918—？），台南人，富家林全金長子。日本大學畢業，台南市府土木課長。1951年經商，台灣可果美股份有限公司董事長，國貿公司董事長。參加工商協進會、「中日文化經濟協會」、亞洲問題研究會。

林錫山，林全忠之侄，1968年到1972年當選台南市長。

林清輝，台南人，昭和醫專畢業，1958年到1981年任台南縣衛生院長、衛

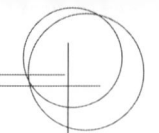

生局長。

林金鐘，台南人，九州帝大附屬醫學專門學校畢業，醫師考試合格。1955年到1962年4月任台南縣立醫院院長。

林水發（1925—？），台南人，東京農業大學畢業，大洋實業股份有限公司廠長。

林永賜（1920—？），麻豆人，鎮長林書化之子。中央大學法科畢業，在日本、滿洲製紙公司工作，光復後回台嘉義任糖廠課長。妻莊季春，藥劑師。

林恩魁，台南人，東京帝大醫科肄業，二戰末期到偽滿洲國任職。光復後轉入台灣大學繼續學習，畢業後入旗山醫院做醫生。白色恐怖時期因學術研究會案被關入綠島7年。

林嘯鯤，台南人，早稻田大學畢業，回大陸，任國民政府軍委會國際問題研究所任專員，財政部紡織廠附屬機關工作。

林昆得（1922—？），台南人，日本工業電氣學校畢業，鴻興鐵線廠股份廠長，該廠1960年12月創辦。

林建文（1900—？），嘉義人，1926年畢業於中央大學經濟科，台中開林建築事務所建築設計。

林金標（1927—？），嘉義人，設備工業專科學校設備本科畢業，水泥製品業同業公會理事長。

林玉山（1907—？），原名英貴，嘉義人，1926年到1937年留學日本，先後進入東京川端畫學校、京都堂本畫塾學習，創辦春萌畫院，執教書畫自勵會與墨洋社。中學、台灣師範大學教師，推展台灣省新美術運動。

林金生（1916—2001），新港人，東京帝大政治經濟科畢業，台南縣民政課長，嘉義縣東石區區長，雲林虎尾區區長，淡江大學教師，嘉義縣長，雲林縣黨部主任委委員、縣長。「內政部部長」，「行政院政務委員」，「交通部長」，國民黨考紀會主委，「考試院副院長」，「總統府資政」，國民黨中評

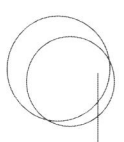

委。日本史專家。

林文樹（1909—？），嘉義人，1927年畢業於東京名教中學，1930年任嘉南大圳組合評議員，1937年任嘉義市會議員，1939年任《興南新聞》監事。戰後任嘉義市參議員，二二八事變發生時，與副議長潘木枝、市議員劉傳來、邱鴛鴦、陳澄波、盧　欽等人到嘉義水上飛機場談判，被扣押，旋釋放，但妹婿盧欽被殺。

林新澤，嘉義人，九州帝國大學醫學部畢業。光復後，進入哈佛大學公共衛生學院學習。1959年11月任台北結核病防治院長，1967年任防癆局長。

林德欽，又名恭平，台中人，東京第八高等學校、九州大學法文部畢業，高等文官考試行政科及格。東京府書記，長崎縣政府會計課長，北海道廳拓民課長，新竹州產業部長，台灣總督府儲金課長。

林德村，成城高校、東京帝大法學部畢業，文官高等試驗司法科考試合格，開業律師。

林水池，嘉義人，其叔林抱為嘉義自動車株式會社社長。早稻田大學經濟科畢業，妻子朱秋瑾是朱江淮六妹。

林錦文（1921—1982），嘉義人，日本大學醫科畢業。

林錦東（1923—1977），南投竹山鎮人，京都臨濟學院佛學專業，在日本6年專研禪學，日據後期返台，任台中寶覺寺佛教專修道場教師，1945年任主持。著名的日式和尚、娶妻和尚，1950年籌設佛教刊物《覺生》，介紹日本佛教，鼓吹台、日佛教交流。收集日人遺骸，很受日人推崇。

林衡權（1907—？）南投人，中央大學預科、法學部、大學院，專攻經濟學。活躍於東京台灣同鄉會，擔任常務理事。1935年進入《興南新聞》社會部服務，1938年升為高雄支局長，後任台南及台中支局長。

林衡鈞，南投人，東京高等農業學校畢業，南投縣農林科長。

林玉秋（欽），南投人，東京帝大法學部畢業，1945年12月到1948年11月

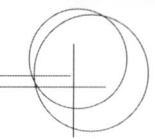

嘉義地方法院院長，宜蘭法院院長。

林洋港（1927—？），南投頭社人，東京昌平夜間中學畢業，台北市長，省府委員，建設廳長，省長，「司法院長」等。

林汝木，彰化人，京都同志社中學畢業，1950年10月到1953年6月任彰化縣政府合作室主任。

林文章（1892—？），彰化人，名古屋商校畢業，製造業，市協，地主，1935年民選彰化市會議員。

林昭和，鹿港人，中醫林鴻源四子。二兄錫金為台中州民選州會會員。在上東京醫專時病死。

林維增，鹿港人，林鴻源五子。日本大學法律系畢業，鹿港中學教務主任，彰化精誠中學校長。

林錫奎（1901—？），彰化人，1926年畢業於明治大學，台北港販賣米穀組合評議員，1930年經營錦豐洋行。

林錦鴻（1905—1985），彰化人，1929年進入東京川端畫學校學習，參加六硯會，《台灣新民報》社美術記者，到上海經商5年。戰後回台灣，任鄉民代表等。

林添進，1927年前後在日本大學留學，1928年4月15日，上海法租界霞飛路的金神甫照相館樓上，舉行台共成立大會，台共成員林木順、翁澤生、林日高、潘欽信、陳來旺、張茂良、謝雪紅9人。8月，林木順、陳來旺、林添進、何火炎、蘇新等人的東京馬克思主義小組就變成了日本共產黨台灣民族支部東京特別支部。

林安福，宜蘭人，岡山縣有膜教員養成所，東南鹼業公司專員，教員，副鎮長，1951年到1958年兩任蘇澳鎮長。

林澤源，宜蘭人，私立東北齒科醫專畢業，1973年到1985年兩任民選五結鄉鄉長。

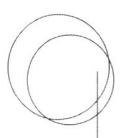

林才添，宜蘭人，日本中學畢業，曾修業水利會主委，二任頭城鎮長，縣議員，縣議長，1960年到1964年民選宜蘭縣長。

　　林壁輝（1904—1974），屏東林邊人，著名士紳林坤之子，日本南山中學、京都同志社大學畢業，莊協議會員，農事實行組合長，林邊信購利販組合理事，保正，東港殖產株式會社董事。光復後，當選高屏地區「國大代表」，到南京參加制憲國民大會，省參議員，省議員。

　　林耀輝，街協議會員、參事林拱辰之子，京都帝國大學畢業。

　　林以土（1893—？），宜蘭人，早稻田大學英法科、九州帝大法文學部畢業，實業經營，宜蘭水利組合評議員，宜蘭街協議會員，宜蘭市會議員，宜蘭集和會社社長，參加台灣青年會、台灣議會請願運動。

　　林燈（1914—1992），宜蘭縣望族出身，1936年日本三重高等農林學校畢業，返台創辦日產石棉株式會社，專制石棉製品。1945省府工礦處接收委員及監理委員，省營玻璃公司協理，1954年當選台灣水泥公司常務董事，創水泥製品，1969年改組為國產實業建設公司。股票1978年上市。國產實業建設股份董事長。國民黨第十二、十三屆候補中央委員。1988年成立財團法人林燈文教公益基金會，提倡文教活動。

　　林炳章，字正章，新竹人，東北帝大畢業，日本文官高等試驗考試合格。1948年歷任新竹市民政科長、民政局長。1973年2月任縣府主任祕書。

　　林清安（1911—？），竹南地主家庭出身，岩手醫科大學東京帝大畢業，神經過敏科博士。開診所，和李瑞漢兄弟熟悉。

　　林一（1923—？），竹南人，在東京讀小學、中學，林清安長子。隨母蔡娩在日本讀書。

　　林乙垣，日本大學專門部畢業，在東京參加留學生民族民主運動。

　　林錫欽（1919—？），彰化人，明治大學經濟科畢業，三永紡織股份有限公司總經理。該公司1969年創立，資本9600萬新台幣，員工580人。

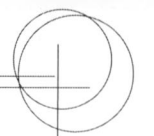

林雲南（1920—？），新竹人，日本彥根高等學校專科，新竹汽車客運公司副總經理，1919年9月創立，資本6000萬新台幣，員工1511人。

林柑（1904—？），新竹人，1933年畢業於東京女子醫專，隨後進入東京泉橋病院，實習約2年，1935年開設醫院，專看小兒科、內科。丈夫吳金柚。

林松生，新竹人，1928年進入東京醫專學習。

林再春（1925—？），雲林人，麻布大學獸醫學博士，光復後，先後在「農復會」、「農發會」、「農委會」任職。

林仲澍，早稻田大學理工科，參加東京台灣青年會，為骨幹人物之一。

林耀明（1894—？），屏東人，東洋商校畢業，實業經營，助役，市協。

林才壽（1926—？），溪湖人，日本航空學校，服役半年，兵長，1946年回，國校教師，1947年3月3日被推為溪湖青年自衛隊長，支援台中民眾武裝攻打國軍。

林裳，1928年前後留學日本大學，參加東京留學生民族運動，左派。

林庚申，彰化人，日本明治大學畢業，1947年4月11日任嘉義市警察局長。

林連宗（1905—1947），彰化人，中央大學預科、法學部，1930高考司法科合格，台中開業律師，台中州律師公會會長，1945年9月15日三青團台中分團籌備處成立，張信義任團長，林連宗任第一區隊長，1946年當選省參議員，問政質詢嚴厲。17名「制憲國代」之一，省律師公會理事長，事變時任「二二八事件處理委員會」常務委員，被殺。

林某某（1924—？），彰化人，父親林麗明，母蔡素女曾任省婦女會理事長和國民黨中評委，靜岡高等學校畢業，東京帝大醫學部學習一年後轉台大醫學系二年級，台大高雄醫學院教授。

林伯可，北人，京都帝大畢業，台東廳課長，任職於台灣工礦公司。

林伯殳，北人，父慶岐生員、堡長、參事。東京專修大學經濟科，大城莊田尾莊長，實業家。

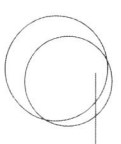

林石城（1912—1995），屏東人，1937年畢業於中央大學法學部，《台灣新民報》屏東支局長，《興南新聞》屏東支局長，屏東郡守，區長。光復後，革命實踐學院11期黨政軍45期，屏東縣議會議長，縣長，省府委員，高雄縣代縣長。

林育兆（1922—？），彰化人，中央大學畢業，泰安紡織股份有限公司財務經理。

林炯明（1924—？），彰化人，早稻田大學畢業，中國電器股份有限公司國外部經理。

林善德，武藏野音樂學校，光復初年參加台灣文化協進會主辦的音樂會演出。

林秀棟，日本某大學物理科，中興大學數學教授，1949年被判刑7年。

邵羅輝（1919—1993），台南人，東京帝國影劇學校學習編導，1958年返台組織梅芳玉劇團演出國語劇及都馬劇團演唱歌仔戲。後從事電影導演，先後執導《六才子西廂記》、《西北雨》等。

邱水波（1921—？），日本錦城中學畢業，廣大飼料公司經理。

邱德金（1893—？），豐原人，1937年畢業於東京帝國大學，醫學博士，在基隆開業愛德醫院，基隆市參議員，台大醫學院教授，台灣文化協會理事，台灣議會期成同盟會理事，台灣民眾黨中常委，1923年任台灣議會設置請願運動代表，1935年民選基隆市會議員。戰後任基隆市參議員。

邱賢添（1901—？），苗慄人，1934年畢業於京都帝大，醫學博士，1937年台北帝國大學醫學部教授，1942年返鄉開業。光復初，負責接收全台原台灣總督府府立醫院，高雄醫學院附屬醫院院長。

邱金昌，麟洛人，1942年畢業於京都兩洋中學，高雄中學書記兼辦事務，光復初學校剩下兩個台籍老師，另一個畢業於日本物理學校。

邱永漢（1924—），炳南，台南人，父親為日本人。東京帝國大學經濟部

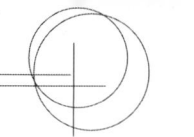

畢業，戰後回台灣，1948年逃香港，1954年移民日本，文學家。著有《我的青春‧台灣我的青春‧香港》等。

邱鴻章（1923—？），新竹人，長崎藥專藥學系畢業，光正股份有限公司總經理，該公司1955年10月創辦，資本3000萬新台幣，員工60人，生產硫酸等。

邱玉雲，新竹人，東京中野音樂院畢業，林瑞漢妻子。

邱堃尉（1923—？），高雄人，日本新宿工業學校畢業，1946年在東北參加國民黨軍。

邱南酈（1922—？），彰化人，早稻田高等工業學校機械科畢業，唐榮鋼鐵工廠耐火材料廠廠長。

邱貴發，新竹人，中央大學法學系畢業，1946年參加國民黨軍。

邱晨波，畢業於明治大學，台灣革命同盟會會員。

邱錦鄧，台南東山人，在日本讀中學。

邱登科，1938年畢業於中央大學法科。

楊長鯨。

楊維命，《台灣青年》編輯。

楊境秋（1926—），彰化人，東洋高等工業學校畢業，1946年在東北參加國民黨軍隊。

楊嵩山（1926—），高樹人，宮崎縣立都城中學畢業，屏東明正中學教師，高樹、中正、潮州等中學校長，縣黨部評議員，地方黨部常務委員。

楊友濂（1906—2000），筆名雲萍，士林人，父親楊敦謨是公學校校醫、士林區街長。日本大學文學部預科、東京帝國大學畢業，台大歷史系教授，《民報》主筆，省長官公署參議，省編譯館編纂組主任，《台灣風物》主編。著有《山河集》、《開戰前夜之東京》、《台灣史上的人物》、《南明史研究》等。

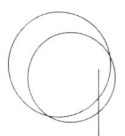

楊文魁（1919—？），字文羊，台北人，日本大學法文學部法律科，在東京創辦媽咪本鋪株式會社，日華僑總會副會長，留日同鄉會長。

楊軒，中央大學畢業，1947年4月任糧食局花蓮事務所長。

楊照雄（1922—？），台北人，松本醫科大學醫學博士，台大教授，衛生署預防醫療研究所所長。

楊佐三郎（1907—1995），原名楊三郎，大稻埕人，京都關西美術學院畢業，1929年回台設立春陽會，組織台陽美術協會，遊歷歐洲。李登輝妻子曾文惠的表哥。

楊三郎（1919—1989），本名楊我成，永和人，1937年留日學習作曲，1944年到哈爾濱元祿夜總會工作。返台後，於台灣廣播電台表演。1952年組織黑貓歌舞團。著有《望你早歸》、《孤戀花》、《黃昏再會》、《港都夜雨》、《秋怨》等。

楊金虎（1898—1990），別號宗勳，台南歸仁人，莊長、州協、信用組合長楊秋澄之子。日本醫科大學、東京帝大研究，返台開高雄仁和醫院。皇民奉公會生活部長，1935年民選高雄市會議員，《新民報》顧問。光復後，高雄促進會主委，《新報》董事，民社黨中常委及省黨部主委，1968年到1973年任高雄市長，「國大代表」。著有《七十回憶》，1990年出版。

楊超雄（1921—？），台南歸仁人，楊金虎長子。東京帝大法學，高雄信託公司和貿易公司總經理，著有《國父與蔣總統的偉大》等。

楊金木，台南人，慶應大學畢業，1946年1月任台南縣北港區署區長。

楊三紳（1925—？），台北人，明治大學商學系畢業，聯合船務代理股份有限公司副總經理。該公司1970年創立，資本1600萬新台幣，員工96人，董事長林柏壽。

楊承基（1888—？），溪洲人，明治大學畢業，《台南新報》記者。

楊華玉，東京帝大法科畢業，黃逢時女婿。

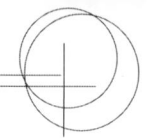

楊清溪（1908—1934），左營人，父親是生員、豪農、莊長。明治大學商科肄業，立川飛行學校畢業，楊肇嘉資助買飛機作鄉土訪問飛行，1934年10月17日從台北到屏東台中，人機俱毀。

楊仲鯨（1898—？），原名小海，字台嶺，高雄人，生員、豪農、莊長鴻恩次子。1913年中學畢業，轉學到福州鶴嶺英華書院，曾組織同學反日，日本警察要抓他，他逃到美國留學卡羅來納大學礦冶系，實業家，1950年10月當選花蓮縣長。光復後第一位民選縣長。

楊澄海，高雄人，愛知縣醫科大學博士，1954年4月—1958年任高雄縣立鳳山醫院長，岡山醫院長。

楊凱雄（1917—1965），教師楊振福之子。煉油廠員工。二二八事變中被捕，判刑2年。

楊肇嘉（1892—1976），清水人，父楊澄若大地主。東京京華商業學校、早稻田大學政治經濟畢業，清水公學校教師、清水街長5年。參加台灣議會設置請願運動，台灣民眾黨駐日代表，台灣地方自治聯盟常務理事。1941年到上海經商。戰後任台灣旅滬同鄉會會長，省府委員，民政廳長等。積極贊助音樂、美術、雕塑體育、飛行等事業。著有《楊肇嘉回憶錄》，台北，三民書局1967年出版。

楊緒州，台中清水人，楊肇嘉家族。1909年前後留日。

楊基振，清水人，楊肇嘉堂侄，早稻田大學畢業，南滿鐵道會社民間鐵路委員會副主任委員。

楊天錫，清水人，楊肇嘉之弟，京華中學畢業。

楊基森，清水人，楊肇嘉之子。東京京華商校畢業。

楊基業，清水人，楊肇嘉侄子。1926年到東京黑田小學讀書。兩年後病死。

楊緒恭，1909年前後留日。

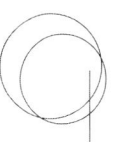

楊天賦（1900—？），字耀榮，清水人，父親楊澄若是輕便鐵路公司董事。1928年去日本大學政治科讀書，與其兄楊肇嘉一起參加台灣文化協會。回台後，清水信用組合理事，清水街協，台中州會議員，奉公會大甲郡支會參與。光復後，清水鎮鎮長，省參議員，彰化銀行監察人。

楊基先（1902—1961），清水人，1928年畢業於日本大學法律科，高等文官考試司法科合格，清水街役場書記，台中開業律師。1951年1月當選首屆台中市長，彰化商銀常務監察人。

楊景山，彰化銀行董事楊偉修長子。早稻田大學政經科畢業，《台灣新民報》支局長，《興南新聞》販賣部長。

楊基銓（1918—？），清水人，楊肇嘉堂侄。1940年畢業於東京帝國大學，1940入拓殖省1941年宜蘭郡守。文官高等試驗考試行政科合格，殖產局農務課事務官。光復後，台北市府祕書，農林廳科長，台北市建設局長，「經濟部次長」，土地銀行與華南銀行董事長。1997年成立國際文化基金會，舉辦研討會和在報上呼籲台獨。

楊天賦（1901—？），清水人，1928年畢業於日本大學政治經濟科，大東信託株式會社經理，水利組合評議員，街協議會員，信用組合理事，台中州會議員。

楊逸民（1909—1987），原名杏庭。台中梧棲人，東京高等師範學校、東京文理科大學哲學系畢業，1932年取得日本高等學校教授資格。1940年到1945年曆任南京中央大學教授、浙江大學任教、國民政府內政部常務次長、教育部編審委員。1950年回台，1951年競爭台灣省教育廳長失敗，乃去東京大學東洋文化研究所攻讀博士。由於抨擊國民黨當局，被列入海外學者黑名單中。參加台獨活動，著有《台灣的今昔》、《緬甸戰線從軍記》、《蔣介石評傳》等。認為自己一生最得意的發明是歷史週期法則論。

楊厚道（1922.9—？），台中人，東京工業職校畢業，1961年創立的南泰企業股份有限公司副總經理。

楊基炘（1923.11—？），台中人，日本外語上智大學畢業，永輪工業股份有限公司董事長，該公司1972年9月創辦，資本800萬新台幣，員工85人。

楊金源（1926—？），台中人，日本軍校，高雄海兵團擔任海兵教官，光復時歡迎國軍進駐花蓮。

楊慶豐，1930年參與組織台灣理工學會。

楊貴（楊逵）（1905—1985），台南新化人，日本大學專門部文學藝術科（夜間），左翼作家，參加東京台灣青年會社會科學研究部等，1927年應農民組合之召參加農民運動，先後兩次被捕。《台灣文藝》編輯，成立台灣新文學社，發行《台灣新文學》。光復初在台中發行中日文的《一陽週報》雜誌，介紹孫中山的生平和學說。1949年發表《和平宣言》，主張和平解決國共內戰，被國民黨判刑12年。

楊杰樵（1909—？），東京商大，亞洲石棉公司董事長，該公司1970年創辦，資本4000萬新台幣，員工83人。

楊必得（1900—1933），台南人，秀才楊鵬抟長子。京都帝大法科畢業，台南市議員。台南市首位律師。

楊燧人（？—1950），台南人，楊鵬抟次子，1923年畢業於東京醫專，任職偽滿洲國大連博愛醫院、哈爾濱中華醫院。大亞洲主義者，在大連有八九棟別墅。

楊蘭洲（1907—？），字芳時，台南人，楊鵬抟三子。1932年畢業於東京商科大學，偽滿洲國務院法制局任職，偽滿洲國產業調查局長椎名悅三郎、經濟部次長岸信介是其上司。許丙做媒娶滿洲皇宮尚書府祕書官蔡法平之女蔡啟怡。1945年日寇投降後，滿洲台灣人組織東北同鄉會，任會長。1950年2月任台北市工務局長，台灣水泥公司總務部經理，基隆煤礦董事長。

楊玉女，大內莊人，父楊雲祥是大地主，信用組合長。東京女子醫學專門畢業，台南慈惠院醫生，大內懸壺醫院醫生，台南縣農會理事長，四屆縣議員。

楊金枝，大內莊人，楊雲祥女兒，東京女子醫專畢業，東京贊育會醫院醫

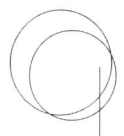

員，台南新樓醫院醫生。

楊熾昌（1908—1994），筆名水蔭萍、南潤，台南市人，東京文化學院畢業，《台灣日日新報》、《台灣新生報》記者。《公論報》台南分社主任。創辦台南扶輪社，出社刊《赤嵌》。超現實主義的詩人，出詩集《熱帶魚》。二二八事變時因在台南出版日文《新生報》號外而被捕。

楊世英，彰化人，父親楊吉臣為保良局長、參事、區長、街長、總督府府評議會員、富豪。農科大學畢業。

楊景山（1906—？），彰化人，楊吉臣之孫。1932年畢業於早稻田大學政經科，《台灣新民報》社台南、台中、彰化支局長。《興南新聞》販賣部長，1942年兼地方部長。

楊克培（1897—？），彰化人，地主家庭出身。明治大學畢業，1930年與謝雪紅在台北市開辦國際書店，專賣左翼書刊。台灣文化協會中央常設委員，中共黨員，楊克煌堂兄。

楊木（1898—？），彰化人，東京醫專畢業，台中醫院和彰化醫院醫生。

楊老居（1899—？），彰化人，東京醫專畢業，台灣文化協會中央委員，1935年官選彰化市會議員，開辦磺溪醫院。

楊松茂，彰化人，參加彰化新劇社，傾向於無政府主義。

楊某某（1921—？），宜蘭三星人，地主楊佳歌之子。三姐楊純。

楊某某（1923—？），宜蘭三星人，楊佳歌之子。

楊英風（1926—1997），宜蘭人，東京美術學校建築系肄業，農復會《豐年》雜誌美術編輯。景觀雕塑與環境設計專家，1966年榮獲「台灣十大傑出青年」稱號。著有《景觀與人生》等。

楊阿壽，基隆人，日本大學齒科畢業，留學時與黃朝琴、游彌堅、連震東等認識。光復後任基隆市議會副議長。

楊金波（1920—？），基隆人，楊阿壽長子，日本大學齒科畢業，和興裡

里長。光復之初,楊金波父子和其他10人熱烈歡迎國軍登陸台灣。二二八事變時被抓。

楊椅楠(1922—?),新竹人,明治大學商科畢業,王田毛紡股份有限公司副總經理,該公司1955年8月創立。

楊菘山,雲林人,中央大學法學部畢業,1956年4月到1963年12月先後任雲林縣民政局長、檢核室主任。經濟農場場長。

楊進順(1912—?),屏東人,1937年畢業於大阪帝大工學部,光復後,台灣行政長官公署交通處技師,台灣大學教授。

楊水中,1939年畢業於駒澤大學人文學科。

楊聲喈,1940年畢業於駒澤大學地理科。

楊日松,台北人,留學日本學醫,台灣著名法醫。

范炳耀,新竹人,父親范寶勛是法院通譯、實業家、市協、州協。京都帝大法科畢業。

范文龍(倬造)(1913—1977),竹東人,范火春養子。東京美術學校雕塑科畢業,新竹中學教師,參加二二八事變,因避禍躲入日僑營房而被遣返日本,1955年12月又被日本遣返大陸。先後在中央美院、廣西美術學院等學校教書。

范祥安(1922—?),新竹人,歧阜藥科大學畢業,1943年去東北三共株式會社撫順工場工作,1946年回台,自營樂安大藥房,1956年當選台北市藥師公會理事、理事長,創設好漢賓、祥源、台灣山之內等製藥公司。

范本梁,鐵牛(1897—1945),嘉義人,青山學院、茨城縣土浦中學、上智大學畢業,無政府主義者,1924年與許地山組織「新台灣安社」。創刊《新台灣》,鼓吹暴力驅逐日本殖民者,1926年7月在家鄉被捕,1945年死於獄中。

范滄榕(1919—1947),宜蘭人,在東京學習牙醫,1942年畢業,在日本做教師半年,在高雄開設高島牙科診所,兄王金茂為基隆醫院院長。

范滄田，宜蘭人，宜蘭醫院院長。

鄭松筠（1891—？），號雪嶺，豐原人，1919年畢業於明治大學法學部，1922年通過律師考試，次年回台做律師，參加新民會、台灣文化協會、台灣地方自治聯盟，《台灣民報》社監察人。1936年與林德林、林澄坡發起創立「佛校正信會」。

鄭澤生，台北人，熊本大學醫學部畢業，醫學博士。醫生，台灣大學兼職教授。

鄭滄國，台北人，日本神學校畢業，基督教長老教會牧師，參加1929年的新人運動。

鄭清火，台北人，日本洋裁學校畢業，著有《雅美洋裁實範》等。

鄭金松（1924—？），台北人，京都醫科大學肄業，高雄醫學院內科主任教授，國際胸腔病學會正式會員。

鄭溪圳（1929—），台北人，日本東山中學畢業，台榮產業有限公司協理。

鄭津梁（1910—1989），斗六人，祖父鄭芳春是秀才，法政大學畢業，與日本文學家西川滿關係密切。致力於收藏日本台灣文物，研究文史。著有《鄭津梁的日本見聞錄》。

鄭泰安，台南人，九州帝大附屬醫學專校畢業，1955年2月至1961年任高雄市衛生院長。

鄭西源（1918—？），台南人，中央大學畢業，可果美股份有限公司副經理。

鄭天水，台南東山人，1935年在日本讀中學。

鄭瑞麟，嘉義人，王得祿孫子，過繼給鄭家，娶台南楊藍水。東京商業大學畢業，就職於日本「南滿洲鐵道株式會社」。台灣光復後，任職於台灣省合作金庫。

鄭璽華，嘉義人，中央大學畢業，1948年5月任基隆市地政科長，1950年3月卸任。

鄭克堂，嘉義人，日本法政大學畢業，1948年8月任台南縣政府人事室主任，1950年後先後任嘉義市政府人事室主任、嘉義縣政府人事室主任。

鄭彰義（1918—？），嘉義人，醫學博士，在東京三埔開業，妻子許常美。

鄭瓜瓞，嘉義人，京都帝大經濟科畢業，1946年考作台灣電力公司職員。

鄭品聰（1902—1972），台東人，1922年畢業於東瀛皇漢醫學院，開設德和堂中藥房，積極從事地下抗日活動。光復初，負責花東地區接收工作，1945年11月任三青團花蓮分團幹事長，首屆省參議員，「立委」。

鄭肇基，新竹人，1823年考中進士的鄭用錫的後人。父親鄭神寶有地千頃。新竹首富，保正，州協，台灣總督府評議員。

鄭大明（1900—？），新竹人，鄭肇基弟弟。小學、中學、同志社大學畢業，1935年民選新竹市會議員，信用組合監事，保甲聯合會長，商工協會理事。

鄭鴻源（1905—1980），新竹人，名詩人鄭登瀛三子，出嗣鄭肇基為長子，1931年畢業於東京帝國大學法科。台灣總督府殖產局官員，州會議員，保甲協會副會長，經營船舶、木材、棉布、海外貿易等。大公企業常務董事。東華合纖股份有限公司廠長，新竹觀光協會理事長。1960年當選新竹縣轄市第四屆民選市長，國民黨台灣省黨部經濟事業委員會委員。

鄭薇郎，新竹人，鄭鴻源之弟，慈惠醫科大學畢業，醫師。

鄭森淵，新竹人，日本麻布獸醫畜產學校，1950年任獸疫血清製造所所長。

鄭永樂，屏東人，1929年去日本留學，熊谷陸軍飛行學校畢業，參加日軍。

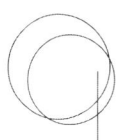

鄭進福，宜蘭人。

鄭昌英，1920年在東京參加東寧學會。

柯子彰（1910—2002），台北人，同志社中學、早稻田大學商科畢業，早稻田大學橄欖球隊主將，該隊取得全日本大學冠軍。畢業後到「南滿洲鐵道株式會社」任職。回台後，在鐵路局任職，極力推廣橄欖球運動。

柯設偕（1900—1990），淡水人，著名傳教士馬偕的外孫。1919年到1924年在日本留學，同志社中學、京都帝國大學史學科畢業，畢業後返台任教淡水中學，1938年淡水中學被迫交給日本校長，乃辭職。1966年發起成立淡水工商管理學校。

柯政和（1889—1979），原名柯丁醜，新竹人，1915年畢業於東京上野音樂學校，總督府因其音樂天才而派遣公費留日。到北平師範大學任教。日軍占領北平後出任偽組織新民會副會長。抗戰勝利後以漢奸罪入獄，1949年獲釋。

柯文談（1928—），高雄人，日本練真中學畢業，光陽股份有限公司經理。

柯明珠，1929年畢業於日本音樂學校，女高音歌唱家。台南長老教會中學教師，策劃電台音樂，演唱台灣歌謠。

柯賢明，高雄人，日本大專學校畢業，左營煉油廠機械主管，二二八事變時被捕。

柯賢生（1924—？），台南人，東京醫學院畢業，僑新企業公司總經理。該公司1957年12月創辦，資本1500萬新台幣，工人125人，人造絲花。

柯秋潔（1872—？），台北士林人，1895年11月與朱俊英隨伊澤修二去東京留學幾個月，開留學日本的風氣，日語教師。著有《台灣四十年回顧》，1936年在台北出版。

柯文德（1897—？）台北士林人，柯秋潔之子，1931年畢業於拓殖大學。台灣電力株式會社職員，台灣電力公司協理。

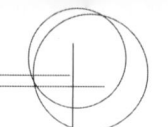

柯文質（？—1944），台北人，柯秋潔姪子，專修大學政治經濟科畢業，在日期間，參與《台灣青年》雜誌社，參加台灣文化協會、台灣民眾黨的活動。1932年任《台灣新民報》會計主任。1940年回大陸，死於汕頭。

柯丁選，花蓮人，九州帝國大學醫學科畢業，門諾醫院醫生，花蓮中學教師，第四、五屆民選花蓮縣長，台灣省建設廳長，省府委員。

柯丁立，1908年到日本留學，上野音樂學校畢業，畢業後回大陸。

柯康德，早稻田大學畢業，台灣革命同盟會會員。

柯吟芳，留日學習舞蹈。

柯永昌（1900—？），台中清水人，柯梓暇的長子。東京醫學專門學校畢業，回線西莊開業，並擔任同莊的協議會員及校醫，1934年到清水街開業，被選為街協議會員、相關委員。

趙秀峰（1920—？），台南人，日本埼玉高中畢業，味王股份有限公司經理，該公司1959年7月創立。

趙承琛（1921—？），東京帝國大學畢業，教授、化學家。

洪禮錠（1915—？），台北人，東京研數學館南方經濟科肄業，華興行行東。市參議員。

洪禮修（1884—1937），淡水人，1905年去東京帝大學習農學，國語學校教師，福州農林學校教師。福州南國公司買辦，福州台灣公會第二任會長，福州制幣局監察員。

洪長庚（1893—1966），萬華人，詩人、秀才、參事、區長、街長、州協洪以南之子。小學、中學、大阪醫大眼科、東京帝大畢業，1929年在台北開達觀眼科醫院。光復後，任台北市醫師公會理事、監事等職務。台灣第一位眼科博士。

洪我鈞，台北人，洪以南次子，大阪醫科大學畢業。

洪瑞麟（1912—1996），1930年到1936年在日本留學，川端畫學校、帝國

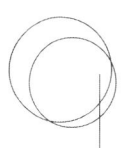

美術學校西畫科畢業，瑞芳礦場管理員、礦長。參加台北大稻埕繪畫研究所。戰後任教國立藝專美術科。

洪榮華（1902—1974），高雄路竹人，日本第八高等學校、東京帝大農業經濟科畢業，台灣總督府地方技師，服務於台南、高雄。光復初為高雄州接管委員會產業部長，1946年1月任高雄縣建設局長，1951年當選高雄縣長。地方派系「紅派」首領。

洪榮國（1919—？），高雄人，東京農業大學畢業，台灣鳳梨股份有限公司副總經理。該公司1955年9月創辦。罐頭行業公會理事。

洪四川（1920.10—？），高雄人，日本東京高工畢業，東利建設開發股份有限公司董事長。參加國際獅子會、企業經理協會。

洪有達，高雄人，京都府立醫科大學畢業，陳啟川次女婿。

洪景川（1921—？），鹽埕人，早稻田大學畢業，鹽埕區公所職員，二二八事變時被殺。

洪天時，高雄人，1962年初，參加高雄市省議員選舉，受島外台獨思想影響，在選舉時用「黃虎旗」作為競選旗幟，宣揚清政府無能，拋棄台灣，台灣是亞洲第一個建立「民主共和國」的。他還用「台灣地位未定論」暗示國民黨在台灣不符合「國際法」。最後被判刑12年。

洪耀德，京都帝大醫學部，1957年2月任錫口療養院長。

洪耀勛（1903—？），草屯人，教師、區長洪清江之子。東京帝大文學部哲學科，北平師範大學教授，台灣大學教授。著有《存在與真理》等。

洪振祥（1921—？），台中人，東京電機高等工業學校畢業，金泰山鋼鐵股份有限公司副總經理。該公司1969年2月創辦，資本6500萬新台幣，員工153人。

洪耀洲（1926—？），台中人，近畿大學法律系畢業，三越紡織工業股份有限公司總經理。該公司1970年1月創辦，資本1.37億新台幣，員工866人，參

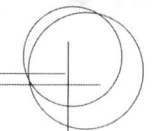

加扶輪社。

洪金龍（1924—？），台南人，東京智山中學畢業，新進工業公司董事長。中小企業協會、塑膠公會、車輛公會會員。

洪遜欣（1914—1981），南投草屯人，廩生之孫，南投辦務署參事、莊長、台中州協議會員、首屆「國大代表」洪火煉之子。東京帝大法科畢業，台灣大學教授，1976年9月出任「司法院」第四屆「大法官」。著有《法理學》、《中國民法總則》等。

洪樵榕（1921—？），草屯人，洪遜欣二弟。東京高等師範研究科畢業，台中一中教師。光復後，先後任屏東女中、員林中學校長，救國團彰化支隊副支隊長，1957年當選南投縣長，連任到1964年。1965年入「國防研究院」第7期，省議會祕書長，省文獻會主委。

洪柳昇，草屯人，洪遜欣三弟，早稻田大學畢業。

洪壽南（1912—1997），草屯人，京都帝大法學部畢業，日本官高等考試司法官考試及格，京都地方裁判所判事，台南地方法院判官。1945年全力協助國民政府接收台南地方法院系統，在二二八事變中因表現良好而迅速升官，台北地方法院推事、庭長，台灣高等法院推事，高雄地方法院院長，台南地方法院院長，新竹法院院長，高雄醫學院董事會董事長，台灣高等法院首席檢察官，台灣高等法院院長，「司法院副院長」，國民黨中常委，「總統府資政」，「國家建設研究委員會委員」，「國安會政治組主任」，「國家建設研究委員會主任委員」，「中央選舉委員會委員」。

洪金南，南投人，熊本醫大附屬醫院專門部，1948年醫師考試合格，1950年10月到1958年10月任南投縣衛生院長，縣立醫院院長。

洪其中（1927—？），草屯人，京都中學畢業，草屯山林管理所職員，二二八事變中制止國軍拉糧被打，警察局辦事員。因「山地武裝組織草屯案」被捕。

洪踵銓，彰化人，東京農業大學畢業，1962年11月任蠶業改良場長。

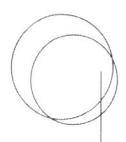

洪炎秋（1902—1980），鹿港人，洪棄生之子。正則預備學校、荏原中學畢業，回北平任教北京大學等學校，1969年當選「立法委員」，著有《閒人閒話》、《廢人廢話》、《又來廢話》等。

洪順孝（1918—1962），馬公人，早稻田工手學校畢業。1950年起服務於民防及地方自治，任澎湖縣政府自治指導員2年，1956年當選第三任馬公鎮長，1960年1月連任第四屆。

洪萬（1919—？），苗慄人，大阪鐵工養行所，1960年旅居日本。大阪華僑會長，國民黨十一大代表，「日華親善協會」常務理事。

洪丁壬（1914—1972），水林人，在日本半工半讀高中，保甲書記長。1950年水林鄉民代表會主席，雲林縣三、四、五屆議員，1953年當選雲林縣議會副議長。

洪調水，東京醫專畢業，醫生。

饒維岳（1903—1964），竹南人，名古屋第八高等學校、京都帝國大學法科畢業，1929年12月通過高等文官司法科考試。1932年，任東京地方裁判所判事，台北地方法院判官。光復後任台中地方法院法官。

殷占魁，新營人，留學於日本栃木縣師範學校本部第二部，鹽水港公學校教師，後壁莊副莊長，1926年10月當選菁寮第一保正及京寮保甲聯合會長，1927年10月擔任後壁莊協議會員，1929年3月擔任菁寮信用合作社理事，1932年7月被選為專務理事，致力經營合作社，1936年11月當選州第四區議員。

駱萬富，基隆人，日本大學商科畢業，屏東縣及高雄縣稅捐稽徵處長。

駱好清（1898—？），早稻田大學電機科，台灣電力株式會社職員。光復後，台灣電力公司高雄管理處接收委員、電務組組長。二二八事變時在路上被誤殺。

駱先春（1905—1984），淡水人，神戶中央神學院畢業，台北神學院推薦留學，到台東山地傳教20年。

侯永都（1923—？），台南人，早稻田大學商科畢業，台南紡織股份有限公司副總經理。新復興公司董事長，該公司1963年創辦，資本9900萬新台幣，員工450人，繡花業。

侯政庭（1924—？），嘉義人，產業能率大學畢業，中學教員，東和鋼鐵企業股份有限公司董事長，該公司1962年5月創立，資本1.5億新台幣，員工315人。

侯明輝（1905—？），彰化人，東京醫專醫科畢業，鹿港鎮民選第三屆鎮長，台中縣參議員，鹿港鎮民代表會主席，鹿港合作社理事、主席。

昌盛，澎湖人，東亞商業學校，1958年8月任屏東縣府主計室主任。

胡槐德，宜蘭人，宜蘭醬油株式會社社長、羅東街協議會員、總督府紳士章獲得者、州稅調查委員胡慶森之子。東京自動車學校、東京簿記學校畢業，羅東街西町青年團團長，羅東街協議會員。

胡懷江，宜蘭人，胡慶森次子，留日學醫，醫生。

胡先德（1922—？），東石人，琦玉高等工科肄業，參加日軍。

胡能奮（1921—？），高雄人，中央大學經濟系畢業，1946年參加國民黨軍隊。

姜阿新（1910—？），北埔人，1932年畢業於明治大學法律科，北埔莊茶葉合作社專務理事，北埔信用合作社理事，1932年10月擔任北埔莊副莊長，後來辭去公職，經營內外大坪五百甲的造林事業，擔任北埔莊茶葉合作社專務。

姜瑞鵬（1905—？），北埔人，出生於望族，父親姜榮華。東京二中、上智大學哲學系畢業，北埔莊協議會員，回台後經理自家產業。

姜文海（1925—？），台北人，東京大學畢業，國產實業建設股份公司樹林廠廠長。

歐清石（1898—1945），字寓浪，澎湖馬公人，1930年畢業於早稻田大學，1931年日本文官高等考試行政司法科及格。在台南開業律師，1936年當選

台南市會議員。不與日本人合作,為總督府所忌。1941年被懷疑與郭國基等人祕密引中國軍隊登陸,1942年被判無期徒刑,1945年5月在台北監獄中被美飛機炸死。

歐陽兆和(1919.5—?),台北人,京都大學醫學博士,台灣大學教師,1984年當選「中研院院士」,「教育部」學術審議委員會委員。

歐陽兆熊,嘉義人,東京醫學專門學校畢業,1966年1月到1972年,任高雄縣立岡山醫院院長。

施碧霞,士林人,在日本讀小學、中學。海達之妻。

施炳訓(1894—?),士林人,京都兩洋中學、立命館大學法律科畢業,1917年台灣普通文官司法科考試合格,新高銀行書記、萬華支店長,1929年日本高等文官考試法律科合格,回台北開業律師,光復後擔任宜蘭地方法院院長。

施性瑟(1896—1974),鹿港人,東京明治中學畢業,天後宮、大媽會理事、保正、街協議會員、壯丁團長。光復後,任歡迎國府委會委員,鎮調解委員會主席,龍山寺、城隍廟、天後宮等管理委員會主委,彰化縣二、三屆議員,鎮民代表等。

施璇璣(1905—?),醫科大學畢業,醫生,台灣醫師會會員。林培英妻。

施水連(1906—1996),鹿港人,京都帝國大學法科畢業,鹿港漁業組合長、保正、警防衛團長。光復初,應長官公署重要物資局局長於伯奎之邀協助接收,隨後任物資局台中辦事處主任多年,後任高雄醫學院總務長,台灣省律師公會主任祕書。

施廉(1900—1967),鹿港人,早稻田大學肄業,教師。

施學習(1904—1995),鹿港人,日本大學師範部畢業,《福爾摩沙》同仁,《台灣新民報》漢文編輯。光復後,台北市立大同中學教師,延平學院教授,女子中學校長,創辦維新書局和鹿港文教基金會。著有《中國韻文發展概要》等書,其中《白香山之研究》獲日本文部省獎。

施讓甫（1900—1967），鹿港人，早稻田大學肄業，回台教漢文，大成中學教師。

施文雄，父親為六甲莊莊長、公醫。

施子文，鹿港人，丈夫林錫金。東京醫專畢業，醫生，台中市衛生局長。

施加星（1922—？），屏東人，日本紅療專門學院畢業，崇友實業有限公司高雄分公司經理。

施江南（1902—1947），鹿港人，父親為秀才。1930年京都帝大醫學部畢業，內科學博士，著名教授松尾及真下門下，台北醫學校教師，1935年創辦四方醫院，1940年台北州會議員，皇民奉公會中央本部參事。光復後，台北律師公會副會長及台省科學振興會主席，「二二八事變處理委員會委員」。

段秀龍，台南東山人，在日本讀中學。

段赫然，台南東山人，在日本讀中學。

顧大郎（1919—1947），原名松泰，留學日本學醫，娶日女為妻，與謝雪紅熟悉，參加二二八事變。

鐘生鑒，號柏桂，桃園人，茨城縣支部高等學校農學部畢業，台東縣建設科長，1957年任新竹縣建設局長。

鐘浩東（1915—1950），高雄和美人，明治大學政治經濟科畢業，鐘理和的異母弟。不滿日本殖民統治，1940年到大陸參加抗日。1945年返台任基隆中學校長。1946年加入中共，1950年被殺。

鐘謙順（1914—？），龍潭人，1933年留學於東京獸醫專科學校，參加廖文毅的台獨活動。

鐘某，龍潭人，京都帝國大學畢業，鐘謙順之弟。

鐘啟明，龍潭人，鐘謙順堂兄。京都同志社大學畢業，因到美國留學而參加了盟軍，在東京麥克阿瑟司令部任情報部主任，幫助過到日本走私的鐘謙順。

鐘明鉅（1928—？），新竹人，長岡工業學校電器科畢業，力大電機工業

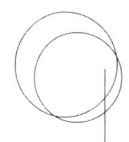

股份有限公司協理。

鐘璧和,屏東人,長崎醫大博士,開業醫。

鐘聰敏(1908—？),台中人,1931年畢業於明治大學商科,1932年任《台灣新民報》社屏東通訊部主任、花蓮支局長,1939去廣東中山縣任建設局長。鐘逸人四叔。

鐘逸人(1921—？),台中人,1941年去東京外語學校學習法語,教師。在日本讀三民主義等中國書。光復後,三青團嘉義分團組訓股長,《和平日報》嘉義分社主任,在台中參加二二八事件,任二七部隊長,被捕。著有《辛酸六十年》(上、下),台北市,自由時代出版社1988年出版。

鐘蕃薯,鐘和鳴的父親。

鐘和鳴,1937年前後留日,中日戰爭爆發後,和幾個客家留日學生學習北京話,準備回大陸參加抗日。

鐘九河,1937年前後留日,中日戰爭爆發後,和幾個客家留日學生準備回大陸抗日。

袁湘昌,南投人,父親為醫生。東京醫專畢業,醫生。

高樹發(1902—？),號耕牧,台北人,1924年畢業於京都市立第二商業學校,大新巴士、台北自動車株式會社社長。經營高源發商行。

高玉樹(1913—？),字宗適,台北人,1941年畢業於早稻田大學機械工程系,在日本做工程師,1947年回台,北市商會總幹事,1951年去美國接受訓練,1954年當選第二屆台北市長,「行政院政務委員兼交通部長」,「總統府資政」。黨外代表人物之一。著有《台灣高氏源流記略》。

高敬遠(1896—？),號杏苑,台北人,日本醫學博士,總督府台北醫院醫官。光復後,台北市衛生院長。

高端莊(1904—1941),端崇,台南人,高天成堂兄。1930年畢業於東京神學社,1930年到1934年傳道,花蓮港季度長老會首任牧師。參加1929年北台

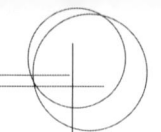

灣基督教長老教會的新人運動。

高天成（1904—1964），台南人，祖父高長、父親高金聲都是牧師。1917年到1928年在日本留學，同志社中學、名古屋第八高等學校、東京帝大畢業，醫學博士，1928年回鹽水港開業行醫，參加台灣議會設置運動。光復後，回台主持台灣大學附屬醫院外科，1953年升任院長。娶林獻堂之女林關關為妻。台灣外科醫學之父。

高永寧，台南人，高天成弟弟，日本大學醫科畢業。

高太平，台南人，高天成三弟，昭和醫專畢業。

高上榮，台南人，高天成四弟，東京醫專畢業。

高聘明，台南人，高天成六弟，昭和醫專畢業。

高俊雄（1924—？），台南人，高俊明大哥，東亞學院政治經濟科肄業，長慶實業有限公司董事長，該公司1973年5月創辦，資本1500萬新台幣，員工300人，塑料鞋。謝國城連襟。

高俊明（1929—），台南人，基督世家，祖父高長，姨丈蔡培火。1939年去日本，讀小學、青山學院中學，受日新興宗教創價學會和生長之家影響，從《聖經》和內村鑒二的《求安錄》中找到人生答案，牧師。

高雅美，台南人，祖父高長，父親高再祝。留日學習聲樂，靜宜女子學院教師，丈夫黃天縱，女兒黃美幸為民進黨外交部主任。

高慈美，台南人，高再祝之女，東京帝國音樂學校鋼琴，1934年參加鄉土訪問演奏會，台灣師範大學教師。丈夫李超然，李春生曾孫。

高錦花（1906—1988），台南人，武藏音樂學校鋼琴專業畢業，丈夫陳明清。鋼琴家，光復初，參加台灣文化協會舉辦的音樂會演出。

高清榮（1917—1995），台東長濱平埔族，九州大分縣佐伯中學畢業，長濱公學校教師。

高登科（1920—？），雲林，早稻田大學畢業，松江有限公司董事長，該

公司1963年創辦，資本1000萬新台幣，員工54人，電子化工原料等。

高進元（1901—1963），苗慄人，1928年進入東京聖書學校，在台南設立聖教會。1951年擔任台灣聖教會教團第一任理事長。

高執德（1896—1953），即證光師，彰化永靖人，1930年畢業於駒澤大學佛教科。台灣總督府囑託，南瀛佛教會教師，1932年4月任《南瀛佛教》雜誌編輯主任。1936年5月在開元寺創立佛教婦人會，極力推動佛教家庭化、社會化。1943年創辦延平佛學院。1953年被國民黨當局以匪諜罪處死。

翁瑞淡，1920年在東京參與東寧學會。

翁瑞國，1920年在東京參與東寧學會。

翁廷森，1928年前後在日本大學學習，參加東京留日學生民族運動。

翁繡花，台北人，東京女子經濟專門學校，潘作宏妻，潘的堂兄潘子榮是三民區區長。

翁櫻桃，台南人，東京醫科大學畢業，在廈門行醫。

翁新台（1901—？），嘉義人，父親為豪農、區長、莊長。鎌倉中學畢業，莊長、信用組合長。

翁鐘五（1896—？），新營人，富豪出身，1925年到東京帝國大學醫學部旁聽，開業醫，信用組合理事，街協議會會員。

翁通逢（1910—？），義竹人，東洋醫學院畢業，到日本關東軍占領下的中國東北工作，1946年回台灣。

翁通楹（1920—？），義竹人，京都帝國大學工科，到偽滿洲國工作，任職於鶴崗煤礦、大陸科學院航空研究室，兼任新京工業大學教師，1946年回台灣大學工作。

翁鈐（1917—1997），號瑞堂，龍潭人，九州帝國大學畢業，台灣大學教師。國防研究院第一期結業，1955年任省府委員，1966年任台灣省民政廳長，1976年兼任桃園縣長。1973年世界客屬總會成立，任首屆理事長。

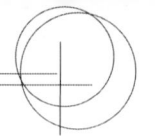

翁琳榜（1920—？），新竹人，日本米澤工專畢業，中南紡織股份有限公司廠長，該公司1947年1月創辦，資本2.49億新台幣，員工767人。

翁鬧（1908—1939），彰化人，1934年進入日本大學學習，東京台灣藝術研究會成員，在東京郊外浪人街浪蕩數年而死。小說家，著有《阿憨伯仔》等。文章被張恆豪編輯成《翁鬧、巫永福、王昶雄合集》，前衛出版社1991年出版。

翁榮茂，鹽水港人，音樂學校畢業。1934年6月台灣留日學生組織「在京台灣同鄉會」，集合當時學習音樂的人成立「鄉土訪問音樂團」，利用暑假期間返台舉行訪問音樂會。翁榮茂參加了這個團。

徐謙信，日本神學校畢業，台灣神學院教師。

徐丁昌，日本神學校畢業，台灣神學院教師。

徐慶鐘（1907—1996），1941年畢業於日本帝國大學，農學博士。台灣行政長官公署土地專門委員會委員，省府農林處處長，省府委員，國民黨中央設計考核委員會委員，國民黨中央副祕書長，創辦日文《今日之中國》月刊（1963），「內政部部長」，「行政院政務委員」，國民黨中常委，「行政院副院長」，「總統府資政」。

徐東火（1923—？），南投人，京都中學畢業，弘泰紡織股份有限公司副理。

徐崇德，桃園人，京都立命館大學畢業，1951年5月1日任民選桃園縣長，1954年當選連任。

徐水德（1905—？），大園人，1932年畢業於大阪市立商科大學金融科，偽滿洲國財政部商務司調查科長。戰後，在東北任台灣省同鄉會領導，同鄉會另有吳金川、洪公川、吳昌禮等人參與領導。1946年回台，參加二二八事變，農林廳檢驗局副局長。晚年主張台獨。著有《光復日記》等。

徐水泉，大園人，徐水德三弟。台灣大學教師。

徐玉田，大園人，徐水德四弟。東京帝國大學，醫學博士，醫生。

徐元绮，新竹人，父親徐榮鑒是豪農、信用組合理事、大地主、莊協。日本大學法科畢業，大地主，莊協。

徐明同（1925—？），台北人，日本氣象大學畢業，邁阿密大學理學，中央氣象局技正，名古屋大學理學博士，台大、中央大學兼職。著有《氣象力學》、《台灣之地震活動及其關聯諸問題》等。

徐昌道，東京帝大醫學部，青島同仁會醫院內科醫師。

徐錦卿，台南人，東洋齒科醫專，王允得妻子。

曹秋圃（1895—1993），台北人，原名阿澹，後改名容，字秋圃，留日學美術，參加六硯會。

曹賜固（？—1992），1937年畢業於岩手醫專，回台之前在日本赤十字社醫院工作三年，那時日本的醫院制度是德國式的，醫生有二、三年無薪水。

曹澤隆（1921—？），桃園人，早稻田大學畢業，廣大飼料公司祕書。

曹欽源，龜山人，望族出身，東京帝國大學畢業，1945年在日本參加朱昭陽任會長的「新生台灣建設研究會」，台灣大學外文系教授，魏火曜妹婿。

郭維租（1922—？），台北人，東京帝國大學畢業，台灣大學附屬醫院醫生。

郭雙龍（1907—？），台北人，皇家學習院中學部畢業，1923年去香港大學經濟科學習，1928年畢業後到爪哇經商，1934年回台，錦茂茶行老闆。

郭炳煌，雲林人，中央大學法學系畢業，1946年在東北參加國民黨軍隊。

郭廷俊（1882—1943），士林人，日本專修學校經濟科、高等研究科畢業，東洋協會附屬台灣商工學校講師，台北市協議會會員，台北州稅調查委員，台灣總督府評議會會員，台北總商會長等。

郭碧玉，士林人，郭廷俊長女。東京帝國大學畢業。

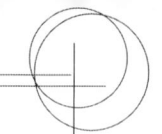

郭幼柏，東京帝大農政經濟科畢業，勸業銀行台中分行行員。

郭茂林（1921—？），東京帝國大學畢業，幫助李登輝設計台灣建設計劃。

郭茂林，屏東人，昭和醫專，醫生。

郭和烈，台北人，日本神學校畢業，北部台灣基督教長老會牧師，參加1929年的新人運動。

郭宗波（1921—？），台北人，名古屋大學，醫學博士，熱帶醫學研究中心主任，高雄醫學院教授，省劍道協會會長，1956年度台灣醫學會最優秀論文杜聰明獎。

郭國鈞，台北人，東京農業大學畢業，1946年1月15日任糧食局台北事務所長。

郭阿崙，台北人，東京醫學專門學校畢業，醫學博士。

郭榮林（1922—？），高雄人，留日學化學，左營煉油廠職員，二二八事變中被捕。

郭東周（1892—1936），台中石崗人，1930年畢業於慶應大學，醫學博士，1916年在鹿谷創辦安東醫院，1930年創辦東周婦產醫院醫師會，自任會長。

郭頂順（1905—？），台中人，同志社大學畢業，有法學士及會計師資格，喜歡音樂，就讀同志社預備科時參加學校音樂團，周遊全台灣，中央製冰會社社長，屏東自動車合資會社代表，大眾信購合作社監事，《南瀛新報》社屏東分局長等。

郭柏川（1901—1974），字少松，台南人，出身富豪家庭。川端畫學校、東京美術學校西洋畫科畢業，1937年後到北平任教於北平師範學院、北平藝術專科學校、京華藝術學校。1948年回台灣任教台南工學院，1952年任台南美術研究會會長。

郭松根（1903—？），1933年畢業於京都帝大，醫學博士，留法。1940年赴東北任偽滿洲國新京醫科大學教授。戰後任長春台灣同鄉會會長，負責與聯合國善後救濟總署交涉。台灣大學醫學院教授。

郭德焜，台南人，東京帝國大學經濟科畢業，延平學院教師，台灣大學法學院教師，台灣省合作金庫研究室研究員，北企總經理，與李登輝、許遠東等任交遊。林挺生親家。

郭炳揚（1921—？），台南人，日本大學經濟系畢業，東隆針織股份有限公司董事長，該公司1968年創立，資本4000萬新台幣，員工650人。

郭章垣（1914—1947），溪口人，慶應大學，該校有「三四會」，留校任附屬醫院醫局長，戰後任省立宜蘭醫院院長，宜蘭「二二八事件處委會」主席，與市長朱正宗結怨。與李瑞珍、陳拱北是慶應大學同學。

郭柏村，郭章垣兄，「國大代表」。

郭發（1900—？），字覺之，彰化人，早稻田大學政治經濟科畢業，1927年入《台灣民報》社任記者，後任報社台南支局長、台中支局長，1939年任廈門支局長，廈門商業學校設立委員，廈門南大成洋行董事。戰後在廈門創辦復華小學，一度被當地「肅奸會」當做漢奸送去法辦。

郭炳榮，彰化人，參加彰化新劇社。

郭石頭，澎湖人。

郭守義（1926—1947），基隆人，名醫郭太平之子，昭和醫專畢業，娶日本人為妻，在基隆開業博愛醫院。在基隆極孚眾望，活動力強，又參與民間組織，國民黨視為寇仇。參加基隆二二八事件處理委員會，被殺。

郭芝苑（1921—？），苗栗人，1943年前後在日本大學學音樂，作曲家，著有《紅薔薇》、《楓橋夜曲》等。

郭天乙，新竹人，早稻田大學畢業，南京中央大學教授，「中華民國外交部」職員，1948年當選「立委」。

郭國基（1900—1970），東港人，1917年到1926年在日本學習，青山中學、明治大學法學部畢業，任新民會總幹事六年，《台灣青年》編輯，1926在東京由盛世才介紹加入中國國民黨，參加台灣文化協會、台灣民眾黨、台灣議會設置請願運動。戰後，高雄市參議會議員，省議員，二二八事變時入獄210天，退黨，1969年當選「立委」。

郭某某，東港人，東洋女子齒科醫專畢業，郭國基之妹。

郭華洲，1928年前後在日本大學學習，參加東京留學生民族運動，左派。

郭昌言，1928年前後在東京商科大學學習，參加東京留學生民族運動。

郭靜光，1943年畢業於駒澤大學佛專科。

郭雪湖（1908—？），繪畫學校畢業，畫家。

郭明昆，早稻田大學畢業，早稻田大學語言學教授。二戰期間回台灣，因所乘輪船被盟軍魚雷擊中而沉沒。

郭主恩，1897年，在教會資助下留學日本。

郭秋煌（1908—？），台南學甲人，1934年3月在東京帝國大學經濟學部畢業，學甲莊協議會員，1935年民選莊協議會員，北門郡土地改良組合理事，《興南新聞》社理事等。戰後任多屆省議員。林頂立、郭秋煌、朱昭陽等人認為，國民黨政府欺負台灣人，是外來政權，鄭成功也是外來政權，還不如荷蘭人好。

梁炳元，台南新化望族出身，留日學醫，1940年赴東北撫順天生醫院做醫生，1946年8月返台。妻子許春菊。

梁阿標（1900—1994），苗慄人，1929年畢業於京都同志社大學英文科，《東台灣新報》社記者，1930年在花蓮港市開設明星活版印刷所。1940年當選花蓮港街協議會會員。戰後，接收日本人創辦的女子學校並任校長，花蓮縣議會議員、副議長，二二八事變時被捕，英語教師。

梁義清，東京高等師範學校畢業。

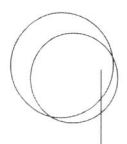

黃銘銈，1926年選為東京台灣青年會評議員。

黃聯登，1915年前後在日本留學。

黃金錫，宜蘭人，九州醫專畢業，通過醫師資格，1941到1945年任宜蘭醫院醫官補。

黃世欽，台北人，熊本醫科大學，1945年任宜蘭醫院醫生。

黃鼎臣（1921—？），高雄人，日本中央大學法學系，1946年參加國軍。

黃明運，新竹人，中央大學法學系畢業，1946年參加國軍。

黃華昌（1929—），竹南人，大津、熊谷飛行學校，竹南國民學校教師，因「中共學生工委會案」1950年6月被捕入獄。

黃玉嬌（1919—？），桃園人，昭和藥科大學畢業，台灣行政長官公署接收委員，省第一屆選舉監察委員，桃園縣議會二、三、四屆議員，省婦女會理事，省議員，「立委」，國民黨中評委。民進黨創黨黨員。

黃景祚，宜蘭人，父親黃再壽為宜蘭實業協會會長、富豪、台北州會議員、州所得稅調查委員等。法政大學經濟科畢業。

黃招慶（1906—？），台北人，1929年畢業於東京日本牙科醫專，回台開辦牙科朝陽醫院。

黃文池，台北人，東京獸醫畜產大學畢業，1957年任台灣省獸疫血清製造所所長，後任家畜衛生試驗所所長。

黃炎生（1903—？），淡水人，東京第一高等學校、京都帝大法學部畢業，文官高等試驗考試行政司法科合格，東京地方裁判所判事，1931年回台北地方法院任判官，1935年民選台北州會議員，台中州地方法院法官，授予從六位職等。辭官自己開設律師事務所。岳父洪以南是淡水街街長。

黃洪炎（1897—？），又名可軒、夢華，台中人，1927年去日本留學，早稻田大學畢業，1929年10月第四回產業合作社高等講習會畢業，1931年當選草鞋墩信用購買合作社理事，1932年4月進入《台灣新民報》社，任總務部長兼文

書課長，1933年12月被任命為學藝部長，1934年轉任通信部長。

黃樹水，基隆人，父親開辦黃金礦致富。在日本研修經營學問，1915年返台任職基隆水產會社。1946年當選基隆市參議員，1950年10月台灣地方自治，當選首任基隆市議會議長，到1952年12月達7年。

黃維生（1903—？），台北人，1929年畢業於京都帝大法學部，文官考試行政科及格，在日本任裁判所檢事，1931年總督府法院判官，後任台中法院判官，1935年當律師，1936年台北州會議員。

黃土水（1895—1930），台北人，1918年畢業於東京美術學校雕塑科木雕部，教師，雕塑家。作品五次入選「大日本帝國美術展覽」。

黃際沐（1910—？），台北人，富紳黃福成之子。1936年畢業於早稻田大學法學部，高等文官考試司法科合格。1936年回台北市開業律師。1939年底到廈門任地方法院檢察官。

黃清塗，台北人，明治大學政經科畢業，到偽滿洲國外交部任職。戰後回台灣任台北市松山區長，台北市工務局總務科長。

黃玉齋（1903—？），萬華人，在日本畢業後去廈門等地，光復後回台灣，《新生報》叢書編纂委會主任，省文獻委員會編纂、委員，台灣大學和延平大學教授。著有《台灣革命史》、《台灣史百講》等。

黃岸吳（1915—？），台北人，東北帝國大學畢業，台灣電力公司職員、人事處長，隨朱江淮到省建設廳任祕書。

黃成金（1905—？），台北人，大阪第一高等商科畢業，經商，首屆省議員。

黃廷飛（1920—？），台北人，名古屋大學醫學博士，台灣大學教授。

黃瑞卿，台北人，東京工業大學畢業，滬江南化工公司技正，台北市政府公用事業管理處技正、課長，大道工業有限公司總經理，台灣工礦公司工程師。著有《應用化學概論》。

黃清波（1923—？），台北人，大阪工業大學畢業，和泰工業股份有限公司董事長，該公司1962年1月創辦，資本6000萬新台幣，員工412人，經理協會會員，工商協會會員。

黃溪礦（1924—？），台北人，日本經營大學畢業，廣大飼料股份有限公司董事長，該公司1948年6月，資本3500萬新台幣，員工110人，飼料業。

黃添印（1919—？），台北人，京都放射線專科學校畢業，三光儀器股份有限公司董事長兼總經理。該公司1965年6月創立，資本800萬新台幣，員工63人。扶輪社成員。

黃清儀（1925—？），台北人，早稻田中學畢業，永豐餘造紙股份有限公司營業部協理。

黃啟新（1911—？），台北人，長崎高等商業學校，任職於父親黃有土的聯發商行。

黃啟瑞（1910—1976），字青萍，台北人，京都帝大法學士，日本文官高等考試司法科合格。自1939年起在台北市開業律師，台北辯護士會副會長。光復後，台北市政府民政局長，台北市議會議長，台灣省台北區自來水建設委員會主委，1954年任國民黨中央委員會副祕書長，《中華日報》董事，台北市長等。

黃信卿，台北人，早稻田大學政經科，日本關東軍陸軍少尉，二二八事變時在台中帶領二七部隊的埔里隊，二七部隊參謀長。

黃信介（1928—1999），字金龍，台北人，12歲到日本半工半讀讀中學，1951年台灣行政專科學校畢業，1961年當選第五屆台北市議員，1969年當選「立委」，曾為吳三連、高玉樹輔選，1975年創辦《台灣政論》，1978年組織「台灣黨外人士助選團」，美麗島事件時被捕判刑14年，民進黨黨主席。

黃國書（1905—1987），原名葉焱生，新竹人，日本士官學校19期畢業，日本砲兵專科學校畢業，任教中央軍官學校及砲兵學校，國軍獨立砲兵團長、旅長、軍參謀長、師長、軍長。光復後，台灣警備司令部參議，警備司令部高參室

主任,「鐵道管理委員會委員」,1946年當選「制憲國大代表」,1948年當選「立委」,「立法院副院長」、「院長」。台灣省社會救濟事業協會理事長,台灣省合會儲蓄公司董事長。

黃宗寬(1898—?),宏量,大溪人,1920年畢業於明治大學商學系正科班畢業,1930年5月擔任酒類經銷業務,濟仁會副會長,信用合作社監事,保正,1934年被任為副莊長。

黃逢春,大溪人,大溪街助役黃玉麟長子,京都帝國大學畢業,獲得林熊徵獎學金資助留日。

黃逢平(1900—1986),台北人,黃玉麟之子。1919年去日本留學,神戶高等商業學校、一橋商科大學商學畢業,台灣銀行業務員,經辦董事室業務。1931年娶辜顯榮第三女,辭銀行職,協助辜家經營事業。

黃逢時,台北人,莊長、信用組合長、州協、府評議會員李純青長子。

黃及時(1902—?),又名吉時,台北人,李純青之子,自幼去日本留學,一直到1927年,高崎中學、早大附中、東京商科大學畢業,三菱商事株式會社會計主任及天津、北京支店長等。光復後,當選「國代」,省物資局顧問,省進出口商業同業公會理事長。著有《台灣に對ずる和蘭植民政策》等。

黃得時,台北人,李純青三子。著有《台灣新文學運動概觀》、《關於台灣歌謠的蒐集》等文章。

黃當時,台北樹林人,李純青四子。

黃文發(1906—?),新竹人,富豪、壯丁團長、參事、州協、府評議會員黃維生次子。早稻田大學經濟科肄業,公學校教師,返台後擔任展南拓殖株式會社常務董事。

黃明發,新竹人,黃維生三子,東京帝國大學畢業,實業家,竹南區署區長,1946年2月任新竹縣中坜區署區長。

黃煥發,新竹人,黃維生四子,早稻田大學畢業,茶業公司總經理。

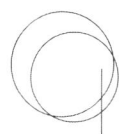

黃耀發，新竹人，黃維生侄子，東京農大，農會總幹事。

黃旺成，新竹人，參加抗日民主運動。

黃繼圖，新竹人，黃旺成之子，京都帝國大學畢業，律師，1939年新竹事件主要人物。

黃金穗（1915—1967），新竹人，1937年去京都帝國大學留學，在田邊元門下學哲學，1941年畢業後進入岩波書店，在岩波文庫部任職，戰後回到台灣任新竹中學教師，1945年11月創辦編輯《新新》雜誌，批評時政，1950年代末轉任教於台灣大學哲學系。

黃明富（1909—？），高雄人，兩洋中學、東京醫學專門學校畢業，回高雄醫院小兒科，擔任約聘醫師，師隨大島博士，專研小兒科。1936年辭職自己開辦小兒科專門醫院。

黃興隆（1923—？），高雄人，東京大學第二商業學校畢業，吉南食品廠股份有限公司董事長，該公司1972年6月創辦，資本1000萬新台幣，員工50人，鹽澤疏果外銷。

黃坤榮，高雄人，名古屋工業大學畢業，高雄市政府建設局技正、局長。

黃呈聰（1886—1963），字劍如，彰化人，出身彰化郡線西莊地主家庭，1923年畢業於早稻田大學政治經濟科，新民會幹事，區長，台灣青年總會總務幹事，1922年6月回大陸，返台後大力鼓吹白話文運動，《台灣民報》發行人，《台灣新民報》社會部長。1946年2月任大甲區署區長。

黃獅保（1905—？），台中員林人，父親黃耀南是武舉人。自幼去日本留學到1929年，京都市壬生尋常小學校、京都府立桃山中學校、秋田礦山專校畢業，總督府礦務課技手、助役，享有五級薪俸待遇。信用組合理事，坡心莊副莊長。

黃大熁，祖父黃耀南，黃獅保侄子，父親黃襃忠。東京農業大學畢業，信用組合理事，莊長。

黃朝清（1895—？），大甲人，自幼去日本一直到1919年，大成中學、東京慈惠醫專畢業，醫學博士。在台中開辦回春醫院，台中商工協會長，《台灣新民報》監事、業務局長。台灣地方自治聯盟理事，大東信託株式會社董事。光復致敬團團員，台中市議會議長，二二八事件時歡迎國軍進入台中。

黃某，大甲人，黃朝清長子，日本大學預科畢業。

黃演渥（1902—1971），台中石岡人，東北帝國大學法文部畢業，留校任助教，高等文官考試司法科合格，東京地方裁判所司法官試補，1932年返台，台北等地方法院判官，總督府高等法院判官。光復後，任台灣高等法院法官。

黃演烺（1902—？），台中石崗人，東京醫學專門學校、京都帝國大學醫學部畢業，專修科專攻婦產科，醫學博士，任職於紅十字社大阪分部病院，1935年7月回台，次年3月於台中開設黃婦產科醫院，自任院長，通曉英、德、法、俄、意等語言。

黃某某，萬丹人，公學校校醫黃登雲之子。中央大學畢業，莊協議會員，信用合作社理事。

黃佳禾（1900—？），屏東人，同志社普通部、慈惠醫科大學畢業，醫師，1935年於屏東開設佳禾醫院。妻子劉燕。

黃登洲（1901—？），台中石崗人，小學、中學、明治大學畢業，《東京日日新聞》社任職，1932年去職回台，擔任《台灣新民報》社調查部部長、社會部長、整理部部長等。

黃祺祓（1906—？），大甲人，同志社中學、靜岡高等學校、九州帝大法文學部、東京帝大研究所畢業，法學士，通過文官高等考試司法科，1937年春返台，在嘉義市開設律師所。

黃演淮（1906—？），1933年之前先後留學於東京立教中學、明治大學法學部，偽滿洲國新京法政大學副教授。光復後，台中家職學校校長。

黃棟（1901—？），大甲人，台中株式會社三振商行專務取締役，東華名產株式會社監事。

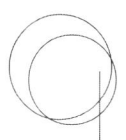

黃榮德，大甲人，清水街協議會員、清水建築信購販利合作社理事、街教化委員黃有才之子。大阪商校畢業，部落振興會長，清水同志運輸行監察，大甲郡共立會清水分會評議員。

黃介騫（1905—？）台南人，第六高等學校、京都帝大經濟學部畢業，台灣總督府文教局社會課，文官高等考試行政科及格，台南市助役台東廳勸業課長，台北州商工水產課長。1946年3月台北市民政局長。

黃欣（1885—1947），字茂笙，台南人，中學、明治大學專門部正科畢業，經營農場漁場，1928年任台南區長，1920年台南州協，1921年九位首屆台灣總督府評議員之一，台南州教育委員，台南大圳議員，台灣水產會議員，台灣農會議員台灣製鹽會社監察，台灣南部無盡會社監察，台灣輕鐵會社董事，台南大舞台株式會社董事，台南集義會社社長，台南共勵會會長，鴉片經銷商。

黃灼華，台南人，黃欣長女，楊必得妻子，日本女子大學畢業。

黃溪泉，台南人，黃欣之弟，留日學習牙醫，經營自家產業，辜振甫岳父。

黃宗堯，台南人，1926年前後在中央大學學習，社會主義者，參加東京台灣青年會，社會科學研究部成員。

黃天縱，台南人，黃溪泉長子，早稻田大學畢業，律師，總督府文教局。高雄地方法院推事、法官。妻子高雅美，高俊明堂姐。民進黨外交部主任黃美幸之父。

黃阿嬌（1911—？），台南人，黃欣次女，實踐女子專門學校英文科，丈夫陳紹馨是台灣首位社會學博士。

黃天驥，筆名黃靈芝，台南人，黃欣六子，古玉專家，作家。

黃春木（1908—？），1932年畢業於九州帝國大學，偽滿洲國新京大學教授。台灣大學機械系教授。光復初台灣大學機械系僅有教師5人，其中2人是日本人，另3人則是留日的台灣人。

黃朝琴（1897—1972），字蘭亭，筆名超今、念台，台南鹽水港人，祖父

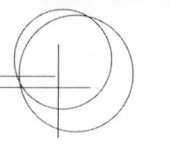

黃錦興是地主商人。東京澱橋日本中學、早稻田大學政治經濟畢業,「中華民國外交部」官員,台北市長,台灣省參議會議長17年,第一銀行董事長30年,國民黨中常委,致力於所謂「國民外交」和台灣日本之間的民間交流。著有《我的回憶》,龍文出版社1989年出版。

黃金川(1907—1990),台南鹽水港人,黃朝琴之妹,在日本讀小學、中學,深愛中國古典詩詞。丈夫為高雄富豪陳啟清。詩人,出版詩集《金川詩草》。

黃朝碧,台南鹽水港人,黃朝琴弟弟。1919年前後在日本讀中學。

黃成立(1927—?),台南人,山陽高中畢業,聯明紡織有限公司總經理。

黃百祿(1903—1985),台南人,中央大學法學部畢業,高等文官行政、司法科考試合格,在台南市開業做律師,1948年11月任台南區中小企業銀行董事長,台南市參議會議長,參選首屆市長即當選。陳田錨岳父。

黃千里(1909—?),台南人,1933年早稻田大學畢業,在偽滿洲國文教部任職,級別僅次於謝介石、楊蘭洲。與許鶴年等人交往密切。移民美國。

黃明達(1923—?),台南人,日本山陽高等商業學校畢業,聯明紡織廠股份有限公司董事長,該公司1969年8月創辦,資本1.78億新台幣,員工589人,生產合成纖維布。

黃柏燎(1924—?),台南人,日本多賀工業專門學校,正道工業股份有限公司經理。該公司1964年11月創辦,資本1.65億元新台幣,經營活塞、自行車等。

黃櫻樹,台南人,父親黃深淵為蕭垅信用合作社社長、蕭垅區長。

黃某某,台南人,黃深淵三女。

黃某某,台南人,黃深淵四女。

黃阿國,基隆人,瑞芳莊協議會員、澳底水產會社社長、金瓜石礦山總承包

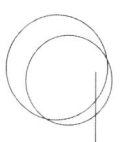

商黃仁祥之子。昭和醫專畢業。

黃秀峰，台南人，舞蹈學校畢業，舞蹈家。

黃吹筬（1900—？），台南鹽水港人，1932年畢業於九州牙科醫院學校，牙科醫生，鹽水街協議會員，鹽水港信購販利合作社理事，鹽水壯丁團長。

黃炳思，台南東山人，東京私立中學。

黃文苑（1900—？），台南斗六人，1930年畢業於京都醫科大學，回台開設生春醫院。

黃東川（1910—？），台南新豐人，東京名教中學畢業，關廟莊協議會員，相關委員，協發煉瓦廠老闆。

黃鴻麟（1915—？），台南新豐人，黃東川弟弟，東京慈惠醫大畢業。

黃雪，樸子人，父親黃媽典為總督府評議會員、樸子建築信購利合作社社長、鴻謨株式會社社長、東石自動車株式會社社長、台南州協議會員、府評議會員、享有奏任官待遇、街長。日本奈良女子高師附屬高等女校畢業。

黃大友（1906—？），台南人，中央大學本科、研究所畢業。

黃柏源（1922—？），台南人，黃大友侄子，在日本讀中學。

黃純儒，台南人，慶應大學醫學部畢業，1941年在菲律賓做醫生。

黃國清，台南人，中央大學畢業。

黃永昌，嘉義人，法治大學畢業。嘉義縣公共汽車管理處處長。

黃宗焜（1910—？），字薰鋒，嘉義人，中央大學法學部畢業，文官高等試驗考試司法科及律師合格，嘉義律師。光復後，嘉義地方法院推事，省議員，嘉義縣長，1969年當選「立委」。

黃紀男（1915—？），樸子人，日本大學政治科畢業，總督府文教局社會教育課課員，在駐菲律賓日軍中任教官。光復後，任台電助理管理師，華南銀行專員，廖文毅的好友，也是他的「副總統」。二二八事變時坐過牢。

黃老達，嘉義人，日本大學醫科畢業，1968年4月當選嘉義縣長。

黃毓才，富豪、參事黃有章次子。早稻田大學畢業。

黃啟顯，父親為富豪、區長。法政大學畢業，廈門大學教授。

黃寬和（1917—？），別號鷗波，嘉義人，川端畫學校半工半讀畢業，東京雜誌記者，1943年到揚州日軍憲兵隊任翻譯。光復後，斗六農職校、斗南中學教師，著有小說《祖國之戀》、劇本《真誠的愛》。

黃屢鰲，1927年留學大阪高等醫專，醫生。

黃文，醫學博士，光復後民選嘉中代理校長。

黃春木（1908—？），九州帝國大學採礦科，1940年到偽滿洲國任新京大學教授，光復後任台灣大學教授。

黃淑麗（1924—？），昭和藥專畢業，醫生。

黃溪海（1914—？），南投人，東京帝國大學畢業。

黃溪礦（1924—？），日本產業經營大學畢業，光裕建設企業股份有限公司董事長，該公司1980年1月創辦，資本5000萬新台幣，員工39人，建設、出售大樓。

黃仲圖（1905—1988），南投人，莊協、秀才黃錫三之子。東洋大學畢業，黃埔軍官學校日語教師，陸軍大學教授軍委會政治部部附。光復後，高雄市長，二二八事件後辭職，任台灣大學教授，著有《日語入門》等。

黃建麟，埔里人，1940年前後留學明治大學。

黃文陶（1893—1970），號竹崖，彰化人，京都帝大醫學部畢業，醫學博士。1933年在嘉義開設上池醫院，嘉義市協議會員。光復後，參加國民黨，嘉義市自治協會理事長，嘉義市醫師公會會長。著有《竹崖詩選》、《竹崖文選》。

黃東錄，彰化人，慶應大學醫學部畢業，先後任台東、宜蘭、嘉義、新竹、台中等醫院院長。

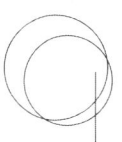

黃啟森，彰化人，東北帝大醫學部畢業，1952年10月任錫口療養院院長。

黃周（1899—？），筆名醒民，彰化人，1924年畢業於早稻田大學政治經濟科，《台灣新民報》記者，彰化市會議員，與蔣渭水、盧丙丁、謝春木等發起台灣民眾黨。

黃福壽（1918—？），號泰壽，花蓮人，富商黃流之子。廣島縣立中學，以及早稻田大學商科畢業，台灣肥料股份有限公司董事長，該公司1946年5月創辦，資本32億新台幣，工人4590人，縣議長，1968年當選花蓮縣長，省府委員。1974年監修《花蓮縣誌》。

黃應添（1903—1957），新竹人，岩手醫科大學畢業，竹南南莊公學校教師，台東公醫，遷到關山開辦神應醫院，1946年4月曾任區署課長。

黃金炳，台東人，京都高等商業學校畢業，1964年6月到1969年10月台東縣輪船管理處主任。

黃進財（1914—？），花蓮人，私立川端美術學校、國立帝國美術學校西洋畫科畢業，花蓮港保甲聯合事務所當書記。光復後，花蓮空軍學校的農場場長，花蓮縣農會專員，1947年任首屆市民代表會主席，二二八事件時極力勸阻青年騷亂武鬥。

黃財隆（1900—1972），馬公人，東京製造化學學校畢業，台灣水產株式會社會計員，馬公街協議會員兼商工會幹事，光復後，二任馬公鎮長。

黃清埕（？—1943），澎湖人，國立上野美術學校雕塑科，雕刻家，日本雕塑家協會會員。1943年回台，所乘高千穗輪被盟軍潛艇襲擊而沉沒。

黃銅鐘，澎湖人，東京專修大學畢業，1946年1月任澎湖縣府會計室主任，1950年10月到1955年7月南投縣主計室主任。

黃運金（1898—1996），苗慄人，1929年畢業於日本大學，高考司法科合格，律師。

黃緒卿（1922—？），宜蘭人，早稻田大學商科畢業，台榮產業股份有限

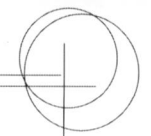

公司經理。

黃清塗（1912—1994），基隆人，明治大學畢業，文官高等試驗考試及格，偽滿洲國政府高等官，1945年升薦任二等，1946年回台，與林鳳麟、郭松根等一起交涉台灣人回台事宜，台北市府工商課職員，松山區長，延平區區長。

黃清波（1914—？），基隆人，明治大學畢業。

黃清日（1916—？），基隆人，明治大學畢業。

黃呈木，彰化人，早稻田大學商科畢業，1950年10月任彰化縣地政科長。

黃天（1907—1950），溪州人，福岡高中，早稻田大學，在台灣總督府文教局編輯課編印教科書，參加過農民運動。光復初把編輯課移交國民政府，但1946年被解僱，被認定思想遭日本毒化太深，隨後經商。

黃大燃，彰化人，東京農業大學畢業，1950年10月到1967年1月任彰化建設局長。

黃振三（1914—？），彰化人，東京物理學院畢業，光復後投考中央警校，分至屏東縣警察局，連任4屆縣議員，青年黨革新派主席。

黃順興（1923—？），彰化人，1938年去日本，濱町矢部農校、熊本高等農校畢業，同留學者還有塗姓2人。台東縣議員，縣長，「立委」，嘉義市府主任祕書。

黃添祿（1903—？），彰化人，1927年畢業於慶應大學，任職於日本大藏省營繕局，橫濱專賣支局長。

黃彰輝，東京帝國大學畢業，牧師。利用台灣人民自決運動海外組織搞台獨活動，也在美國國會積極展開活動。

黃英貴，1933年畢業於駒澤大學佛教學科。

黃連指，1934年畢業於駒澤大學地理學科。

黃換耀，美術學校畢業，畫家。

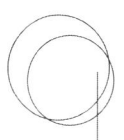

粘忠木，台中人，原是雲林麥寮人，本姓廖，名金木，粘姓養子。早稻田大學夜間部畢業。

龔天隆（1891—1950），屏東九如人，明治中學校、明治大學專門部法科畢業，服務於高雄州廳，大正實業株式會社常務總經理，1920年任九塊莊莊長，先後長達27年，倡辦高雄區香蕉組合、九塊莊信用組合，1922年獲得總督府頒發的紳士章。光復後，任屏東市參議員，屏東市農會理事，第一商業銀行董事。

章博隆，台東人，近畿大學商科畢業，1978年任台灣省府委員。

商滿生，台南人，1926年前後在東京帝大學習，參加東京留學生社會科學研究部和台灣議會設置運動。

康家福（1924—？），台北人，1943年進入日本齒科專門學校，不久改學舞蹈。舞蹈家。

蕭振瓊，台北人，中央大學畢業，台北縣農會理事長。陳進丈夫。

蕭瑞安，台南人，出身基督世家，父蕭基源畢業於神學院。留日學習齒科。

蕭焜裕，台北人，1928年前後留日，台灣省石炭調整委員會幹事，到大陸。

蕭樂善，台北人，日本神學校畢業，北部台灣基督教長老教會牧師，台灣神學院教師，參加1929年的新人運動。

蕭某某，彰化員林人，父親敦仁為區長、莊長、台中州會議員、生產販賣及信用組合長。早稻田大學畢業。

蕭某某，員林人，蕭敦仁三子，東京醫專畢業。

蕭某某，員林人，蕭敦仁四子，日本醫科大學畢業。

蕭來福（1907—1992），父親為安平港富商。字友山，東京某中學畢業，台灣文化協會活躍幹部，在日本加入台共，1929年與蘇新回台組織赤色工會。1947年二二八事變後回大陸研究中醫。著有《台灣解放運動的回顧》（1946

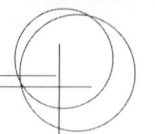

年)。

蕭某某,蕭來福四弟。留日學繪畫,因肺病沒有畢業就去世。

蕭伯川,南投人,京都大學化學研究所畢業,1972年任手工業研究所所長。

蕭維錡(1919—?),彰化人,日本大學畢業,台中區中小企業銀行業務部經理,該銀行1953年4月創立,董事長蔡鴻文。

蕭信棟,六堆人,祖父蕭光明,父親贊堯生員並獲紳章。東京高等機械學校畢業。

蕭恩鄉(1893—1967),屏東人,父親蕭贊堯為地方首富。日本醫學專門學校畢業,開業醫,佳冬莊莊長,高雄州協議會員,總督府評議會員等。光復後,擔任省立屏東救濟院院長,台灣青果運銷合作社理事主席。

蕭振國,彰化人,法政大學法律系畢業,1958年9月—1969年11月台東縣山地室主任。

蕭秀河,客家人,1937年前後留日,假期回台學習北京話,準備抗日。

蕭和應,1937年前後在日本留學,準備回大陸參加抗日。

蕭道應,1937年前後在日本留學,曾準備回大陸參加抗日。

蕭秀利(1905—1990),蕭道應叔父。留日學醫,屏東茄苳腳(今佳冬鄉)醫師,光復後台灣省臨時議會第一、二屆省議員。

韓石泉(1897—1963),台南人,生員韓斗華之子。1940年畢業於熊本醫科大學,醫學博士,在台南做醫生,《台灣新民報》社監事,民眾黨中央委員。光復後,台灣銀行監察人,省參議員,台灣機械公司董事,台南市醫師公會理事。後淡出政治。

蔣江直,高雄人,中央大學畢業,1951年6月任高雄縣建設局長,革命實踐學院畢業。

辜本(1899—1969),鹿港人,同志社中學、岡山醫學專門學校畢業,鹿

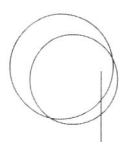

港公醫，開辦辜本醫院。1946年首屆民選鎮長，二二八時去職，在衛生所行醫。

辜振甫（1917—2005），字公亮，鹿港人，1940年去日本留學，東京大學研修財政及工商管理。1950年代首先響應國民黨的「耕者有其田」的號召。

辜偉甫（1918—1982），鹿港人，大和拓殖株式會社社長，大成材木商行社長，大和興業株式會社，大裕茶行、高砂鑄造、製鹽、赤糖、隆昌企業股份有限公司董事長，榮星企業股份董事長，台北孔廟管理委員會委員等。

曾天從（霽容）（1910—？），台北人，早稻田大學文學部、東京帝國大學西洋哲學畢業，歷任遼寧農業大學、瀋陽聯合大學、台灣大學教授。著有《真理原理論》，論物質、生命、意識、文化等。

曾某某，高雄人，光復後返台，高雄中學化學老師，二二八事變中被打死。

曾維成（1908—1955），高雄人，東京聖書學院，參加台灣文化協會。自撰歡迎國軍歌曲，到高雄廣場歡迎連謀市長。二二八事變時因與王清佐為鄰而被捕關押3周，1955年被殺。

曾申甫，台中人，1935年前後在明治大學學習。與林獻堂家關係密切。

曾威甫，台中人，立教大學經濟科畢業。

曾某某（1920—？），台中人，曾文華二哥，留日學習藥學。

曾文侃（1920—？），台南人，大阪中學、大阪商專畢業，在家鄉任公職，1948年在屏東經商，1966年創辦農畜公司，華全食品工業股份有限公司董事長，該公司1969年5月創辦，資本1.54億新台幣。工商協進會會員。

曾玉侖（1917—？），台東人，大地主曾石生之子。1935年畢業於東京順天中學，關山郡庶務課書記兼壯丁團長，關山莊第一保正兼保甲聯合會長。光復後任台東縣農業會理事等。

曾捷榮（1903—1982），台東人，父親是實業家、壯丁團長。金川中學、東京醫專畢業，1937年在台東開博愛醫院，兼職台東中學校醫，學生有饒穎

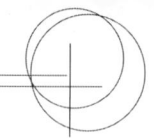

奇、黃鏡峰等。

曾豐明（1922—1947），澎湖人，養父是高雄港務局工頭，生父是日本警察，幼年在日本，日本無線電學校畢業，開辦修理收音機店。二二八事變中為高雄市民談判代表，被國軍錯殺。

曾溫（1904—1964），澎湖人，神戶市立商業學校，小學教員，1946年任澎湖縣政府辦事員，轉任中屯國民小學校校長。

曾永光，銅鑼人，曾永豐二哥。早稻田大學畢業。

曾永豐，銅鑼人，早稻田大學經濟科畢業，新竹縣參議會議員。

曾景來（1902—？），又名曾普信，高雄美濃人，1928年3月畢業於駒澤大學佛教科，曹洞宗布教師，總督府囑託，1932年12月到1940年2月主編《南瀛佛教》。光復後，花蓮東淨寺主持。著有《日本禪僧涅槃記》、《台灣宗教與迷信陋習》等。

曾石火，在東京參加1933年5月成立的台灣藝術研究會。

彭清靠（1890—1955），屏東人，傳教士彭士藏次子。1933年去日本，在東京帝大附屬泉橋慈善病院深造，大甲行醫18年後去日本獲得醫學博士，在高雄創辦私立醫院。1945年4月13日當選高雄市參議會議長，二二八事件後對政治十分灰心。

彭某某，高雄人，彭明敏大哥。1945年畢業於長崎醫科大學。

彭明敏（1923—），高雄人，父親彭清靠。東京第三高等學校，東京帝大法學畢業，任台灣大學政治系主任，1964年發表《台灣人民自救宣言》，1970年後，在海外從事台獨活動，任「台獨聯盟」總本部主席，1992年返台，參加民進黨，擔任「台灣建國會」會長。著有《自由的滋味：彭明敏回憶錄》等。

彭德（1914—？），字瑞恩，苗栗人，日本大學貿易系畢業，1944年在第三戰區服務，擔任台灣工作團教官。光復後返台，國民黨省黨部執行委員，建設廳長，《台灣新生報》董事，「行政院參事」，1954年曾欲參加台北市長選

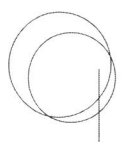

舉，但國民黨地方黨部卻支持王民寧。

彭英華（1895—1968），新竹人，1921年畢業於明治大學政治經濟科，早期向台灣介紹社會主義思潮者，留學時參加啟發會、新民會、《台灣青年》雜誌社，台灣文化協會中央委員，參加台灣民眾黨、台灣地方自治聯盟。1933年赴東北，在偽滿洲國任電信電話株式會社祕書長，1941年任北平警察局祕書，戰後曾以戰犯被逮捕審判，但因無積極資敵行為而以不起訴結案，回台後蟄居。

彭瑞麟（1904—1984），新竹人，1931年畢業於東京寫真專門學校，攝影家。回台灣經營攝影生意，但器材被日本人把持而生意不好。1946年被捕，靠師範同學黃國書疏通獲釋，靠中醫和經營果園謀生。

彭瑞鷺，新竹人，東京醫學專校畢業，1960年4月當選新竹縣長，1964年4月連任。

游彌堅（1897—1971），名柏。台北人，1927年畢業於東京日本大學政經科，回大陸，先後任中央軍官學校政治教官、外交部祕書。光復後回台灣，省府委員，省教育會理事長，「國代」，《國語日報》董事長，台省教育會理事長。著有《信仰與道修的蠡測》、《十年來的台灣省教育會》等。

游根河，彰化人，中央大學畢業，1959年任苗栗縣財政科長，1965年6月任雲林縣財政科長，台中縣財政局長。

謝廉清，又名謝子夷，彰化人，留日後曾於1924年1月與許乃昌一起去莫斯科東方大學學習，參加《台灣新民報》社。日本侵華期間，參加偽華北政務委員會，做「實業部長」。

謝娥（1918—1995），萬華人，東京女子醫學校畢業，1943年任職台北帝國大學醫學部，1944年因抗日被捕，勝利後才被釋放。回台灣開設康樂醫院，任省婦女會理事長，當選「國大代表」和「立委」。

謝春木（1902—1969），即謝南光，彰化人，1925年畢業於東京高等師範學校，《台灣民報》記者，參加台灣民眾黨，1931年到大陸參加抗日運動，創辦「華聯通信社」，台灣革命同盟會常務委員。

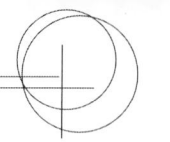

謝龍闊，又名龍何，萬華人，1919年畢業於東京明治大學，居住廈門，《全閩新日報》社主編、經理，1927年任台灣公會副會長，組織「大同促進會」，期望日台人融合，但不久就解散。1930年因涉嫌暗殺國民黨黨員許卓然而逃亡上海、香港，「九一八事變」後到東北，偽滿洲國「陸軍少將」。

謝壽水，玉裡三青團活動區隊長。

謝有用（1920—？），高雄人，高中、專修大學畢業，《台灣新報》（南部版）記者，1944年與廖文毅組織西螺街藝能奉公團農村慰問藝能隊。光復初，和陳天階等一起接收《台灣新報》南部分社。二二八事變處理委員會高雄分會宣傳委員，市議員。

謝友炎，高雄人，九州醫學專門學校畢業，1974年1月到1978年為高雄縣衛生（院）局長。

謝文達（1901—1983），豐原人，抗日義軍副統領謝道隆之孫。千葉縣的伊藤飛行機研究所畢業，參加台灣議會設置請願運動，1923年2月11日在東京上空為請願團撒傳單。1923年投效中國空軍。抗戰期間，汪偽中華航空公司董事長。1945年回台灣任省議會專門委員。

謝秉奎，台中人，中央大學法學部畢業，1949年11月任台東縣政府建設科長。

謝國文（1887—1938），字星樓，台南人，1926年早稻田大學畢業，新民會員，與陳炘關係密切，介紹堂妹謝綺蘭與陳炘為妻，《台灣新民報》學藝部客員，參加台灣議會設置請願運動，《台灣青年》最早的編輯之一。著有《省廬遺稿》，台南市大明印刷局1954年出版。

謝綺蘭（1902—？），台南人，詩人謝石秋之女。青山學院畢業，糖業世家。

謝國城（1912—1980），台南人，秀才謝石秋之子。1935年畢業於早稻田大學，《時事新報》、《讀賣新聞》記者，日南精機合資會社社長，大公企業總經理兼企業部長，省合作金庫協理，省體育會總幹事。新光產物保險公司總經

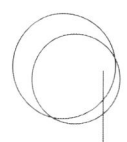

理，1969年當選增額「立委」。號稱「中華民國棒球之父」。

謝汝川，台南人，慶應大學經濟部畢業，台南市會議員，信用組合理事。光復初任台南州接管委員會幹事，台南市政府漁業課長，西區區長，合作社理事。

謝榮鐘（1924—？），嘉義人，東京電氣工學校畢業，鴻榮鞋業股份有限公司財務經理，該公司1974年創辦。

謝緯（1916—1970），南投人，1945年畢業於東京醫學專門學校，1951年赴美進修，募款回台幫助原住民，1955年在埔里建第一所山地醫院。

謝振聲，彰化人，1928年去日本留學，東京醫學專門學校畢業。

謝耀東（1897—？），鹿港人，1922年去日本留學，日本大學法科畢業，福興莊助役，鹿港街協議會員，地方自治聯盟鹿港支部幹部。光復後，鹿港商工會理事長，漁業組合理事。

謝康興，鹿港人，謝耀東長子。空軍醫官，旅居日本行醫。

謝掙強，字子培，澎湖人，慶應大學肄業，大陸抗日。1946年2月任新化區署區長，1947年4月任嘉義區署區長，虎尾區署區長，1946在澎湖競選「國大代表」，1949年6月由台南市政府主任祕書升嘉義市長，1957年升省府委員。

謝發連，苗慄人，在日本半工半讀。

謝來興（1925—？），苗慄人，日本外語專校畢業，國民黨文宣黨務赴日經商，日本華僑聯合會常務代表，大阪中華總會副會長。

謝源水，號松嶺，苗慄人，盛岡農業專門學校，1950年2月任台灣省蠶業改良場場長。

謝鎮欽（1926—），彰化人，愛知縣立猿投農林高等學校畢業，隆乙股份有限公司副總經理兼處長，該公司1969年12月創辦，資本1.27億新台幣，員工180人，加工魚類。

謝許英（1920—？），彰化北人，九州產婆學校畢業，北鎮婦女會理事長，鎮民代表，彰化縣縣議員，革命實踐研究院第二期結業，任省議會議員16

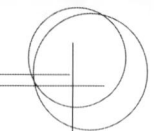

年，國民黨監察委員。

謝清雲（1915—1972），號雲耕，新竹人，長崎醫科大學藥科畢業，設東生藥局、三光西藥行於基隆市。光復後，經營日星化工、鹽野義製藥、中義貿易、統一及啟時公司。1952年當選第二屆基隆市議員，連任三屆。1960年轉省議員，省府委員。

謝介石（1878—1954），號怡庵，新竹人，明治大學畢業，東京東洋協會專門學校教師，1915年放棄日籍回大陸，任定武上將軍張勳祕書長，參與張勳復辟活動。抗戰期間，偽滿洲國外交部總長，偽滿洲國駐日大使。戰後曾以漢奸罪被審，1948年被國民黨釋放。

謝壬水（1921—？），屏東人，創價大學經濟科畢業，23歲總督府稅務官考試及格，官吏養成所結業，歷任高雄、屏東稅務官等，1961年後任台東縣、新竹縣財政科長，國民黨高雄市委員會評議委員。

謝條榮，彰化人，三田商業學校畢業，1974年11月代台中市地政科長。

謝榮華，日本神學校畢業，參加東京留學生民族運動。

謝平，曹洞宗第四中學林一多多良中學畢業。

謝國鏞，美術學校畢業，造型美術協會成員。

謝秋濤，1920年代在東京參加留學生民族運動。

童瞳（1911—？），台北人，東京法政大學研究院畢業，聯勤總部眷舍管理委員會法律顧問，台北市參議員。

傅祖德（1910—？），東京帝國大學醫學博士，在張家口日本人開的「同仁會醫院」任外科主任，國民黨軍隊軍醫，留在大陸，「文革」中自殺。

傅祖修，留日學醫，1944年畢業後到大陸，去張家口日本人的「同仁會醫院」任外科醫生。

傅添榮，台北人，日本千葉實驗所畢業，經營台北竹林園餐廳。

傅少墩，新竹人，中央大學肄業，1946年轉學台北法商學院，1946年12月

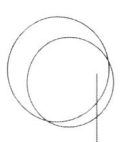

合併為台大商學院,和潘家澤、蔡天賜為代表,二二八事變時參加台北市忠義服務隊,許德輝為領導。

傅宏成,台中人,佐賀高等學校和九州醫科大學畢業,醫師。

董大成(1916—?),高雄人,九州大學醫學部醫學博士,台灣大學醫學院生化教授,台北醫學院院長,台大醫學院生化教授,台北醫學院院長,私立東海大學董事,惠明學校董事長。

溫春雄(1922—?),恆春人,神奈川大學貿易系畢業,日商商竹腰產業台北支店長,東方廣告公司董事長,喜客來公司董事長,台北進出口公會、棉布商業同業公會等理事,著有《商品銷售法》等。

藍明谷(1919—1951),原名藍益遠,岡山人,1940年去日本留學2年,1942年受民族意識驅使去大陸,就讀於北京東亞經濟學院,1946年回台灣,基隆國文教師,1951年被國民黨槍殺。作家,著有《魯迅與故鄉》、《一個少女的死》等。

藍文炳,宜蘭人,東亞商業職業學校,京都鴻業公司社長,鎮民代表,1951年到1953年民選羅東鎮長。

藍德茂,字小松,台北人,岡山教員養成所、體育研究所畢業,中小學教師,大專院校教授。著有《體育指導法》、《體育教授法》等。

藍蔭鼎(1903—1979),宜蘭羅東人,1927年去日本留學,東京美術學校美術教員養成所畢業,台北一高女美術教師。水彩畫巨匠。著有《藝術與人生》、《鼎廬小語》等。

藍化成,宜蘭人,藍淥淮長子。早稻田大學畢業,信用組合長,州會議員。

藍堂燦,宜蘭人,藍化成之弟。東京齒專畢業。

藍敏(1921—?),裡港人,藍鼎元後人,父親藍高川於1910年5月參與創辦商工銀行。1939年留日,東京女子大學外文系畢業,曾為軍統做事。光復後,投資台灣貿易公司、金山農場,美國可口可樂台灣代理商。主張台灣自治之

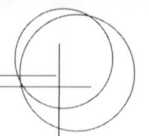

後獨立。

藍家鼎（1902—？），裡港人，藍高川養子。1918年到日本留學，福岡高等學校、京都帝大畢業，莊協，青年團團長，有108個堂兄弟。

藍家精（國城）（1904—1980），裡港人，第一商業銀行創辦人藍高川之子。中學、京都帝大經濟系畢業，任職高雄州廳教育課，1937年任職日軍「華中派遣軍司令部」，任汪偽政權少將、中將，在滬曾幫助不少台灣人取得經營特權，1947年被指控為特級戰犯。1950年去日本參加廖文毅的台獨組織，家產被沒收。

藍錦綿（1909—？），裡港人，丈夫顏德潤，顏雲年次子。京都女子專門學校畢業。

藍某某，裡港人，1918年到福岡高等科學習，與家鼎家精同學。

藍更，本名藍運登（1912—？），台中人，1935年進入美術學校，回台後進入新聞界，擔任《興南新聞》的文教記者。光復後創辦文化交流服務社。

雷阿粉（1901—1989），宜蘭人，助產士學校畢業，與苗栗林添喜結婚，在公館經營窯業工廠，成績顯著。

賴河，在東京留學，1926年被選為東京台灣青年會評議員。

賴輝煌，白河人，1928年到東京醫專學習。

賴通堯（1906—？），彰化人，日本大學肄業，參加台灣文化協會。

賴傳鑑（1925—），桃園人，武藏野美術大學肄業，義民中學教師，新明中學教務主任，油畫家。

賴博文（1916—？），台北人，九州醫學專門學校畢業，醫學博士，醫生，基隆市醫師公會理事。

賴光雄，東京高等師範學校畢業，去了美國。

賴鐵雄，台北人，日本大學畢業，1950年至1960年8月任高雄市建設局長。

賴遠輝（1902—？），1930年畢業於中央大學獨法科，東京社會科學部成員，1931年任《昭和新報》社台中支局長，1933年任《日華新報》台灣總支社長，取得司法代書業務，台中壯丁團長。

賴雲祥（1888—？）東勢人，1912年畢業於愛知縣農林學校，造林1000多甲。

賴明弘（1909—1971），原名銘煌，豐原人，日本大學創作科肄業，1933年擔任《新高新報》漢文編輯主任，寫文學批評。1934年在台中召開「第一回全島文藝大會」，決議成立「台灣文藝聯盟」，發行機關雜誌《台灣文藝》，1935年離開「文聯」，加入楊逵成立的台灣新文學社。光復後，在三青團台中分團文運會任職，著有小說《夏》、《魔的力》等。

賴雨若（1878—1941），號壺仙，台南人，五品官、貢生賴世觀之子。中央大學法科、明治大學畢業，1904年通過日本普通文官考試，為台灣第一人，1923年通過辯護士考試，台人首位律師，在嘉義開業律師，1926年台南州協議會員，設義務私塾，免費講四書五經，詩人，戰後被國民黨政府旌為抗日烈士。

賴尚和（1899—1967），嘉義人，京都帝大醫學部醫學博士，任台北更生院醫生13年，協助杜聰明研究鴉片，樂生院院長，1946年任職台灣大學公共衛生研究所。著有《中國癩病史》等。

賴其廉，嘉義人，留日學醫，在嘉義開辦德馨醫院。

賴旺根，中央大學法學部畢業，和王金星同學，日本法務部長中伊佐次同學。

賴順生（1908—？），苗栗人，東京帝國大學畢業，1951當選首屆苗栗縣長。大成中學校長省黨部委員，「考試院考試委員」，國民黨第十、十一屆中委，教育廳副廳長，中央黨部副祕書長。

賴欽承（1918—？），台東人，富商、地主賴金木之子。武藏高等學校、羽田飛行學校畢業，台東縣警察局警察，二二八事變時堅守崗位，保守武器。

賴日生，台東人，富商賴阿傳五子，東亞醫學院畢業，抗戰時在青島做醫

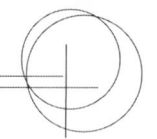

生，光復後回台東開泰和醫院。

賴月生，台東人，賴阿傳六子，留日學攝影，定居日本大阪。

賴琪茂，台東人，壯丁團長賴雙喜三子，在日本讀中小學，定居日本。

賴慶從（1916—？），羅東人，祖父教私塾，家庭富裕。東京神田學校，1939年23歲時因怕被日本人征夫而去日本讀書。

鄞秀琴，1940年前後在昭和醫專學習。

鄞建義（1928—），台北人，明治大學預科畢業，台灣日光燈股份有限公司北區營業部經理，該公司1954年3月創辦。

簡舜章（1922—？），士林人，慶應大學醫學部畢業，醫生。

簡罔市，桃園人，1940年去東洋女子齒科專門學校，桃園開業醫生。後移民美國。

簡奢兌（1921—？），1943年畢業於早稻田中學，高雄煉油廠，光復時參加獅子陣表示歡迎，廠自衛隊隊長，楊凱雄、周石為副隊長，在國民政府接收前，就組織保護廠子，二二八事變時被捕。

簡錫儀，高雄人，岩手醫學專校畢業，醫師考試合格。1957年7月高雄縣衛生院院長，後任衛生局長。

簡晉臣，台南人，中央大學法學部畢業，新竹縣大溪區署區長，1947年7月任竹南區署區長。1949年4月調任新竹縣政府自治指導員。

簡金卿（1928—），南投人，近畿大學肄業，省青果合作社理事，南投市信用合作社理事兼經理，縣農會十屆理事長，南投縣議會四、九屆議員，十、十一屆副議長。

簡金鐘（1901—？），屏東人，東京齒專畢業，醫生，1935年民選屏東市議員。

簡清榆（1912—？），雲林人，早稻田大學法學部畢業，高雄、屏東參議會祕書、主任祕書，在屏東減租政策有功，升台中縣地政科長，省地政局技正、

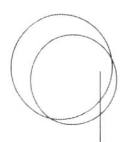

第三科科長，1972年升任地政局副局長，1975年升任局長。

簡萬銓，東京帝國大學畢業。

簡聯山，1943年前後留日，文學家。

蒲添生（1912—1996），嘉義人，畫家世家，19歲去日本深造，就讀川端畫學校，專攻素描，翌年進入日本帝國美術學校，1940年雕塑作品「海民」入選聖德太子奉贊展。和楊三郎等人籌組台陽美術協會。作品有蔣介石戎裝銅像、孫中山銅像、鄭成功銅像等。

詹萬金（1926—？），新竹人，橫濱共進工業專修學校，參加日軍。

詹清水（1919—？），早大附屬工礦冶科畢業，精聲電子實業副總經理，該公司1974年2月創辦，資本1000萬新台幣，電容器。

詹啟耀，嘉義人，東京醫學專門學校，1975年任嘉義縣衛生局長。

詹漢庚，彰化人，早稻田大學畢業，醫師考試合格，1946年8月任彰化市衛生院長，1950年10月改任彰化縣衛生院長。

詹鵬（1897—？），彰化人，東京帝國大學農業部畢業，自由職業者，競選首屆省議員。

詹添慶，大湖人，1928年進入東京醫專學習。

廖鐘脈（1912—？）台北人，東京農科大學肄業，蓬萊物產合資會社台北支店長，台北市參議員。

廖建策，日本大學畢業，台灣革命同盟會監委，工程師。

廖繼春（1902—1976），豐原人，東京美術學校圖畫師範科畢業，台南長老教中學教師，台南州立第二中學教師、代理校長，台中師範學校教師，參加議會設置請願運動，畫家。

廖春洋（1891—？）豐原人，日本醫專畢業，開潭子醫院。

廖貴登（1897—？），虎尾人，東京醫學專門學校畢業，嘉義醫院醫務囑

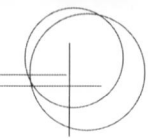

託，1915年在二侖莊開業。

廖朝镕，台中人，中央大學畢業，二二八事變時任台中市新民商工校長，《和平日報》社主任。

廖朝墩，日本音樂學校畢業。

廖德政（1920—？），神岡人，祖父廖乾三為富紳。1938年到1946年留日，川端畫學校、東京美術學校油畫畢業，教師，日據時期最後一位留日畫家。

廖裕紛（1897—？）台南人，東京簿記學校畢業，實業經營，1935年民選州會議員。

廖行貴（1907—？），台南人，1934年畢業於大阪帝大工學部，任職偽滿洲國交通部。1946年任高雄工業學校校長，找翁通楹任航空科主任。1947年2月17日接任高雄中學校長，接替被《國聲報》攻擊和學生罷課反對的原代校長李鐘淵，二二八事件後被開除。

廖啟川，南投人，早稻田大學政治科畢業，經地方黨外人士敦促，多次參加南投縣長選舉，政見發表會後，名聲大噪。1959年參加縣長選舉時因抨擊國民黨而被判刑。

廖秋和，埔里人，在日本讀中學，與林洋港同去東京。台灣電力公司職員。

廖英文，南投人，東京農業大學畢業，1968年8月—1973年2月任南投縣建設局長。

廖昆金，日本大學法律科畢業，1949年10月任北港區署區長。

廖坤福，號奎翔，第七高等學校、東京帝國大學法科畢業，高等文官考試行政科及格，總督府糧食局屬員。1960年10月任糧食局台東事務所長，台東縣管理處長。

廖學昆（1896—1961），西螺人，東京亞東學院畢業，大東信託株式會社董事，西螺街協，信用組合理事，地方自治聯盟評議員，戰後首任西螺鎮長，斗南建材公司董事。

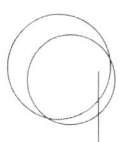

廖煥章，雲林西螺人，父親是大地主，廖文毅叔叔。京都帝國大學畢業，醫學博士，到上海行醫。

廖行生，西螺人，廖煥章之弟。1943年畢業於京都大學經濟部。

廖一雄，西螺人，廖文毅堂兄弟。醫學博士。

廖英雄，西螺人，廖文毅堂兄弟，生化博士。

廖溫仁（1893—1936），西螺人，父親廖承丕是雲林首富、台灣四大地主之一、保正、區長、街協、信用組合長。廖文毅大哥。東北帝大醫學部，京都大學文學部，醫學博士，留在京都，研究東洋腳氣病，曾援助過台灣抗日義士。著有《中國中世醫學史》。

廖文奎（1905—1952），原名溫魁，西螺人，廖文毅二哥。京都同志社中學畢業，芝加哥大學社會學博士，香港政治大學教授，1946年9月與廖文毅創辦《前鋒》雜誌，批評時政，提出台灣自治乃至台灣獨立的構想，把《左傳》翻譯成英文，被美國一些大學用為教科書。著有《台灣何去何從？》、《人生哲學之研究》等。陳立夫的《唯生論》也出自其手筆。

廖文毅（1910—1986），原名溫毅，西螺人，京都同志社大學中學部，浙江大學教授，1946年3月任台北市公用事業管理處長，創辦《前鋒》雜誌，宣傳聯省自治，參選國民參政員、「制憲國代」都失敗，二二八事變時到南京請願，主張廢除行政長官公署而遭通緝，1950年潛赴日本成立台灣民主獨立黨，1955年9月成立「台灣臨時國民議會」，1956年2月28日成立「台灣共和國臨時政府」，自任「大統領」，創設機關報《台灣民報》，1965年5月放棄台獨立場回台，獲得特赦。著有《台灣的糖業》、《軍需工業論》等。

廖溫正，西螺人，廖文毅四弟，同志社大學畢業。

廖溫進，西螺人，廖文毅五弟，明治大學商科畢業。

廖春葉，西螺人，廖文毅姐妹。

廖玉梅，西螺人，廖文毅姐妹。

廖史豪（1923—？），西螺人，廖文毅侄子。京都錦林小學、同志社中學、立教大學畢業，1941年1月徵入日軍砲兵，與李登輝同屬於高射12期，從事台獨活動被判刑。

廖金順，日本大學法科，法院司法官，光復後任職於台電醫院。

顏敏卿，彰化人，早稻田大學畢業，1946年在東北參加國民黨軍隊，陣亡。

顏欽賢（1901—1983），字學淵，基隆人，大實業家顏雲年之子。立命館大學經濟、早大經濟畢業，1935年當選民選台北州協議員。戰後，台陽合金工業股份有限公司董事長，「國大代表」，工商協進會會員，國際扶輪社社員，省議員，省府委員。

顏德馨（1919—？），台北人，明治大學經濟系畢業，三陽金屬股份有限公司董事長，該公司1965年8月創辦，資本1.2億元新台幣，員工604人。

顏朝元（1922—？），明治大學畢業，樂得電子工業總經理，省煤業調節委員會處長。

顏秋山，台中人，日本昭和醫專畢業，1945年11月省立台東醫院院長。

顏水龍（1903—1997），台南人，東京美校西畫科畢業，參與赤島社，後留法。光復後，任職於台南工專，1956年任台灣手工業推廣中心設計組長。

顏春暉，京都帝大醫科，台北市衛生處長。

顏春芳（1901—？），春風，台南人，父親顏振聲是醫生，1925年畢業於明治大學法學部，1932年歸創台南市共榮建築組合，市協，1935年民選市會議員，1939年官選議員，1940年台南信用組合理事。

顏春和，台南人，顏春芳三弟，明治大學法科畢業。

顏春霖，台南人，顏春芳五弟，學醫。

顏春聯，台南人，顏春芳六弟，學醫。

顏滄海，基隆人，顏國年長子，慶應大學法學部畢業，台灣銀行董事，基隆

碳礦公司董事，台陽礦業、海山輕鐵等公司董事。

顏滄浪（？—1946），基隆人，顏國年四子，1941年畢業於東京帝國大學，高等文官考試及格。

顏滄溟，顏國年五子，明治大學商學，任職於中台礦業公司、台北客運公司。

顏滄江（1923—1943），基隆人，顏國年六子，明治大學商科畢業。

顏朝邦（1918—1995），基隆人，顏國年七子。1941年畢業於東京工業大學電氣科，1942年進入台灣電力公司，1968年與日本新東工業公司合資創立台灣新東機械公司，台灣地區機器工業公會常務理事，台灣科學振興會幹事長，百利達董事長，樂得電子公司董事長。《台灣科學》雜誌編輯。

顏德潤（1905—1979），基隆人，顏雲年之子。小學、中學、京都立命館大學法科畢業，任職於隆德工業公司和大德建設公司。妻子藍綿綿。

顏德修（1907—1991），基隆人，顏雲年之子，1930年畢業於立命館大學經濟科，參加家族企業經營。

顏梯子，基隆人，顏欽賢之妹，陳逸松妻，女子大學畢業。

顏梅（1907—1994），基隆人，顏國年之女。東京礫川小學、東京第一高等女校、女子大學畢業。日語教師，授課不領薪，喜歡創作日語「短歌」。1910年顏雲年在小石川區購公館，捐2萬元給京都立命館大學，子弟多畢業自該校。著有《生涯始末記》、《運命》、《兩個祖國》等。

闞文仁（1922—？），雲林人，東京農業大學農化系畢業，味王股份有限公司廠長。

蔡彩雪，東京女子醫專畢業，謝春木之妻。

蔡溪（1897—？）教會資助留學。

蔡智堪（1888—1955），原名扁，苗栗人，早稻田大學畢業，在日經商，來往於日本南洋間。因岳父林英初與陳少白往來甚密，受陳影響加入興中會，祕

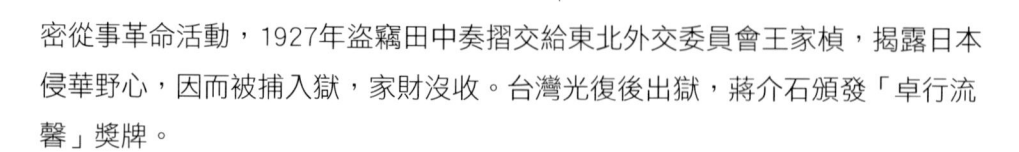

密從事革命活動，1927年盜竊田中奏摺交給東北外交委員會王家楨，揭露日本侵華野心，因而被捕入獄，家財沒收。台灣光復後出獄，蔣介石頒發「卓行流馨」獎牌。

蔡培火（1889—1983），字峰山，北港人，1920年畢業於東京高等師範理科二部，兄長因抗日被捕。林獻堂資助留日，結識日本開明派政治人物，台灣文化協會重要領導人之一。光復後，參加台灣黨務工作，1947年當選「立委」，「行政院政務委員」，「國策顧問」，國民黨中央評議委員。

蔡淑慧，北港人，蔡培火女兒。東京帝國高等音樂學院畢業。

蔡瑟琴，1926年參加東京台灣青年會。

蔡某某，台南人，蔡培火之子，與高俊明一起去日本。

蔡繡鸞，台中人，廖史豪母親，清水望族出身，蔡惠如姪女，楊肇嘉外甥，蔡梅溪之妹。同志社大學英文科畢業。

蔡玉麟，台北人，明治大學畢業，參加新民會、台灣議會設置請願運動，《台灣青年》編輯。

蔡某某，醫生之子，蔡娩大哥。同志社中學畢業，任職神學院。

蔡桂林，台北人，九州大學醫學院畢業，九州大學醫學部教師，台灣大學教師。

蔡鹹明，台北人，日本大學醫學博士，台北保健館防治組主任，台北縣立結核病防治所所長。

蔡章麟（1908—1988），號麟書，萬華人，1934年畢業於東京帝國大學法學部大學院，大阪地方法院推事，高等文官考試行政司法科合格。光復後，台灣行政長官公署法制委員會委員，台灣省府參議，台灣大學訓導主任，「司法院」第一屆「大法官」。著有《民事訴訟法》、《論誠實信用原則》、《民事訴訟法》、《論誠實信用原則》等。

蔡章獻（1923—？），台北人，在山本一清博士的天文台研習天文，1943

年隨日軍到安徽。1947年回台任氣象局技佐，中山堂天文台，著有《天文名詞對照》等。

蔡友土（1932—），尾道經濟專門學校畢業，板橋鎮農會、台北縣農會、省農會理事長，國民黨中委，「立委」。

蔡天賜，明治學院肄業，1946年轉入台北法商學院，二二八事件時參加對抗國軍的忠義隊，後被判刑。

蔡玉香，高雄人，京都同志社高等女校畢業，丈夫曾維成1955年被殺。

蔡芳太（1924—？），高雄人，日本理工大學畢業，豐國水產公司、豐國造船公司總經理，該公司1965年創辦。

蔡耀明（1928—），高雄人，在第六海軍燃料廠技工養成所學習3年，東寶工業股份有限公司董事長，該公司1972年2月創辦，資本2000萬新台幣，員工251人。

蔡先於（1893—1950），大甲人，1921年畢業於明治大學，1927年通過高等文官考試司法科考試，1929年返台，參加新民會、台灣議會期成同盟會，台灣文化協會理事，1935年官選台中市議會議員。1946當選首屆台中縣參議會副議長，省參議員。

蔡漢基（1920—？），高等官蔡伯毅之子，東京帝大醫學部畢業。

蔡梅溪，清水人，東京商科大學畢業，清水街協議員，特別著力於日台的融合。

蔡伯汾（1894—？），台中人，字光展，生員、參事、區長、市協蔡蓮舫之子。東京帝國大學法學部英法科，《台灣青年》編輯。日本司法省判事、法官，律師。光復後仍為律師，台北市律師公會理事長。

蔡槐墀，台中人，父親蔡敏庭為區長、街協、輕便鐵路董事和製冰廠廠長。法政大學畢業，到南京。

蔡炳耀，大甲人，生員、富豪、區長蔡惠如長子，在東京讀小學、中學、大

學。

蔡敦曜，大甲人，蔡惠如次子，1912年到東京讀書，《台灣青年》編輯。

蔡珍曜（1912—？），大甲人，蔡惠如三子，在東京讀中學，《台灣青年》編輯。

蔡景軾，清水人，蔡惠如堂姪。中學、中央大學法律系畢業，大甲郡役所工作，高雄市參議會祕書。

蔡錫琴，台中人，慶應大學醫學部畢業，1946年7月任新竹醫院長。

蔡坤燦，日本岐埠縣陸軍航空整備學校奈良教育隊，李登輝好友。

蔡愛義，台南人，醫生蔡得一之子，大阪醫科大學畢業，醫生。

蔡丁贊（1908—？），市議員蔡喜樹之子。昭和醫專畢業，醫生，1950年後任市議員，副議長，「二二八事件處理委會員」委員，入獄7個月。

蔡龍（1924—？），台南人，東京名教中學畢業，乃霖中學同學6人同時去日留學。

蔡西坤（1915—？），台南人，黃欣三女婿。京都帝大法律系畢業，任職於偽滿洲國錦州省警務處。1946年回台，台大法律系教授，檢察官，因不滿國民黨而轉任律師，晚年主張台獨。

蔡壽山，嘉義人，日本齒科大學畢業，1947年9月—1948年6月任嘉義市衛生院長。

蔡鵬飛（1908—？），嘉義人，京都帝大農林經濟系畢業，二二八事變時任嘉義農校代理校長，參加二二八事件處委會，主張保護外省人，主張和平。

蔡少庭，豪農、區長、街協蔡然標之子，東京大成中學，經營實業。

蔡德本（1925—？），樸子人，在日本讀中學，小學教師、中學英文教師，1946年在台灣師院英語科讀書，推動閩南語戲劇活動，1954年被關13個月。著有《台灣蕃薯仔》。

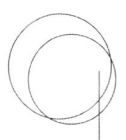

蔡陽明，樸子人，醫生蔡超長子，名古屋醫科大學，醫生。

蔡陽輝，樸子人，蔡超之次子，1939年進入慶應大學，醫學博士。

蔡陽昆（1921—？），樸子人，蔡超三子，慶應大學醫學部，倫敦大學醫學博士，1946年5月與慶應大學四校友一起入宜蘭醫院，3年後轉台南外科醫院，基督教長老教會長老。

蔡團圓，澎湖人，藥專畢業，與許整景一起接收日軍的醫療器材，縣議會副議長。

蔡繼琨，彰化人，東京藝術大學畢業，1945年12月任公署交響樂團團長。

蔡能（1918—？），字宜達，鹿港人，產能大學畢業，隆乙、隆有、國豐三家公司董事長，1982年出任台灣紙業公司總經理，台灣區鰻魚輸出公會理事長，參加國際同濟會。

蔡枞，員林人，1928年進入東京醫專學習。

蔡鹹陽，苗慄人，東京醫學專門學校畢業，1954年9月任苗栗衛生院長，1961年7月任苗栗衛生局長。

蔡炳煌，基隆人，日本醫學專門學校畢業，1960年任省府委員。

蔡星穀（1888—？），基隆人，日本醫專畢業，醫生，區長，保正，1935年民選基隆市會議員。

蔡英俊，基隆人，日本齒科醫學專校，1961年12月任基隆市立醫院院長。

蔡式谷（1884—1951），號春圃，新竹人，明治大學法科，中央大學高等研究科畢業，1916年任高砂青年會會長，1923年律師考試合格，在台北市開業律師。台灣文化協會、台灣民眾黨、台灣地方自治聯盟主要幹部。1935年11月當選台北市會民選議員。光復後，台北市政建設委員會委員，省文獻委員會編纂等。

蔡阿信（1896—1989），新竹人，1920年畢業於東京女子醫專，1921年任職台北醫院，1924年在台北市開設婦產科醫院，1926年在台中開設清信醫院，

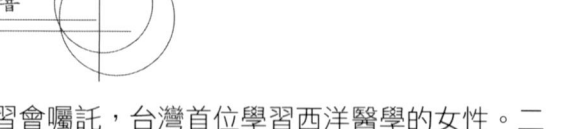

丈夫彭英華，台中州街莊吏員、講習會囑託，台灣首位學習西洋醫學的女性。二二八事件中受到衝擊，1953年定居加拿大。

蔡瑞唐（1912—？），北港人，名醫蔡培波之子。日本大學畢業，台電株式會社、台電協理，1945年10月參與接管台電，負責台北區電務工作。

蔡清霖，屏東人，日本醫學院畢業，高雄州廳高等官，醫生。姐夫曾豐明二二八事件時被殺。二二八事變後和弟弟等移民日本。

蔡瑞月（1921—），台南人，石井漠舞蹈體育學校畢業，舞蹈家。拜石井漠為師研究芭蕾，畢業後再隨石深造。1946年回台，1947年在台北創設「蔡瑞月舞蹈研究社」。她是台灣現代舞最早創始者。創作台灣第一齣大型舞劇，首開台灣芭蕾舞風氣。

蔡淑媛，石井舞蹈體育學校畢業。

蔡香吟，東洋音樂學校畢業。

蔡添火，1940年畢業於駒澤大學佛專科。

（林）蔡卿卿（1919—？），台北人，千代田女子專校畢業，台豐建設股份有限公司董事長，該公司1964年8月創辦，大樓租售，資本7000萬元新台幣，員工5人。

蔡國禮，台南人，留學日本學醫，醫生，1950年因參加所謂叛亂組織「麻豆支部」被捕殺。

潘光楷，台北人，1945年11月17日代理七星郡守，隨即改為七星區署區長。1946年1月調任新莊郡守。

潘以宏，台北人，京都帝國大學畢業，醫學博士，台大教授，著有《木材微生物學及免疫學》。

潘錦淮，新竹人，日本大學畢業，1947年4月底暫代新竹縣中壢區署長，1950年7月卸任。

潘建成，高雄人，日本產業能率短期大學，高雄縣民政局長，縣政府行政室

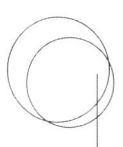

主任。

潘作宏，高雄人，東京東海大學電氣科畢業，參加朱昭陽、謝國城組織的新生台灣建設研究會，1946年2月回台任教高雄工業學校，後到台灣水泥公司任職。

潘家欽，高雄人，高雄州會議員潘致祥之子，慶應大學第一名畢業，日本輕銀會社會計課長，高雄區中小企業銀行經理，二二八事變時被通緝。妻子黃端華。

潘家耀，高雄人，潘家欽二弟，日本齒科大學，醫師。

潘家棟，高雄人，潘家欽三弟，慈惠醫科大學畢業，哈佛大學醫學院教授。

潘家澤（1926—1947），慶應大學肄業，1946年回台灣轉入台北高等商校，二二八事變時參加忠義服務隊，和傅少墩、蔡天賜為台大法商學院學生代表，失蹤。

潘貫，台南人，東北帝國大學，理學博士，台北大學化學系主任、理學院長，「中研院士」。

潘春源（1891—1972），台南人，留日學習繪畫。

潘木枝（1902—1947），嘉義人，出身武師家庭。1932年東京醫專畢業，大學畢業後在東京長谷川醫院實習三年，1935年回嘉義開設向生醫院，名醫。1946年4月當選首屆嘉義市參議員，副議長，二二八事變時被殺。

薛國樑（1917—？）高雄人，中央大學法學部、明治大學法學部畢業，在日本經商，東京中華學校副理事長，「行政院僑務委員」，1989年12月東北亞地區僑選「立委」。

戴良慶，高雄人，明治大學商學部畢業，高雄縣議會議長，1964年當選高雄縣長。

戴明福（1908—1992），台東人，傳教士之子。金川中學、廣島師範學校畢業，長榮中學教師，台灣數學教育三大泰之一，1944年任宜蘭中學教務主

任，1945年12月奉台東縣接管委員會之命接收省立台東中學，1946年2月任校長。

戴坤明，彰化人，東京農業大學畢業，1949年6月任台中縣建設局長。

戴炎輝（1909—1992），屏東人，東京帝國大學法學博士，中國法制史專家，以《唐律通論》一書獲得博士學位，1936年通過高等文官考試司法科，高雄執業律師，皇民奉公會高雄州支部總務班主事，高雄縣潮州郡郡守，高雄地方法院推事。光復後，台大法學院教授，「司法院大法官」，「司法院副院長、院長」，「總統府資政」，國民黨中央評議會主席團主席。著有《清代台灣之鄉治》，聯經出版事業公司1992年出版。

魏上春，1932年在東京從事文學活動。

魏廷寬，桃園人，早稻田大學畢業，桃園縣民政局長，縣政府行政室主任。

魏火曜（1908—1995），新竹人，台灣合會儲蓄公司總經理魏清德之子，東京帝國大學醫學博士，1945年在東京參加新生台灣建設研究會，台大小兒科主任兼醫學院長，1981年當選台北市選舉委員會委員，「行政院國科委員」。

魏炳炎，新竹人，魏火曜弟，1943年畢業於東京帝大醫學博士，1945年11月任嘉義醫院院長，台大教授兼婦產科台大醫院院長。著有《生育與節育》。

魏順治（1917—？），台南人，獸醫專科學校畢業，泰億股份有限公司總務部總經理，該公司1972年7月創辦，資本750萬新台幣，員工315人，製鞋業。

魏全城（1930—），台南人，日本初五畢業，鳳記鐵工廠董事長，該工廠1953年9月創立，資本1000萬新台幣，員工135人，經營鐵工、機械。

魏登賢，南投人，東京醫科大學，或說京都大學畢業，1948年醫師考試合格，1958年10月任南投縣衛生院長、衛生局長，台北縣衛生局長。

魏綸洲（1921—？），苗慄人，日本大學畢業，《新生報》董事長，1955年當選苗栗縣議員，1958年當選縣議長，兼任縣黨部委員，1968年當選省議員，1972年任省議會副議長。

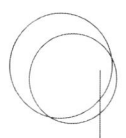

# 參考文獻

[1]ClaudeGeoffroy著：《台灣獨立運動——起源及1945年以後的發展》，台北：前衛出版社，1997年。

[2]Lande，Carl H著：「Introduction：The Dyadic Basis of Clientelism．」California：UniversityofCaliforniaPress．1977年。

[3][日]升味準之輔著：《日本政治史》（第一、二、三、四冊），北京：商務印書館，1997年。

[4][日]豬口孝著、賴郁君譯：《日本經濟大國的政治運作》，台北：月旦出版社，1995年。

[5][日]若林正丈著、洪金珠、許佩賢譯：《台灣分裂國家與民主化》，台北：月旦出版社，1994年。

[6][日]吉田莊人著、彤雲譯：《從人物看台灣百年史》，台北：武陵出版有限公司，1998年。

[7][日]實藤惠秀著：《中國人日本留學史》，東京：1960年。

[8]王詩琅譯註：《台灣社會運動史——文化運動》，台北縣：稻鄉出版社，1995年。

[9]鄧孔昭編：《二二八事件資料集》，台北：稻鄉出版社，1991年。

[10]台灣省文獻委員會編：《台灣近代史（社會篇）》，1995年。

[11]台灣省文獻委員會編：《台灣近代史（政治篇）》，1995年。

[12]台灣省文獻委員會編：《台灣近代史（文化篇）》，1995年。

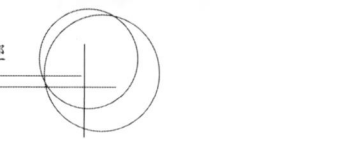

[13]台灣省文獻委員會編：《重修台灣省通志》，卷七《政治志》，選舉罷免篇，1992年。

[14]台灣省文獻委員會編印：《二二八事件文獻輯錄》，1991年。

[15]台灣省文獻委員會編印：《二二八事件文獻補錄》，1994年。

[16]台灣省文獻委員會編印：《二二八事件文獻續錄》，1992年。

[17]台灣省文獻委員會編：《抗戰與台灣光復史料輯要》，南投市：台灣省文獻委員會印，1995年。

[18]台灣省文獻委員會編：《重修台灣省通志》，卷八《職官志》，文職表篇武職表篇，1993年。

[19]台灣省文獻委員會：《台灣近代史（政治篇）》，1995年。

[20]《台灣史研究會論文集》第二集，台北：台灣史研究會出版，1990年。

[21]葉榮鐘著、李南衡編：《台灣人物群像》，台北：帕米爾書店，1985年。

[22]司馬嘯青：《辜振甫家族》，台北：玉山社，1998年。

[23]劉國深著：《當代台灣政治分析》，九州出版社，2002年。

[24]「行政院」研究二二八事件小組編：《柯遠芬暨彭孟緝回憶錄》，台北：1992年。

[25]「行政院」研究二二八事件小組編：《附錄二——重要口述歷史（一）》，台北：1992年。

[26]「行政院」研究二二八事件小組編：《附錄二——重要口述歷史（二）》，台北：1992年。

[27]許雪姬訪問：《日治時期在「滿洲」的台灣人》，台北：「中央研究院」近代史所，2002年。

[28]許雪姬、方惠芳、吳美惠等：《高雄市二二八相關人物訪問紀錄》

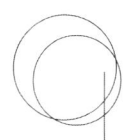

（上、中、下），台北：「中央研究院」近代史所，1995年。

[29]許雪姬等：《藍敏先生訪問紀錄》，台北：「中央研究院」近代史研究所，1995年。

[30]許雪姬訪問：《柯台山先生訪問紀錄》，台北：「中央研究院」近代史所，1997年。

[31]許雪姬、呂芳上、黃克武等訪問：《戒嚴時期台北地區政治案件口述歷史》第一輯，台北：「中央研究院」近代史所，1999年。

[32]許埏著：《許丙許伯埏回憶錄》，台北：「中央研究院」近代史研究所，1996年。

[33]朱江淮口述、朱瑞墉整理：《朱江淮回憶錄》（上）、（下），台北：朱江淮文教基金會，2003年。

[34]朱江淮口述、朱瑞墉整理：《朱麗傳》，台北：朱江淮文教基金會，2004年。

[35]莊永明著：《台灣名人小札（一）》，台北：自立報社出版部，1989年。

[36]任育德著：《雷震與台灣民主憲政的發展》，台北：政治大學歷史學系，1999年。

[37]李世杰著：《台灣共和國臨時政府大統領廖文毅投降始末》，台北：自由時代出版社，1988年。

[38]李登輝著：《終戰前後兩個時代的台灣文化比較》，《台灣史料研究》，2002年第19號。

[39]李達編著：《台籍將領總檢閱》，香港：廣角鏡出版社有限公司，1988年。

[40]李睦編著：《台籍當今紅人》，香港：群倫出版社，1988年。

[41]李筱峰著：《二二八消失的台灣精英》，台北：自立晚報社出版部，

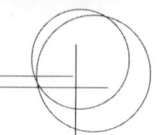

1990年。

[42]李筱峰著:《快讀台灣史》,台北:玉山社,2002年。

[43]李筱峰、劉峰松合著:《台灣歷史閱覽》,台北:自立晚報社出版部,1996年。

[44]李筱峰著:《林茂生陳炘和他們的時代》,台北:玉山社出版公司,1996年。

[45]李筱峰、莊天賜編:《快讀台灣歷史人物(二)》,台北:玉山社,2004年。

[46]李筱峰著:《台灣戰後初期的民意代表》,台北:自立晚報社出版部,1993年。

[47]李慶恭著:《台南幫世紀》,台灣:派色文化出版社,1994年。

[48]李明輝編:《李春生的思想與時代》,台北:正中書局,1995年。

[49]李祖基編:《二二八事件報刊資料彙編》,台北:海峽學術出版社,2007年。

[50]李祖基主編:《台灣研究25年精粹——歷史篇》,北京:九州出版社,2005年。

[51]李翼中著:《帽簷述事》,《二二八事件資料選輯(二)》,台北:「中央研究院」近代史所,1992年。

[52]李敖編著:《二二八研究》,台北:李敖出版社,1989年。

[53]吳三連口述、吳豐山撰記:《吳三連回憶錄》,台北:自立晚報出版部,1991年。

[54]吳新榮著:《吳新榮回憶錄》,台北:前衛出版社,1989年。

[55]吳新榮著:《震瀛回憶錄》,台灣: 琅山房發行,1977年。

[56]吳文星著:《鹿港鎮志·人物篇》,台灣:鹿港鎮公所,2000年。

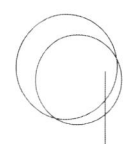

[57]吳文星：《日據時期台灣社會領導階層之研究》，正中書局，1992年。

[58]吳濁流著、林衡哲編：《無花果——台灣七十年的回想》，台北：前衛出版社，1988年。

[59]吳三連、蔡培火、葉榮鐘等著：《台灣民族運動史》，台北：自立晚報社出版部，1990年。

[60]吳敦義著：《高雄市發展史》，高雄市文獻委員會編印，1995年。

[61]時報雜誌編輯部：《台灣地方勢力分析》，台北：時報文化出版，1985年。

[62]應大偉：《台灣人檔案（之一）》，台北：創意力文化事業有限公司，1995年。

[63]余陳月瑛著：《余陳月瑛回憶錄》，台北：時報文化出版部，1996年。

[64]鄒律著：《頑將風雲榜》，大禹出版社，1988年。

[65]蘇　崇主編：《最後的台灣總督府（1944—1946年終戰資料集）》，台北：晨星出版社，2004年。

[66]蘇進強著：《風骨嶙峋的長者——蔡培火傳》，台北：近代中國出版社，1990年。

[67]蘇新著：《未歸的台共鬥魂——蘇新自傳與文集》，台北：時報文化出版公司，1993年。

[68]蘇進添著：《日本保守政治剖析》，台北：致良出版社，1992年。

[69]張炎憲、黎光中、胡慧玲：《永不止息的等待——陳炘遺屬訪問錄》，《台灣史料研究》，1998年第12號。

[70]張炎憲、高淑媛：《一位老台共的心路歷程——莊春火訪問記錄》，《台灣史料研究》，1993年第2號。

[71]張炎憲、曾秋美：《一個時代的遊俠：劉明——劉心心口述歷史記

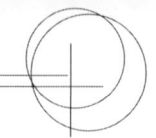

錄》,《台灣史料研究》,2002年第19號。

[72]張炎憲、李筱峰、莊永明著:《台灣近代名人志》,第二冊,台北:自立晚報出版部,1987年。

[73]張炎憲、陳美蓉、黎中光編:《台灣史與台灣史料(二)》,台北:吳三連基金會,1995年。

[74]張良澤編:《吳新榮日記(戰前)(戰後)》,台北:遠景出版社,1981年。

[75]張勝彥著:《鹿港鎮志·政事篇》,台灣:鹿港鎮公所,2000年。

[76]張崑山、黃政雄主編:《地方派系與台灣政治》,台北:聯合報社出版社,1996年。

[77]陳鳴鐘、陳興唐主編:《台灣光復和光復後五年省情》(上)、(下),南京出版社,1989年。

[78]陳明通著:《派系政治與台灣政治變遷》,台北:新自然主義股份有限公司,2001年。

[79]陳逸松著:《陳逸松回憶錄》,台北:前衛出版社,1994年。

[80]陳三井、許雪姬訪問,楊明哲記錄:《林衡道先生訪問記錄》,台北:「中研院」近代史所,1992年。

[81]陳三井著:《台灣近代史事與人物》,台灣:商務印書館,1988年。

[82]陳三井著:《台北市發展史》第一冊,台北市文獻委員會,1986年。

[83]陳芳明編:《台灣戰後史料選——二二八事件專輯》,台北:自立晚報出版部,1991年。

[84]陳芳明編:《楊逵的文學生涯》,台灣出版社,1986年。

[85]陳翠蓮著:《派系鬥爭與權謀政治——二二八悲劇的另一面相》,台北:時報出版社,1995年。

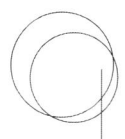

[86]陳世宏、周琇環編註：《組黨運動——戰後台灣民主運動史料彙編（二）》，台北：「國史館」，2000年。

[87]陳榮儒編著：《FAPA與國會外交（1982—1995）》，台北：前衛出版社，2004年。

[88]陳小衝著：《日本殖民統治台灣五十年史》，北京：社會科學文獻出版社，2005年。

[89]中國社科院台灣研究所資料室編：《台灣工商名人錄》，北京：時事出版社，1988年。

[90]林仁川著：《大陸與台灣歷史淵源》，上海：文匯出版社，1991年。

[91]林勁著：《台獨研究論集》，台北：海峽學術出版社，1993年。

[92]林忠勝撰、朱昭陽口述：《朱昭陽回憶錄》，台北：前衛出版社，1994年。

[93]林中偉、林明河等著：《名人在台中》，台灣：荷風出版社，1990年。

[94]林衡哲編著：《二十世紀台灣代表性人物（一）》，台北：望春風文化事業有限公司，2002年。

[95]林木順著：《台灣二月革命》，台北：前衛出版社，1990年。

[96]林金莖著：《戰後中日關係之實證研究》，台北：「中日關係研究會」，1984年。

[97]林德龍輯著：《二二八官方機密史料》，自立晚報文化出版部，1992年。

[98]楊肇嘉著：《楊肇嘉回憶錄（一）》，台北：三民書局，1978年。

[99]楊玉齡著：《一代醫人杜聰明》，台北：天下遠見出版股份有限公司，2002年。

[100]周琇環、陳世宏主編：《組黨運動——戰後台灣民主運動史料彙編

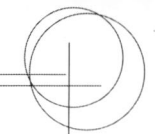

（二）》，台北：「國史館」，2000年。

[101]施懿琳著：《吳新榮傳》，台灣省文獻委員會，1999年。

[102]施明雄著：《台灣人受難史》，前衛出版社，1998年。

[103]施正鋒著：《台灣民族正義》，台北：前衛出版社，2003年。

[104]前衛出版社編：《「台灣論」風暴》，台北：前衛出版社，2001年。

[105]歐素瑛編：《地方自治與選舉——戰後台灣民主運動史料彙編（五）》，台北：「國史館」，2001年。

[106]郭惠娜、林衡哲編：《郭雨新紀念文集》，台北：前衛出版社，1988年。

[107]徐博東著：《民進黨研究——大陸學者眼中的民進黨》，台北：海峽學術出版社，2003年。

[108]徐博東著：《透析台灣民進黨》，台海出版社，2003年。

[109]翁佳音譯：《台灣社會運動史——勞工運動右派運動》，台北：稻鄉出版社，1992年。

[110]真相研究小組：《二二八事件責任歸屬研究報告》，台北：財團法人二二八事件紀念基金會，2006年。

[111]黃朝琴著：《朝琴回憶錄》，台北：龍文出版社，2001年。

[112]黃富三、許雪姬等：《口述歷史》第四期，台北：「中央研究院」近代史所，1993年。

[113]黃富三主持：《台北市歷屆市長議長口述歷史》，台北市文獻委員會，2001年。

[114]黃順興著：《走不完的路——黃順興自述》，台北：自立晚報社文化出版部，1990年。

[115]黃靜嘉著：《春帆樓下晚濤急》，台灣：商務印書館，2002年。

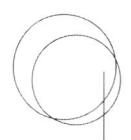

[116]黃武東著：《黃武東回憶錄——台灣長老教會發展史》，台北：前衛出版社，1988年。

[117]黃武忠著：《台灣作家印象記》，台北：眾文圖書公司印行，1984年。

[118]黃武忠著：《日據時代台灣新文學作家小傳》，台北：時報文化出版社，1980年。

[119]黃旭初著：《台灣的天空——名人開講選集（2）》，台北：月旦出版公司，1993年。

[120]黃敦涵編著：《翁俊明烈士編年傳記》，台北：正中書局印行，1977年。

[121]黃俊杰著：《台灣意識與台灣文化》，台北：正中書局，2000年。

[122]黃頌顯著：《台灣與日本關係史新論》，台北：海峽學術出版社，2003年。

[123]游鑑明、吳美惠等：《走過兩個時代的台灣職業婦女訪問紀錄》，台北：「中央研究院」近代史所，1998年。

[124]崔之清主編：《當代台灣人物辭典》，河南人民出版社，1994年。

[125]謝漢儒著：《早期台灣民主運動與雷震紀事——為歷史留見證》，台北：桂冠圖書股份有限公司，2002年。

[126]謝雪紅口述、楊克煌筆錄：《我的半生記》，1997年。

[127]謝東閔著：《歸返——我家和我的故事》，台北：聯經出版事業公司，1988年。

[128]謝國興、陳逢源著：《亦儒亦商亦風流（1893—1982）》，台北：允晨文化有限公司，2002年。

[129]謝國興著：《府城紳士——辛文炳和他的志業》，台北：南天書局出版，2000年。

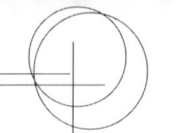

[130]謝深山監修、續修：《花蓮縣誌·歷史篇》，花蓮縣政府，2006年。

[131]彭明敏著：《自由的滋味——彭明敏回憶錄》，台北：前衛出版社，1989年。

[132]編輯小組編：《台灣一百位名人傳》，台北：力行出版社，1984年。

[133]編輯委員會：《口述歷史：二二八事件專號》，台北：「中央研究院」近代史研究所，1992年。

[134]新華社香港分社：《台灣人物》，1980年。

[135]賴澤涵總主筆：《二二八事件研究報告》，台北：時報出版社，1994年。

[136]熊鈍生主編：《中華民國當代名人錄（四）》，台灣：中華書局，1979年。

[137]熊鈍生主編：《中華民國當代名人錄（五）》，台灣：中華書局，1985年。

[138]廖娟秀、葉翠芬：《胡龍寶傳》，台北：月旦出版社，1992年。

[139]廖忠俊著：《台灣地方派系及其主要領導人物》，台北：允晨文化公司，2001年。

[140]蔡平立編著：《澎湖通史》，台北：眾文圖書股份有限公司，1979年。

[141]蔡培火著：《日據時期台灣民族運動》，《台灣文獻》第16卷第2期，1965年，第171頁。

[142]臧士俊著：《戰後日、中、台三角關係》，台北：前衛出版社，1997年。

[143]薛化元主編：《台灣歷史年表·終戰篇I（1945—1965）》，台北：業強出版社，1993年。

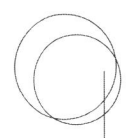

[144]薛化元主編：《台灣歷史年表·終戰篇Ⅱ（1966—1978）》，台北：聯經出版社，1990年。

[145]戴國輝、葉藝藝著：《愛憎二二八》，台北：遠流出版社，1992年。

[146]戴寶村編：《台灣全志——卷十職官志文職表》，台北：「國史館」台灣文獻館，2004年。

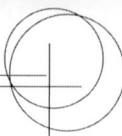

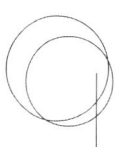

# 後記

這本書是由我的博士論文修改、擴充而成的。2004年到2007年我在廈門大學台灣研究院，跟隨林仁川先生攻讀中國近現代史專業的博士，在寫作博士論文過程中，除了得到林仁川先生的悉心指導之外，還受教於周翔鶴、李祖基、鄧孔昭、陳小沖等教授。同時，還得到台灣研究院院長劉國深、書記游澤民，以及全院其他老師和同學們的真誠幫助。因人數太多，不再一一列舉他們的姓名。

在修改本書過程中，得到北京聯合大學副校長馮虹，台灣研究院名譽院長唐樹備，院長徐博東、劉紅，譚文叢，副院長劉文忠，所長陳文壽等領導的鼓勵、指導，在此表示感謝。

在本書即將出版之際，我想到了培養我的父母李文通、高蘭英及岳父母林壽山、吳文靜，以及支持我讀書的妻子林璐；我也想到了帶我走上學術道路的周新國、華國樑、劉立人、許衛平等老師，衷心感謝他們。

本書的責任編輯祝松是研究台灣問題的內行，聰明敬業，竭力編輯本書繁瑣的細節，在這裡表達敬意和感謝！

李躍乾，於北京天通苑

[1]台北,《中國時報》,2000年3月25日,第一版。

[2]沈殿成著:《中國人留學日本百年史1896—1996》(上冊),瀋陽,遼寧教育出版社,1997年,第1頁。

[3]林仁川著:《大陸與台灣的歷史淵源》,上海,文匯出版社,1991年,第204頁。

[4]台灣省文獻委員會編:《重修台灣省通志》卷六,台北,1993年,第156頁。

[5][日]矢內原忠雄著:《日本帝國主義下的台灣》,台灣,1964年,第108頁。

[6]沈殿成著:《中國人留學日本百年史1896—1996》(上冊),瀋陽,遼寧教育出版社,1997年,第20頁。

[7]台灣總督府文教局編:《台灣總督府學事年報》,1907年、1912年、1918年。

[8]游鑒明:《日治時期台灣學校女子體育的發展》,台灣「中研院」:《近代史研究所集刊》,2000年,第47頁。

[9]葉榮鐘著、李南衡編:《台灣人物群像》,台北,帕米爾書店,1985年,第237頁。

[10]趙永茂著:《台灣地方政治的變遷與特質》,台北,月旦出版社,1996年,第13頁。

[11]卓遵宏、林秋敏訪問記錄:《林衡道先生訪談錄》,台北,「國史館」,1996年,第164頁。

[12]國家神道:日本民族宗教神道教同國家權力相結合,被賦予特權。它宣傳以日本為中心的「神國」思想,稱天皇是「現人神」,是萬世一系的神聖統治者,是軍國主義精神支柱之一,1945年12月被禁止為國教。

[13][日]豬口孝著:《寫給中文版序》,豬口孝著、賴郁君譯:《日本經濟大國的政治運作》,台北,月旦出版社,1995年。

[14][日]升味準之輔著:《日本政治史》,北京,商務印書館,1997年,第三冊第二章,《社會主義》,第640頁。

[15]卓遵宏、林秋敏訪問記錄:《林衡道先生訪談錄》,台北,「國史館」,1996年,150頁。

[16]蔡培火:《日據時期台灣民族運動》,台北,《台灣文獻》,第24卷3期,第175頁。

[17]梁惠錦:《台灣近代民族運動的背景》,台北,《台灣文獻》,第24卷3期,第229頁。

[18]吳三連等著:《台灣民族運動史》,台北,自立晚報社,1990年,第82-86頁。

[19]吳三連等著:《台灣民族運動史》,第548頁。

[20]吳三連等著:《台灣民族運動史》,第88-94頁。

[21]王詩琅譯註:《台灣社會運動史——文化運動》,台北,稻鄉出版社,1995年,第77-95頁。

[22]王詩琅譯註:《台灣社會運動史——文化運動》,第96頁。

[23]吳三連等著:《台灣民族運動史》,第95頁。

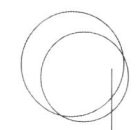

[24]吳三連等著:《台灣民族運動史》,第97頁。

[25]第六章《台灣文化協會》,吳三連等著:《台灣民族運動史》,第281頁。

[26]第六章《台灣文化協會》,吳三連等著:《台灣民族運動史》,第337-351頁。

[27]第四章《台灣議會設置運動》,吳三連等著:《台灣民族運動史》,第107-199頁。

[28]葉榮鐘著:《日據下台灣政治社會運動史(上)》,台北,晨星出版公司,2000年,第118頁。

[29]第八章《台灣地方自治聯盟》,吳三連等著:《台灣民族運動史》,第445-490頁。

[30]卓遵宏、林秋敏訪問記錄:《林衡道先生訪談錄》,第153頁。

[31][日]升味準之輔著:《日本政治史》,商務印書館,1997年,第一冊第四章,《完善體制制定憲法》。

[32]吳文星著:《日據時期台灣社會領導階層之研究》,台北,正中書局,1992年,第238-239頁。

[33]吳文星著:《日據時期台灣社會領導階層之研究》,第129頁。

[34][日]豬口孝著、賴郁君譯:《日本經濟大國的政治運作》,月旦出版社,1995年,第9頁。

[35]許雪姬、方惠芳、吳美慧:《高雄市二二八相關人物訪問紀錄》(下),台北,「中研院」,1995年,第194頁。

[36]歐素英編註:《地方自治與選舉——戰後台灣民主運動史料彙編(五)》,台北,「國史館」,2001年,第736頁。

[37]杜聖聰:《中共正在看李登輝會否修理幫他造勢的日本右翼》,台北,《新新聞》1996年9月15日。

[38]吳文星:《日治時期台灣教育史料及其研究評介》,張炎憲、陳美蓉、黎中光編:《台灣史與台灣史料》(二)。

[39]《台灣總督府民政事務成績提要》第44篇(1941年度),第275頁。

[40]台灣省文獻委員會編:《台灣近代史》(政治篇),台北,1995年,第206頁。

[41]王振寰、瞿海源主編:《社會學與台灣社會》,台北,巨流圖書公司,2002年,第192頁。

[42]朱偉鈺:《文化視域中的階級與階層——布迪厄的階級理論》,《社會科學輯刊》,2006年第6期,第83頁。馬爾科姆·沃特斯著:《現代社會學理論》,北京,華夏出版社,2000年。

[43][美]邁克爾·羅斯金等著、林震等譯:《政治科學》,華夏出版社,2001年,第129-146頁。

[44]陳明通:《派系政治與陳儀治台論》,賴澤涵主編:《台灣光復初期歷史》,台灣「中研院」,1993年,第223頁。

[45]張炎憲、黎光中、胡慧玲:《永不止息的等待——陳炘遺屬訪問錄》;張炎憲、高淑媛:《一位老台共的心路歷程——莊春火訪問記錄》;張炎憲、曾秋美:《一個時代的遊俠:劉明——劉心心口述歷史記錄》;張炎憲、陳美蓉、黎中光編:《台灣史與台灣史料》;張炎憲:《日據時代台灣政治

社會運動史研究的回顧與展望》，台北，《思與言》，1985年5月第23卷第1期。張炎憲：《日治時代台灣史的研究定位》，《台灣史田野研究通訊》，1993年3月第26期專欄「日治時代台灣史研究的回顧與展望」。張炎憲：《〈前鋒〉雜誌創刊號》，《台灣史料研究》，1997年，第10號。

[46]莊永明：《台灣名人小札（一）》。

[47]黃富三、許雪姬等：《口述歷史》第4期；黃富三：《「二二八事件處理委員會」與二二八事件》，賴澤涵主編：《台灣光復初期歷史》，台北，「中研院」中山人文社會科學研究所，1993年11月初版。

[48]許雪姬等：《高雄市二二八相關人物訪問紀錄》（上中下）；許雪姬：《台灣光復初期的民變：以嘉義三二事件為例》，同前引賴澤涵主編：《台灣光復初期歷史》。

[49]蘇進強：《風骨嶙峋的長者——蔡培火傳》。

[50]應大偉：《台灣人檔案（之一）》。

[51]吉田莊人著、彤雲譯：《從人物看台灣百年史》。

[52]施懿琳：《吳新榮傳》。

[53]李筱峰：《近30年來台灣地區大學歷史研究所中有關台灣史研究成果之分析》，《台灣風物》第34卷2期。

[54]施明雄著：《台灣人受難史》。

[55]黃有興：《日據時期台灣考銓制度略述》，台北，《台灣文獻》，第39卷第1期。

[56]黃天橫：《日據時期台灣籍人考中日本高等考試行政科名錄》，《台灣文獻》，第44卷第2、3期。

[57]褚塡正：《林桂端律師二二八受難前在台事略（1943—1947）》，《台北文獻》，2004年，第147期。

[58]劉少玲、卞鳳奎譯：《日治時期台灣人物誌》（一）（二），《台北文獻》，2004年，第149期、150期。

[59]陳三郎：《日據時期台灣留日學生之研究》，台北，政治大學1981年碩士論文。

[60]吳文星：《日據時期台灣社會領導階層之研究》；吳文星：《日治時期台灣教育史料及其研究評介》；吳文星：《日治時期台灣的教育與社會流動》，《台灣文獻》，2000年，第51卷第2期。

[61]陳明通：《派系政治與陳儀治台論》；吳乃德、陳明通：《政權轉移和精英流動：台灣地方政治精英的歷史形成》，同前引賴澤涵主編：《台灣光復初期歷史》。

[62]ClaudeGeoffroy著、黃發典譯：《台灣獨立運動——起源及1945年以後的發展》，台北，前衛出版社，1997年。

[63]鐘才：《戰後台灣留日學生的獨立建國運動史》，台北，《台灣史料研究》，1994年，第4號。

[64]黃英哲：《〈新新〉總目——自創刊號（1945年11月20日）至第二卷第一期（1947年1月5

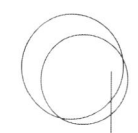

日）》，台北，《台灣史料研究》，1995年，第5號。

[65]何義麟：《戰後初期台灣報紙之保存現況與史料價值》，《台灣史料研究》，1996年，第8號；何義麟：《戰後初期台灣出版事業發展之傳承與移植（1945—1950）——雜誌目錄初編後之考察》，《台灣史料研究》，1997年，第10號。

[66]許芳庭：《戰後初期台灣婦女團體與婦運議題》，《台灣史料研究》，2000年，第15號。

[67]許維德：《發自異域的另類聲響——戰後海外台獨運動相關刊物初探》，《台灣史料研究》，2001年，第17號。

[68]10王宏仁：《戰後初期（1945—1949）台灣各階級之經濟活動》，《台灣風物》，1997年，第47卷第1期。

[69]李雲漢：《抗戰期間台灣革命同盟會的組織與活動》，《抗戰與台灣光復史料輯要》，台北，第24頁。

[70]李雲漢：《抗戰與台灣光復史料輯要》，第196頁。

[71]呂芳上：《抗戰時期在大陸的台灣抗日團體及其活動》，《抗戰與台灣光復史料輯要》，第3頁。

[72]黃敦涵編著：《翁俊明烈士編年傳記》，台北，正中書局，1977年，第105頁。

[73]張兆煥：《台灣省黨務概況》，陳鳴鐘、陳興唐主編：《台灣光復和光復後五年省情》（上），南京出版社，1989年，第305頁。

[74]呂芳上：《抗戰時期在大陸的台灣抗日團體及其活動》，《抗戰與台灣光復史料輯要》，第5頁。

[75]呂芳上：《抗戰時期在大陸的台灣抗日團體及其活動》，《抗戰與台灣光復史料輯要》，第7頁。

[76]呂芳上：《抗戰時期在大陸的台灣抗日團體及其活動》，《抗戰與台灣光復史料輯要》，第12頁。

[77]李雲漢：《抗戰期間台灣革命同盟會的組織與活動》，第24頁。

[78]李雲漢：《抗戰與台灣光復史料輯要》，第65頁。

[79]陳俐甫、夏榮和譯：《台灣人民與中國國民黨1937—1945》，《台灣風物》，第40卷2期，第39頁。

[80]《台灣調查委員會卅三年度工作報告》，《台灣光復和光復後五年省情》（上），第3-11頁。

[81]《抗戰與台灣光復史料輯要》，第212頁。

[82]《台灣光復和光復後五年省情》（上），第33頁。

[83]《台灣光復和光復後五年省情》（上），第43頁。

[84]《台灣調查委員會座談會記錄》，《台灣光復和光復後五年省情》（上），第14、17、27頁。

[85]《台灣光復和光復後五年省情》（上），第21頁。

[86]《抗戰與台灣光復史料輯要》，第219頁。

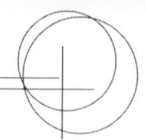

[87]《抗戰與台灣光復史料輯要》，第222頁。

[88]《抗戰與台灣光復史料輯要》，第220頁。

[89]黃朝琴：《朝琴回憶錄》，第168頁。

[90]《林衡道先生訪談錄》，第286頁。

[91]台灣「行政院」研究「二二八事件」小組：《柯遠芬暨彭孟緝回憶錄》，第33頁。

[92]《台灣光復和光復後五年省情》（上），第139頁。

[93]台省文獻委員會編：《重修台灣省通志》，卷八，職官志，第2冊第5章。

[94]《中華》，1978年1月，第507頁。

[95]台北，《傳記文學》，第60卷第4期，第99頁。

[96]張炎憲等：《台灣近代名人志》第1冊，第154頁。

[97]《林忠口述記錄》，台省文獻委員會編：《二二八事件文獻補錄》，第138頁。

[98]台灣省文獻委員會編：《重修台灣省通志》卷八，職官志，第2冊，第494頁。

[99]黃朝琴：《朝琴回憶錄》，第137、138頁。

[100]許雪姬等：《高雄市二二八相關人物訪問記錄》（下），台北，「中研院」近代史所，1995年，第161頁。

[101]許雪姬等：《高雄市二二八相關人物訪問紀錄》（下），第192頁。

[102]朱江淮：《朱江淮回憶錄》（下），朱江淮文教基金會，2003年，第623、624頁。

[103]《台灣光復和光復後五年省情》（上），第369頁。

[104]林彥卿著：《戰後日記——終戰から二二八事件までの台灣社會》，第49頁。

[105]黃富三、許雪姬等：《口述歷史》第4期，台北，「中研院」近代史所，第237頁。

[106]《台灣省立基隆高級中學創校70週年紀念特刊》，1997年，第18頁。

[107]《陳穎奇口述》，「行政院」研究「二二八事件」小組：《附錄二，重要口述歷史（一）》，1992年。

[108]許雪姬等：《高雄市二二八事件相關人物訪問紀錄》（下），第149頁。

[109]許雪姬等：《高雄市二二八事件相關人物訪問紀錄》（上），第395頁。

[110]台北，《傳記文學》，第54卷2期。

[111]《台東縣史》，第155頁。

[112]黃武東：《黃武東回憶錄——台灣長老教會發展史》，台北，前衛出版社，1988年，第158頁。

[113]《謝有用先生訪問紀錄》，《口述歷史》第35期，台北，「中研院」近代史所，第183頁。

[114]許雪姬等：《高雄市二二八相關人物訪問紀錄》（上），第139頁。

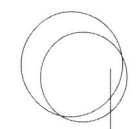

[115]陳朝海：《陳澄波生平簡表》，《台灣史料研究》，1999年第14期。

[116]吳文星：《鹿港鎮志人物篇》，鹿港鎮公所，2000年，第33頁。

[117]吳文星：《鹿港鎮志人物篇》，第5頁。

[118]《高雄市二二八相關人物訪問紀錄》（下），第99頁。

[119]吳文星：《鹿港鎮志》，第96頁。

[120]《高雄市二二八相關人物訪問紀錄》（下），第159頁。

[121]《高總成訪問紀錄》，「行政院」研究「二二八事件」小組：《附錄二，重要口述歷史（二）》。

[122]葉榮鐘：《台灣人物群像》，第280頁。

[123]李筱峰：《林茂生陳炘和他們的時代》，第132頁。

[124]《台灣省通志稿》卷十，光復志，台灣省文獻委員會，1973年，第31頁。

[125]《民報》，1945年10月26日，2版。

[126]《前進指揮所副主任范誦堯與日諫山春樹參謀長第一次談話記錄》，《台灣光復和光復後五年省情》（上），第140頁。

[127]資源委員會經濟研究室編：《台灣工礦事業考察報告》，《台灣光復和光復後五年省情》（下），第9頁。

[128]吳新榮：《吳新榮回憶錄》，自立晚報社文化出版部，1991年，第190頁。

[129]張炎憲等：《台灣近代名人志》第1冊，第201-204頁。

[130]張炎憲等：《台灣近代名人志》第4冊，第66頁。

[131]許雪姬等：《藍敏先生訪問紀錄》，台北，「中研院」近代史所，1995年，第79頁。

[132]葉榮鐘：《台灣人物群像》，第283頁。

[133]李筱峰：《林茂生陳炘和他們的時代》，玉山社出版公司，第140頁。

[134]劉明口述、陳柔縉整理：《敢說延大畢業的，會被機關槍打頭殼——劉明談二二八後消失的「延平大學」》，《新新聞》，1992年3月29日至4月4日。

[135]吳濁流著、林衡哲編：《無花果——台灣七十年的回想》，前衛出版社，1988年，第160頁。

[136]《高雄市二二八相關人物訪問紀錄》（下），第54頁。

[137]《礦溪老人——石錫勳》，台北，《八十年代》週刊，1985年10月3日。

[138]許雪姬等：《高雄市二二八事件相關人物訪談錄》（中），第14頁。

[139]《吳新榮回憶錄》，第190頁。

[140]吳濁流著、林衡哲編：《無花果——台灣七十年的回想》，前衛出版社，第242、244頁。

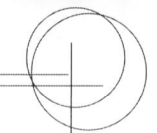

［141］台北，《民報》，1945年10月29日。

［142］台北，《民報》，1945年11月18日，1版。

［143］張炎憲等：《台灣近代名人志》第1冊，林獻堂篇。

［144］吳文星：《鹿港鎮志》，第96頁。

［145］吳文星：《鹿港鎮志人物篇》，第35頁。

［146］林獻堂：《灌園日記》（六），第72頁。

［147］黃富三：《台北市歷屆市長議長口述歷史》，第18頁。

［148］許雪姬等：《日治時期在「滿洲」的台灣人》，第232頁。

［149］許雪姬等：《日治時期在「滿洲」的台灣人》，第32頁。

［150］許雪姬：《柯台山先生訪問紀錄》，第67頁。

［151］《中華》，1978年，第三期，第325頁。

［152］《廖德雄先生訪問紀錄》，《口述歷史》第4期，第59頁。

［153］《台灣省通志稿》卷十，光復志，台灣省文獻委員會，1952年，第42頁。

［154］蔣渭川：《二二八事件與台灣省政治建設協會之關係》，台灣省文獻委員會：《二二八事件文獻續錄》，第535頁。

［155］《陳逸松回憶錄》，前衛出版社，1994年，第300頁。

［156］《陳逸松回憶錄》，前衛出版社，1994年，第300頁。

［157］《陳逸松回憶錄》，第301頁。

［158］《陳秀英口述》，台灣省文獻委員會編：《二二八事件文獻續錄》，第711頁。

［159］《楊金波訪問紀錄》，應大偉：《台灣人檔案（之一）》，第54頁。

［160］林獻堂：《灌園日記》（一），第69頁。

［161］《林信貞口述》，台灣省文獻委員會編：《二二八事件文獻輯錄》，第328頁。

［162］謝國興：《府城紳士——辛文炳和他的志業》，南天書局出版社，2000年，第109頁。

［163］許雪姬等：《高雄市二二八相關人物訪問紀錄》（下），第290頁。

［164］李筱峰：《二二八消失的台灣精英》，台北，自立晚報社文化出版部，1990年，第272頁。

［165］《黃福壽訪問紀錄》，「行政院」研究「二二八事件」小組：《附錄二重要口述歷史（一）》。

［166］《柯台山先生訪問紀錄》，第71頁。

［167］蘇新：《論人事問題》，《政經報》第一卷第三期。

［168］陳逸松：《台灣光復的時候——陳逸松回憶錄》，《自立晚報》，1992年11月25日。

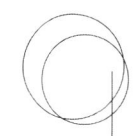

[169]《唐智口述》,「行政院」研究「二二八事件」小組:《附錄二重要口述歷史(一)》。《李曉芳訪問紀錄》,「行政院」研究「二二八事件」小組:《附錄二重要口述歷史(二)》。

[170]王小波:《李友邦與義勇隊初探》,台北,《台灣史研究會論文集》第2集,第174頁。

[171]蘇新:《永遠的望鄉》,台北,時報文化出版公司,1994年,第401頁。

[172]《柯台山先生訪問紀錄》,第71-72頁。

[173]應大偉:《台灣人檔案(之一)》,第23頁。

[174]許雪姬:《二二八事件中的林獻堂》,20世紀台灣歷史與人物學術討論會論文,2001年10月23、24日召開,第11-12頁。

[175]台北,《民報》,1945年10月30日,1版。

[176]台北,《台灣文化》第一卷第一期,1946年9月15日。

[177]台北,《民報》,1945年10月15日和11月13日。

[178]台北,《民報》,1945年10月13日。

[179]朱江淮:《朱江淮回憶錄》(下),第618頁。

[180]台北,《民報》,1945年11月19日,2版。

[181]吳濁流著:《台灣連翹》,前衛出版社,1988年,第196頁。

[182]張炎憲等:《台灣近代名人志》第1冊,第222頁。

[183]朱江淮:《朱江淮回憶錄》(下),第669-671頁。

[184]李清如:《二二八受難平反延平復校有希望》,《新新聞》,1998年6月7日-13日。

[185]張炎憲等:《台灣近代名人志》第1冊,第80頁。

[186]李筱峰:《二二八消失的台灣精英》,第145頁。

[187]林宗義:《林茂生與二二八》,陳芳明編:《二二八事件學術論文集》,前衛出版社,1989年。

[188]GeorgeKerr著、陳榮成譯:《被出賣的台灣》,台北,前衛出版社,1991年,第215頁。

[189]陳國祥、祝萍:《台灣報業演進40年》,《自立晚報》,1987年10月。吳濁流:《台灣連翹》,第173頁。

[190]許雪姬:《藍敏先生訪問紀錄》,第81頁。

[191]蘇新著:《未歸的台共鬥魂——蘇新自傳與文集》,時報文化出版社,1993年,第63頁。

[192]蘇新著:《未歸的台共鬥魂——蘇新自傳與文集》,第23頁。

[193]《高雄市二二八相關人物訪問紀錄》(上),第156頁。

[194]《張秋梧訪問記錄》,「行政院」研究「二二八事件」小組:《附錄二重要口述歷史(二)》。

[195]《高雄市二二八相關人物訪問紀錄》(下),第138頁。

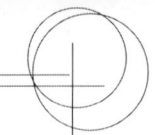

[196]10台北,《民報》,1946年4月21日,2版。

[197]《民報》,1947年1月13日。

[198]莊惠惇:《戰後初期台灣的雜誌文化》,《台灣風物》第49卷1期,1999年,第73頁。

[199]前引莊惠惇:《戰後初期台灣的雜誌文化》,第56頁。

[200]前引書《林衡道先生訪談記錄》,第306頁。

[201]前引書《派系政治與陳儀治台論》,第253頁。《吳三連回憶錄》,第155頁。

[202]前引書《林衡道先生訪談記錄》,第95、103頁。《派系政治與陳儀治台論》,第246頁。

[203]黃朝琴:《朝琴回憶錄》,第88頁。

[204]葉榮鐘:《台灣人物群像》,第280頁。

[205][日]吉田莊人著、彤雲譯《從人物看台灣百年史》,台灣,武陵出版社,1998年,第96頁。

[206]謝國興:《府城紳士——辛文炳和他的志業》,第39頁。

[207]張炎憲等:《台灣近代名人志》第1冊,吳三連篇。

[208]陳三井、許雪姬等:《林衡道先生訪問紀錄》,台北,「中研院」近代史所,1992年,第78頁。

[209]張炎憲等:《台灣近代名人志》第3冊,第163頁。

[210]丘念台著:《嶺海微飈》,台北,中華日報社出版,1976年,第252頁。

[211]葛敬恩:《接收台灣紀略》,台省文獻委員會編:《二二八事件文獻續錄》,台北,第674頁。

[212]前引《朝琴回憶錄》,第138頁。

[213]張炎憲等:《台灣近代名人志》第2冊,第99頁。

[214]《謝绮蘭口述》,「行政院」研究「二二八事件」小組:《附錄二重要口述歷史(一)》,1992年。

[215]台北,《民報》,1946年8月21日晨刊,2版。

[216]台北,《民報》,1946年12月13日,4版。

[217]李筱峰:《林茂生陳炘和他們的時代》,第140頁。

[218]《陳盤谷口述》,「行政院」研究「二二八事件」小組:《附錄二重要口述歷史(一)》,1992年。

[219]台北,《政經報》第一卷第五期,1945年12月25日。

[220]台北,《民報》,1946年8月25日,2版。

[221]葉榮鐘:《台灣人物群像》,第185頁。

[222]陳逸松:《陳逸松回憶錄》,第100頁。

[223]丘念台著:《嶺海微飆》,中華日報社,1962年,第260-262頁。

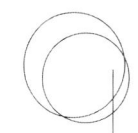

[224] 賴澤涵：《由禁忌到立碑——台灣「二二八事件」的研究及其問題》，《二二八事件文獻續錄》，第683頁。

[225] 台灣省文獻委員會：《二二八事件文獻輯錄》，台北，台省文獻委員會編印，1991年，第5-8頁。

[226] 台北，《自由時報》，2007年2月28日，第1版。

[227] 原載1946年12月9日上海《僑聲報》，李祖基編《二二八事件報刊資料彙編》，海峽學術出版社，2007年，第199頁。

[228] 陳鳴鐘、陳興唐主編：《台灣光復和光復後五年省情》（下），第588頁。

[229] 卓遵宏、林秋敏訪問記錄：《林衡道先生訪談錄》，第67頁。

[230] 陳文達：《台灣光復和光復後五年省情》（上），第88-89頁。

[231] 前引《朝琴回憶錄》，第154頁。

[232] 《二二八慘案台胞慰問團呈於右任關於處理台灣事變意見書》，《台灣光復和光復後五年省情》，（下），第590頁。

[233] 《台灣光復和光復後五年省情》，（下），第586頁。

[234] 戴國輝、葉藝藝著：《愛憎二二八》，台北，遠流出版社，1992年，第77頁。

[235] 吳文星：《台灣社會領導階層之研究》，台北，正中書局，1992年，第114-124頁。

[236] 陳芳明編：《台灣戰後史資料選——二二八事件專輯》，台北，二二八和平促進會印行，1991年，第17頁。

[237] 許雪姬：《柯台山先生訪問紀錄》，第71-72頁。

[238] 《台灣光復和光復後五年省情》（下），第586頁。

[239] 卓遵宏、林秋敏訪問記錄：《林衡道先生訪問紀錄》，「中研院」近代史所，1992年，第67、68頁。

[240] 前引《朝琴回憶錄》，第154頁。

[241] 陳達夫：《日人統治下之台灣教育》，《台灣光復和光復後五年省情》（上），第354頁。

[242] 《陳儀報告二二八事件情形致吳鼎昌等電》，《台灣光復和光復後五年省情》（下），第596頁。

[243] 《楊亮功何漢文調查報告》，台灣省文獻委員會編：《二二八事件文獻續錄》，第128頁。

[244] 《民報》，1946年11月2日，第1版。

[245] 陳芳明：《二二八前夜台灣的改革要求——以〈民報〉社論為中心》。

[246] 《未歸的台共鬥魂——蘇新自傳與文集》，第63-65頁。

[247] 台省文獻委員會編：《二二八事件文獻補錄》，第422頁。

[248]同前引莊惠惇：《戰後初期台灣的雜誌文化》，第63頁。

[249]《前鋒》，1946年，第3期。

[250]《前鋒》，1947年，第14期。

[251]《未歸的台共鬥魂——蘇新自傳與文集》，第61頁。

[252]張炎憲：《台灣近代名人志》第4冊，第262頁。

[253]《未歸的台共鬥魂——蘇新自傳與文集》，第66頁。

[254]莊惠惇：《戰後初期台灣的雜誌文化》，《台灣風物》49卷1期，1999年，第65頁。

[255]蘇新：《未歸的台共鬥魂——蘇新自傳與文集》，第65頁。

[256]《台灣旅京滬七團體關於台灣事件報告書》，台省文獻委員會編：《二二八事件文獻補錄》，第693頁。

[257]蘇新：《未歸的台共鬥魂——蘇新自傳與文集》，第70頁。

[258]《楊肇嘉回憶錄》，台北，三民書局，1967年，第354、361頁。

[259]《台灣省行政長官公署教育處報告》，《台灣光復和光復後五年省情》（下），第369、399頁。

[260]《柯台山口述》，第74頁。

[261]彭明敏：《追念劉慶瑞教授》，《傳記文學》，第1卷，第4期。

[262]應大偉：《台灣人檔案（一）》，陳火桐傳，第151頁。

[263]黃福三：《廖德雄先生訪問紀錄》，《口述歷史》第4期，60頁。

[264]《戒嚴時期台北政案口述歷史》，第275頁。

[265]應大偉：《台灣人檔案（一）》，第54頁。

[266]藍博洲：《沉屍流亡二二八》，台北，時報文化出版公司，1993年，第80頁。

[267]同前引藍博洲：《沉屍流亡二二八》，第51頁。

[268]鄭梓：《本土精英與議會政治》，台灣，1985年，第36頁。

[269]同前引鄭梓《本土精英與議會政治》，第32頁。

[270]韓石泉：《六十回憶》，台北，1966年，第68、69頁。

[271]張炎憲：《台灣近代名人志》第4冊，第178頁。

[272]張炎憲：《台灣近代名人志》第4冊，第147頁。

[273]吳文星：《日據時期台灣社會領導階層之研究》，台北，正中書局，1992年，第202頁。

[274]陳三井：《台灣光復的序曲：復台準備與接收》，《抗戰與台灣光復史料輯要》，第97頁。

[275]《張楊純女士訪問記錄》，「行政院」研究「二二八事件」小組：《附錄二——重要口述歷史（二）》。

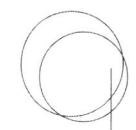

[276] 戴國輝、葉藝藝著：《愛憎二二八》，台北，遠流出版社，1992年，第2頁。

[277] 許雪姬、呂芳上等：《高明柏先生訪問紀錄》，《戒嚴時期台北地區政治案件口述歷史》，第21頁。

[278] 朱昭陽口述、吳君瑩記錄、林忠勝撰述：《朱昭陽回憶錄》，台北，前衛出版社，1994年，第66頁。

[279] 《朱昭陽回憶錄》，第91頁。

[280] 《廖天欣訪問記錄》，「行政院」研究「二二八事件」小組：《附錄二——重要口述歷史（一）》。

[281] 《朱華陽訪問紀錄》，《戒嚴時期台北地區政治案件口述歷史（三）》，第931頁。

[282] 鐘逸人：《煉獄餘生錄》，第106頁。

[283] 同前引許雪姬：《柯台山先生訪問紀錄》，第66頁。

[284] 何義麟：《被遺忘的半山——謝南光（下）》，《台灣史料研究》，1994年，第4號。

[285] 范燕秋：《日治時期宜蘭地區政治運動領導者——陳金波醫師》，台北，《宜蘭文獻》，1995年第16期，第74頁。

[286] 卓遵宏、林秋敏訪問記錄：《林衡道先生訪談記錄》，第68頁。

[287] 同前引許雪姬：《藍敏先生訪問紀錄》，第113頁。

[288] 《黃紀男先生訪問紀錄》，《口述歷史》第四期，「中研院」近代史研究所，1993年，第86頁。

[289] 《處理委員會發出告全國同胞書》，《台灣新生報》，台北，1947年3月7日，第1版。

[290] 王育德：《吾兄王育霖之死》，同前引《二二八事件文獻補錄》，第780頁。

[291] 同前引《朝琴回憶錄》，第273、274頁。

[292] 陳翠蓮：《派系鬥爭與權謀政治——二二八悲劇的另一面》，第277頁。

[293] 黃富三：《「二二八事件處理委員會」與二二八事件》，賴澤涵主編：《台灣光復初期歷史》，第146頁。

[294] 《陳明忠先生口述》，同前引《二二八事件文獻續錄》，第714頁。

[295] 張炎憲《陳復志》、《嘉義驛前二二八》，台北，吳三連史料基金會，1995年，第18頁。

[296] 《林金春訪問記錄》，「行政院」研究「二二八事件」小組：《附錄二——重要口述歷史（一）》，台北，1992年。

[297] 郭勝華：《二二八血淚憶從頭——家父郭章垣殉難始末》，《走出二二八的陰影》。

[298] 許雪姬：《許整景先生訪問紀錄》，《口述歷史》第3期，第296頁。

[299] 《朝琴回憶錄》，第253頁。

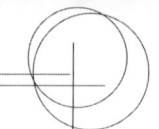

[300]林木順:《台灣二月革命》,第15頁。

[301]《台灣新生報》,1947年2月28日。

[302]《陳逸松訪問記錄》,同前引陳翠蓮《派系鬥爭與權謀政治》,「行政院」研究「二二八事件小組」:《附錄二——重要口述歷史(一)》,第474頁。

[303]同前引《未歸的台共鬥魂——蘇新自傳與文集》,第69頁。

[304]《台灣新生報》,1947年3月5日。

[305]黃富三:《「二二八事件處理委員會」與二二八事件》,賴澤涵主編:《台灣光復初期歷史》,第146頁。

[306]同前引黃富三《「二二八事件處理委員會」與二二八事件》,賴澤涵主編:《台灣光復初期歷史》,第138頁。

[307]《二二八事件的經過》,《台灣新生報》,1947年3月3日。

[308]《謝娥女士談二二八》,第392頁。

[309]《二二八官方機密史料》,第10頁。

[310]同前引《柯遠芬暨彭孟緝回憶錄》,第15-16頁。

[311]《台灣新生報》,1947年3月3日。

[312]賴澤涵等:《二二八事件研究報告》,第212頁。

[313]唐賢龍:《台灣事變內幕記》,鄧孔昭:《二二八事件資料集》,第78頁。

[314]唐賢龍:《台灣事變內幕記》,鄧孔昭:《二二八事件資料集》,第83頁。

[315]陳興唐主編:《台灣二二八事件檔案史料》(下卷),第551頁。

[316]《彰化市二二八事件經過報告書》,陳興唐主編:《台灣二二八事件檔案史料》(下卷),第434頁。

[317]許雪姬等:《高雄市二二八相關人員訪問記錄》(下),第72頁。

[318]許雪姬:《台灣光復初期的民變:以嘉義三二事件為例》,前引《台灣光復初期歷史》,第169頁。

[319]許雪姬:《台灣光復初期的民變:以嘉義三二事件為例》,第178-184頁。

[320]許雪姬:《徐水德先生訪問紀錄》,《滿洲的台人》,第246頁。

[321]王添燈:《我的政見》,《人民導報》,1946年4月12-13日。

[322]賴澤涵:《林忠先生訪問紀錄》,《口述歷史》第3期,第33頁。

[323]前引林木順:《台灣二月革命》,第34頁。

[324]前引許雪姬:《台灣光復初期的民變:以嘉義三二事件為例》,第176頁。

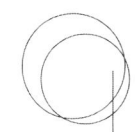

[325] 行政長官公署要《事件紀要》、《事件日誌》，台省文獻委員會編：《二二八事件文獻續錄》，第515頁。

[326] 許雪姬等：《高雄市二二八相關人物訪問紀錄》（下），第329頁。

[327] 許雪姬等：《高雄市二二八相關人物訪問紀錄》（上），第205頁。

[328] 前引黃富三：《「二二八事件處理委員會」與二二八事件》，第144頁。

[329] 前引賴澤涵等：《二二八研究報告》，第141頁。

[330] 《楊金波訪問紀錄》，《二二八事件文獻續錄》，第120頁。

[331] 藍博洲：《沉屍流亡二二八》，第139頁。

[332] 前引張炎憲：《台灣近代名人志》第4冊，台北，自立晚報社，第214頁。

[333] 應大偉：《台灣人檔案（之一）》，台北，創意力文化公司，1995年，第166-170頁。

[334] 《彭明敏口述記錄》，前引《二二八事件文獻補錄》，第153頁。

[335] 10前引《柯遠芬暨彭孟緝回憶錄》，第20頁。

[336] 《蔡丁贊訪問紀錄》，「行政院」研究「二二八事件」小組：《附錄二重要口述歷史（二）》，台北，1992年。

[337] 前引《二二八事件文獻續錄》，第705頁。

[338] 李筱峰：《二二八消失的台灣精英》，台北，自立晚報社文化出版部，1990年，第272頁。

[339] 柯遠芬：《事變十日記》，李敖編著《二二八研究》。

[340] 前引黃富三：《「二二八事件處理委員會」與二二八事件》，前引《台灣光復初期歷史》，第140頁。

[341] 陳純瑩：《光復初期台灣警政的接收與重建》，前引《台灣光復初期歷史》，第46頁。

[342] 《柯遠芬暨彭孟緝回憶錄》，第12、19頁。

[343] 楊亮功、何漢文：《二二八事變調查報告》。

[344] 《台灣新生報》，1947年3月5日。

[345] 同前引《陳盤谷口述》，第3頁。

[346] 附錄二《黃福壽訪問紀錄》，前引書《附錄二重要口述歷史（二）》。

[347] 《蔡鵬飛口述記錄》，前引《二二八事件文獻補錄》。

[348] 黃順興：《走不完的路——黃順興自述》，台北，自立晚報社，1990年，第89頁。

[349] 《林祺瑞訪問記錄》，前引《附錄二重要口述歷史（二）》。

[350] 《林朝業口述》，《二二八事件文獻補錄》。

[351] 蔡慧玉：《保正、保甲書記、街莊役場——口述歷史之二》，《台灣風物》44卷2期，第69頁。

[352]朱江淮：《朱江淮回憶錄》（上），台北，朱江淮文教基金會，2003年，第152頁。

[353]前引《情形簡表》，前引《二二八事件文獻輯錄》。

[354]《吳新榮回憶錄》，台北，前衛出版社，1989年，第133頁。

[355]許雪姬：《徐水德先生訪問紀錄》，《滿洲的台灣人》，第246頁。

[356]前引《林衡道先生訪談錄》，第251、252頁。

[357]前引《高雄市二二八相關人物訪問紀錄》（上），第141頁。

[358]《宋洪濤口述》，「行政院」研究「二二八事變」小組：《附錄二，重要口述歷史（一）》。

[359]前引《附錄二，重要口述歷史（二）》。

[360]前引《台灣二月革命》，前引鄧孔昭書，第130頁。

[361]前引陳翠蓮《陳逸松先生訪問記錄》，《派系鬥爭與權謀政治》，第474頁。

[362]前引《二二八消失的台灣精英》，第124頁。《陳儀呈蔣主席3月13日呈》之附件，「中研院」近代史研究所：《二二八事件資料選輯（二）》，1992年，第175-177頁。

[363]《台灣二二八事變基隆區綏靖報告書》，「中研院」近代史所編《二二八事件資料輯（三）》，第372頁。

[364]謝裡法：《出土台灣人物誌》，第309頁。

[365]《屏東政壇耆黃振三談二二八》，《台灣時報》，1993年2月28日。

[366]《黃華昌先生訪問紀錄》，許雪姬、呂芳上、黃克吾：《戒嚴時期台北地區政治案件口述歷史》第一輯，「中研院」近代史所，1999年，第520頁。

[367]同前引《高雄市二二八事件相關人物訪問紀錄》（下），第330頁。

[368]前引《煉獄餘生錄》，第98頁。

[369]前引《煉獄餘生錄》，第104-106頁。

[370]《鐘逸人口述》，前引《二二八事件文獻輯錄》，第405頁。

[371]《訪古瑞雲談謝雪紅與二二八事件》，前引《附錄二重要口述歷史（一）》，第4頁。

[372]《鐘逸人口述》，前引《二二八事件文獻輯錄》，第405頁。

[373]《黃金島口述》，前引《附錄二重要口述歷史（二）》。

[374]林木順：《台灣二月革命》，前引鄧孔昭書，第148頁。

[375]謝雪紅、楊克煌：《我的半生記》，第156頁。

[376]《訪鐘逸人談二七部隊》，前引《附錄二重要口述歷史（一）》，第4頁。

[377]《張秋梧訪問記錄》，前引《附錄二重要口述歷史（二）》。

[378]《訪林才壽談二二八時的溪湖》，《附錄二重要口述歷史（二）》。

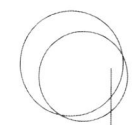

[379]前引《附錄二重要口述歷史（二）》，第118頁。

[380]前引《柯遠芬暨彭孟緝回憶錄》，第17頁。

[381]前引《煉獄餘生錄》，第92頁。

[382]前引許雪姬：《藍敏先生訪問紀錄》，第116頁。

[383]許雪姬：《徐水德先生訪問紀錄》，前引《日治時期在「滿洲」的台灣人》，第246頁。

[384]應大偉：《台灣人檔案（之一）》，第246-250頁。

[385]《林金春口述歷史訪問紀錄》，《附錄二重要口述歷史（二）》。

[386]前引《訪鐘逸人談二七部隊》，第3頁。陳芳明：《楊逵的文學生涯》，第179頁。

[387]《廖天欣先生訪問紀錄》，《附錄二重要口述歷史（二）》，第963-964頁。

[388]前引黃富三：《「二二八事件處理委員會」與二二八事件》，《台灣光復初期歷史》，第158頁。

[389]《黃朝琴呈蔣主席三月魚電》，大溪檔案，第70頁。

[390]《二二八官方機密史料》，第109-111頁。

[391]《朝琴回憶錄》，第277頁。

[392]《黃朝琴呈蔣主席三月魚電》，大溪檔案，第70頁。

[393]《朝琴回憶錄》，第276頁。

[394]《二二八官方機密史料》，第109-111頁。

[395]《台灣光復和光復後五年省情》（下），第588頁。

[396]《楊肇嘉回憶錄》，第366頁。

[397]《連震東曾設法營救二二八受難者》，《台灣時報》，1992年2月21日。

[398]《二二八事件文獻補錄》，第191頁。

[399]《二二八事件文獻續錄》，第201頁。

[400]林木順：《台灣二月革命》，鄧孔昭：《二二八事件資料集》，第139頁。

[401]林木順：《台灣二月革命》，鄧孔昭：《二二八事件資料集》，第146、147頁。

[402]《高雄市二二八相關人物訪問紀錄》（下），第226頁。

[403]《高雄市二二八相關人物訪問紀錄》（下），第104、105頁。

[404]蔡培火：《慰問紀要》，《二二八事件文獻續錄》，第536頁。

[405]《二二八事件中的林獻堂》，第39頁。

[406]張炎憲等：《第一位台灣省議會議長——黃朝琴》，第165頁。

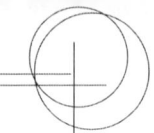

[407]前引《林衡道先生訪問記錄》,第103頁。

[408]邱永漢:《我的青春‧台灣,我的青春‧香港》,台北,不二出版社,1996年。

[409]《二二八事變研究——二二八事變中的黨政關係》,第162頁。

[410]謝裡法:《出土台灣人物誌》,第309頁。

[411]張炎憲:《台灣近代名人志》第一冊,第263頁;張文環《難忘當年事》,《台灣文藝》2卷9期,81期。

[412]《高總成訪問紀錄》,《附錄二重要口述歷史(二)》。

[413]《高雄市二二八相關人物訪問紀錄》(上),第45頁。

[414]《高雄市二二八相關人物訪問紀錄》(上),第185頁。

[415]彭明敏著:《自由的滋味——彭明敏回憶錄》,第80頁。

[416]吳文星:《鹿港鎮志》,鹿港鎮公所,2000年,第60頁。

[417]張炎憲:《台灣近代名人志》第4冊,第148頁。

[418]張炎憲:《台灣近代名人志》第4冊,第178頁。

[419]《雲林縣發展史》,人物傳記,第111頁。

[420]張炎憲等:《第一位台灣省議會議長——黃朝琴》,第165頁。

[421]《吳新榮回憶錄》,第266頁。

[422]吳文星:《鹿港鎮志》,第12頁。

[423]許雪姬:《日治時期在「滿洲」的台灣人》,第41頁。

[424]《高雄市二二八相關人物訪問紀錄》(上),第137頁。

[425]《陳逐章先生訪問記錄》,許雪姬等:《大台中地區二二八相關人物訪問紀錄》。

[426]《高雄市二二八相關人物訪問紀錄》(下),第26頁。

[427]《高雄市二二八相關人物訪問紀錄》(上),第388頁。

[428]王曉波:《台灣意識的歷史考察》,海峽學術出版社,2001年,第246頁。

[429]《台灣新生報》,1947年7月30日。

[430]許伯埏著:《許丙許伯埏回憶錄》,「中研院」近代史研究所,1996年(日文),第302頁。

[431]蘇 崇:《最後的台灣總督府(1944—1946年終戰資料集)》,台北,晨星出版社,2004年,第26頁。

[432][日]近藤正己:《總力戰——台灣:日本殖民地崩壞の研究》,東京刀水書房,1998年,第666頁。

[433]黃天才、黃肇珩著:《勁寒梅香——辜振甫人生紀實》,第81-100頁。

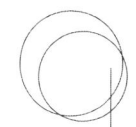

[434]前引王曉波：《台灣意識的歷史考察》，第256頁。

[435]黃紀男：《泣血夢迴錄》，第169頁。

[436]《新潮流》，1986年5月。

[437]《黃紀男》，應大偉：《台灣人檔案（之一）》，第139-149頁。

[438]黃紀男：《泣血夢迴錄》，第201-202頁。

[439]施明雄著：《台灣人受難史》，台北，前衛出版社，1998年，第138頁。

[440]《許朝卿》，應大偉：《台灣人檔案（之一）》，第127頁。

[441]《台東縣史》，人物篇，第364頁。

[442]張炎憲：《台灣近代名人志》第1冊，第280-290頁；1954年5月15日全台各大報紙，枝伯仔《廖文毅為何投降》，台北，《第一線》第6期，1986年2月22日。

[443]編輯部：《當年他曾經想暗殺蔣介石》，《新新聞》，1991年5月13-19日。

[444]ClaudeGeoffroy：《台灣獨立運動——起源及1945年以後的發展》，前衛出版社，1997年，第112頁。

[445]邱明輝：《國民黨宣布我是叛亂第一司令》，《新新聞》，1991年5月13-19日。

[446]許維德：《發自異域的另類聲響——戰後海外台獨運動相關刊物初探》，《台灣史料研究》，2001年，第17號。

[447]黃武東著：《黃武東回憶錄——台灣長老教會發展史》，前衛出版社，1988年，第342頁。

[448]《憂國憂民宗教家高俊明》，林衡哲編著：《二十世紀台灣代表性人物（一）》，第211頁。

[449]黃旭初：《台灣的天空——名人開講選集（2）》，月旦出版公司，1993年，第202-203頁。

[450]台灣省文獻委員會編：《台灣近代史（文化篇）》，1995年，第251頁。

[451]《憂國憂民宗教家高俊明》，林衡哲編著：《二十世紀台灣代表性人物（一）》，第215-217頁。

[452]前引《黃武東回憶錄》，第348、349頁。

[453]前引《黃武東回憶錄》，第352頁。

[454]陳榮儒編著：《FAPA與國會外交（1982—1995）》，前衛出版社，2004年，第24頁。

[455]彭明敏：《自由的滋味》，李敖出版社，1995年，附錄。

[456]戴天昭著、李明峻譯：《台灣國際政治史》（完整版），台北，前衛出版社，2002年，第726頁。

[457]陳榮儒編著：《FAPA與國會外交（1982—1995）》，前衛出版社，2004年，第5、59頁。

[458]陳榮儒編著：《FAPA與國會外交（1982—1995）》，前衛出版社，2004年，第40頁。

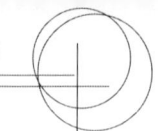

[459]陳世宏、周琇環編註：《組黨運動——戰後台灣民主運動史料彙編（二）》，第598頁。

[460]沈國屏、莊勝鴻：《棄彭保李的魅影讓彭明敏綁手綁腳》，《新新聞》，1996年3月24-30日，第45頁。

[461]《新新聞》，1996年1-2月。

[462]李俊達：《我們最關心的是國家認同——彭明敏文教基金會的過去、現在和未來》，《台灣史料研究》，2002年，第18號。

[463]彭明敏文教基金會編：《彭明敏看台灣》，台北，遠流出版公司，1995年。

[464]《新新聞》，1994年3月6-12日。

[465]李俊達：《我們最關心的是國家認同——彭明敏文教基金會的過去、現在與未來》，《台灣史料研究》，2002年，第18號。

[466]陳柔縉：《最貼近李登輝心靈的人談李登輝——台灣歐吉桑有力！》，《新新聞》，2001年7月26日-8月1日，第751期。

[467]《楊基銓回憶錄》，台北，前衛出版社，1996年。

[468]謝國興訪問：《辛文炳回憶錄》，《府城紳士——辛文炳和他的志業》，第246-249頁。

[469]張德水：《激動！台灣的歷史》，前衛出版社。

[470]《1991年台獨問題綜述》，徐博東：《大陸學者眼中的民進黨》，台北，海峽學術出版社，2003年。

[471]《台灣民本主義》，台灣民報社，東京，1956年。ClaudeGeoffroy：《台灣獨立運動——起源及1945年以後的發展》。

[472]柯喬治：《被出賣的台灣》，前引王曉波書，第308-310頁。戴天昭：《台灣國際政治史》，第312頁。

[473]史明：《民族形成與台灣民族》，《台灣四百年史》，東京，1992年，第221頁。

[474]黃旭初：《台灣的天空——名人開講選集（2）》，月旦出版社，1993年，第83頁。

[475]前引戴天昭：《台灣國際政治史》，第799頁。

[476]「行政院新聞局」編：《李總統登輝先生八十三年言論選集》，「新聞局」，1995年，第350頁。

[477]台北，《自立晚報》，1994年5月14日。

[478]許雪姬：《日治時期在「滿洲」的台灣人》，第417、419頁。

[479]《新新聞》，1999年7月15-21日。

[480]前引戴天昭：《台灣國際政治史》，第883頁。

[481]前引黃旭初：《台灣的天空——名人開講選集（2）》，月旦出版社，1993年，第26-28頁。

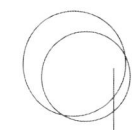

[482]前引黃旭初：《台灣的天空——名人開講選集（2）》，第27頁。

[483]林博文：《「台灣地位未定論」的來龍去脈》，《中國時報》，2000年5月29日。

[484]前引戴天昭：《台灣國際政治史》，第925頁。

[485]前引黃旭初：《台灣的天空——名人開講選集（2）》，第26-28頁。

[486]前引黃旭初：《台灣的天空——名人開講選集（2）》附錄，黃旭初1992年12月7日採訪彭明敏。

[487]莊勝鴻：《彭明敏與民進黨緣盡情已了！》，《新新聞》，1996年4月14-20日。

[488]許信良在廈門大學台灣研究院的演講，作者李躍乾提問並記錄，2007年4月13日。

[489]龍應台：《龍應台挑戰李登輝錯誤史觀》，《新新聞》，1998年3月11-17日。

[490]杜聖聰：《中共正在看李登輝會否修理幫他造勢的日本右翼》，《新新聞》，1996年9月15-21日。

[491]王育德著、侯榮邦等譯：《台灣獨立的歷史波動》，前衛出版社，2002年，第167頁。

[492]黃昭堂：《戰後台灣獨立運動與台灣民族主義的發展》，施正鋒編：《台灣民族主義》，教授論壇專刊2期，前衛出版社，1994年，第201頁。

[493]黃昭堂：《戰後台灣獨立運動與台灣民族主義的發展》，施正鋒編：《台灣民族主義》，教授論壇專刊2期，前衛出版社，1994年，第203頁。

[494]邱建偉：《大民族主義與日本政治主流意識》，《理論導刊》，2005年12期。

[495]前引謝國興：《府城紳士——辛文炳和他的志業》，第81、85頁。

[496]黃昭堂：《戰後台灣獨立運動與台灣民族主義的發展》，前引施正鋒書，第226頁。

[497]《朱江淮回憶錄》（上），第160頁。

[498]許雪姬：《藍敏先生訪問紀錄》，第98、106頁。

[499]台北，《人民導報》，1946年9月7日；李筱峰：《二二八消失的台灣精英》，第43頁。

[500]台北，《前鋒》第11期，1947年1月1日。

[501]李筱峰、劉峰松：《台灣歷史閱覽》，第158頁。

[502]《坎坷來時路（廖史豪）》，應大偉：《台灣人檔案（之一）》，第109-115頁。

[503]黃光芹：《李登輝在官邸的一場聚會徹底與彭明敏劃清界限》，《新新聞》，1995年1月29日-2月11日。

[504]前引《府城紳士——辛文炳和他的志業》，第108頁。

[505]前引《府城紳士——辛文炳和他的志業》，第111頁。

[506]台灣省文獻委員會編：《重修台灣省通志》，卷七《政治志》議會篇，第1-3頁。

[507]前引吳文星：《台灣社會領導階層之研究》，第239頁。

[508]前引《朝琴回憶錄》，第160頁。

[509]李筱峰：《台灣戰後初期民意代表政治經歷分析》，《台灣風物》，第35卷第4期，第10-14頁。

[510]戴月芳、羅吉甫主編：《台灣全記錄》，台北，錦繡出版社，1990年，第298頁。

[511]《本省參議員各市縣業已先後選出》，《台灣新生報》，1946年4月16日，第2版。

[512]前引彭明敏：《自由的滋味》。

[513]《彭孟緝訪問記錄》，許雪姬等：《高雄市二二八相關人物訪問記錄》（上）。

[514]黃天橫：《日據時期台灣籍人考中日本高等考試行政科名錄》，《台灣文獻》，1993年第44卷3期，133頁。

[515]廖忠俊：《台灣地方派系及其主要領導人物》，第167頁。

[516]《台中縣史》，人物誌。

[517]李筱峰：《戰後民意代表政治經歷分析》。

[518]前引吳文星：《台灣社會領導階層之研究》，第240頁。

[519]張炎憲等：《台灣近代名人志》第1冊，第176頁。

[520]陳明通：《派系政治與陳儀治台論》，賴澤涵主編：《台灣光復初期歷史》，台北，「中研院」近代史所，1993年，第249頁。

[521]台北，《民報》，1946年4月19日，第1版。

[522]張炎憲：《台灣近代名人志》第4冊，第178頁。

[523]歐素瑛編註：《地方自治與選舉——戰後台灣民主運動史料彙編（五）》，第317頁。

[524]歐素瑛編註：《地方自治與選舉——戰後台灣民主運動史料彙編（五）》，第581頁。

[525]歐素瑛編註：《地方自治與選舉——戰後台灣民主運動史料彙編（五）》，第610、616頁。

[526]歐素瑛編註：《地方自治與選舉——戰後台灣民主運動史料彙編（五）》，第736頁。

[527]《重修台灣省通志》卷七，《政治志》選舉篇，第150頁。

[528]歐素瑛編註：《地方自治與選舉——戰後台灣民主運動史料彙編（五）》，第224頁。

[529]歐素瑛編註：《地方自治與選舉——戰後台灣民主運動史料彙編（五）》，第361頁。

[530]歐素瑛編註：《地方自治與選舉——戰後台灣民主運動史料彙編（五）》，第201頁。

[531]《台灣新生報》，1947年3月8日，第1版。

[532]《台灣省政府公報》，1950年夏字第22期，第340頁。

[533]許雪姬：《柯台山先生訪問紀錄》，「中研院」近代史所，1997年，第99頁。

[534]前引《吳三連回憶錄》，第146頁。

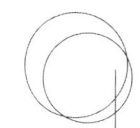

[535]張崑山、黃政雄：《地方派系與台灣政治》，第148頁。

[536]黃富三：《台北市歷屆市長議長口述歷史》，第22頁。

[537]《雲林縣發展史》（下），十篇《人物傳記》，第83頁。

[538]張崑山、黃政雄：《地方派系與台灣政治》，第44頁。

[539]台北，《自由中國》，1960年6月1日。

[540]張炎憲等：《台灣近代名人志》第1冊，黃朝琴篇。

[541]張炎憲等：《台灣近代名人志》第3冊，第312-314頁。

[542]張炎憲等：《台灣近代名人志》第1冊，第180頁。

[543]歐素瑛編註：《地方自治與選舉——戰後台灣民主運動史料彙編（五）》，第481頁。

[544]陳明通：《派系政治與陳儀治台論》，賴澤涵主編：《台灣光復初期歷史》，台北，「中研院」，1993年，第283頁。

[545]前引《吳三連回憶錄》，第256頁。

[546]黃富三：《台北市歷屆市長議長口述歷史》，台北市文獻委員會編，2001年，第98頁。

[547]前引陳明通文：《派系政治與陳儀治台論》，《台灣光復初期歷史》，第286頁。

[548]張崑山、黃政雄主編：《地方派系與台灣政治》，第158頁。

[549]廖忠俊：《台灣地方派系及其主要領導人物》，第108頁。

[550]廖忠俊：《台灣地方派系及其主要領導人物》，第122-125頁。

[551]陳明通：《威權政體下台灣地方政治精英的流動》（1945—1986），台大政研所博士論文，1990年，第423頁。

[552]廖忠俊：《台灣地方派系及其主要領導人物》，第164頁。

[553]廖娟秀、葉翠芬：《胡龍寶傳》，月旦出版社，1992年，第168頁。

[554]廖忠俊：《台灣地方派系及其主要領導人物》，第211-214頁。

[555]張崑山、黃政雄主編：《地方派系與台灣政治》，第147頁。

[556]陳明通：《威權政體下台灣地方政治精英的流動（1945—1986）——省參議員及省議員流動的分析》，台大政研所博士論文，1990年，第422頁。

[557]《台中地方自治史料彙編》，台中縣文化中心，1994年，第58頁。

[558]張崑山、黃政雄主編：《地方派系與台灣政治》，第132-134頁。

[559]廖忠俊：《台灣地方派系及其主要領導人物》，第94頁。

[560]張崑山、黃政雄主編：《地方派系與台灣政治》，第249頁。

[561]廖忠俊：《台灣地方派系及其主要領導人物》，第192頁。

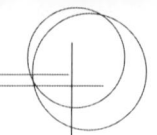

[562]謝漢儒：《早期台灣民主運動與雷震紀事——為歷史留見證》，第42頁。

[563]台北，《民主》，423頁，1958年1月。

[564]張炎憲等：《台灣近代名人志》第1冊，第203頁。

[565]陳世宏、周琇環編註：《組黨運動——戰後台灣民主運動史料彙編（二）》，第157頁。

[566]張炎憲等：《台灣近代名人志》第4冊，第181-186頁。

[567]穆蘭君：《競選政見限制取締的不合理》，台北，《民主潮》第8卷第1期，第8頁。

[568]施明雄著：《台灣人受難史》，台北，前衛出版社，1998年。

[569]十篇，《人物傳記》，《雲林縣發展史》（下），第23頁。

[570]李筱峰、劉峰松：《台灣歷史閱覽》，自立晚報社，1996年，第180頁。

[571]歐素瑛編註：《地方自治與選舉——戰後台灣民主運動史料彙編（五）》，第482-483頁。

[572]廖忠俊：《台灣地方派系及其主要領導人物》，台灣，允晨文化公司，2001年，第116頁。

[573]黃富三：《台北市歷屆市長議長口述歷史》，第25頁。

[574]陳世宏、周琇環編著：《組黨運動——戰後台灣民主運動史料彙編（二）》，台北，「國史館」，2000年，第5、6頁。

[575]廖忠俊：《台灣地方派系的形成發展與質變》，第120-123頁。

[576]前引《吳三連回憶錄》，第207頁。

[577]黃富三：《台北歷屆市長議長口述歷史》，台北市文獻委員會編，2001年，第18、19頁。

[578]《台灣民主運動40年》，第81頁。

[579]黃富三：《台北市歷屆市長議長口述歷史》，第24頁。

[580]前引《走不完的路——黃順興自述》，第83頁。

[581]劉峰松：《美麗島雜誌社編輯會議暨黨外候選人聯誼會成立會議》，前引《組黨運動——戰後台灣民主運動史料彙編（二）》，第172頁。

[582]張炎憲等：《台灣近代名人志》第2冊，第249頁。

[583]謝國興：《府城紳士——辛文炳和他的志業》，台北，南天書局，2000年，第136頁。

[584]《礦溪老人——石錫勳》，《八十年代》週刊，1985年10月。

[585]廖忠俊：《地方派系的形成發展與質變》，第256頁。

[586]歐素瑛編註：《地方自治與選舉——戰後台灣民主運動史料彙編（二）》，第73頁。

[587]歐素瑛編註：《地方自治與選舉——戰後台灣民主運動史料彙編（五）》，第256頁。

[588]歐素瑛編註：《地方自治與選舉——戰後台灣民主運動史料彙編（五）》，第276頁。

[589]歐素瑛編註：《地方自治與選舉——戰後台灣民主運動史料彙編（五）》，台北，「國史館」，

[590]歐素瑛編註：《地方自治與選舉——戰後台灣民主運動史料彙編（五）》，第620頁。

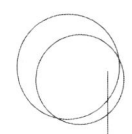

[591]歐素瑛編註：《地方自治與選舉——戰後民主運動史料彙編（五）》，第301頁。

[592]謝漢儒：《早期台灣民主運動與雷震紀事——為歷史留見證》，台北，桂園圖書公司，2002年，第170-171頁。

[593]謝漢儒：《早期台灣民主運動與雷震紀事——為歷史留見證》，第168頁。

[594]謝漢儒：《早期台灣民主運動與雷震紀事——為歷史留見證》，第106頁。

[595]謝漢儒：《早期台灣民主運動與雷震紀事——為歷史留見證》，第141頁。

[596]謝漢儒：《早期台灣民主運動與雷震紀事——為歷史留見證》，第168-169頁。

[597]謝漢儒：《早期台灣民主運動與雷震紀事——為歷史留見證》，第179頁。

[598]台北，《立法院公報》第62卷第15期，會議記錄，第40頁。

[599]台北，《立法院公報》第65卷第19期，第15、16頁。

[600]《國民黨攔得住組黨的潮流嗎？》，台北，《八十年代》社論，1979年11月。

[601]謝漢儒：《早期台灣民主運動與雷震紀事——為歷史留見證》，第286頁。

[602]謝漢儒：《早期台灣民主運動與雷震紀事——為歷史留見證》，第284頁。

[603]謝漢儒：《早期台灣民主運動與雷震紀事——為歷史留見證》，第287頁。

[604]謝漢儒：《早期台灣民主運動與雷震紀事——為歷史留見證》，第211-213頁。

[605]吳三連口述、吳豐山撰記：《吳三連回憶錄》，自立晚報社文化出版部，1991年，第157頁。

[606]謝漢儒：《早期台灣民主運動與雷震紀事——為歷史留見證》，第233頁。

[607]《雷震全集》第40冊，第310、311頁。

[608]謝漢儒：《早期台灣民主運動與雷震紀事——為歷史留見證》，第188頁。

[609]謝漢儒：《早期台灣民主運動與雷震紀事——為歷史留見證》，第105頁。

[610]謝漢儒：《早期台灣民主運動與雷震紀事——為歷史留見證》，第119頁。

[611]謝漢儒：《早期台灣民主運動與雷震紀事——為歷史留見證》，第126頁。

[612]台北，《自由中國》第22卷11期，1960年6月1日。

[613]謝漢儒：《早期台灣民主運動與雷震紀事——為歷史留見證》，第209頁。

[614]《公論報》，1960年6月27日。

[615]謝漢儒：《早期台灣民主運動與雷震紀事——為歷史留見證》，第281頁。

[616]謝漢儒：《早期台灣民主運動與雷震紀事——為歷史留見證》，第270頁。

[617]謝漢儒：《早期台灣民主運動與雷震紀事——為歷史留見證》，第286、287頁。

[618]謝漢儒：《早期台灣民主運動與雷震紀事——為歷史留見證》，第293-295頁。

[619]謝漢儒：《早期台灣民主運動與雷震紀事——為歷史留見證》，第300-302頁。

[620]謝漢儒：《早期台灣民主運動與雷震紀事——為歷史留見證》，326頁。

[621]《台灣民主運動40年》，第77頁。

[622]謝漢儒：《早期台灣民主運動與雷震紀事——為歷史留見證》，第194、195頁。

[623]謝漢儒：《早期台灣民主運動與雷震紀事——為歷史留見證》，第199頁。

[624]謝漢儒：《早期台灣民主運動與雷震紀事——為歷史留見證》，第209頁。

[625]《雷震日記》，《雷振全集》第40冊，台北，1960年，第389頁。

[626]謝漢儒：《早期台灣民主運動與雷震紀事——為歷史留見證》，第228-229頁。

[627]謝漢儒：《早期台灣民主運動與雷震紀事——為歷史留見證》，第231頁。

[628]前引書《組黨運動——戰後台灣民主運動史料彙編（二）》，第152頁。

[629]薛元化主編：《台灣歷史年表》（終戰篇二，1966-1978），台北，聯經出版社，1990年。

[630]謝長廷：《有關柔性政黨的補充說明（1982年9月16日）》，同前引《組黨運動——戰後台灣民主運動史料彙編（二）》，第291頁。

[631]日本列島改造論：1972年，田中角榮競選自民黨時提出的建設計劃，主要內容是，大量建設高速公路把日本連成以東京為中心的整體；主張工廠遠離城市，鼓勵地方辦工業；興建25萬人左右的新城市分散大城市人口和改善環境等。

[632]郭宏治：《台灣日本通直通「總統府」》，《新新聞》，1989年8月14-20日。

[633][日]升味準之輔著：《日本政治史》第四冊，北京，商務印書館，1997年，第958頁。

[634][日]升味準之輔著：《日本政治史》第四冊，北京，商務印書館，1997年，第1169頁。

[635]李水旺、楊立憲：《台灣黨外組黨的歷史考察與「政黨政治」發展前景》，《台灣史研究會論文集》第二集，台灣史研究會編印，1990年，第306頁。

[636]鄒律：《頑將風雲榜》，大禹出版社，1988年，第106、110頁。

[637]本章人物簡歷都出自第五章《光復以後》第二節《省政府》，《重修台灣省通志》卷八職官志，台灣省文獻委員會編，1993年，第486-548頁。其他不再一一作注。

[638]黃光芹：《許水德替李登輝惹了一個大麻煩！》，《新新聞》，1993年5月2-8日。

[639]許信良在廈門大學台灣研究院的演講，作者李躍乾提問並記錄，2007年4月13日。

[640]台北，《自由時報》，1999年12月9日。

[641]台北，《自由時報》，1999年12月10日、2000年2月17日。

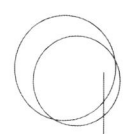

[642]台北,《自由時報》,2000年3月21日。

[643]陳弘修:《李登輝仍然扮演陳水扁的守護天使》,《新新聞》,2004年2月26日-3月3日。

[644]台北,《中國時報》,2000年3月23日。

[645]台北,《中國時報》,2000年5月20日。

[646]台北,《中國時報》,2000年3月25日。

國家圖書館出版品預行編目(CIP)資料

日據時期臺灣留日學生對戰後臺灣發展的影響 / 李躍乾 著. -- 第一版. -- 臺北市：崧燁文化, 2019.01

　面；　公分

ISBN 978-957-681-774-8(平裝)

1.臺灣政治 2.留學生 3.日據時期

733.28　　　　107023861

書　名：日據時期臺灣留日學生對戰後臺灣發展的影響
作　者：李躍乾 著
發行人：黃振庭
出版者：崧燁文化事業有限公司
發行者：崧燁文化事業有限公司
E-mail：sonbookservice@gmail.com
粉絲頁　　　　　　　網　址：
地　址：台北市中正區重慶南路一段六十一號八樓 815 室
8F.-815, No.61, Sec. 1, Chongqing S. Rd., Zhongzheng Dist., Taipei City 100, Taiwan (R.O.C.)
電　話：(02)2370-3310　傳　真：(02) 2370-3210
總經銷：紅螞蟻圖書有限公司
地　址：台北市內湖區舊宗路二段 121 巷 19 號
電　話：02-2795-3656　傳真：02-2795-4100　網址：
印　刷：京峯彩色印刷有限公司（京峰數位）

　　本書版權為九州出版社所有授權崧博出版事業股份有限公司獨家發行電子書繁體字版。若有其他相關權利及授權需求請與本公司聯繫。

定價：650 元

發行日期：2019 年 01 月第一版

◎ 本書以POD印製發行